소비
본능

* 일러두기

1. 각주와 괄호 안 설명들은 저자의 주석입니다.
2. 괄호 안 별표 표기는 편집자주입니다.

THE
CONSUMING
INSTINCT

GAD SAAD

나는 소비한다 고로 존재한다

개드 사드 지음 · 손용수 옮김

소비
본능

데이원

차례

머리말   7

| 1장 | 인간은 사는 존재다   9

잘못된 반진화론적 주장들 | 이 책의 로드맵과 주요 시사점 | 결론

| 2장 | 먹기 위해 산다   45

살기 위해 먹지만, 먹기 위해 살기도 한다 | 음식에 양념을 하는 이유 | 유전자와 환경은 상호 작용한다 | 뷔페에 가면 과식하게 되는 이유 | 기분과 상황에 따라 식욕이 바뀌는 원리 | 사람들이 자연을 선호하는 이유 | 결론

| 3장 | 과시하려고 산다   77

외모 과시를 통한 매력 드러내기 | 비싼 자동차에 열광하는 이유 | 구애를 위해 고가의 선물을 사는 이유 | 향수와 후각의 힘 | 하이힐을 사랑하는 이유 | 옷이 날개다 | 여성이 화장품에 돈을 아끼지 않는 이유 | 머리숱이 많은 사람에게 더 끌리는 이유 | 배란기에 더 도발적인 여성들 | 이성에게 잘 보이기 위한 사기 | 결론

| 4장 | 가족을 위해 산다   111

가족에 대한 헌신은 유전자에 새겨져 있다 | 결혼은 두 가문 유전자의 결합 | 유전자 관점에서 장난감 선물과 놀이의 가치 | 형제간의 경쟁은 태어날 때부터 시작된다 | 입양 가정에서 불행한 일이 왜 더 많이 일어날까 | 외할머니가 손주를 유달리 예뻐하는 이유 | 아들과 딸은 똑같이 대우받을까 | 개와 주인의 교감 | 결론

| 5장 | 친구를 위해 산다   141

전쟁의 잿더미에서 싹튼 우정 | 우정도 서로 주고받는 것 | 대중문화와 상거래에서 나타나는 우정과 연대 | 미국인들의 우정은 정말 얄팍할까 | 호르몬과 신뢰의 상관관계 | 우리와 그들 편 가르기 | 패션은 옷이 아닌 정체성 | 스포츠에 환호하는 이유 | 온라인 소셜 네트워킹과 인간의 상호 연결성 | 결론

| 6장 | 문화와 함께 산다   173

노랫말과 뮤직비디오, 선호하는 이성에 대한 기록 | 사람들이 텔레비전에 몰입하는 이유 | 대중들이 가십을 좋아하는 이유 | 영화로 보는 인간의 욕망 | 문학 작품 속 주인공에게 매력을 느끼는 이유 | 결론

| 7장 | 광고에 혹해 산다   207

진화론에 기반한 광고 효과 | 글로벌 접근법에 적용할 수 있는 광고 효과와 신호 | 지역 광고에 적절한 광고 효과와 신호 | 결론

| 8장 | 희망 때문에 산다   237

종교는 역사상 최고의 상품 | 사람들은 왜 종교에 끌릴까 | 진화심리학을 이용한 종교의 상업적 활동 | 종교의 무오류성 딜레마 | 종교에 의한 참사 | 종교를 이용한 사이비 의학 | 미인은 언제나 옳다 | 자기계발 전문가의 제단에 기도하기 | 결론

| **9장** | **사기 위해 산다** | 273 |

충동구매라는 증상의 원인 | 여성이 남성보다 섭식 장애를 더 많이 겪는 이유 | 남성이 도박에 쉽게 중독되는 이유 | 남성이 바람을 많이 피우는 이유 | 포르노 사업이 호황인 이유 | 남성이 두려움을 무릅쓰고 위험한 스포츠를 하는 이유 | 결론

| **10장** | **치열하게 살수록 잘 산다** | 303 |

비즈니스 트렌드의 변화 | 소비자 심리의 이면 | 진화적 합리성 vs 경제적 합리성 | 금융시장은 남성 호르몬의 각축장 | 지금 당장 원해 | 얼굴이 반반하면 돈도 잘 번다 | 자동차가 주인을 닮는 것은 사실일까 | 생체 모방, 자연에서 얻은 아이디어로 혁신하다 | 결론

| **11장** | **사는 것은 본능이다** | 339 |

과학의 미래, 통섭과 학제 간 연구

감사의 글   347

주석 및 참고문헌   349

머리말

진화심리학은 인간 행동을 다루는 모든 학문 분야로 파고들고 있다. 나는 이런 움직임이 올바른 진전이라고 생각한다. 모든 인간 행동은 심리적 메커니즘과 환경의 영향에서 비롯되기 때문이다. 인간의 심리적 메커니즘은 근본적으로 자연 선택과 성 선택에 따른 진화에 원인을 둔다. 따라서 인간 행동을 다루는 모든 학문 분야는 그 저변에 깔린 진화한 심리적 적응을 이해해야 더 깊이 조명할 수 있다.

몇 년 동안 나는 넓게는 비즈니스, 좁게는 마케팅이 진화심리학적으로 분석하기에 가장 이상적인 분야라고 생각했다. 이런 통합적 연구에는 두 분야에 정통한 학자가 필요한데 개드 사드가 바로 그런 학자다. 그는 진화심리학에 대한 이해와 마케팅과 비즈니스에 대한 심오한 지식을 동원해서 다양한 소비자 행동을 조명한다. 그리고 활기차고 매력적인 문체로 시종일관 독자의 마음을 사로잡는다.

이 책은 다음과 같은 여러 복잡한 현상을 우리가 깊이 이해할 수 있게 해준다. 왜 여성은 남성보다 더 다이어트에 집착할까? 왜 남성들은 매혹적인 여성의 사진을 보면 '미래를 할인'할까(남성들은 왜 미래 가치보다 즉각적인 보상을 더욱 소중하게 생각할까)? 엑스Axe와 같은 남성용 화장품 광고가 성공한 이면에는 어떤 심리적 적응이 깔려 있을까? 왜 여성들은 피부 손상을 일으킬 줄 알면서도 태닝숍에 가고 그렇게 불편한데도 계속 하이힐을 신을까? 왜 온라인 포르노물은 주로 남성들이 소비하고, 여성들은 수십억 달러 규모의 로맨스 소설 산업을 먹여 살릴까?

나는 이 책이 경영대학원의 필독서가 되리라 예측한다. 사실 이 책은 모든 사람의 필독서가 되어야 한다. 이 책이 가진 효용은 무시하기에는 너무나도 크기 때문이다. 이 책의 중요한 진화론적 원칙들을 자신들의 일과 일상에서 활용하는 사람들은 성공할 것이고, 그러지 않는 사람들은 실패를 맛보게 될 것이다.

데이비드 버스David M. Buss, 미국 텍사스대학교 심리학과 교수

1장

인간은 사는 존재다

본성 대 양육 논쟁은 끝났다.

매트 리들리[1], 진화심리학자, 《본성과 양육》의 저자

본성은 쇠스랑으로 쫓아내도 다시 돌아온다.

호라티우스[2], 로마의 서정·풍자시인

아마도 철학에서 가장 유명한 금언은 프랑스 철학자 르네 데카르트의 '나는 생각한다. 그러므로 존재한다'라는 말일 것이다. 하지만 우리 일상생활을 더 효과적으로 말해 주는 격언은 '나는 소비한다. 그러므로 존재한다'가 아닐까? 인간의 소비 욕구는 실로 엄청나다. 대부분의 사람은 하루에 소비와 관련된 결정을 무수히 내린다. 아침을 먹을까, 아니면 바로 점심으로 건너뛸까? 오늘은 뭘 입을까? 평상복, 아니면 정장? 내가 제일 좋아하는 향수를 뿌릴까, 아니면 최근에 오랜 지인에게서 선물 받은 새 향수를 뿌릴까? 저녁으로는 건강식이면서 가격도 무난한 참치 샐러드를 먹을까, 아니면 델리에 들러 두툼한 파스트라미 샌드위치를 사 먹을까? 곧 밸런타인데이인데 사랑하는 사람에게 할 선물은 늘 해온 대로 꽃으로 할까, 스파숍 1일 이용권으로 할까? 아니면 마케터들이 만들어 낸 이 상업적인 기념일에 마침내 단호한 태도를 보여야 할까? 조카 생일이 다가오는데 뭘 선물하지? 절친한 친구가 들러리가 되어 달라고 한다. 코앞으로 다가온 결혼을 축하하기 위해 그의 모든 친구와 함께 기억에 남을 총각 파티를 준비해야 한다. 어떻게 해야 하나? 봄 휴가에 여행을 다녀올까? 간다면 어디로, 어떤 책을 가지고 갈까? 여행을 가게 되면 장거리 비행의 지루함을 달래기 위해 내 음악 재생 목록도 업데이트해 둬야 한다. 휴가를 미루고 대신 휴가비를 우리 아이 대학 학자금으로 넣어 둬야 할까? 그런데 호사스러운 내 이웃이 최근에 새로 메르세데스 쿠페를 샀다. 우리도 더 고급 승용차로 바꿔야 할 때가 됐나? 오늘 밤 아내가 유난히 아름다워 보인다. 마빈 게이Marvin Gaye의 노래에 흠뻑 취해 이 밤이 우리를 어디로 이끄는지 봐야겠다.

위에서 든 사례들을 고른 데는 두 가지 주요한 이유가 있다.

첫째, 이 사례들은 상품과 서비스 구매라는 소비의 제한적인 정의를 넘어서 모든 것을 포괄하는 소비 개념을 잘 보여 준다. 우리는 음식과 옷, 스파숍 마사지와 같은 전통적인 제품과 서비스를 소비할 뿐만 아니라, 가족 관계, 선물을 주고받는 친구 관계, 배우자가 될 사람과의 혼전 교제 등 광범위한 관계도 소비한다. 또한, 영화나 가사, 종교 이야기, 문학, 예술, 무용, 유명인의 가십거리가 실린 잡지, 광고, 텔레비전 쇼 등의 문화상품, 그리고 여행과 같은 향락적인 경험도 소비한다.

둘째, 이 사례들은 대부분의 소비 행위가 진화론의 네 가지 주요 동인의 하나와 연결될 수 있음을 보여 준다. 네 가지 동인이란 '생존'(기름진 고기에 대한 선호), '번식'(정성스러운 구애 의식의 일부로 꽃을 주는 행위), '혈연 선택'(내 조카에게 선물하기), 그리고 '상호주의'(총각 파티 준비)이다.

이 책에서 다루는 소비 형태의 대표적인 예시인 햄버거, 페라리, 포르노, 선물하기는 진화론의 보편적인 네 가지 주요 동인과 연결된다.[3] 여기서 '햄버거'는 지방이 풍부한 음식을 좋아하는 우리 식성을 나타낸다 (2장). '페라리'는 짝짓기 무대에서 성적인 신호로 사용된다(3장). '포르노'는 인간의 성Sex 형성에 큰 영향을 미친 진화적 힘을 말한다(3장과 9장).

마지막으로 '선물하기'를 포함한 이유는 이것이 다윈 진화론의 네 가지 동인 모두와 밀접하게 연관되고, 사회적·경제적 중요성이 매우 크기 때문이다. 예를 들면, 일부 소매업체의 경우 연간 매출의 30~50%가 선물 비용 지출이 가장 많은 겨울 휴가철에 발생하며, 북미 소매 구매의 10%는 선물 비용이다.[4] 2004년 미국 선물 시장은 2530억 달러의 매출을 올렸고, 미국인은 1인당 평균 1215달러를 선물 사는 데 썼다(이는 2004년 1인당 소비 지출의 2.7%에 해당한다).[5] 선물은 구애 의식의 핵심이다. 때로 선물(꽃, 저녁 초대. 커플링, 약혼반지 등)은 구애 과정의 일부로 이용되지만, 기존 관계를 축하하는 선물(밸런타인데이, 결혼기념일 선물)이나 심지어 관계를 끝내기 위한 선물(이혼 선물)도 있다. 많은 결혼 관련 행사에서도 신랑과 신부에게 선물을 한다. 이런 행사에는 약혼 파티, 총각 파티, 처녀 파티 등이 포함된다. 또한 어떤 부부에게 새로 아기가 태어날 때는 베이비 샤워를 열고 임신한 예비 엄마에게 선물을 준다. 아기가 태어나면 가족과 친구들이 선물을 들고 갓난아기를 보러 간다.

가족과 친지에게 선물하는 다른 경우로는 아버지의 날과 어머니의 날 등 다분히 마케터들의 영향을 받은 행사도 있다. 또한 크리스마스나 부활절, 하누카(11월이나 12월에 8일 동안 열리는 유대교 축제), 세례 성사, 견진 성사, 첫 번째 성찬식, 바르 미츠바(유대교에서 13세가 된 소년의 성인식), 바트 미츠바(유대교에서 12~14세 소녀의 성인식) 등 종교 행사도 포함된다. 때로는 선물하기가 세속적인 통과의례(성인식, 졸업 파티 등)를 기념하려는 방법이 되기도 한다. 생일 선물은 가족뿐만 아니라 친지 간에도 주고받는다. 친지간에 선물을 주고받는 다른 행사로는 집들이, 저녁 식사 초대(와인 선물), 요양원 방문(꽃 선물), 승진 또는 은퇴, 대학 진학 등으로 인한 이별 또는 졸업 파티, 운전면허 취득과 같은 특정 성취를 축하하는 행사 등이 있다. 게다가 마케터들은 선물을 주고받는 기존의 수많은 행사에도 만족하지 못하고 주로 자축의 의미가 담긴 완전히 새로운 선물 행사를 고안해 냈다. 이런 자축 선물의 최근 사례는 여성들이 자아 확인과 자주성 확립의 한 표현으로 자기 자신에게 반지를 선물하는 풍습이다. 여성들은 이 반지를 오른손 약지에 낀다.

결국 선물하기는 우리 인간 본성과 떼려야 뗄 수 없는 보편적인 의식이며, 3장(번식)과 4장(혈연 선택), 5장(상호주의)에서 다룰 주제이기도 하다.

세계적으로 유명한 하버드대학교의 진화론자이자 퓰리처상을 두 번 받은 저술가 에드워드 오즈번 윌슨과 노벨상 수상자이자 DNA 이중 나선 구조의 공동 발견자인 제임스 왓슨은 몇 년 전 미국 공영방송 PBS의 〈찰리 로즈 쇼〉에 함께 출연했다. 토론 중에 이들은 21세기는 심리학과 생물학의 결합으로 정의될 것이라고 선언했다.

이 책은 소비의 생물학적, 진화론적 뿌리를 인식하는 것의 중요성을 강조하는 점에서 바로 이들이 말하는 심리학과 생물학의 결합과 일맥상통한다. 물론 문화가 소비자 행동을 이해하는 데 중요한 역할을 하지만, 마찬가지로 중요한 요소는 우리의 소비 심리와 육체를 형성하는 생물학적, 진화적 힘이다. 나는 매일 먹는 음식에서부터 선물, 짝짓기 시장에서 우리 자신을 더 매력적으로 만드는 데 사용하는 제품, 그리고 정서적 욕구를 자극하는 문화상품(종교 등)에 이르기까지 소비자로서 영향을 받는 생물학적 유산의 중요성을 밝히고 싶다. '호모 컨슈머리쿠스Homo Consumericus'는 자연 선택과 성 선택sexual selection이라는 이중의 힘을 통해 진화해 온 종이다. 이런 사실을 제대로 인식하지 못하면 소비 현상에 대해 불완전한, 그리고 최악의 상황에는 잘못된 설명을 되풀이하게 된다. 궁극적으로 진화의 관점에서 바라보지 않으면 우리 소비 행동에서 이치에

맞는 것은 아무것도 없다.[6]

나는 종종 다른 동물들이 보이는 행동과 같거나 비슷한 소비자 행동 사례를 보여 줄 것이다.

서로 닮은 종의 특성을 상동성이라고 하는데 이는 조상이 같음을 가리킨다. 상동성에는 DNA 서열, 해부학적 구조, 형태학적 특성, 생리학적 체계, 행동 패턴 등이 포함된다. 예를 들면, 몇몇 영장류 종은 두려움을 나타낼 때 같은 표정을 지으며, 인간에게는 고양이의 앞다리에 상응하는 팔이 있다. 행동의 상동성은 서로 다른 종의 행동 패턴이 비슷함을 말한다.

한편 수렴 진화convergent evolution로 인해 서로 다른 두 종이 비슷한 특성을 보이는 사례도 있다. 즉, 이는 두 종이 비슷한 선택 압력selection pressure을 마주하면서 같은 적응을 진화해 온 경우이다. 즉, 이 경우에 생물학적 유사성은 혈통이 같은 것을 의미하지는 않는다. 오히려 이는 혈통이 다른 동물들의 선택 환경이 같으면 유기체가 적응을 통해 진화해 가는 자연 선택의 결과와 같은 해결책이 나올 수 있음을 의미한다.

다만 내 목표는 동물과의 비교 기반이 상동성이든 유사성이든 궁극적으로 비슷한 생물학적 힘이 인간과 동물의 행동을 똑같이 만든다는 사실을 보여 주는 것이다.

하지만 이에 대해 최근 미국의 손꼽히는 경영대학원 강연에서 마케팅학과 학생들은 매우 부정적인 반응을 보였다. 그중 한 명이 이런 질문을 했다. "물론 이런 진화 과정이 동물에 적용된다는 데는 동의합니다. 하지만 소비자는 동물이 아니라 인간입니다. 설마 박사님은 소비자가 동물이라는 말씀이세요?" 이 질문에 대한 내 대답은 "예, 그렇습니다.”이다.

1장에서는 진화심리학의 개요를 살펴보고, 이를 사회화의 관점과 대비한다. 또 진화론에 관한 오래된 몇몇 잘못된 주장을 반박한다. 그리고 유명한 ‘본성과 양육nature-versus-nurture’ 논쟁도 다룬다. 이는 다양한 소비자 요소 중 어느 것이 후천적이고, 어느 것이 선천적이며, 어느 것이 본성과 양육 두 힘의 불가분의 혼합으로 이루어지는지 이해하는 데 도움이 되기 때문이다. 사회적 신분을 성적 신호로 사용하는 경우처럼 많은 소비 현상이 진화심리학의 규칙에 속하지만, 어떤 소비자는 볼링을 선호하고, 다른 소비자는 스쿠버 다이빙을 즐기는 것처럼 진화심리학의 규칙을 벗어나는 소비 현상도 있다. 최종적으로 진화론의 힘은 우리의 독특한 개성을 규정하는 소비자 선호와 소비자 본능에 내재하는 공통적인 특징들을 구별해 내는 능력에 있다. 그럼에도 모든 소비 행동을 진화론으로 설명할 수는 없다. 따라서 어떤 현상이 진화론의 보편적인 규칙에 속하는지 알아내는 것은 마케터들의 숙제일 것이다.

진화심리학의 핵심 원칙

진화심리학은 20년 정도의 역사를 지닌 비교적 새로운 학문 분야다.[7] 내가 진화심리학을 처음 접한 것은 코넬대학교 박사 과정 1년 차인 1990년 가을이었다. 당시 나는 진화심리학의 양대 개척자인 마틴 데일리 교수와 마고 윌슨 교수가 공동 저술한 명저 《살인Homicide》을 읽었다. 이 책은 명쾌하고 설득력 있는 이유를 들어 범죄 패턴을 간결하게 설명한다. 예를 들면, 성인 여성을 대상으로 한 살인 사건 대부분은 상대 남성이 일으키며 대부분의 살인 동기가 성적 부정행위라는 사실을

증명한다.[8]

부성 불확실성(현실적으로 모성 불확실성은 있을 수 없다)과 관련된 진화적 대가를 고려할 때 남성은 아내가 몰래 다른 남성과 바람피우는 것을 막기 위해 정서적 적응(강한 성적 질투심의 경험 등), 인지적 적응('순결은 아내가 될 여성이 지녀야 할 미덕'이라는 인식 등), 행동적 적응(수컷이 교미 전후에 암컷과 항상 함께 있음으로써 다른 수컷의 접근을 막는 짝 보호mate guarding 등) 등의 양상으로 폭넓게 진화해 왔다. 하지만 살인과 같은 극악무도하고 폭력적인 행동을 진화론의 적응으로 설명하는 목적이 그런 행동을 정당화하기 위함은 절대 아니다. 예를 들면, 췌장암의 전이를 설명하는 것이 병을 정당화하는 것이 아님과 같다. 불법 행위는 아닐지라도 도덕적으로 비난받아 마땅한 행위를 과학적으로 설명하는 것은 문제의 행위를 용납하는 것과는 별개다.

진화심리학은 진화론에 기반을 두고 인간 행동의 진화적·생물학적 근본을 이해하려고 한 많은 학문 중 최신 학문이다. 진화심리학 이전 이런 학문으로는 비교인간행동학, 인간행동생태학, 인간사회생물학, 진화인류학 등이 있으며,[9] 여전히 흥미로운 이들 학문 분야에서는 아직도 많은 논의가 이루어지고 있다.

그밖에 진화론적 접근으로 인간 행동을 이해하려는 이론으로는 생물학적 과정뿐만 아니라 문화적 과정도 인류의 진화를 형성했다고 하는 유전자-문화 공진화gene-culture coevolution 이론, 사상이나 신념 등 문화 콘텐츠 전파를 이해하는 데 진화론을 적용한 밈 이론 등이 있다.[10]

진화심리학은 인간의 마음이 자연 선택과 성 선택이라는 두 진화론적 힘이 각자 유기체의 생존과 번식의 이점에 이바지하는 과정을 통해 진화한 것으로 이해한다. 더 구체적으로 진화심리학은 인간의 마음이 영역마다 특유한 알고리즘으로 구성되었으며, 각 알고리즘은 진화론적으로 중요한 특정 문제에 대한 적응적 해결책으로 진화했다고 설명한다. 이런 영역에는 식량의 수렵 채집, 환경 위협(포식자 또는 적대적인 낯선 사람 등) 회피, 짝짓기, 친족에 대한 투자(형제자매의 우애와 양육 등)와 친구에 대한 투자(상호주의 등) 등이 포함된다. 여기서 열거한 각 영역은 앞에서 말한 진화론의 네 가지 동인과 상응한다.

이 책을 통해 내가 주장하는 바는 많은 소비 현상이 이런 기본적인 진화의 주요 목표의 하나 이상을 충족하는 선천적인 필요나 선호, 동인의 표출이라는 것이다. 궁극적으로 우리 소비 본능을 완전히 이해하려면 인간 본성을 형성한 진화적 힘을 인식해야 한다.

진화론은 모든 현상을 '대략적' 설명과 '궁극적' 설명이라는 두 가지 차원에서 살펴볼 수 있음을 인정한다. 대략적 설명은 어떤 물체가 어떻게 작동하고, 어떤 요인들이 그 내부 작용에 영향을 미치는지를 기계론적으로 서술한다. 궁극적 설명은 '왜?'라는 문제를 다룬다. 즉, 특정 행동과 감정, 생각, 선호, 선택 또는 형태학적 특성이 특정 형태로 진화한 이유를 설명하거나 진화론적 기원을 밝힌다.[11] 두 가지 차원의 분석 모두 인간의 지위를 완전히 이해하는 데 필요하지만, 사회과학자와 마케터들은 대략적 설명에 초점을 맞춘다. 실존하는 다음의 두 가지 사례가 대략적 설명과 궁극적 설명의 차이를 명확하게 해 줄 것으로 기대한다.

첫 번째 사례로 입덧을 들 수 있는데 이는 보편적인 생리 현상이다. 문화적 배경이나 시대와 관계없이 여성들은 비슷하게 입덧이라는 불쾌한 증상을 겪어 왔다. 대략적인 설명의 관점에서는 특정 호르몬, 예컨대

에스트로겐이 임산부들이 경험하는 불쾌한 메스꺼움에 미치는 영향을 탐구한다. 궁극적인 설명의 관점에서는 우선 이런 생리적 메커니즘이 진화한 이유를 이해하는 데 초점을 둔다. 진화론자들은 입덧이 임신 기간 중 태아의 기관이 형성되는 중요한 시기에 여성의 식중독균 노출 위험을 회피하는 적응적 해결책이라고 결론지었다.[12] 이런 이유로 근시안적 접근에 익숙한 의사들은 입덧 증상을 완화하는 약을 처방하지만, 진화론자들은 입덧이 임산부와 태아에게 이롭다는 사실을 안다. 진화론이 실제로 영향을 미치는 것을 분명히 알 수 있다.

두 번째 사례로 인간의 성에 관한 근본적인 질문을 해보자. 왜 섹스는(대부분의 사람에게) 즐거울까? 대략적인 원인으로는 오르가슴을 느끼는 동안 분비되는 도파민 등 쾌감의 근원이 되는 신경전달물질을 들 수 있다. 궁극적인 원인은 더 명확하다. 유성생식 유기체가 멸종하지 않으려면 유전자 전파 행동의 궁극적인 단계에 참여하는 것이 즐거워야 한다. 일반적으로 즐거운 경험은 접촉을 부추기는 행동(성관계를 갖거나, 맛있고 군침 도는 스테이크를 먹으려는 행동 등)을 늘리지만, 불쾌한 경험은 회피 행동(악취가 나는 음식을 피하는 것 등)을 유발한다. 즉, 진화의 힘이 우리의 쾌락 본능을 일깨웠다고 할 수 있다.[13]

진화심리학은 학습, 문화, 사회화를 원인으로 제시하는 설명을 불완전하거나 잘못된 것으로 간주한다. 현상의 원인을 단순히 사회화 과정, 즉 사회적으로 기대되는 행동과 규범, 신념, 가치 등에 대한 학습으로 돌리는 것은 제대로 된 설명이 아니라고 본다. 이렇게 현상의 원인을 사회화의 결과로 보는 사람들은 많은 사회화 패턴이 다양한 문화적 배경과 시대에 걸쳐 매우 비슷한 방식으로 일어난다는 보편성을 설명해야 한다.

지금부터 역사적으로 인간 행동에 대한 생물학적 설명을 적대시했던 다양한 주장들을 반박하겠다.

생물학에 반대하는 이론들

사회적 구성주의자social constructivist들은 많은 인간 현상이 사회화에 기인한다고 믿는 학자들이다. 이들의 세계관의 핵심 전제는 인간의 마음은 백지상태라는 것이다. 따라서 이들은 문화 학습 및 다른 사회화의 힘이 우리 마음을 형성한다고 주장한다. 다음 몇 가지 예시적 질문에 대해 사회적 구성주의 관점에서 답해 보겠다. 왜 대부분의 남성은 젊고 아름다운 여성을 좋아할까? 이는 남성들이 미디어 이미지를 통해 학습했기 때문이다. 왜 대다수 여성은 키가 크고 사회적으로 영향력 있는 남성('검게 탄 피부에 키 크고 잘생긴' 미남의 전형을 떠올려 보라)을 선호할까? 이는 오롯이 할리우드 영화 탓이다. 왜 전 세계 젊은 남성들은 여성들보다 폭력적인 성향을 보일까? 물론 이는 폭력적인 이미지로 가득 찬 비디오 게임을 하고 여성 혐오적 가사의 랩을 많이 듣기 때문이다. 이처럼 사회적 구성주의 관점에 따르면 모든 현상은 궁극적으로 어떤 환경적 원인과 관련이 있다고 본다.

그렇다면 사람은 타고난 소비자일까, 아니면 환경의 산물일까? 인간의 지위와 관련된 모든 현상들을 두고 이런 질문은 늘 제기되어 왔다. 지능은 선천적일까, 후천적일까? 카리스마 넘치는 리더의 성향은 타고날까, 아니면 배울 수 있을까? 빌 게이츠(마이크로소프트), 리처드 브랜슨(버진 레코드), 제프 베조스(아마존), 브라이언 글레이저(영화 제작자), 하워드 슐츠(스타벅스) 등은 자기 분야에서 전설적인 기업가들이다. 이들은 혁명적인 변화의 주체가 되기 위해 태어난 걸까, 아니면 독특한 환경이 이들을 그렇게 만들었을까? 우리의 정치 성향은 어떨까? 인간은 보수적이거나 진보적인 성향을 타고나는 걸까, 아니면 문화 학습이 우리의 정치관을 형성하는 걸까? 인스턴트 식품이나 패스트푸드에 대한 선호는 학습된 걸까, 아니면 패스트푸드 가맹점의 끝없는 광고에 노출된 탓일까? 우리는 고정된 성격을 타고날까, 아니면 전적으로 상황의 맥락에 따라 우리 특유의 성격이 결정되는 걸까?

역사적으로 대부분의 사회과학자는 원인이 되는 특성이 사회화 과정에서 영향을 받는다는 사회적 구성주의 관점을 고수해 왔다. 이런 세계관에 따르면 소비자는 만들어지는 것이 분명하다. 즉, 소비자는 각자 살아온 환경의 결과물이다.

교육과 관련해서 사회적 구성주의자들은 성적이 낮은 학생들은 부정적인 환경의 영향으로 인한 것이라며 위로한다. 사회적 구성주의 관점에서는 어떤 아이도 학습에 약한 성향을 타고날 수 없다. 아이의 성적 부진은 어디까지나 환경 탓이다.

비슷한 논리가 형사 제도에도 적용된다. 이런 세계관에 따르면 선천적으로 폭력적인 범죄자나 극악한 사이코패스는 없고, 단지 잘못된 삶을 선택하게 만든 해로운 환경만 있다. 최근 약물치료가 주목받기 전에는 정신 질환의 원인에 대해 정신과 의사들도 비슷한 태도를 취했다. 평생 시달려야 하는 우울증, 조현병, 자폐증 등 생각할 수 있는 모든 정신 장애는 환경적 원인에 따른 것으로 여겼다.

배우이자 모델인 제니 매카시는 최근 들어 어린 시절 예방 접종이 자폐증을 유발한다는 생각을 확고하게 믿고 백신 반대 운동과 대체의학

홍보에 앞장서고 있다. 궁극적으로 문제의 근원을 인위적인 원인 탓으로 돌리는 이런 견해가 절망적인 부모들에게는 위안이 된다. 문제의 근원이 인위적이라면 되돌릴 수도 있기 때문이다. 일부 의사들은 특정 인구 집단에서 고혈압이 더 많이 발생하는 것과 같은 고질적인 건강 문제를 근원적으로 해결하기 위해서는 빈곤과 인종차별, 불평등을 없애야 한다고 주장한다. 즉, 이들은 고혈압의 주요 원인이 될 수 있는 다른 개별적 요인은 무시하고, 모든 병의 원인은 해로운 환경에서 찾아야 한다고 주장한다.

1980년대와 1990년대에 많은 비주류 심리 치료사는 기억력 회복 요법을 시행했다. 이들은 최면 치료 등 다양한 기술을 활용해서 억눌린 성적 학대의 기억을 되살렸다. 이런 심리 치료사들은 많은 정신 건강 문제의 뿌리가 어린 시절의 성적 학대에 있다고 굳게 믿었다. 환자들이 학대받은 적이 없다고 부인해도 심리 치료사들은 환자들의 왜곡된 기억으로 인한 부정일 뿐이라며 무시했고, 이 때문에 그들의 논리는 견고히 버텨왔다. 이 사례에서 '천편일률'적인 환경적 원인이 확인되었다. 환자가 낮은 자존감으로 고통받거나, 조울증으로 급격한 감정 변화를 겪거나, 자살 충동에 자주 사로잡히거나 하는 등의 다양한 경우에도 근본 원인은 항상 같았다. 바로 성적 학대였다. 이런 전제는 그릇된 생각일지라도 희망적인 전망에 뿌리를 둔다. 원인이 항상 같고, 성적 학대의 해악을 돌이킬 수 있는 치료법을 고안해 낼 수만 있다면 예후는 좋아 보이기 때문이다.

다양한 페미니즘의 공통 주제는 남녀의 구분이 사회적이라는 것이다. 성별로 구분되는 대부분의 현상은 남녀에 대한 차별적 사회화에 기인한다고 생각한다. 미국의 소설가이자 페미니스트인 샬럿 퍼킨스 길먼은 이런 유명한 글을 남겼다. "여성적인 두뇌란 없다. 뇌는 성기가 아니다. 이는 여성적인 간이 없다는 것과 같다."[14]

일부 페미니스트는 성별에 따라 차이가 있는 성호르몬마저도 사회적 구분에 불과하다고 주장해 왔다. 포경수술이 잘못되거나, 왜소 음경을 가지고 태어난 남자아이들에게 성전환수술을 하라고 조언한 존스홉킨스대학교 존 머니 교수는 사람의 성별이 전적으로 학습된다는 신념에 따라 그렇게 말했다. 따라서 머니 교수는 남자아이로 태어난 아이가 곧 기대되는 모든 성 특유의 사회화 기준에 맞는 소녀로 자랄 수 있으리라 믿었다.

하지만 이런 기이한 전제는 결국 무너졌다. 어릴 적 포경수술이 잘못되어 성기가 훼손된 후 여자아이로 자란 데이비드 라이머의 자살은 지금껏 성별이 사회화의 결과일 뿐이라고 믿던 환자들에게 엄청난 충격을 안겨주었다. 하와이대학교 밀턴 다이아몬드 교수는 인간 본성에 관한 돌팔이 이론이 불러온 참담한 결과를 강조하기 위해 이 사례를 세상에 알렸다.

일부 이론가들은 이성애는 강요된 규범이라고 주장한다. 즉, 이성애를 타고난 성향으로 해석해서는 안 된다는 주장이다. 흥미롭게도 동성애의 경우 많은 동성애자 로비스트는 자신들이 동성 선호 성향을 타고났다고 주장한다. 따라서 이 두 전제를 결합하면 이성애는 선천적인 것이 아니지만, 동성애는 선천적이라는 '사실'에 도달하게 된다. 이는 유성생식을 하는 종으로서는 참으로 기이한 세계관이다. 물론 동성애에 반대하는 이념적 또는 신학적 태도를 보이는 사람들은 동성애는 선택의 문제이며, 따라서 뒤바꿀 수 있다고 주장한다(JONAH(동성애의 새로운 대안을 제공하는 유대인 모임) 또는 NARTH(미국 동성애 연구 및 치료 협회) 등). 여기서도 인간 생물학에 뿌리를 둔 '불편한' 사실들이 이념적 도그마를 추구하는 과정에서 무시되고 심지어 거부되기도 한다.

뒤에 나오는 장들에서는 포스트모더니즘과 해체주의와 같은 반과학 운동을 포함해서 인간 본성에 대한 보편적인 주장과 상반되는 다른 틀들을 다룬다. 또한, 관찰된 현상에 대한 최고의 환경적 원인이자 비자연적 원인을 제공하는 종교에 대해서도 살펴본다. 인간 문제의 과학적 분석 관점에 적대적인 사상은 무수히 많다. 흥미롭게도 이런 움직임들의 다수가 진화론에 관한 잘못된 우려를 흉내내는 데 동조하고 있다.[15]

잘못된 반진화론적 주장들

이제부터 나는 가장 해로운 아홉 가지 반진화론적 주장을 보여 주겠다. 그중 일부는 특히 소비자와 관련이 있다.

주장 1

진화론은 나치, 우생학자, 사회 계급 엘리트주의자들이 범죄 이데올로기를 발전시키기 위해 이용되었을 만큼 매우 위험한 이론이다. 진화론자는 사악한 정치적 의도가 있거나 비난받을 만한 태도와 견해를 지니고 있음이 분명하다. 많은 사회과학자는 진화론 지지자들이 성차별주의자나 극우 보수주의자임이 틀림없다고 생각한다.

반증

진화론의 실제 원리와 그 총체적인 오용을 혼동하지 않는 것이 중요하다. 진화론은 자연계에 존재하는 놀라운 생물학적 다양성을 설명하는 대단히 중요한 메커니즘을 제공한다. 진화론은 실존하는 현상을 설명할 뿐이지 무엇이 존재해야 한다는 식으로 당위성의 영역을 캐지는 않는다. 따라서 진화심리학에는 근본적으로 성차별적이거나 가부장적인 요소가 없다.

그렇다면 우리의 정치적 성향은 어떨까? 이념적인 이유로 진화론을 거부하는 사람들이 자주 주장하는 것처럼 진화론자들이 불온 단체를 결성해서 정치적 음모를 꾸미고 있을까? 흥미롭게도 좌파는 진화 행동 과학자들을 극우 음모 단체의 일원이라고 하고, 우파는 진화론자들이 하느님을 믿지 않는 자유주의 기풍을 퍼뜨리고 있다고 하면서 서로 비난한다. 《인간 본성》에 발표된 최근 연구는 진화심리학자들의 정치적 성향을 탐구한 결과 이들이 매우 자유롭고 진보적인 경향이 있음을 발견했다.[16] 하지만 진화론의 과학적 진실성은 어떤 정치적, 사회적, 경제적 함의와도 무관하다.

주장 2

진화론은 생물학적 결정론에 해당한다. 즉, 진화론자들은 유전자가 우리의 자유 의지를 빼앗는다고 믿는다. 따라서 진화론은 인간의 행동과 선호, 욕망과 욕구 형성에 미치는 문화적, 사회적 힘을 비롯한 환경의 중요성을 무시한다. 이는 마케터들로서는 특히 걱정스러운 점이다. 실행할 수 있는 해결책을 개발하는 것이 이들의 일이기 때문이다. 모든 것이 유전자에 새겨져 있다면 소비 패턴을 형성하는 마케터의 노력이 무슨 소용이란 말인가?

반증

진화론이 생물학적 결정론이라는 주장은 순전히 진화론을 전혀 이해하지 못하는 사람들이 전파해 온 유언비어다. 대부분의 인간 현상에서 유전자는 특정 행동이나 선호 또는 선택을 일으키면서 우연한 환경적 사건, 특유한 재능과 능력, 독특한 인생 경험 등과 상호작용한다. 예를 들어 남성들이 사회적 지위를 추구하는 보편적인 진화론적 동인을 살펴보자. 페루와 케냐, 미국, 일본 남성들은 모두 사회적 지위를 얻으려고 할 것이다. 이는 사회적 지위가 높은 남성을 선호하는 여성들의 경향에 부합하려는 생물학 기반의 적응적 동인이다. 하지만 이외에도 개인의 환경적 현실과 독특한 생활 여건에 따라 이런 최우선 목표를 달성하는 방법은 많다. 성공한 학자, 신경외과 의사, 발레 무용수, 기업가, 투자은행가, 소설가, 또는 기업 변호사가 되는 등 수많은 가능성이 있다. 따라서 생물학적 결정론은 생물학에 무지한 사람들의 마음속에만 존재한다.

진화 과학자들은 유전자가 환경과 '상호작용'하면서 우리 개성을 형성한다는 '상호작용론'의 개념을 지지한다. 따라서 본성 대 양육의 이분법은 진화론을 완전히 오해한 생각이다. 대부분의 현상에서 본성과 양육은 떼려야 뗄 수 없다. 나는 이 생각을 설명할 때 특히 '케이크 비유법'을 좋아한다. 케이크를 구울 때 우리는 설탕, 달걀, 밀가루, 베이킹소다, 코코아, 우유 등 명확하게 구분되는 재료를 가지고 시작한다. 그런 다음, 이 재료들을 한데 섞어 케이크를 만든다. 이 때 만약 내가 설탕과 달걀을 분리해 달라고 한다면 아마 어리석은 요구라고 생각할 것이다. 케이크는 원재료들을 떼어낼 수 없는 혼합물이기 때문이다. 따라서 우리는 모두 본성과 양육의 산물이고, 양육은 본성의 영향에 따라 특정 형태로 존재한다. 즉, 우리의 생물학적 유산은 우리를 형성하는 사회화의 힘이 미치는 범위를 제한한다. 이는 성적 선택에서 남성들에게 동정과 순결을 지키며 조신하게 행동하라고 가르치거나, 여성들에게 앞뒤 가리지 말고 행동하라고 가르치는 문화가 발견되지 않는 이유이기도 하다. 이번 장 도입부의 인용문에서 보듯이 우리의 공통적인 생물학적 유산은 보편적 양육 패턴에 영향을 준다.

다음 두 가지 반증이 생물학적 결정론과 관련한 우려를 잠재울 수 있기를 바란다.

첫째, 유전 암호를 바꾸지 않고 유전자의 발현 방식에 영향을 주는 후성적 메커니즘epigenetic mechanism[17]은 특정 환경을 유발하는 기능을 하는 유전자를 켜거나 끌 수 있다. 후성유전자epigenome는 유전자genome를 켜거나 끄는 청사진이다. 이는 진화론이 생물학적 결정론이라는 주장이 얼마나 터무니없는지 보여 준다. 유전자는 부분적으로 후성유전자를 통해 환경과 상호작용해서 개개인을 독특하게 만든다. 즉, 인간은 본성과 양육의 산물이다. 이는 같은 유전자를 공유하는 일란성 쌍둥이의 건강 상태가 아주 다를 수 있는 이유를 말해 준다.

둘째, 자연 선택을 비롯한 진화 과정이 특정한 환경적 틈새에서 발생한다는 사실을 독자들에게 다시 한번 알려 주는 것이 중요하리라.

진화는 특정 환경에 적응하는 과정의 메커니즘으로 정의할 수 있다. 따라서 진화론은 환경적 현실의 중요성을 분명히 인정한다.

소비 본능의 근원에 유전자가 있다는 사실은 마케터의 시장 내 지위와 역할에 어떤 영향도 주지 않는다. 인간은 기름진 음식을 좋아하도록 진화해 왔다. 따라서 맥도날드, 웬디스, 버거킹 같은 기업은 이런 생물학적 선호에 맞는 수많은 제품을 만들어 낸다. 그리고 마케터와 광고주들은 우리가 배고플 때 자신들이 파는 햄버거를 선택하도록 하는 방법을 모색한다. 유전적·생물학적 유산이 소비 본능을 이끈다는 사실이 마케터들의 존재와 노력을 쓸모없게 만드는 것은 결코 아니다. 그렇지만 마케터들이 우리 인간의 본성에 완전히 반하거나 맞지 않는 제품에 대한 필요와 욕구를 창출할 수 없는 것도 사실이다. 예를 들어 남성들만을 상대로 로맨스 소설을 파는 회사를 설립하면 어떤 결과가 될지 생각해 보라. 아니면 '잔디 주스grass juice' 판매 체인을 열면 어떻게 될까? 아무리 광고비를 퍼부어도 우리의 생물학적 유산과 동떨어진 상품으로는 성공할 수 없다.

주장 3

생물학적 본능과 동인은 얼룩말이나 독수리, 왕도마뱀, 독거미의 일종인 타란툴라의 행동을 설명하는 데는 적용할 수 있다. 하지만 인간은 그 무엇보다도 문화적인 존재다. '저속한' 생물학으로는 복잡한 인간 현상을 설명할 수 없다.

반증

나는 대학교 강의실에서도 이런 주장을 자주 접했다. 이 주장은 뚜렷이 다른 두 가지 근원에서 유래한다고 생각한다. 첫 번째 근원으로 기독교는 인간을 '동물'과 뚜렷하게 구별하고, 생물의 정점으로 묘사한다. 따라서 우리가 박테리아나 아메바, 무척추동물, 개와 똑같은 진화 과정을 거쳤다는 사실을 받아들이기 거북할 수 있다. 종교적 서사는 설득력 있는 이야기일 수도 있다. 하지만 우리가 속하는 생명의 진화 계보를 뒷받침하는 명백한 증거를 무너뜨리지는 못한다. 지구상에 존재하는 수십억 종을 생성한 진화 과정이 인간에게는 작동하지 않는다고 생각할 생물학적 이유는 없다. 마찬가지로 우리의 췌장, 엄지손가락, 눈 등은 진화했지만, 뇌는 진화하지 않았음을 설명할 과학적 근거는 어디에도 없다. 많은 사람이 자아도취와 무지로 인해 인류가 진화론의 보편적인 범위 밖에 있다고 생각한다. 하지만 생명의 큰 나무 안에서 모든 생물이 서로 연결되어 있다는 사실을 이제는 받아들여야 할 때다.

　잘못된 우려의 두 번째 근원은 표준 사회과학 모델[18]이다. 이 모델에서는 인간의 정신은 백지상태로 태어난다고 상정한다.[19] 이 백지상태는 이후 문화 학습을 포함한 폭넓은 사회화의 힘으로 채워진다. 이러한 세계관에서 생물학은 인간 행동 형성을 설명하는 힘 있는 지위에서 완전히 물러나게 된다. 이런 태도를 고수했던 가장 악명 높은 학자 집단은 문화 상대주의자들일 것이다. 이들은 문화 형태의 유연성이 거의 무한대에 가깝다고 주장함으로써 인간의 보편성이 존재한다는 생각을 거부했다. 물론 문화 간에는 무한한 차이가 존재하지만, 문헌에 남겨진 인간의 보편성도 수없이 많은 것이 현실이다.[20] 그중 많은 부분을 이 책에서 살펴볼 것이다. 우리가 대부분의 동물과 비교해서 독특한 것이 있다면 호모 사피엔스는 문화적 동물이자 생물학적 동물이라는 사실이다.

주장 4

진화심리학의 관심은 인간의 보편성을 보여 주는 데 있지만, 대부분의 사회과학자는 행동의 이질성이나 다양성(어떤 소비자는 코카콜라를 선호하고, 다른 소비자는 펩시콜라를 선호하는 이유 등)을 이해하는 데 관심이 있다. 따라서 진화론과 이와 관련된 생물학적 형식주의는 소비자 관련 현상을 설명하는 데는 중요하지 않고 상관도 없다.

반증

진화심리학자들이 인간의 보편성을 확인하려는 것은 사실이다. 하지만 이들은 개인차를 일으키는 적응 요인을 이해하는 데도 똑같이 관심이 있다. 성격 연구는 진화론의 관점에서 개인차를 탐구하는 방법을 보여 주는 완벽한 사례다. 분명히 고정된 특성(우리는 모두 한 손에 다섯 손가락을 가지고 있다 등)과는 달리, 성격은 사람마다 크게 다르다. 왜 이런 일이 일어날까? 진화론은 이런 차이를 어떻게 설명할 수 있을까? 답은 단순명쾌하다. 가능한 모든 사회적, 환경적 상황에 들어맞으면서 독특한 최적의 성격 유형이란 없다. 세 가지 성격 유형(P1, P2, P3)과 세 가지 사회적 틈새(S1, S2, S3)만 있다고 가정해 보자. P1은 사회적 틈새 S3, P2는 사회적 틈새 S2, P3은 사회적 틈새 S1에서 최적일 수 있다. 하나의 최적 성격 프로필에 대응하는 보편적인 고정 특성은 있을 수 없다. 다시 한번 강조하자면 개인차를 이해하는 것은 진화론의 관점에서 매우 중요하다.

즉, 진화론은 다음과 같은 질문들에 모두 답할 수 있는 유일한 틀이다.[21] 어떤 유형의 소비자 현상이 보편적으로 유효한가?(알려진 모든 사회에서 남성은 하드코어 포르노물의 압도적인 소비자다. 9장 참조) 생물학적인 이유 때문이라 할지라도 문화적으로 결정되는 것은 무엇인가?(양념 사용은 특정 환경에서 식품 속 병원균 밀도와 관련이 있지만, 문화마다 다양하다. 2장 참조) 독특한 개인 차이(A는 볼링을 좋아하고, B는 책 읽기를 좋아함) 또는 독특한 문화적 전통(스위스는 이집트 사람들보다 초콜릿을 더 많이 소비함)에 기인하는 것은 무엇인가? 그렇다고 해서 진화론이 모든 소비자 선택을 설명할 수 있다는 것은 아니다. 하지만 진화론은 우리 소비 본능의 생물학적 기초를 이해할 수 있는 매우 강력한 틀을 제공한다.

주장 5

진화론은 대체로 허위임을 증명할 수조차 없을 정도로 공상적이고, 사후에 정교하게 끼워 맞춘 이야기들로 구성되어 있다.

반증

내 생각에 이는 가장 짜증 나는 주장이다. 유감스럽게도 진화론을 잘 모르면서 안다고 착각하는 학자들이 종종 제기하는 주장이기 때문이다. 지금까지 축적한 증거 수로 과학 이론의 순위를 매긴다면 진화론은 맨 꼭대기에 있을 것이다. 그렇지만 진화론에 기초한 이론이 방대하다는 특성 때문에 실제로는 진화론의 원칙들을 반박하기가 다른 이론보다 쉽다.[22] 예를 들어 양육 투자 가설parental investment hypothesis[23]은 유성생식 종의 경우에 양육 부담을 더 많이 지는 성性이 일반적으로 체구가 더 작고, 덜 공격적이며, 짝짓기 선택에서 더 신중한 경향을 보이는 등 성적으로 절제될 것이라고 가정한다. 실제 대부분의 종은 암컷이 더 많은 양육을 부담하고, 따라서 일반적으로 더 작고, 덜 공격적이며, 성적으로 절제되어 있다. 하지만 훨씬 더 적은 수일지라도, 예를 들면 주로 뉴기니에서 발견되는 타조 비슷한 화식조라는 새처럼 수컷이 더 많은 양육을 부담하는 종도 있다. 따라서 이 경우 양육 투자 가설에 따르면 성별 간 관찰 가능한 차이 양상을 일컫는 성적 이형성sexual dimorphisms이 완전히 역전된다.[24] 이처럼 양육 투자 가설은 데이터로 정확히 증명된다. 따라서 반증도 매우 쉽다. 만약 인류 역사에서도 여성이 남성보다 성적으로 더 공격적인 문화가 발견되거나, 성적 이형성의 패턴이 이 이론과 일치하지 않는 유성생식 종이 발견되면 양육 투자 가설은 반증할 수 있다. 하지만 양육 투자 가설은 수백만 종이 존재함에도 여전히 유효하다. 그렇다고 진화론의 원칙을 반증할 수 없다는 것은 아니다. 오히려 진화론의 원칙은 일반적으로 사실이기 때문에 끊임없이 이어지는 모든 끈질긴 반증 시도를 견뎌 왔다고 할 수 있다.

주장 6

진화론은 신이 존재하지 않는 세계를 믿는다. 그래서 점점 늘어나는 무신론, 세속주의, 그리고 휴머니즘 운동의 일부가 되고 있다. 신新무신론 운동[25]의 핵심 인사 리처드 도킨스와 사회 참여 지식인 크리스토퍼 히친스, 당신들은 반유신론적인 진화론을 믿은 대가로 지옥에서 썩어야 할 것이다.

반증

진화론이 생물학적 형태의 진화를 단순명쾌하고 완벽하게 설명하는 과정에서 신을 중요한 서사에서 몰아낸 것은 사실이지만, 진화론의 존재 이유는 종교 문제에 대해 어떤 주장도 하지 않는 데 있다. 진화론이 천지창조 이야기와 그 '과학적' 파생물인 창조론과 지적 설계 등과 일치하지 않는 것은 분명하다. 하버드 진화론자이자 고생물학자인 스티븐 제이 굴드는 종교와 과학(진화론)의 영역은 겹치지 않는다는 이른바 노마NOMA, Non-Overlapping Magisteria 원칙을 제안했다. 구체적으로 그는 과학은 자연 세계에 대한 경험적 진실을 이해하려고 하지만, 종교는 도덕뿐만 아니라 실존적 문제도 다룬다고 했다.[26] 이렇게 굴드는 모든 이의 관점을 포용하며 회유하는 세계관을 제안함으로써 종교 신자들을 달래려고 했다.

이와 관련해서 나는 이런 타협 프로그램에 격렬하게 반대하는 도킨스나 다른 신무신론자들과 같은 입장이다. 도덕성은 확실히 과학적 검토 범위에도 포함되며 종교의 유일한 영역이 아니다.[27] 실존적인 문제에 관해서도 죽음에 대한 두려움을 누그러뜨리는 데서 종교가 더 우월한지는 분명하지 않다. 이 문제에 관해서는 8장에서 더 상세하게 다루겠다. 다만, 진화론이 실로 폭넓은 종교적 교리에 치명타를 입히며, 일반적으로 과학자, 특히 진화 과학자 중에 무신론자가 많다고 해서 진화론을 무신론과 결부하는 것은 엄밀히 말해서 옳지 않다.

주장 7

진화론은 간통, 강간, 아동학대와 같은 비난을 받아 마땅한 행동을
해명한다는 점에서 도덕적으로 위험하다. 이렇게 함으로써 진화론
은 이런 잘못된 행동들을 자연 질서의 일부로 묵인하고 정당화한다.

반증

앞서 언급했듯이 이런 주장은 췌장암을 연구하는 종양학자라면 암
을 정당화하고 묵인할 것이라는 주장과 같다. 어쨌든 암은 우리 자
연계의 일부이므로 암 연구로 '시간을 낭비하는' 사람들은 암을 두
둔하는 사악한 동기가 있으리라는 것이다. 하지만 진화심리학자들
은 특정 현상을 정당화하거나, 변명하거나, 묵인하기 위해 연구하지
않는다. 이들은 우리를 둘러싼 세상을 더 잘 이해하는 수단으로 과
학적 방법을 적용하는 모든 과학자와 다르지 않다(과학적인 방법은 관
련 데이터의 수집과 분석을 통한 가설의 실증적 시험을 포함한다). 진화심리학
자들은 이른바 자연주의적 오류, 즉 오로지 사실의 명제만을 근거로
도덕적 가치 판단의 명제를 끌어내는 논리적 오류를 범하지 않는다.
첫 번째 주장에 대한 반증에서 설명했듯이 진화론자들은 사악한 행
동을 정당화하기 위해 한 덩어리로 뭉친 초유기체supra-organism가 아니
다. 이들의 유일한 초점은 진화의 렌즈로 알려진 과학적 방법을 사
용해서 행동을 설명하는 것이다.

주장 8

진화론은 인간을 끝없이 '적자생존' 투쟁을 벌이는 잔인하고 이기적인 존재로 상정한다. 그렇다면 친절과 사랑, 동정심은 어떻게 설명할 것인가?

반증

이런 견해는 영국 시인 알프레드 테니슨 경의 유명한 시구 '이빨과 발톱이 온통 붉은 피로 물든 무자비한 자연Nature, red in tooth and claw'[28]처럼 자연을 폭력적이고 잔인하다고 보는 포괄적인 관점의 일부다. 진화론이 인간을 천박한 동물적 본능만을 추구하는 짐승으로 취급한다는 시각이다. 이는 수많은 진화론 지지자가 되풀이해서 설명해 왔지만, 아무 소용이 없는 또 다른 우려다. 인간은 경쟁하는 능력과 협력하는 능력을 두루 갖췄다. 이들은 이타주의와 친절, 관대함과 같은 놀라운 행동을 할 수 있다. 인간에게는 잘 발달한 도덕적 양심이 있다. 이들은 연인이나 가족, 또는 친구로서 심오한 사랑을 나눈다. 이런 모든 능력은 인간을 잔인하고 폭력적이고 경쟁적이며 복수심을 갖게 하는 진화 메커니즘에서 생겨났다. 4장과 5장에서는 특히 친척과 친척이 아닌 사람들에 대한 이타주의의 진화적 근원을 다루면서 주장 8에 대한 상세한 논거를 제시한다.

주장 9

인구 집단 수준에서는 진실인 사실과 반대되는 개별 수준의 데이터를 제시하면 특정 진화론의 원칙을 충분히 반증할 수 있다. 예를 들면 남성이 보편적으로 젊은 여성을 선호한다는 전제는 나이 든 여성을 선호하는 남성이 한 사람이라도 있으면 무효가 된다.

반증

인간종 내에서 남성의 신체가 여성보다 더 크다는 사실은 생물학적 사실이다. 이는 한 여성이 한 남성보다 키가 크거나 몸무게가 무겁다는 사실로 무효가 되지는 않는다. 사실 미국 여자프로농구협회에 속한 대부분의 여자 선수는 많은 남성보다 키가 크다. 오프라 윈프리는 타이거 우즈보다 몸무게가 더 나가고, 전 여자 프로레슬러인 차이나는 코미디언 크리스 락보다 덩치가 더 크다. 이런 사례를 수천 가지 더 제시할 수 있겠지만, 그래도 남성이 여성보다 키가 크고 몸무게가 더 나간다는 보편적인 사실은 여전히 유효하다.

인구 집단 수준에서 남성이 여성보다 가벼운 성관계에 더 관심이 있다고 하는 주장은 특정 남성들보다 성적으로 더 자유분방한 한 여성의 사례("조 삼촌은 평생 한 여자와 함께했지만, 제니 이모는 수많은 남자를 만났어요."와 같은 사례)로 인해 무효가 되지 않는다. 설령 제니 이모는 실직한 배관공과 결혼할 수 있겠지만, 일반적으로 여성들은 사회적 지위가 높은 남성들을 선호한다. 애쉬튼 커쳐가 열다섯 살 연상인 데미 무어와 결혼했었지만, 보편적으로 남성들은 젊은 여성들과의 결혼을 선호한다. 그림 1은 남성과 여성의 키 차이에 관한 통계를 이용해서 이런 사실을 보여 준다.

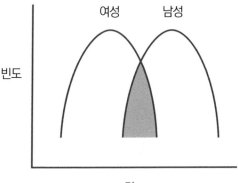

그림 1. 왼쪽 종형 곡선은 여성의 키 분포를, 오른쪽 종형 곡선은 남성의 키 분포를 나타낸다. 남자의 평균 키는 여자보다 크지만, 두 분포에는 겹치는 부분이 있다. 남자보다 키가 큰 여자도 있다. 그렇다고 해서 남성이 여성보다 키가 크다는 사실이 무효가 되지는 않는다.

이 책의 로드맵과 주요 시사점

생물학이 소비자 행동에 영향을 미치는 무수한 방식을 인식하는 것은 소비자와 마케터, 정책 입안자 모두에게 많은 시사점을 안겨 준다. 지금부터 이런 시사점을 살펴보도록 하자.

소비자들에게 주는 시사점

'너 자신을 알라'라는 말처럼 우리의 소비 동인을 부채질하는 생물학적 힘에 대한 통찰력 있는 지식을 갖추고 자기 자신을 정확하게 이해하는 목적은 우리 자신을 자유롭게 하고 힘을 실어 주기 위함이다. 지금부터 이 책에서 살펴볼 내용을 질문 형식으로 요약해 본다.

- 왜 남성들은 포르쉐를 몰 때 테스토스테론 수치가 올라갈까? 북미에서 대부분의 자동차 수집가와 페라리 소유주의 99%가 남성인 이유가 뭘까?[29]
- 왜 소비자들은 비싼 명품 브랜드에 대한 과시적 소비에 몰두할까?
- 생리 주기는 입는 옷과 먹는 음식의 종류, 참여하는 활동 등 여성의 소비에 어떤 영향을 미칠까?
- 왜 남성들은 하이힐에 그토록 매료될까?
- 경제 위기 때 여성의 패션 스타일이 더 과감해지는 이유는?
- 향수를 선호하는 경향이 면역유전학적 특성에 대해 말해 주는 것은 뭘까?
- 친조부모와 외조부모는 모두 손자 손녀에게 똑같은 시간과 노력을 들일까?
- DNA 친자 확인 검사의 의무화에 대한 남성들의 지지율이 여성들보다 높은 이유는 뭘까?
- 개는 주인을 닮을까?
- 패션 산업은 우리의 타고난 소속 욕구를 어떻게 이용할까?
- 장난감을 남아와 여아의 타고난 놀이 선호에 맞게 만드는 걸까, 아니면 장난감이 아이들을 성별에 따라 다른 놀이를 선호하도록 하는 걸까?
- 왜 남성들은 과격한 포르노물을 더 선호하고 여성들은 가벼운 성애물을 더 선호할까?
- 왜 종교가 지금까지 고안된 가장 성공적인 산물일까? 좀 더 일반적으로 말하자면, 소비자들이 종교적인 서사나 화장품 회사가 퍼트리는 혹은 자기계발 전문가가 만들어낸 이야기와 같은 희망 마케팅에 쉽게 넘어가는 이유는 뭘까?

앞선 각각의 질문을 비롯한 수많은 다른 질문에 대한 해답은 '호모 컨슈머리쿠스'가 수백만 년의 진화를 거쳐 형성된 진화론적 유기체라는 사실을 인식하는 데 있다. 우리의 소비 행동은 생물학적 유산이 발동한 것으로 봐야 한다. 이 책을 읽은 독자들이 소비자로서 우리의 선택이 인류 공통의 생물학적 유산임을 보여 주는 수많은 방식을 이해하기를 바란다.

마케터들에게 주는 시사점

소비자는 모든 마케팅 시스템의 중심에 있다. 따라서 마케터에게는 소비자 행동에 대한 이해도를 높이는 통찰력이 필요하다. 지금까지 많은 마케팅이 생물학과 진화론 바깥에서 이루어져 온 결과 마케터들이 소비자 행동을 제대로 이해하지 못했다. 마케터들에게 주는 가장 근본적이고 핵심적인 교훈은 소비자가 문화적·시간적 환경을 초월하는 많은 인간적 보편성을 보인다는 인식이다. 따라서 사람들은 공통된 소비자 본능을 지니고 있는데 이는(많은 마케터가 믿는 것처럼) 미국 문화 제국주의 패권 때문이 아니라, 인도네시아와 브라질, 일본, 이집트 소비자들을 하나로 묶는 공통점이 우리가 공유하는 생물학적 역사에 뿌리를 두고 있기 때문이다.

마케터들이 얻을 수 있는 두 번째 폭넓은 교훈은 대다수 소비재 기업의 성공에 필수적인 신제품 개발에 관한 것이다. 자연 선택이 가장 성공적이고 많이 팔리는 제품 디자이너라는 사실을 인식하는 마케터는 드물다. 생물체의 특성, 구조, 원리를 산업 전반에 적용하는 생체모방biomimicry이라는 새로운 기술 분야는 자연 선택이 신제품의 설계 또는 기존 제품의 개선에 어떻게 이바지하는지 잘 보여 준다(10장 참조). 흥미롭게도 냄새 식별에 있어서 개의 코는 인간이 만든 그 어떤 기계보다 뛰어나다. 도마뱀붙이gecko의 발바닥은 인간이 만든 어떤 합성 화합물과도 비할 수 없을 만큼 접착력이 강하며, 거미줄은 인간이 만든 어떤 물질보다 더 질기고 강하다. 각각의 사례에서 자연 선택은 최적의 '제품'에 도달하는 데 수백만 년이 걸렸다. 마케터들과 정책 입안자들은 자연 선택에서 '제품 설계 방법'을 배우면 도움이 될 것이다.

앞으로 다루게 될 마케팅 관련 몇 가지 질문을 소개하면 다음과 같다.

- 진화한 선호도에 맞지 않아서 실패할 수밖에 없는 제품을 미리 알 수 있을까? 예를 들면 한 로맨스 소설 출판사가 최근 남자 주인공들을 이 문학 장르에서 전형적으로 묘사되는 전통적인 주인공들보다 더 '섬세한' 성격으로 묘사한 새로운 소설들을 출간했다. 결론적으로 이 전략은 실패했다. 이 시장의 압도적 다수를 차지하는 여성들은 '점잖고 섬세한' 남성상에 관심이 없다. 이는 남자 주인공에 관한 여성들의 진화에 기초한 짝짓기 선호와 맞지 않기 때문이다.
- 광고에 쓸 수 있는 미인의 보편적인 이미지란 게 있을까? 광고에서 성적 형상화는 문화적 환경 전반에서 비슷한 방식으로 일어날까?
- 기업은 언제 지역 광고 전략을 쓰고 언제 글로벌 광고 전략을 써야 할까?
- 우리의 진화한 감각에 호소하는 특정 소매 환경이나 도시 환경이 있을까?
- 왜 성공한 패스트푸드 레스토랑들은 하나같이 '맛있는 고열량 식품'을 제공하는 걸까?
- 어떻게 하면 마케터들이 타고난 감각적 선호를 이용해서 성공적인 브랜드를 만들 수 있을까? 예를 들면 텔레마케팅이나 라디오 광고에서 보편적으

로 호소력을 발휘하는 목소리 유형이 있을까?

- 고객과의 관계 형성과 유지, 발전을 강조하는 관계 마케팅relationship market-ing은 진화한 인간 본성에 어떻게 부합할까?

- 오스트리아 정신의학자 알프레드 아들러는 형제 자매간 출생 순서가 각각의 라이프스타일 형성에 영향을 준다고 보았다. 출생 순서birth order를 새로운 혁신 기술 제품 사용자를 세분화하는 데 사용할 수 있을까?

- 손가락 길이 비율 또는 얼굴 특징 등 진화적으로 의미 있는 형태학적 단서에 따라 소비자를 세분화할 수 있을까?

궁극적으로, 소비자 행동을 이끄는 생물학적 힘의 이해는 마케터의 능력을 강화하여 소비자 욕구와 필요를 잘 채워줄 제품을 개발하도록 한다.

정책 입안자들에게 주는 시사점

미국 FDA, 연방거래위원회 등 수많은 정부 기관은 소비자 이익 보호가 책무다. 정책 입안자들의 실질적인 관심은 소비를 가장 과학적으로 정확하고 완전하게 이해하는 데 있다. 부적응 소비maladaptive consumption(9장 참조)의 생물학적 뿌리를 인식하지 못하는 체계에서는 최적의 개입 전략이 나올 수 없다. 대부분의 사회적 마케터들은 태어날 때 인간의 마음은 백지상태라고 전제하며 업무를 수행한다. 이들은 소비자들의 '불합리한' 행동은 불완전한 정보(마음이 '올바른' 정보로 채워지지 않음) 또는 부정적인 사회화에 대한 노출(마음이 '그릇된' 정보로 채워짐) 때문으로 추정한다. 여기서 나는 '부정적인 사회화'에 대한 몇 가지 사례를 제시한다. 하지만 이 사례들에서 추정하는 사회화와 나쁜 행동의 관련성을 뒷받침하는 증거는 미약하다.

- 포르노에 대한 노출은 강간으로 이어진다. 그러므로 포르노를 규제해야 한다.
- 폭력적인 비디오 게임과 영화는 폭력으로 이어진다. 따라서 우리는 이런 비디오와 영화 콘텐츠를 규제해야 한다.
- 경찰 영화에 나오는 자동차 추격 장면은 난폭한 운전으로 이어진다. 따라서 우리는 이런 영화 콘텐츠를 규제해야 한다.
- 패스트푸드 광고에 대한 노출이 아동 비만을 일으킨다. 따라서 우리는 이런 광고 콘텐츠를 규제해야 한다.
- 예쁘고 마른 여성 이미지에 대한 노출이 섭식 장애를 일으킨다. 따라서 이런 이미지들을 규제해야 한다.
- 힙합과 랩은 여성 혐오적 태도로 이어진다. 그러므로 이런 가사 내용을 규제해야 한다(1980년대 특정 레코드 표지에 경고 스티커를 붙이도록 음반 업계에 압력을 행사한 앨 고어 전 미국 부통령 부인 티퍼 고어 여사의 운동을 떠올려 보라).
- 바비 인형과 지아이조 캐릭터 인형은 성에 대한 고정관념을 조장한다. 그러므로 우리는 장난감 제조업자들이 성性 중립적인 장난감을 만들도록 요구해야 한다.

결론적으로 정책적 관점에서 해결책은 새로운 정보 제공 또는 나쁜 정보 규제로 압축된다. 두 경우 모두 정책 추진에 비용은 많이 들지만,

효과는 미미할 수 있다.

그렇다고 해서 소비자를 교육하려는 정부 정책이 항상 실패한다는 말은 아니다. 예를 들어 재활용 계획은 환경 편익에 관한 체계적인 소비자 교육 덕분에 대부분 성공적이었다. 하지만 특정 상황에서 어떤 정보가 필요한지 인식하는 것이 더 중요하다.

십 대 청소년들에게 난폭 운전은 사망 사고로 이어질 위험이 있다고 일깨우는 것은 좋은 전략이 아니다. 젊은이들이 이런 무모한 행동을 하는 이유는 이런 행동이 위험하고, 따라서 자신들의 용기를 뽐낼 수 있기 때문이다(즉, "나는 죽음에 직면했지만, 다친 곳 하나 없이 빠져나왔어. 어떤 사람은 그러지 못했지만 말이야."라고 우쭐대고 싶은 것이다).[30]

마찬가지로 젊은 여성들에게 과다한 일광욕으로 인해 30년 후 흑색종에 걸릴 위험을 경고하는 것보다 피부미용에 미치는 악영향(주름 등)을 보여 주는 것이 훨씬 효과적일 것이다. 즉각적 편익을 위해 미래의 비용을 할인하는 것이 진화의 메커니즘이기 때문이다.

젊은 남성 흡연자들에게도 발기부전이라는 즉각적인 위험성을 보여 주는 것이 50대에 심장 질환에 걸릴 잠재적 위험성을 교육하는 것보다 더 강력한 효과가 있다.

그 외 정책 입안자를 위한 실질적인 시사점은 다음과 같다.

• 제약회사와 생체의학 기업들은 진화론에 의존해 백신 접종처럼 막대한 사회적 편익을 주는 수많은 제품과 프로그램을 개발해 왔다. 하지만 흥미롭게도 자연 선택은 항생제에 내성이 있는 슈퍼박테리아를 낳았다. 인간은 항생제 과잉 처방 혹은 처방받은 치료를 따르지 않는 환자의 잘못 등을 통

해 이런 슈퍼박테리아가 진화하도록 선택 압력을 가했다. 결론은 진화론이 소비자의 건강관리에 매우 중요하다는 것이다.

- 특정 인구통계학적 집단이 일반적으로 특정한 부적응 소비에 더 취약하다는 인식(9장 참조)이 있다. 예를 들어 남성들은 도박 중독, 포르노 중독, 과도한 위험 감수 등에 빠질 가능성이 훨씬 더 크고, 대부분의 여성은 충동구매, 섭식 장애, 과도한 일광욕 등의 습관에 빠지기 쉽다. 이런 보편적인 역학적 현실 이면의 이유를 이해하면 목표를 정확히 겨냥한 개입 전략을 더 많이 세울 수 있다.

- 우리의 생물 애호 본성(자연 애호 본능)을 이해하면 진화에 기초한 풍경 선호와 일치하는 작업 공간, 상업 시설, 도시, 병원 등을 창조할 수 있다(2장 참조). 한 예로 창문이 있는 병실의 환자들은 창문이 없는 병실의 환자들보다 회복이 더 빠르다. 미국 도시들의 공공 주택 공급 프로젝트는 공동체의 사회성을 촉진하는 녹색 환경을 개발하는 대신 애초부터 잘못 설정한 평가 지표(건축 비용 최소화 등)의 최적화를 도모한 결과가 어떤지 잘 보여 주는 주요 사례다.

정책 입안자들에게는 소비자의 복지를 보호하는 개입 전략을 제정해야 하는 부담스러운 책임이 있다. 대다수의 정책 입안자가 진화생물학이 우리의 선호와 선택, 행동을 어떻게 형성하는지 모른다면 이런 목표는 완전하게 실현될 수 없다. 말할 필요도 없이 소비자 복지와 관련된 가장 효과적인 사회 정책을 추진해 나가려면 우리의 유전자와 우리의 독특한 인생 경험 사이의 상호작용을 정확하게 이해해야 한다. 결국, 소비자로서 우리의 행복은 문화적·생물학적 요소들의 복잡한 상호작용에 달렸다.

결론

소비자는 문화적 존재이자 생물학적 존재다. 수많은 소비자 관련 선호와 필요, 욕구가 문화적 환경에 따라 다르지만, 대개 비슷한 것도 많다. 이는 이런 선호와 필요, 욕구가 공통되는 소비자 본능을 나타내기 때문이다. 때로는 문화 간 소비자 차이 자체가 생물학적 힘에 기인하기도 한다(다시 말해 본성이 양육을 형성하기도 한다). 자연 선택과 성 선택이라는 이중의 진화론적 힘으로 형성된 공통의 생물학적 유산이 우리를 이른바 소비자 지구촌의 일원으로 뭉치게 한다. 궁극적으로 우리 소비 본능의 진화론적 뿌리를 인식하는 것은 인간으로서 우리의 공통 선호와 필요, 그리고 욕구를 이해하는 데 큰 도움이 된다.

2장

먹기 위해 산다

우리는 먼저 먹고, 그 다음에 다른 일을 한다.

메리 프랜시스 케네디 피셔[1], 미국 음식 평론가 및 저술가 자연 선택은 유기체가 번식하고 유전자를 물려주기 충분할 정도로 오래 살아남을 가능성을 높여 주는 특성과 행동을 채택한다. 모든 유기체가 추구하는 가장 근본적인 목표는 생존이다. 모든 동물이 직면한 가장 중요한 생존 과제는 생존에 필요한 열량을 얻는 것이다. 게다가, 먹이 사슬 정점에 있는 최상위 포식자가 아니라면 다른 동물의 먹이가 되는 불행도 피해야 한다. 따라서 많은 생존과 관련한 적응은 먹이 구하기 및 포식자 피하기와 관련이 있다. 그러면 이 두 가지 생존 문제가 소비자 분야에서는 어떻게 나타나는지 살펴보자.

가장 게으른 동물이 나무늘보라면 가장 부지런한 동물은 벌새다. 기초대사량이 엄청나게 높은 벌새는 매일 자기 체중보다 더 많은 먹이를 먹어 굶주림을 예방한다. 회색 곰은 해마다 생존을 위한 처절한 사투를 벌인다. 이들은 동면에 들어가기 전에 충분한 열량을 섭취하고 비축해야 한다. 필요한 지방층을 채우지 못하면 죽음에 이를 수도 있다. 회색 곰이 이런 생존 적응 문제를 해결하는 전략은 산란을 위해 강을 거슬러 올라오는 연어를 잔뜩 잡아먹는 것이다.

일반적으로 고열량 음식을 먹는 행위는 수많은 종의 적응 전략이다. 열량 부족과 열량 확보 불확실성은 모든 동물이 마주하는 주요 생존 문제이기 때문이다. 인간도 예외는 아니다. 대부분의 인간 진화 역사에서 우리는 열량 공급원을 쉽게 구할 수 없었다. 우리는 열량 부족과 열량 확보 불확실성에 따른 진화 압력을 거듭 받아 왔다. 이에 따라 우리에겐 이른바 '절약 유전자형thrifty genotype'이 생겼다. 우리는 심각한 식량 부족에 대비한 진화적 적응으로 식량이 풍부할 때 지방을 신속하게 저장하는 생리적인 능력과 이와 관련한 행동을 타고났다.[2]

식량 관련 적응이 소비자 영역에서는 어떻게 나타날까? 전 세계 사람들은 보편적으로 기름지고 열량이 높은 음식을 선호한다. 즉, 우리의 미각은 브로콜리보다 햄버거를 선호하도록 진화했다. 성공한 다국적 패스트푸드 기업들에서 한 가지 공통점을 발견하는 것은 놀라운 일이 아니다. 이들은 소비자의 입맛에 맞춰 맛있고 기름진 음식을 제공한다. 외식업계 전문지 〈레스토랑스 & 인스티튜션스Restaurants & Institutions〉는 매년 가장 잘나가는 400대 레스토랑 가맹점 순위를 발표한다.[3] 2007년과 2008년 2년 연속 상위 10위에는 1위부터 순서대로 맥도날드, KFC, 버거킹, 스타벅스, 써브웨이, 피자헛, 웬디스, 타코벨, 도미노피자, 던킨도너츠 등이 포함되었다.

이 레스토랑들의 공통점은 뭘까? 이들을 이토록 성공으로 이끈 요인은 뭘까? 이들은 우리의 진화된 미각에 호소하는 고열량 음식을 만들어 판다. 맥도날드가 기억에 남는 광고를 많이 만들어 낸 사실에 이의를 제기하는 사람은 아무도 없다. 이런 광고는 새로운 수요를 창출하거나 새롭고 의미 있는 정보를 제공하기 위한 것이 아니다. 그보다는 당신의 혈당수치가 낮아지고 배고파서 꼬르륵 소리가 날 때 맥도날드의 황금 아치를 제일 먼저 떠올리게 한다. 고단백질 식품만 먹고 탄수화물 식품은 피하는 식이요법으로 황제 다이어트로도 알려진 앳킨스 다이어트Atkins diet는 기름진 음식을 좋아하도록 진화한 인간의 기호를 이용해서 상업적으로 성공을 거뒀다. 지방이 풍부한 연어를 좋아하도록 진화한 회색곰의 기호와 마찬가지로 사람도 본능적으로 달걀과 스테이크, 베이컨 등 기름진 음식을 좋아한다. 이처럼 어떤 제품의 성공은 진화한 성향에 얼마나 맞느냐에 달렸다.

살기 위해 먹지만, 먹기 위해 살기도 한다

음식에 대한 인간의 집착은 다양하게 나타난다. 〈푸드 네트워크Food Network〉라는 음식을 주제로 한 전문 방송 채널의 존재가 그 증거다. 예를 들어 첫 데이트, 바르 미츠바, 결혼식, 추수감사절 저녁 가족 모임, 친구들이 서로 초대하는 생일 파티, 그리고 심지어 장례식에 이르기까지 거의 모든 중요한 의식과 통과의례에는 음식이 나온다. 사실 우리 인생의 중요한 행사마다 산해진미가 풍성하게 차려진다. 그렇다면 많은 문화적 산물에서 음식이 주요 주제가 되는 것도 놀라운 일이 아니다. 음식 관련 그림으로는 최후의 만찬을 그린 유명한 작품들, 에두아르 마네의 〈풀밭 위의 점심 식사〉와 르누아르의 〈선상 파티의 점심〉과 같은 인상파 작품들, 그리고 최근에는 팝 아티스트 앤디 워홀이 그린 32점의 연작 〈캠벨 수프 통조림〉 등이 있다. 〈앨리스〉, 〈스리스 컴퍼니〉, 〈치어스〉, 영국 코미디 〈폴티 타워스〉 등 몇몇 매우 성공적인 시트콤은 음식과 관련된 장소를 배경으로 하거나 수많은 음식 관련 주제를 다뤘다. 음식 관련 영화도 로맨틱 코미디, 드라마, 애니메이션 등 장르가 다양하다(이런 영화로는 〈줄리 앤 줄리아〉, 〈빅 나이트〉, 〈사랑의 레시피〉, 〈초콜릿〉, 〈라따뚜이〉, 〈그랑 부프〉, 〈러브 인 샌프란시스코〉, 〈초콜릿 천국〉, 〈담뽀뽀〉, 〈음식남녀〉, 〈마사의 부엌〉, 〈바베트의 만찬〉, 〈와인 미라클〉, 〈사이드웨이〉, 〈맛을 보여 드립니다〉, 〈달콤 쌉싸름한 초콜릿〉 등이 있다). 때로는 음식과 관련한 상징적인 장면으로 유명한 영화나 텔레비전 쇼도 있다. 문득 생각나는 장면으로는 〈나인 하프 위크9½ Weeks〉에서 일종의 전희 행위로 음식을 관능적으로 나눠 먹는 장면, 〈해리가 샐리를 만났을 때〉에서 샐리가 식당에서 가짜 오르가슴을 연기하는 장면, HBO에서 방영한 미국 드라마 〈소프라노스〉의 마지막을 장식한 식당 장면 등이 있다(한국 프로그램을 예로 들자면 〈백종원의 골목식당〉을 들 수 있다*).

하지만 뭐니 뭐니 해도 영어를 비롯한 여러 언어에 존재하는 음식 관련 숙어 수만큼 인간의 경험에서 음식이 차지하는 중요성을 생생하게 나타내는 척도는 없을 것이다. 몇 가지 재미있는 사례를 들어 보겠다.

영문	직역	의역
acquired taste	후천적 취향	인이 박인 맛
apple of my eye	내 눈의 사과	(눈에 넣어도 아프지 않을 정도로) 사랑하는 사람
as cool as a cucumber	오이처럼 시원하게	(오이처럼) 냉정하고 매우 침착한
as easy as apple pie	사과 파이처럼 쉬운	(식은 죽 먹기처럼) 쉽다
as sweet as honey	(꿀처럼) 달콤한	(꿀처럼) 달콤한
bad egg	나쁜 달걀	악당
bear fruit	열매를 맺다	열매를 맺다
big cheese	큰 치즈	세력가
bite off more than one can chew	캔 이상 씹어 먹기	힘겨운 일을 하다
bite the hand that feeds you	나를 먹여 살리는 손을 물다	배은망덕하다
born with a silver spoon in one's mouth	입에 은수저를 물고 태어나다	부잣집에 태어나다

영문	직역	의역
bring home the bacon	베이컨을 집으로 가져오다	밥벌이하다
can't stomach it	삼킬 수 없다	견딜 수 없다
chew the fat	지방 씹기	오래 이야기를 나누다
couch potato	소파 감자	(소파에 앉아 감자칩을 먹으며 TV만 보는) 게으름뱅이
cream of the crop	농작물의 크림	군계일학
cry over spilled milk	엎질러진 우유에 울다	(엎지른 물처럼) 이미 끝난 일을 한탄하다
eat dirt	흙 먹기	참고 견디다
eat humble pie	겸손한 파이 먹기	잘못을 인정하다
eat like a bird	새처럼 먹기	소식하다
eat like a horse	말처럼 먹기	아주 많이 먹다
eat one's words	자신의 말을 먹다	약속을 어기다
eat out of your hands	손에서 먹기	시키는 대로 하다
eat someone for breakfast	아침 식사로 누군가 먹기	(밥 먹듯이) 쉽게 이길 수 있다
food for thought	생각에 도움이 되는 음식	깊이 생각할 거리
forbidden fruit	금단의 열매	금단의 열매
fruit of one's labor	노동의 결실	노력의 결실
go bananas	바나나 가기	미친 듯이 화내거나 터무니없는 짓을 하다
goose is cooked	거위가 익었다	모든 희망이 사라지다
greatest thing since sliced bread	슬라이스 빵 이후 가장 위대한 것	기가 막히게 좋은 것
half-baked idea	반쯤 구워진 아이디어	섣부른 생각
have a bigger fish to fry	더 큰 물고기를 잡을 수 있다	더 중요한 일이 있다
have one's cake and eat it too	케이크도 먹고	두 마리 토끼를 다 잡다
having a lot on one's plate	접시에 가득차다	할 일이 태산이다
icing on the cake	케이크 위에 장식	금상첨화
in a nutshell	견과류 껍질 안에	간단히 말해서
like taking candy from a baby	아기에게 사탕을 빼앗는 것처럼	(아기한테서 사탕을 뺏는 것처럼) 아주 쉽다

영문	직역	의역
make a meal of it	식사 만들기	공들이다
meal ticket	식사권	밥줄
meat-and-potatoes guy	고기와 감자 남자	가장 기본적인
no free lunch	공짜 점심 없음	세상에 공짜는 없다
not my cup of tea	내 찻잔의 차가 아니다	내 취향이 아니다
out to lunch	점심 먹으러 나가기	이상하게 행동하는
packed in like sardines	정어리처럼 포장된	꽉 찬
pie in the sky	하늘의 파이	그림의 떡
piece of cake	케이크 조각	식은 죽 먹기
putting all of one's eggs in one basket	모든 달걀을 한 바구니에 담는 것	한 사업에 전 재산을 걸다
rub salt in one's wounds	상처에 소금을 문지르다	불난 집에 부채질하다
selling like hotcakes	핫케이크처럼 팔리다	날개 돋친 듯이 팔리다
spill the beans	콩을 흘리다	비밀을 무심코 말해 버리다
spoon-fed	숟가락으로 먹이기	과보호하다
take it with a grain of salt	소금 한 알과 함께 섭취하다	걸러서 받아들이다
that's the way the cookie crumbles	쿠키가 부서지는 방식이다	세상만사가 다 그런 거야
tub of lard	한 통의 돼지기름	뚱뚱보
walk on eggshells	달걀 껍질 위를 걷다	매우 조심스럽게 행동하다
work for peanuts	땅콩을 위한 일	쥐꼬리만큼 받고 일하다

이렇게 보면 인간이 음식에 집착한다는 사실은 분명해 보인다.

음식에 양념을 하는 이유

우리는 기름진 음식을 좋아하는 등 많은 음식 관련 선호를 타고나지만, 환경도 우리의 식성 형성에 중요한 역할을 한다. 물론 환경은 생물학적 전이를 통해 우리 취향에 영향을 준다. 한 예로 태아기와 출산 후 각각 양수와 모유 수유를 통해 이뤄지는 식품에 대한 노출이 생후 아이의 식품 선호에 영향을 미치는 것으로 나타났다.[4]

소비자 행동 강의에서 나는 종종 학생들에게 문화별로 고유한 소비자 관련 사례를 들어 보라고 한다. 그때마다 늘 한 명 이상의 학생이 우리 소비 습관 형성에서 문화의 중요성을 강조하기 위해 음식 소비 사례를 든다. 예를 들면 중국인은 프랑스인보다 쌀을 더 많이 먹고, 프랑스인은 중국인보다 치즈를 더 많이 먹는다. 카리브해 지역 음식은 영국 요리보다 훨씬 더 자극적이다. 독일 사람들은 맥주를 많이 마시고, 사우디아라비아에서 술은 아예 금지다. 여러 문화권에서 닭고기를 먹지만, 요리법은 근본적으로 다르다(레바논의 치킨 케밥이라고 할 수 있는 시시 타욱, 페루의 닭 꼬치구이 로티세리, 인도 펀잡 지방의 탄두리 치킨, 미국 남부의 프라이드 치킨 등). 태국의 전통 중에는 다양한 곤충과 애벌레를 진미로 여기는 식충성食蟲性이라는 식문화가 있다. 내 조국 레바논에서는 전통적으로 대부분의 서양인은 듣기만 해도 움찔할 만한 별미를 즐긴다. 이런 별미로는 소의 혀와 뇌, 골수, 염소 고환, 그리고 날고기를 불구르(쪘다 말린 밀가루*)와 곁들여 먹는 요리 등이 있다. 게, 새우, 가재 등 갑각류와 돼지고기는 유대교 율법에서 금지하고 있지만, 중국 뷔페에서는 빠질 수 없는 식재료다. 이런 사례를 들자면 끝이 없다.

문화인류학자들은 무엇이 이런 식문화의 차이를 만들었는지에 대한 아무런 설명도 없이 그저 여러 가지 요리 풍습 나열하기만을 즐긴다. 많은 식문화 전통이 독특한 문화적·역사적 요소에 기인하는 것은 의심할 여지가 없지만, 진화의 힘이 이런 식문화 차이를 형성하는 데 일조하지 않았을까?

코넬대학교 진화 과학자 폴 셔먼 교수에 따르면 많은 식문화는 지역 환경에 적응한 결과로, 그는 이를 '진화론적 요리법Darwinian gastronomy'이라고 부른다. 셔먼 교수 연구의 초점은 요리 전통의 특정 요소, 특히 고기 요리와 채소 요리에 양념을 얼마나 사용하는지 알아보는 데 있었다. 매우 자극적인 음식이 더 덥거나 추운 기후와 관련이 있을까? 우리는 멕시코, 태국, 카리브해 지역 음식이 자극적이라는 말은 많이 들어봤지만, 스웨덴, 캐나다 또는 영국 요리가 그렇다는 말은 들어본 적이 없다. 추론컨대 더운 지방 사람들이 양념을 더 많이 사용하는 것으로 보인다. 항균 가설antimicrobial hypothesis은 주위 온도와 양념 사용 간의 연관성을 설득력 있게 설명한다. 구체적으로 말하면 양념은 음식 병원균을 퇴치하기 위해 사용한다. 이런 양념의 효과는 추운 지방보다 더운 지방에서 더 크다. 더운 지방에서 병원균의 종류가 더 다양하고 유행 범위가 넓으며, 전파 속도도 더 빠르기 때문이다. 또한, 셔먼 교수와 그 동료들은 채소 요리보다 고기 요리에 병원균이 더 많을 가능성을 강조한다. 항균 가설의 이런 이론적 틀을 통해 연구진은 진화론의 관점에서 접근하지 않았다면 알 수 없었을 문화 간 식습관 차이를 예측할 수 있었다.[5]

셔먼 교수와 그 동료들은 두 논문에서 36개국의 요리책 내용을 분석했다.[6] 19개 언어군 중 16개 언어군으로 작성된 이 요리책들은 전 세계의 매우 이질적인 식문화를 포괄하고 있다. 연구진은 확인된 각 나라의 여러 고기 요리와 채소 요리를 각각의 조리법에서 요구하는 양념의 양에 따라 분류했고, 각 나라의 연평균 기온도 기록했다. 이 연구의 주요 결과는 식문화의 적응성을 증명하는 과정에서 꽤 흥미로운 사실을 밝히고 있다.

첫째, 양념의 사용은 실제로 한 나라의 주변 온도와 양(+)의 상관관계가 있으며, 이는 고기 요리와 채소 요리 모두에 해당한다. 둘째, 고기 요리의 경우 양의 상관관계가 더 뚜렷하다.

이 연구 결과는 국가 간 비교뿐만 아니라 중국이나 미국 등 단일 국가의 여러 지역 간에 양념 사용 양상을 비교할 때도 유효했다. 또한, 국가 간 양념 사용의 차이는 서로 다른 지역에서 해당 양념을 구할 수 있는지와는 무관한 것으로 나타나 생물학에 기초한 설명에 신빙성을 더해 주었다.

셔먼과 그의 동료 제니퍼 빌링 교수는 이렇게 결론을 내린다. "서로 다른 시대에 쓴 요리책은 단순히 진기한 물건 이상이다. 본질적으로 이 요리책들은 음식으로 인한 질병에 대항하여 공진화coevolution한 기록이 담긴 문헌이다. 양념을 사용하는 사람들은 먹기 전에 음식물의 병원균을 제거함으로써 자신과 가족, 손님의 건강과 장수, 체력에 이바지한다. 따라서 진화론적 요리법의 관점은 특정 지역 사람들이 자극적인 음식을 좋아하는 이유를 이해하는 데 도움을 준다."[7]

일본 고베대학교 요스케 오츠보 교수는 최근 항균 가설을 적용해서 일본 요리에서 양념과 식초의 사용 양상을 조사했다.[8] 예를 들면, 그는 고기 요리와 여름 요리법, 더운 지방 요리법, 가열하지 않는 요리법(초밥 등)이 채소 요리, 겨울 요리법, 시원한 지방 요리법, 가열하는 요리법보다 양념과 식초를 더 많이 사용해야 할 것으로 가정했다. 이런 가정은 두 가지 데이터 세트에서 사실임이 증명되었다. 흥미롭게도 일본 음식의 초절임 식습관은 환경에 적응한 결과지만, 이는 또한 일본 사회의 높은 위암 발병률과도 관련이 있는 것으로 나타났다.[9]

종교적으로 금기되는 많은 음식도 이런 진화론적 관점에서 분석할 수 있다. 예를 들어 육류와 비육류 재료의 식품 병원균 존재 가능성 차이에 비추어 볼 때, 모든 과일과 채소류는 유대교 율법에 맞는 것으로 여기지만, 많은 육류 기반 단백질 공급원은 그렇지 않은 것으로 여기는 것은 당연하다. 특히 굴과 조개류는 마비성 패류 중독을 일으키는 위험한 생물 독소를 함유할 수 있고, 아직 이에 대한 치료제도 알려지지 않았다. 이런 오염된 조개를 먹으면 30분 이내에 사망할 수도 있다. 문제는 어떤 조개가 감염되었는지 맨눈으로 식별할 수 없고, 수질이나 투명도로 미루어 오염 가능성을 정확하게 판단할 수도 없다는 데 있다. 마찬가지로 특정 지역에서 조개류를 잡아먹는 바닷새와 같은 다른 동물을 볼 수 있다는 사실도 오염 가능성을 정확하게 나타내는 지표로 사용될 수 없다. 오염된 생물을 조리해도 생물 독소는 제거되지 않는다. 마지막으로 이런 생물의 부패 가능성은 주위 온도가 높을수록, 그리고 냉장 보관이 안 될수록 커진다.[10] 냉장고가 없던 청동기시대에 중동의 푹푹 찌는 더위는 이런 생물들을 섭취할 적합한 조건이 아니었음을 쉽게 짐작할 수 있다. 고대 유대인들은 생물 독소의 존재를 몰랐고, 시각적 정보를 통해 오염원을 식별할 수도 없었다(따라서 문화적 학습을 통해 이런 지식을 전승할 수도 없었다). 그렇기에 조개류 섭취를 금지하는 '신성한' 칙령을 전했다.

어느 쪽이 더 그럴듯한 설명일까? 내 설명은 일관되고 간결한 과학적 사실들에 기반을 두고 있다. 종교적 설명은 인간의 음식 선택에 남다른 관심을 가진 신으로부터 비롯된다. 여기에는 근대 철학의 선구자인 영국 철학자 오컴의 면도날 법칙을 적용하는 것이 적절하다. 이 법칙은 특정 현상에 대한 두 가지 이상의 설명이 있을 때, 더 단순하고 더 간결한 설명이 낫다고 상정한다.

참고로, 먹어도 되는 동물과 안 되는 동물을 열거한 유대교 율법의 기원이 매우 인위적이라는 사실을 지적하지 않을 수 없다. 유대교 율법에 따르면 신은 멸종되었거나 현존하는 동물에 대한 지식이 제한적인 것으로 보인다. 유대교 율법에 기록된 모든 동물은 중동 지역과 청동기 시대에 한정되어 있기 때문이다. 공룡이나 매머드, 코알라, 라마, 북극곰, 아마존강돌고래, 화식조, 오리너구리 섭취에 대해서는 구체적인 언급이 없다.

유전자와 환경은 상호 작용한다

미국 흑인은 백인보다 비만이 될 확률과 고혈압 발병률이 훨씬 더 높다.[11] 일부 학자들은 미국 특유의 식습관이 원인이라고 주장한다(미국 남동부지역 사람들의 튀김 요리 선호 등). 생활 방식의 선택이 건강에 영향을 미치는 것은 분명하지만, 고혈압에 관한 최근의 몇몇 증거는 자연 선택의 힘과도 관련이 있을 수 있음을 시사한다. 널리 알려진 대로 고혈압은 염분이 주범이다. 고혈압 환자들을 위한 첫 번째 의학적 처방이 염분 섭취를 줄이는 것인 이유도 여기에 있다. 하지만 우리 몸의 염분 대사 능력은 유전자에 새겨져 있는 것으로 밝혀졌다. 다시 말해서 같은 양의 염분을 섭취해도 사람마다 염분 분해 능력이 다르다는 것이다.

특히 흥미로운 것은 염분에 대한 민감성과 수분 보유 능력에 관한 특정 유전자 다형성gene polymorphisms의 분포가 적도로부터의 거리와 관련이 있다는 것이다.[12] 적도에 더 가까이 사는 사람들일수록 수분 보유 능력이 뛰어난 유전자 다형성을 지니고 있다. 이런 유전자 다형성의 분포는 적도에서 멀어질수록 낮아진다. 이 연구는 특정 음식과 양념을 처리하는 인체의 대사 능력이 일부 선택 압력에 의해 형성된다는 사실을 증명하는 점에서 중요하다. 의학적인 관점에서 이런 정보를 아는 것은 매우 가치가 있다. 다른 모든 조건이 같다면 레바논 사람들은 러시아 사람들보다(체내에 충분한 수분 유지를 위해) 소금 섭취를 더 조심해야 할 필요가 있다.

우리 유전자에 새겨진 염분 대사 능력뿐만 아니라 소금에 대한 문화적 태도도 생물학적으로 유래된 것으로 보인다. 인류학자 수전 파먼Susan Parman은 문화별로 식생활에서 소금 섭취량과 문화적으로 규정된 소금에 대한 태도(쓸모없다는 뜻인 'not worth his salt' 등의 표현) 사이의 연관성을 탐구했다.[13] 파먼 교수는 식단이 주로 동물성 재료 중심이며 소금 섭취량이 많은 문화권이 주로 식물성 재료 중심이어서 소금 섭취량이 적은 문화권보다 소금에 대한 태도가 더 부정적이라는 사실을 발견했다. 즉, 생존에 매우 중요한 양념인 소금(염분 섭취는 병원균 감염으로 인한 치명적인 체액 손실을 막을 수 있음[14])에 대한 특정 문화권의 태도는 해당 문화권 사람들이 역사적으로 먹어온 식단과 밀접한 관련이 있다. 파먼 교수의 연구는 많은 문화권 특유의 관습과 태도가 생리적 현실에 의해 형성되는 것을 재확인해 준다.

식생활 영역에서 유전자와 문화 공진화의 가장 설득력 있는 사례 중 하나는 유당 내성lactose tolerance의 지리적 분포이다. 역사적으로 목축 생활을 하면서 유제품을 많이 섭취해 온 사람들은 유당분해효소를 지속해서 생성하는 대립형질을 지니는 유전적 선택을 받았다. 이 대립형질은 목축 생활을 하지 않은 중국인보다 역사적으로 목축 생활에 뿌리를 둔 유럽인들 사이에서 훨씬 더 흔하게 나타난다. 중국인은 인구의 1%만이 이 유전적 돌연변이를 지니고 있다.[15] 이는 어떻게 문화적 관행(목축 생활)의 빈도 차이가 인간의 유전적 변화를 불러올 수 있는지를 보여 주는 좋은 예이다. 유전자가 문화에 영향을 미치지만, 문화 또한 유전자에 영향을 미칠 수 있다. 즉, 인과관계가 양방향으로 작용한다. 놀랍게도 이 유전자와 문화 공진화 과정이 소의 유전자에도 영향을 미쳤다. 목축 사회에서는 송아지의 이유기를 앞당기는 소의 유전자가 흔하게 나타난다.[16] 이에 따라 목부들이 더 빨리 우유를 마실 수 있기 때문이다. 이 사례는 진화론이 문화와 다른 환경 요인의 중요성을 무시한다고 주장하는 사람들의 어리석음을 다시금 보여 준다. 목부들의 유전자와 소의 유전자 모두 문화적 관습, 즉 생활방식의 결과로 바뀌었다.

뷔페에 가면 과식하게 되는 이유

최근에 우리 가족은 멕시코 리비에라 마야로 2주간 휴가를 다녀왔다. 당시 나는 편안하게 쉴 수 있는 휴식이 절실했지만, 양껏 먹을 수 있는 뷔페의 유혹이 나를 함정에 빠뜨릴까 봐 겁이 났다. 나는 지난 3개월 동안 단백질 중심의 제한적 식이요법으로 상당한 체중 감량을 달성한 터라 게걸스러운 식탐이 14일 만에 내 노력을 물거품으로 만들지 않을까 걱정스러웠다. 나는 클럽메드와 샌들스 같은 리조트에서 몇 번 휴가를 보내면서 거기서 일하는 사람들과 이야기를 나눈 적이 있다. 이렇게 뷔페에서 식사하면 일주일에 2~3kg 정도 살이 찌는 게 보통이라는 것이 공통된 의견이었다. 그런데도 사람들은 왜 유혹을 뿌리치지 못하고 계속 뷔페를 찾는 걸까?

첫째, 뷔페는 우리의 타고난 음식 비축 성향에 맞다. 과거 우리 진화 과정에서 열량 부족과 열량 섭취 불확실성이 고질적인 생존 문제였다는 사실을 떠올려 보라. 기름진 음식을 마주했을 때 계속해서 음식에 '접근'하도록 우리 뇌를 설득하는 데는 큰 노력이 필요하지 않다.

둘째, 대부분의 사람은 뷔페에서 제공하는 매우 다양한 음식을 그냥 지나치기 힘들다. 몇 차례 연구에서 음식 가짓수가 늘어나면 그에 따라 먹는 양도 늘어난다는 이른바 '다양성 효과'가 증명되었다.[17] 이런 다양성 효과는 여러 가지 방법으로 확인할 수 있다. 먼저 음식 A, B, C, D를 제공하는 경우와 음식 A와 B만 제공하는 경우를 예로 들어 보자(두 가지 음식 군의 총열량은 일정하게 유지하는 것으로 가정한다). 예를 들면 A, B, C, D는 각각 닭 날개, 조각 피자, 감자튀김, M&M 캔디일 수 있다. 이 경우 다양성 효과는 네 가지 음식을 제공받았을 때 섭취하는 총열량이 더 많다는 결과로 나타날 수 있다.

다양성 효과를 확인하는 두 번째 방법은 음식 가짓수를 일정하게 유지하되 같은 음식을 한 가지 맛과 여러 가지 맛으로 제공하는 방법이다. 실제 사례에서 사람들은 한 가지 맛의 요구르트만 있을 때보다 세 가지 맛의 요구르트가 있을 때 요구르트를 더 많이 먹게 된다는 사실이 밝혀졌다.[18]

다양성 효과를 확인하는 세 번째 방법은 내가 가장 흥미롭게 생각하는 방법이기도 하다. 단지 특정 음식의 맛이나 향이 아닌 모양이나 색깔 등을 다양하게만 해도 음식 섭취량이 증가하는 결과가 나왔다. 펜실베이니아대학교 와튼스쿨 마케팅 교수 바버라 칸과 코넬대학교 식품 브랜드 연구소 소장 브라이언 완싱크는 한 실험에서 특정 M&M 캔디의 색상 수와 분포를 다채롭게 배치했다.[19] 이들은 단지 M&M 캔디의 두 가지 특징을 조작하는 것만으로도 캔디 소비량이 77%나 증가한 사실을 발견했다. 파스타 모양을 다양하게 만든 실험에서도 비슷한 결과를 얻었다. 파스타 모양이 여러 모양일수록 섭취량이 늘어났다.[20] 제공하는 음식의 종류가 실제로 여러 개인 경우는 물론이고 맛이나 향과 무관한 특징을 조작해서 다양한 것으로 느끼게 한 경우에도 다양성은 음식 소비를 증가시키는 결과로 나타났다. 이런 다양성 효과가 마케팅에 주는 효과는 상당하다. 예를 들어 시식대에 진열하는 잼 수를 6개에서 24개로 늘렸더니 시식대를 들른 고객이 20% 증가했다.[21]

소비자들이 이런 다양성 효과에 빠져드는 이유가 뭘까? 이에 대한 진화론적인 답은 아주 단순명료하다. 우리가 음식의 다양성에 끌리는 이유는 우리가 모든 음식을 두루 먹는 잡식 동물이라는 데 있다. 심지어 잡식 동물보다 잡식성이 덜한 초식 동물도 섭취하는 음식의 다양성 추구 정도가 서로 다를 수 있다. 즉, 상대적으로 적은 종류의 식물을 먹는 초식 동물도 있고, 더 다양한 식물을 먹는 초식 동물도 있다. 일반적으로 섭취하는 음식의 다양성을 추구하는 진화는 두 가지 뚜렷한 메커니즘과 관련이 있다. 즉, 다양한 영양소를 필요한 양만큼 얻을 가능성을 최대화하는 것, 그리고 한 식품 공급원에서 과다한 독소를 섭취할 위험성을 최소화하는 것이다.[22] 그렇기 때문에 이른바 디저트 효과는 다양한 음식을 맛보려는 우리의 타고난 성향 때문이다. 따라서 우리는 충분한 열량을 섭취했어도 달콤한 초콜릿 무스의 유혹을 뿌리칠 수 없는 것이다.

하지만 다양성 효과를 같은 조건이면 선택권이 적은 것보다 많은 것이 낫다는 고전 경제학자들의 일반적인 견해와 혼동해서는 안 된다. 고전 경제학자들의 이러한 주장은 이후 수많은 행동 과학자들의 도전을 받았다. 예를 들면 퇴직 연금 운용을 위해 선택할 수 있는 펀드 수가 많을수록 가입률은 낮아진다. 다른 모든 조건이 같을 때 10개의 펀드가 추

가될 때마다 가입률이 1.5~2% 감소했다.[23]

미국 심리학자 배리 슈워츠는 자신의 명저 《선택의 패러독스》에서 선택권이 많으면 결정을 내리기 어려운 경우가 많다고 강조한다. 이 책에서 슈워츠는 선택권이 많아질수록 이익이 감소한다는 사실을 보여 주기 위해 평균 규모 슈퍼마켓의 제품 다양성을 나타내는 몇 가지 놀라운 수치를 제시하고 있다. 여기에 포함되는 제품(괄호 안 수치는 가짓수)은 크래커(85), 쿠키(285), 아이스티와 성인용 음료(75), 칩과 프레첼 등 스낵류(95), 수프(230), 파스타 소스(120), 샐러드드레싱(175), 시리얼(275), 바비큐 소스(64), 일광욕오일과 선크림(61), 치약(40), 립스틱(150), 샴푸(360) 등이다.[24] 그는 계속해서 전자 기기, 대학 전공, 텔레비전 방송국, 공익사업, 의료보험, 퇴직자 연금 제도 등 다른 분야에서도 선택권이 폭발적으로 늘어나고 있다고 강조한다.

특히, 브라이언 완싱크와 코넬대학교 인간생태학 교수 제프리 소발 Jeffery Sobal은 사람들이 매일 225건 이상의 음식 관련 결정(얼마나, 언제, 어디서 먹을지 등)을 내리는데 이 중 59건은 구체적으로 음식 선택에 관한 것이라고 지적한다.[25] 너무 많은 결정을 해야 할 때에는 '적을수록 더 좋다'라는 격언이 꼭 들어맞는다. 그렇지 않으면 소비자들은 음식을 선택하는 데만 몇 시간을 소비해야 할 것이다.

이처럼 인간은 일반적으로 음식의 다양성을 추구하지만, 그 정도는 개인마다 다르다. 당신은 얼마나 자주 새로운 식당을 찾거나 새로운 요리를 맛보는가? 항상 서너 군데 단골식당만 정해놓고 다시 가는 타입인가? 좋아하는 식당에 갈 때마다 같은 음식을 주문하는가? 곁들임 요리 없이 로티세리 치킨을 먹을 수 있는가, 아니면 식사할 때 반드시 다양한 음식을 곁들여 먹어야 하는가(닭고기는 샐러드, 구운 감자, 빵 등과 함께 나와야 한다는 등)? 이 질문들에 대한 답으로 당신이 음식 선택에 관해서 어느 정도의 다양성을 추구하는 사람인지 알 수 있다.

모린 마크워드와 폴 로진은 사람들의 음식 다양성 추구가 음식 범주 전반에 걸쳐 밀접한 연관성이 있음을 증명했다.[26] 당신이 과일이나 채소의 다양성을 추구한다면, 수프의 다양성을 추구하기도 쉽다는 것이다. 하지만 여러 음식 범주에서 다양성을 추구한다고 해서 반드시 음식이 아닌 다른 여러 제품 범주와 환경에서도 다양성을 추구한다는 것은 아니다. 이를테면 나는 어떤 사람이 음식에서는 다양성을 추구하지만, 섹스에서는 그 반대일 수 있다고 자신 있게 말할 수 있다(참고로 9개 문항으로 된 자가 설문인 '사회적 성행동 오리엔테이션 목록Sociosexual Orientation Inventory'을 사용하면 개인의 성적 취향이 절제된 성을 원하는지 자유분방한 성을 원하는지 알 수 있다).

음식의 다양성 추구 성향은 개인 차원뿐만 아니라 범문화적으로도 문헌에 남아 있다. 로진 교수를 비롯한 동료 학자들은 프랑스, 독일, 이탈리아, 스위스, 영국, 미국 소비자들의 음식 다양성에 대한 욕구를 파악하기 위해 아이스크림 가게와 레스토랑을 선택 자극제로 사용해서 두 가지 질문을 했다.[27] 구체적으로 참가자들에게 10가지 맛과 50가지 맛을 제공하는 아이스크림 가게 중 어디를 좋아하는지, 그리고 음식 종류가 많은 레스토랑과 주방장이 몇 가지 특선 메뉴를 추천하는 레스토랑 중 어디를 좋아하는지 질문했다.

조사 결과 모든 실험 대상국 소비자들의 음식 다양성이 어느 정도 확인되었지만, 특히 영국과 미국 응답자들이 다른 대상국의 소비자들보다 더 다양한 아이스크림 맛과 더 많은 가짓수의 음식 선택을 선호하는 경향이 뚜렷함을 알 수 있었다.

이는 1980년대에 처음으로 두드러지기 시작한 대량 맞춤화mass cus-tomization 동향 때문일 것으로 짐작한다. 당시 마케터들은 끝없이 독특한 맛을 추구하는 소비자의 입맛을 사로잡기 위해 소비시장을 더 작은 틈새시장으로 세분화했다. 유명 셰프 고든 램지는 실패한 레스토랑을 되살리는 내용의 미국 리얼리티 TV쇼 〈고든 램지의 신장개업Kitchen Night-mares〉에 출연한다. 램지가 파악한, 레스토랑에서 빈번하게 일어나는 문제는 메뉴가 너무 많고 벅차다는 것이었다. 이는 폭넓은 고객에게 다양한 메뉴를 제공하려는 식당 주인들의 지나친 욕심 때문에 일어나는 문제였다. 램지의 해결책은 언제나 메뉴 수를 줄이고 더 표적화된 메뉴를 제공하는 것이었다. 이는 손님들을 덜 혼란스럽게 할 뿐만 아니라 요리사들도 음식을 더 빨리 많이 만들 수 있기 때문이다. 결론적으로 다양성은 삶의 양념일 수 있지만, 지나치면 소비자들이 정보 과부하를 겪을 수 있다. 따라서 균형을 잘 맞추는 레스토랑 경영자가 성공할 수 있다.

기분과 상황에 따라 식욕이 바뀌는 원리

음식 섭취는 폭넓은 상황 변수에 영향을 크게 받는 현상이다. 섭취하는 열량은 당시의 기분과 허기, 이용할 수 있는 음식, 호르몬 영향 등 여러 요인들의 영향을 받는다.[28]

기분과 음식 섭취

우리의 기분과 음식 섭취의 관계는 복잡하다. 다만 여기서 말하는 것은 그때그때 상황에 따른 기분이지 기쁨이나 슬픔에 대한 타고난 기질에서 개인차가 있을 수 있는 성격적 특징을 말하는 것은 아니다. 우선 우리는 기분의 다양한 시간적 정의와 그 유인성誘引性, 즉 기분의 강도 차이를 구별해야 한다. 이를테면 어떤 사람이 심한 우울증을 오래 겪을 수도 있고, 가벼운 우울감을 일시적으로 느낄 수도 있다. 혹은 직장에서 힘든 하루를 보내느라 기분이 나쁠 수도 있다. 기분 좋은 상태에 대해서도 비슷하게 구별할 수 있다.

또한, 먹기 전 기분과 먹고 난 후의 기분을 구별하는 것도 중요하다. 이에 대한 설명을 위해 연구자는 사람들이 기분 좋은 상태와 나쁜 상태 중 언제 더 많이 먹는지 물어볼 수 있다. 이 경우에는 기분이 먹기 전 선행 요인이 된다. 연구자는 또한 초콜릿 섭취가 기분에 미치는 영향을 조사할 수 있다. 이 경우 기분은 음식 섭취의 결과이다.

기분과 음식 섭취가 연결되는 양식을 간략하게 열거했으니까, 지금부터는 기분이 먹는 음식과 섭취량에 어떤 영향을 미치는지에 초점을 맞춰 살펴본다. 사람들이 하는 이야기를 들어보면 기분이 좋은 것과 나쁜 것 모두 음식 섭취가 증가하는 결과로 이어질 수 있는 것으로 보인다. 우리는 모두 슬픔이나 외로움, 지루함을 달래려고 음식을 먹는다는 이야기를 들어본 적이 있을 것이다.

마찬가지로 행복한 사람들 역시 종종 기분이 좋아서 식욕이 생긴다고 말한다. 여러 연구 결과 실제로 긍정적인 기분과 부정적인 기분 모두 사람의 식욕을 돋운다는 사실이 밝혀졌다. 한 연구에 참여한 사람들은 살면서 슬픈 일(연인과의 이별 등)보다 행복한 일(결혼이나 임신 등)이 있을 때 더 많이 먹게 된다고 응답했다.[29] 그런가 하면 영화 〈러브 스토리Love

Story〉를 보고 슬픈 감정에 빠지도록 유도된 사람들은 〈스위트 알라바마 Sweet Home Alabama〉를 보여 주고 행복한 분위기에 빠지게 유도된 사람들보다 버터에 튀긴 팝콘을 더 많이 먹었다. 일반적으로 슬플 때 향락성 음식(버터에 튀긴 팝콘이나 M&M 캔디 등) 섭취는 증가했지만, 더 건강한 음식(라이신 등) 섭취는 감소했다.[30] 그때그때 기분이 어떻든 우리는 더 많이 먹을 운명인가 보다.

기분은 우리가 먹는 음식량뿐만 아니라 음식의 종류에도 영향을 미친다. 행복한 사람이나 슬픈 사람이나 모두 음식에서 위로를 찾지만, 구체적으로 찾는 음식은 다르다. 행복한 사람들은 슬픈 사람들보다 더 건강한 음식에서 위안을 찾는 경향이 있다(감자튀김 대신에 스테이크 등). 흥미롭게도 즐겨 찾는 '위로 음식'에서 남녀는 뚜렷한 차이를 보인다. 여성은 주로 먹는 위로 음식으로 아이스크림, 초콜릿, 쿠키를, 남성은 아이스크림, 수프, 피자 또는 파스타를 꼽았다.[31]

식욕이 감퇴할 정도로 심한 우울증이 아니면 모든 기분 상태가 식욕을 돋우는 것으로 보인다. 이는 우리가 음식을 비축하는 성향을 타고났다는 진화론의 관점에서 보면 당연한 일이다. 실로 우리의 기분은 위장의 포로다.

음식 이용 가능성

몬트리올에 거주하며 정기적으로 미국을 오가는 캐나다인으로서 나는 미국에서 보통으로 여기는 표준 식사량에 언제나 놀란다. '미국이 재채기하면 캐나다는 감기에 걸린다'라는 진부한 표현도 있지만, 미국의 비만 현상(2004년 한 괴짜 영화감독이 한 달 동안 패스트푸드만 먹으면서 그 폐해를 몸소 경험하며 위험성을 알린 다큐멘터리 〈슈퍼 사이즈 미〉를 참고하라)은 분명 캐나다 사회에도 서서히 퍼졌다. 사실 식사량이 점차 증가하는 경향은 우리의 타고난 음식 비축 능력을 촉발하면서 모든 문화에서 쉽게 증폭될 수 있는 현상이다. 이 현상은 자판기에서 파는 스낵의 평균 용량이나 슈퍼마켓 포장 식품의 표준 용량 증가, 레스토랑에서 나오는 음식의 표준량 증가 등 여러 방면에서 나타난다.

요컨대 오늘날 우리가 선택하는 대다수 음식의 평균량은 수십 년 전보다 훨씬 늘어났다. 물론 인간이 배부름을 느낄 때 먹기를 멈추는 습성을 갖췄다면 이런 평균량의 증가는 거의 영향을 미치지 않을 것이다. 하지만 안타깝게도 대부분의 인간은 이런 메커니즘이 없다. 오히려 우리는 포만감을 느끼고도 남을 음식을 한 번에 다 먹어 치우는 본능을 타고났다.

많은 연구 결과는 용량이 늘어난 식품의 이용 가능성 증가가 더 많은 열량 섭취로 이어진다는 사실을 보여 준다. 이는 파스타, 팝콘, 샌드위치 등의 다양한 음식, 그리고 어른들과 아이들에게도 적용된다.[32]

어떤 이들은 아이들에게 음식을 남기지 말라고 하는 부모의 행동이 때때로 음식량이 풍부할 때 과식하는 우리의 타고난 성향을 부채질할 수도 있다고 한다. 부모들이여, 칼로리 섭취량은 식사량과 밀접한 관련이 있다. 그러니까 접시를 깨끗이 비우라고 강요하지 마라. 양이 너무 많다.

실제로 식사량이 체중 관리에 미치는 영향은 분명하다. 1회 음식 섭취량을 반드시 조절해야 한다. 안 그러면 거의 틀림없이 과식하게 된다. 예를 들어 집에서 영화를 보면서 감자튀김을 먹고 싶다면 대용량 봉지째 먹지 마라. 결국 다 먹어 치우게 되기 때문이다. 대신 감자튀김을 덜어서 작은 그릇에 옮겨 담아라. 이것이 포만감을 주는 신호 역할을 할 것이다. 이런 작은 행동 변화가 우리의 음식 비축 본능을 억제하는 데 큰 도움이 될 수 있다.

상황에 따른 허기

음식과 관련한 중요한 원칙 중 하나는 배고플 때 음식에 관한 결정을 하지 말라는 것이다. 종종 영양과 식습관에 나쁜 결과를 가져올 수 있기 때문이다. 지금까지 쌓인 증거에 따르면 우리의 판단력이 배고픔 때문에 흐려져서 이롭지 못한 선택을 할 수 있다고 한다. 이런 결정에는 집에서 준비할 저녁 식단, 식당에서 주문할 음식 또는 식료품점에서 살 품목과 금액 등에 관한 결정이 포함된다. 예를 들어 비만이 아닌 소비자들도 공복 상태가 길어지면 슈퍼마켓에서 식품을 더 많이 사게 된다.[33] 음식에 대한 우리의 태도는 배고플 때 더 긍정적이다. 더 구체적으로 말하면 배고플 때 고지방 음식에 대한 우리의 태도가 더 긍정적으로 변한다.[34] 이런 상황에 따른 허기로 인해 우리는 과식하기 쉽다. 이는 굶는 다이어트가 역효과를 낼 수 있는 이유다. 굶주리면 폭식하기 쉽기 때문이다. 대신 종일 여러 차례에 걸쳐 적은 열량을 섭취하도록 처방하는 다이어트는 배고픔을 억제할 수 있고, 따라서 식사 때마다 과식할 가능성을 줄여준다.

상황에 따른 허기는 음식 관련 행동뿐만 아니라 성적 선호에도 영향을 미친다. 구체적으로 배가 고플 때 남성들은 몸집이 풍만한 여성에 대한 선호를 나타낸다.[35] 이는 '남자의 마음을 얻으려면 맛있는 음식을 대접하라'라는 속담과는 완전히 다른 의미다. 놀랍게도 우리는 배가 고프면 돈을 더 원하게 되고, 돈에 대한 욕구가 강해지면 더 배고파진다.[36] 이는 굶주릴 때 음식(오랜 자원 관련 척도)을 비축하는 우리의 타고난 능력이 대용 자원(돈)을 비축하는 데 이용되는 것으로 보인다.

생리 주기

1장에서 언급했듯이 입덧은 태아를 식품 병원균에 대한 노출로 발생할 수 있는 참사로부터 보호하기 위한 적응의 결과이다. 임신 중 여러 가지 음식을 먹고 싶거나 역겨워지는 것도 임신 첫 3개월 동안 자궁에서 태아의 장기가 형성되는 과정 중 태아를 보호하기 위한 상황에 따른 선호의 표시로 해석할 수 있다. 그렇긴 하지만, 여성의 생식 상태와 관련해서 진화론을 통해 가장 잘 설명할 수 있는 음식 관련 문제들이 많다.

예를 들어 여성이 얼마나 먹는지, 어떤 음식을 가장 좋아하는지 등을 생리 주기로 정확하게 예측할 수 있다.[37] 내 박사 과정 학생인 에릭 스텐스트롬과 나는 35일 동안 여성들의 음식 관련 욕구와 선호, 음식 구매 행태를 추적했다. 우리는 가임기보다 황체기에 여성들이 고열량 음식을 더 선호하고, 허기를 더 느끼고, 더 많은 열량을 소비하고, 음식에 더 많은 돈을 쓴다는 사실을 발견했다.[38] 많은 여성들은 오로지 개인적인 경험을 통해서 이런 사실을 알고 있다. 그래도 여성들에게 자신들의 변덕스러운 식욕이 일부 호르몬 변화에 따른 것임을 일깨워 주면 도움이 된다. 이렇게 단순한 정보가 몸무게 관리에 미치는 영향을 생각해 보라.

음식 혐오

지금까지는 우리를 유혹하는 음식의 역할에 주로 초점을 맞췄다. 하지만 음식은 또한 혐오의 대상이 될 수도 있다. 음식 혐오는 해로운 감염병에 노출되는 위험을 방지하기 위한 적응이다. 따라서 모든 문화적 환경에 적용되는 보편적인 요소를 지닌다. 혐오와 관련된 겉으로 드러나는 특징은 일반적으로 같다. 혐오 유발 인자에 관한 범문화적 연구에서 인체 분

비물과 상한 음식은 가장 큰 혐오를 불러일으키는 공통 인자로 밝혀졌다.[39]

그러면 이런 정보를 마케팅 환경에서 어떻게 적용할 수 있을까? 회사에 관해서 떠도는 괴담과 유언비어는 매우 다양하다. 이 중 대다수는 음식 혐오를 끌어내기 위한 것이다. X사가 자사 육류 제품에 양의 눈을 사용한다는 소문이 Y사가 악마 숭배 집단 소유라는 소문보다 더 충격적이다. 다시 말해서 기업 관련 소문은 문제의 밈meme이 음식 혐오와 관련이 있을 때 가장 잘 퍼진다.

이런 이유로 직원이 부패한 햄버거 고기에 소변을 보다가 적발된 패스트푸드 레스토랑에 대한 소문은 앞서 말한 두 가지의 가장 큰 혐오 인자가 결합된 최악의 사례다. 따라서 혐오와 관련된 소문이 전 세계적으로 파괴적인 효과를 불러일으킬 수 있는 다국적 기업들은 이런 원칙들을 잘 이해하고 경계를 늦추지 말아야 한다.

몇 년 전 내 소비자 행동 이론 강의를 듣는 한 대학생 그룹이 제품 감염의 영향과 혐오의 연관성을 연구했다. 이들은 한 슈퍼마켓에서 관찰 연구를 진행하면서 소비자들이 선반 맨 앞쪽에 있는 물건을 집지 않고 선반 뒤쪽 깊숙한 곳에서 물건을 집는 횟수를 세어 보았다. 과일 판매대라면 접촉 감염이 발생할 수도 있겠지만, 이 경우에는 제품이 포장되어 있어서 손으로 만진다고 제품이 감염될 염려가 없으므로 굳이 뒤쪽에 있는 제품을 집을 필요가 없었다. 그럼에도 불구하고 학생들은 많은 소비자가 그러한 행동을 했음을 기록했다. 오염된 식품을 피하려는 소비자 본능이 굳이 그럴 필요 없는 상황에서도 이런 '불합리한' 행동을 하게 한 것이다. 오염 물질을 피하려는 본능은 우리 심리의 너무나 뿌리 깊은 요소여서 대부분의 소비자는 무의식적으로 위험하지 않은 경우까지 경계심을 가지게 된다. 이런 과잉 경계는 행동뿐만 아니라 생리적인 차원에서도 나타난다. 한 예로 재채기나 기침으로 세균을 퍼뜨리는 사람들의 사진만 봐도 우리 몸의 면역 체계가 강화된다고 한다.[40]

사람들이 자연을 선호하는 이유

열량 비축이 우리 인간 생존의 핵심이기 때문에 논의의 많은 부분을 음식 관련 문제에 할애했다. 하지만 이 밖에도 인간을 포함한 모든 동물이 마주해야 했던 다른 많은 생존 과제가 있다. 그중에서도 다른 동물의 먹이가 되는 것만큼 무서운 일은 없을 것이다. 게다가 인류 진화 역사의 또 다른 환경적 위험은 우리 내집단에 속하지 않은 '동종conspecific'과 마주칠 가능성이었다. 그래서 우리는 위험을 미리 알 수 있는 좋은 '전망'과 이런 위험을 피하는 안전한 '피난처'를 동시에 제공하는 풍경을 선호하도록 진화했다. 이런 풍경은 사냥에도 유리했다. 우리 시각은 감각 처리의 약 90%를 차지하기 때문에 우리가 시각적으로 유리한 곳을 서식지로 선호하는 것은 당연하다.

수많은 연구에서 다양한 풍경을 보여 줬을 때 사람들이 전망과 피난처 이론에서 말하는 지형과 가장 일치하는 풍경을 선호한다는 사실을 밝혀냈다. 우리 인간은 넓은 시야와 피난처를 제공하는 사바나 같은 서식지[41]를 선호한다. 베란다나 실내 발코니 등 주택에서 흔히 볼 수 있는 여러 특징은 전망과 피난처 이론의 핵심 원칙과 일치한다.[42] 사바나 풍경이 우리 종족의 요람 역할을 했던 또 다른 요소는 수원지에 가깝다는 사실이다. 따라서 우리가 좋아하는 풍경의 핵심 특징은 물(폭포 등)이다.[43] 이는 세계 인구 대부분이 큰 물줄기 가까이 사는 중요한 이유이기도 하다.

서식지 선호는 종에 특정한 적응인 것으로 보인다. 북극곰과 낙타에게 이상적인 환경은 각각 다르다. 이처럼 서로 매우 다른 종의 서식지와 풍경을 비교할 때는 다르다는 점이 명백해 보이지만, 처음에는 인간이 최적으로 선호하는 서식지 또는 풍경이 있는지조차 불분명해 보였을 수 있다. 어쨌든 '호모 사피엔스'의 주요 장점 중 하나는 근본적으로 다른 생태적 지위ecological niche에 적응하는 능력이었다.

하지만 하나의 종으로서 우리 인간이 지닌 탁월한 적응력에도 불구하고, 지난 30년 동안 이루어진 광범위한 문화와 지리적 환경에 관한 연구에서 풍경과 서식지에 대한 인간의 선호는 매우 공통되는 것으로 밝혀졌다. 이런 타고난 선호는 아이들에게서 가장 잘 나타난다.[44]

사람은 성장하면서 자신에게 친숙한 지역을 서식지로서 점점 더 선호하게 된다. 따라서 케냐의 마사이, 캐나다 북부의 이누이트, 호주 원주민, 아마존 밀림의 야노마모 등의 종족은 모두 각자의 지역적 지위에 대한 독특한 선호와 함께 사바나 같은 풍경에 대한 타고난 선호를 나타낼 것이다. 우리의 본능적인 풍경 선호는 광범위한 문화적 산물에서도 나타난다. 이런 문화적 산물의 예로는 다른 문화적 전통에서 비롯된 풍경화, 풍경이 담긴 달력, 동굴 벽화, 조경과 정원 설계(미국 조경사 리처드 하그Richard Haag의 작품 등), 문학 작품 속 풍경 묘사, 자연공원, 건축 디자인(미국의 근대 건축가 프랭크 로이드 라이트Frank Lloyd Wright의 디자인 등) 등이 있다.

자연은 매혹적이면서도 치명적인 팜 파탈 같은 존재다. 우리는 자연의 특정 측면에 대한 선천적인 두려움(생물 공포증biophobia)뿐만 아니라 생물체계에 대한 타고난 사랑(생물 애호biophilia)을 품고 있다. 예컨대 거미 공포증과 뱀 공포증은 인류 역사를 통틀어 치명적일 수 있는 독성을 가진 동물들에 가까이 가지 않는 것이 좋다는 경고가 전해 내려온 점에서 적응의 결과다. 나는 곤충 공포증의 일종으로 모기를 몹시 무서워하는데, 종종 남자라면 늑대나 상어, 또는 곰 공포증 정도는 돼야 하지 않겠느냐고 놀림을 받아 왔다. 그럴 때마다 나는 모기가 인류 역사상 가장 많은 죽음을 몰고 온 점을 고려할 때 내 두려움은 완벽한 적응의 결과라고 맞받아친다.

이처럼 우리는 자연을 두려워해 왔지만, 식물과 동물은 종으로서 우리 인간의 진화에 없어서는 안 될 부분이었다. 따라서 우리에게는 생물 애호 본능, 즉 본능적인 자연 애호 성향이 있다.[45] 동물원과 사파리, 해양 공원 등은 우리의 생물 애호 요구에 부응한다. 수족관은 우리의 자연 애호 성향을 여실히 보여 준다.

돌고래와 수영하는 행운을 누린 사람들은 신비하고 경이로운 경험이었다고 말한다. 나는 뉴멕시코 보호구역에서 늑대와 교감한 적이 있는데, 매우 가슴 뭉클한 경험이었다고 분명히 말할 수 있다. 원예치료는 신체적·심리적 이점이 많아 요양원, 병원, 교도소 등 다양한 재활 기관에서 많이 활용된다. 자연 경관은 일반적으로 종교적 황홀함과 비슷한 영적 경이로움을 불러일으킨다. 사실 신의 개념은 비교적 최근에 인간이 만들어 낸 현상이지만, 경외심을 불러일으키는 자연의 능력은 우리의 오랜 진화의 자취다. 매년 수백만 명의 방문객들이 요세미티, 자이언 캐니언, 브라이스 캐니언, 그랜드 캐니언, 옐로스톤 등 국립공원으로 몰려드는 것도 이런 자연의 장관에 감동하는 우리의 타고난 성향 때문이다.

자연과 상호작용하는 사람들이 얻는 건강상의 혜택은 상당하다.[46] 동물들과 교감하거나, 자연경관을 감상하거나, 황야나 도시공원을 걷는 것 등도 상호작용에 속한다. 온천 같은 기운을 돋우는 환경 설계도 대개 자연 요소(잘 가꾼 정원, 실내 폭포 등)를 포함한다.

반면 가장 중요한 회복 공간인 병원은 우리의 생물 애호 요구에 부응하기에는 크게 부족했던 것 같다. 병원은 인간의 마음을 끄는 어떤 미학적 요소도 없는, 소독약 냄새가 진동하는 음울하고 불길한 곳이라는 인상을 주는 경우가 많다. 실외의 회복 효과에 관한 대표적인 한 연구에 따르면 수술 후 바깥세상으로 통하는 창문이 있는 병실에 배치된 환자들이 창문이 없는 병실 환자들보다 더 빨리 회복했다.[47] 좀 더 일반적인 사례로 자연 채광이 잘되는 실내에서 매출과 직원의 생산성, 학생들의 시험 성적이 오르는 것으로 나타났다.[48]

자연을 접하면 정신적 피로와 스트레스가 줄고, 삶의 만족도와 인생관, 정신 집중, 생산성 등이 모두 향상되는 것이다. 나는 몬트리올에 살면서 매년 이런 광경을 직접 목격한다. 도시가 긴 겨울잠에서 깨어나 봄여름이 오면 사람들은 야외 활동의 쾌락을 만끽한다. 봄을 맞이하는 몬트리올 시민들의 반응에서 나는 1990년 영화 〈사랑의 기적Awakenings〉을 떠올린다(이 영화에서 주연 로버트 드 니로는 오랫동안 지속된 혼수상태에서 깨어나는 캐릭터를 연기하였다).

다만 숨가쁘게 흘러가는 현대의 환경과 생활방식은 인류의 생물 애호 욕구를 결핍시켰다. 작가이자 저널리스트인 리처드 루브의 통렬한 표현을 빌리면, 현대 도시 생활은 '자연 결핍 장애Nature Deficit Disorder'를 앓는 사람들을 양산했다. 철의 장막에 가려진 도시들, 시카고의 사우스사이드나 뉴욕 브롱크스의 공공주택단지, 영국 공업 도시의 성냥갑 같은 연립주택단지의 이미지를 떠올려 보라. 가장 먼저 어떤 단어가 떠오르는가? 아마도 '칙칙한', '따분한', '우울한', '위협적인', '불길한', '창백한' 등일 것이다. 위 세 가지 사례에서 설계를 추진한 건축 시행 기준은 건설 비용의 최소화였다. 그리고 인간의 타고난 미적 선호나 생물 애호 욕구는 건물의 기능성과 무관한 것으로 치부했다. 궁극적으로 이런 비용 지향적 관점은 지역 주민들에게 심각한 악영향을 끼치는 도시 공간을 만들었다. 최근 몇몇 기관들은 이런 문제를 인식하고 우리의 생물 애호 욕구에 맞춰 도시 공간을 바꾸려고 노력해 왔다.[49]

우리의 생물 애호 욕구에 부합하는 도시 풍경을 창조해야 하는 필요성은 단순히 본능적인 미적 감상을 훨씬 뛰어넘는다. 도시 환경(캠퍼스 등)에서 안전하다고 느끼는 것은 전망과 피난처 이론과 관련이 있다.[50] 미국에서 뉴욕 등 몇몇 도시를 제외한 대부분의 도시는 걸어 다니기 힘들다. 따라서 미국인들은 건강을 위해 하루 1만 보는 걸어야 한다는 최소한의 요건도 채우지 못한다.[51]

그뿐만 아니라 미국인들은 야외보다 차에서 보내는 시간이 더 많다. 2006년 〈미국 도시계획 협회 저널〉은 잘 계획된 환경(근린 환경 등)이 건강에 미치는 폭넓은 영향 평가를 다룬 특별 호를 발행했다. 예를 들어 도시 근교의 보행 가능성은 주민들의 평균 몸무게와 밀접한 관련이 있다.[52] 우리의 생물 애호 본능에 부합하는 도시 근린 환경은 말 그대로 우리의 몸과 마음을 더 건강하게 한다.

유진 추이Eugene Tssui는 아마도 진화론적 마인드를 지닌 건축가 중 전세계에서 가장 유명한 사람일 것이다.[53] 그는 우리가 자연의 설계에서 영감을 얻어야 한다고 주장해 왔다. 많은 동물이 생존 또는 번식 문제에 해결책을 낼 수 있는 구조로 진화했다. 여기에는 거미줄, 흰개미 군체가 집단 서식하며 만든 흰개미 언덕, 새 둥지, 바우어 새 수컷이 암컷을 유인하기 위해 마른풀이나 나뭇잎으로 화려하게 지은 집, 벌집, 포식자로부터 연못을 보호하고 겨울 동안 식량을 쉽게 구할 수 있도록 비버가 지은 비버 댐, 썩은 낙엽으로 지어진 킹코브라 굴 등이 있다.

유명한 진화생물학자 리처드 도킨스는 이런 구조들을 확장된 표현형(유기체 외부와 환경 내부에서 관찰할 수 있고 유전자의 영향을 받는 특성)이라고 주장했다.[54] 즉, 진화 과정이란 유기체의 표현형에 국한될 필요가 없고, 유전적 영향 범위 안에 있는 종 특유의 구조물도 포함할 수 있다는 견해다. 우리의 생물 애호 본능을 염두에 두고 설계한다면[55] 인위적인 환경도 친환경 생활의 궁극적인 표현인 확장된 표현형의 필수 요소가 될 수 있다.

생물 애호 디자인을 도시 풍경에만 국한할 필요는 없다. 이런 원칙은 쇼핑몰, 매장 배치, 호텔 로비 등 상업 공간뿐만 아니라, 텔레비전 시리즈 〈세상에서 가장 친환경적인 집World's Greenest Homes〉에 나올 만한 주택의 설계에도 적용할 수 있다. 인테리어 디자인을 연구하는 수전 스콧 연구원은 전망과 피난처를 창출하는 능력이 매력적인 인테리어 디자인의 중요한 요소라는 사실을 발견했다.[56] 예를 들면 대부분의 카페는 수용 고객 수를 최대화하는 공간 배치를 하지 않는다. 이런 배치는 '구내식당 느낌'을 자아내서 대부분의 카페 손님의 눈살을 찌푸리게 하기 때문이다. 매력적인 카페 인테리어는 친밀감을 줄 수 있어야 한다.

이는 다른 사람들을 관찰할 수 있으면서 편안하게 쉴 수 있는 아늑한 공간(피난처 제공) 설계를 통해 가능하다. 이와 관련하여 생물 애호 요구에 부합하는 매장 디자인은 직원과 소비자의 경험을 향상하는 수단으로 매장과 상업적인 환경을 친환경화하는 것을 말한다.[57] 캐나다 케이블과 위성 전문 채널 HGTV의 TV 시리즈 〈레스토랑 신장개업Restaurant Makeover〉은 망해 가는 레스토랑의 재설계를 전문으로 하는 프로그램이다. 이 프로그램에서 하는 내부 공간 재설계는 전망과 피난처 이론의 핵심 원칙에 부합한다.

결론

대다수 종이 마주하는 두 가지 주요 생존 과제는 식량 확보와 포식자 피하기다. 소비자 환경에서 일어나는 수많은 현상은 이런 생존 과제에 대한 적응적 해결책의 표현이다. 우리가 보편적으로 고열량 음식을 선호하는 것은 열량 섭취가 부족하거나 불확실한 환경에서 적응해서 진화했기 때문이다. 우리 식문화는 주변 기온 등 지역 환경에 대한 문화적 적응이다. 목축 생활과 유당 내성의 관계에서 보듯이 문화 전통이 유전자를 형성하기도 한다.

우리의 기분, 상황에 따른 허기의 정도, 음식의 이용 가능성, 그리고 변덕스러운 호르몬 변화 등은 모두 우리가 섭취하는 음식의 양과 종류에 커다란 영향을 미친다. 끝으로 우리는 근린 시설, 빌딩, 쇼핑몰, 주택 등 도시 환경을 설계할 때, 생태계에 미치는 영향을 최소화하는 동시에 우리의 본능에 맞게 더욱더 환경친화적인 방안을 마련해야 한다. 우리의 생물 애호 본능(자연 애호)과 미학적 선호(탁 트인 시야와 피난처를 제공하는 공간에 대한)를 고려해서 말이다.

| 3장 |

과시하려고 산다

내 쓰라린 경험에 따르면 세상을 지탱하는 것은 바로 섹스다.

헨리 밀러[1], 미국 극작가·소설가

모든 자연의 창조물은 자연의 섭리를 나타낸다.
올라타서 짝짓기하고, 발정 나서 들이받는 것은 바로 자연의 섭리다.

그레이엄 스위프트[2], 영국 소설가

섹스는 본능이고, 나는 본능에 충실해요.

마릴린 먼로[3], 미국 영화배우

지금까지 자연 선택의 힘이 우리 생존 본능과 연결된 소비자 현상을 어떻게 형성하는지 살펴보았다. 하지만 유기체가 유전자를 물려주려면 살아남을 뿐만 아니라 번식해야 한다. 성 선택은 짝짓기에서 유리한 특성과 행동의 진화 과정이다. 예를 들면 공작의 크고 화려한 꼬리는 생존에 유리하기 때문이 아니라 암컷을 유혹하기 위해 진화한 것이다. 마찬가지로 숫양의 뿔도 생존과 상관이 없다. 이 뿔은 암컷을 두고 서로 다툴 때 사용하며 싸움의 승자는 암컷과 교미할 권리를 가질 수 있다. 다른 유성생식 종과 마찬가지로 성 선택은 우리 인간의 진화에 지대한 영향을 미쳤으며, 이는 우리가 성적으로 동종이형同種二形인, 다시 말해 남녀가 외관상으로 구별이 가능한 종이라는 사실에서 잘 드러난다. 특히, 남성과 여성은 신체적, 정서적, 인지적, 행동적 특성에서 차이점이 많다.[4] 물론 이런 차이점의 대부분이 소비자 영역에서도 나타난다. 소비자 행동은 궁극적으로 대부분 섹스와 관련이 있다. 짝을 고르는 행위 자체를 최고의 소비 결정으로 생각할 수 있다. 인간은 짝짓기 시장의 상품이다. 우리는 성적 신호의 역할을 하는 제품(화장품, 하이힐, 고급 승용차, 향수, 머리모양, 성형 등)을 통해 미래의 잠재적 배우자들에게 자신을 광고한다. 여성들은 언제 누구와 성적 유희를 즐길지 정하거나, 정자은행이나 온라인 데이트 서비스에서 자신들이 원하는 속성을 찾으면서 좋은 유전자를 쇼핑한다. 남성들은 포르노물에 열광하지만, 여성들은 성애물이나 로맨스 소설을 더 선호한다. 남성들은 구애 의식에 공을 들이고 약혼반지를 준비한다. 이들은 '남에게 뒤지지 않는' 자신의 사회적 지위를 알리기 위해 걷잡을 수 없는 과시적 소비 행태에 매달린다. 남성들은 또 초단타 주식 거래, 극한 스포츠, 도박 등 다양한 위험을 무릅쓴다.

이 모든 소비 선택은 성별에 따라 형성된다. 우리 몸의 호르몬은 진화론에 맞게 우리 소비 패턴에 영향을 미친다. 예를 들면 포르쉐(성적 신호의 일종)를 몰 때 남성의 테스토스테론 수치는 증가하고, 여성의 소비 패턴(입는 옷과 먹는 음식 종류와 양 등)은 생리 주기의 영향을 크게 받는다.

그러면 인간이 이웃사촌인 다른 동물들과 얼마나 비슷한지 보여 주기 위해 새와 인간이 공통으로 관여하는 구애 요소를 통해 성에 관한 기본적인 내용을 간략하게 살펴보자.

외모 과시를 통한 매력 드러내기

마치 빨간 모자를 쓴 것처럼 머리가 붉은 마나킨 수컷과 세계적으로 유명한 러시아 발레리노 미하일 바리시니코프는 어떤 공통점이 있을까? 둘 다 춤 실력을 발휘해서 암컷 혹은 여성의 시선을 사로잡는다는 데 있다. 코넬대학교 조류학자 킴벌리 보스트윅은 초당 500프레임의 고속 영상 처리 카메라를 사용해서 마나킨의 특이한 춤을 포착했다. 보스트윅은 그것이 1980년대 팝스타 마이클 잭슨의 유명한 춤 동작과 닮았다고 해서 마나킨한테 '오리지널 문워커'라는 별명을 붙였다.

최근 〈네이처Nature〉에 실린 논문에서 미국 뉴저지 럿거스대학교 인류학자 윌리엄 M. 브라운 박사와 그의 동료들은 남성들의 춤 실력이 표현형의 질을 정의하는 척도가 되는 신체 균형과 양(+)의 상관관계가 있다는 사실을 발견했다.[5] 게다가 증명된 사실은 아니지만, 우리는 종종 춤실력이 잠자리 능력을 나타낸다는 말을 듣는다. 이런 연결고리는 직관적으로 이해할 수 있을 것 같다. 실제로 브라운 박사와 그의 동료들이 얻은 연구 결과는 어떤 행동을 하는 능력(춤)과 유전적 자질(신체 균형)의 연관성을 뒷받침한다. 1980년대 후반 뉴키즈 온 더 블록, 1990년대 후반 백스트리트 보이즈, 엔싱크 등 남성 밴드들의 매니저들은 춤을 잘 추는 매력적인 젊은 남성들을 골라서 상업적 성공을 꾀했다.

또한 잠재적인 짝을 유혹하는 수단이 아니라 두루미처럼 짝을 맺은 뒤 굳건한 헌신을 나타내기 위해 춤을 추기도 한다. 당연히 우리 인간도 이런 유대 의식을 치른다. 아마도 신혼부부가 결혼식에서 하객들에게 자신들의 헌신을 보여 주며 추는 첫 춤만큼 기억에 남는 것은 없을 것이다. 구애 의식으로서 춤의 중요성을 고려한다면 미국 ABC 방송의 댄스 경연 대회 〈댄싱 위드 더 스타〉와 미국 폭스 방송의 댄스 오디션 프로그램 〈유 캔 댄스〉 등이 크게 히트한 것은 놀라운 일이 아니다.

미국 로드아일랜드주 뉴포트의 최고 관광지 중 하나로 세계적으로 유명한 클리프 워크Cliff Walk가 있다. 이 바다 절벽 산책로에서 관광객들은 밴더빌트 가문이나 애스터 가문 등 미국 남북 전쟁 후의 대호황기에 엄청난 재산을 모은 실업가들의 호화로운 저택과 성을 경탄하며 바라볼 수 있다. 재력을 과시하는 이런 저택들은 호주의 그레이트 바우어새 또는 뉴기니의 보겔콥 정원사 바우어새와 어떤 공통점이 있을까? 이 새들은 다소 독특한 형태로 성적 신호를 보낸다. 수컷 바우어새는 노래나 아름다운 깃털, 춤 실력을 활용하기보다는 예술적인 집짓기 실력으로 암컷들에게 깊은 인상을 준다. 구체적으로 이들은 바우어로 알려진 집을 짓고 꾸미는데, 이는 집짓기 능력을 뽐내는 것 외에 기능적인 목적은 없다. 뉴포트의 저택 또한 예술적 능력을 나타내려던 것은 아니지만, 한 개인의 사회적 지위를 그대로 나타내는 신호 역할을 했다. 바우어와 뉴포트의 저택은 모두 생물학적 필요성에 뿌리를 둔 종 특유의 인위적 구조물이라는 점에서 확장된 표현형으로 해석할 수 있다.

그러면 수컷 공작의 꼬리는 애스턴 마틴, 부가티, 듀센버그 또는 마이바흐와 같은 값비싼 고급 대형 승용차와 어떤 공통점이 있을까? 수컷 공작의 꼬리는 매우 부담스러울 정도로 커서 포식자의 희생양이 될 위험이 다분하다. 따라서 이는 자연 선택이 아니라 성 선택에 따라 진화한 것임을 알 수 있다. 구체적으로 수컷 공작의 꼬리는 공작의 유전적 자질을 드러내는 정직한 표현형이다.[6] 이는 사실상 "분명히 나는 이 꼬리를 '달고 다닐 수 있을 만큼' 건강한 공작이야."라고 말하는 것과 같다. 열등한 수컷들은 꼬리를 거짓으로 꾸며낼 수 없다는 점에서 이 신호는 정직한 신호다. 나는 지금까지 인간의 과시적 소비는 정직하고 값비싼 광고에 지나지 않는다고 주장했다. 남성들이 고급 자동차를 성적 신호로 이용하는 것이 그 완벽한 예라고 할 수 있다.

비싼 자동차에 열광하는 이유

근무 시간이 지나면 시내가 유령도시로 변하는 미국의 여러 도시와 달리 내가 사는 몬트리올은 흥미진진하고 생기 넘치는 도시다. 몬트리올은 겨울이 특히 길고 혹독한 대신 여름철의 북적거리는 밤 문화가 유명하다.

몬트리올 사람들은 날씨가 따뜻해지면 겨울잠을 보상하기라도 하듯 야외 활동을 만끽한다. 이런 의미에서 몬트리올 중심가는 궁극적인 구애 장소(일반적으로 한 종의 수컷들이 암컷들에게 성적으로 과시하기 위해 모이는 물리적 공간)로서 보고 싶어 하고 보여 주고 싶어 하는 호르몬이 넘치는 남녀가 섹스 상대를 물색하는 장소 역할을 한다. 당연히 남성과 여성은 관심을 끌기 위한 수단으로 근본적으로 다른 형태의 성적 신호를 보낸다. 시내에서는 거의 헐벗은 차림으로 거리를 활보하는 수많은 여성들과 출력을 높인 차의 창문을 내리고 음악을 쾅쾅 울리면서 같은 도심 지역을 계속 정처 없이 맴도는 수많은 남성들을 볼 수 있다.

왜 남성들은 몇 시간 동안 계속 같은 블록을 맴도는 걸까? 주차할 곳이 마땅찮아서일까? 왜 여성들이 포르쉐나 페라리, 애스턴 마틴을 몰고 시내를 돌아다니고 남성들이 자신의 몸매를 과시하기 위해 발레 타이츠를 신고 걸어 다니는 문화는 어디에서도 찾아볼 수 없을까? 하여간 자신을 아름답게 꾸미고 자신이 가진 것을 과시하는 이런 소비 행위가 모두 사회화 때문이라면 이런 힘이 반대 방향으로 작용하는 문화를 적어도 하나는 기대할 수 있어야 한다. 하지만 이런 신호 행동은 텔아비브, 킹스턴, 리우데자네이루, 도쿄, 다카르, 오클랜드, 그리고 모스크바에서도 정확히 똑같은 형태로 일어난다. 우리가 공통으로 진화한 생명 작용에 뿌리를 두고 있기 때문이다. 이는 3000년 전 고대 그리스에서도(비록 고급 자동차가 사회적 지위를 나타내는 신호는 아니었을지라도) 똑같이 유효했고, 3000년 후에도 마찬가지일 것이다.

나는 대학원생인 존 본가스와 함께 남성 호르몬인 테스토스테론 수치가 과시적 소비 효과에 어떻게 반응하는지 조사했다.[7] 실험에 참여한 두 젊은 남성은 비싼 포르쉐 한 대와 낡은 도요타 세단 한 대를 두 가지 환경(몬트리올 시내와 다소 한산한 고속도로)에서 번갈아 운전했다. 즉, 남성 참가자들은 각각 네 번(포르쉐-시내, 포르쉐-고속도로, 도요타-시내, 도요타-고속도로) 운전했다. 우리는 포르쉐를 몰 때 테스토스테론 수치(침 분석으로 측정)가 증가하고, 대중이 보는 환경(시내)에서 더 증가할 것으로 예측했다. 또한, 우리는 낡은 도요타 세단을 운전할 때 테스토스테론 수치가 감소하고, 고속도로에서 더 감소할 것으로 가정했다. 즉, '승자' 혹은 '패자'의 신호는 관중이 있을 때 특히 중요할 것으로 생각했다. 따라서 아무도 없는 한적한 곳에서 포르쉐를 모는 것은 별 효과가 없겠지만, 몬트리올 시내에서 수많은 아름다운 여성이 자신들이 포르쉐를 운전하는 모습을 감탄하며 쳐다볼 때는 자기도취에 빠질 것으로 추정했다.

하지만 실험 결과는 환경과 무관하게 고급 스포츠카를 운전할 때 남성들의 테스토스테론 수치가 증가한다는 사실을 발견했다. 이는 성적 신호로서 영향력 있는 포르쉐가 남성 호르몬을 관장하는 생물학적 엔진을 활성화하기 때문으로 보인다.

유명한 자동차 수집가 명단을 훑어보면 모두 한결같이 남자라는 사실을 알 수 있다. 이 명단에는 제이 레노(TV 진행자), 제리 사인펠트(배우),

브루나이 국왕, 존 맥멀런(사업가), 아트 애스터(라디오 방송 사업가), 랄프 로렌(패션 디자이너), 제이 케이(영국 재즈 밴드 자미로콰이의 리드 보컬), 데이비드 베컴을 비롯한 많은 축구선수가 포함된다. 분명히 지금이라도 자동차 수집을 쉽게 시작할 수 있는 부유한 여성도 많다. 그런데 어떻게 된 까닭인지 여성들은 그런 필요를 느끼지 못한다. 물론 최근 고급 자동차 세 대를 자선 경매에 내놓은 오프라 윈프리처럼 드문 경우가 있기는 하지만 말이다. 여성들은 하이힐을 모을 수는 있지만(이 주제에 관해서는 나중에 더 자세히 다룬다), 고급 자동차 수집에 돈을 '낭비'하는 일은 거의 없다. 이와 관련해서, 나는 가끔 TV에서 중계하는 고급 자동차 경매를 보면서 남성 구매자들이 압도적으로 많은 데 주목했다.

미국의 정치 풍자가이자 작가인 P. J. 오루크는 이런 유명한 말을 남겼다. "특히 여성들의 성적 흥분을 고조시키는 기계 장치들이 많지만, 그중에서도 최고는 메르세데스 벤츠 380L 컨버터블이다."[8] 남성들은 비싼 차를 이용해서 여성들에게 자신들의 사회적 지위를 과시한다. 여성들이 사회적 지위가 높은 남성들에게 끌리기 때문이다.

하지만 남성들이 높은 사회적 지위를 과시하는 자동차를 모는 것만으로 '신체적으로' 더 매력적이라고 인식될 수 있을까? 다시 말해서 같은 남자라도 도요타 코롤라를 모는지 애스턴 마틴 DB7을 모는지에 따라 신체적으로 더 매력적이거나 덜 매력적으로 인식될 수 있을까? 자동차의 명성이 인간의 형태학적 특성으로 전환된다는 사실을 증명할 수만 있으면 놀라운 연구 결과가 될 것이다.

마이클 던과 로버트 설이 이 흥미로운 주제를 시험했다.[9] 연구진은 똑같이 매력적인 한 남성과 한 여성이 급이 다른 두 대의 차(은색 벤틀리 컨

티넨탈 GT와 빨간색 포드 피에스타 ST)에 번갈아 탄 사진을 찍었다. 그런 다음 남성들과 여성들에게 고급 차와 보급형 차에 앉은 이성 참가자의 매력을 평가하도록 했다. 가설은 남성이 탄 차의 급에 따라 여성들이 주는 매력 점수가 달라지리라는 것이었다. 구체적으로 여성들은 같은 남성이라도 포드 피에스타를 탔을 때보다 벤틀리를 탔을 때 더 높은 매력 점수를 부여할 것이고, 역으로 남성은 짝을 선택할 때 여성의 사회적 지위에 대해 그다지 신경 쓰지 않거나 여성보다 훨씬 관심을 덜 가지므로 부여하는 매력 등급이 두 가지 조건에 따라 크게 달라지지 않으리라는 것이었다. 연구 결과는 이 가설과 정확히 일치했다. 멋진 차를 몰면 멋진 사람으로 인식된다는 결과였다. 하지만 이는 남자의 경우만 해당했다.

이와 비슷한 실험을 〈핫 오어 낫〉이라는 웹 사이트[10]를 이용해서 진행하였다. 남성의 신체적 매력 등급이 어떤 자동차 옆에 서 있느냐에 따라 달라지리라는 가정을 테스트하는 것이 목적이었다.[11] 이 특이한 웹사이트에서는 사람들이 사진을 올리면 다른 사람들이 사진의 '매력도'를 평가한다. 이 사이트는 최소한의 노력으로 대용량의 데이터 수집이 가능하다.

연구진은 같은 남성이 혼자(즉, 차가 보이지 않는 상태) 서 있거나, 급이 다른 세 대의 자동차 중 한 대 옆에 서 있는 사진을 일정한 시차를 두고 한 장씩 올렸다. 이 실험 결과 사람들은 남성이 혼자 서 있거나 평범한 차 옆에 서 있을 때보다 가장 비싼 고급 차 옆에 서 있을 때 더 매력적으로 평가했다. 이번에도 멋진 자동차를 소유한 남자가 멋진 남자로 평가받았다.

우리 인간은 위계질서를 따르는 종이다. 인간은 자기 자신을 서열에 따라 분류한다. 따라서 사람들이 상호작용하는 방식도 부분적으로 실제 또는 인식하는 사회적 지위에 따라 결정된다. 그렇다면 어떤 사람이 운전하는 차에도 사회적 중요도가 있을까? 믿기지 않겠지만, 사람들이 당신에게 경적을 울려대거나 당신이 다른 사람들에게 경적을 울릴 확률은 당신이 모는 차에 크게 좌우된다. 40여 년 전 한 현장 실험에서 연구진은 적색 신호등에서 두 대의 차(고급 차와 보통 차) 중 한 대를 세웠다.[12] 그런 다음 이들은 신호등이 녹색으로 바뀔 때 '막고 선 차량' 바로 뒤차의 운전자가 얼마나 빨리 경적을 울리는지 측정했다. 운전자들은 급이 낮은 차가 앞을 가로막고 있을 때 경적을 더 많이, 그리고 더 빨리 울렸다. 고급 승용차 운전자들에게 보이는 인내심은 서열을 확립하는 다양한 종에서 흔히 볼 수 있는 사회적 존중의 한 형태로 보인다.

또한, '막힌' 뒤차의 차 수준이 공격적인 반응을 보일 가능성에 어떤 영향을 미칠지도 조사해 볼 수 있다. 독일 뮌헨에서 이루어진 한 연구에서 사회학자 안드레아스 디크만Andreas Diekmann과 그의 동료들이 바로 이 문제를 조사했다.[13] 이 실험에서 앞을 막고 선 차량은 항상 중하위급으로 인식되는 폭스바겐 제타였고, 뒤차 운전자의 공격적인 행동에는 경적과 상향등 점멸 등이 포함됐다. 이 연구에서는 막힌 차량의 클래스와 해당 차량 운전자의 공격적인 행동 사이에 양(+)의 상관관계가 발견되었다. 따라서 사람들은 고급 승용차 운전자를 더 존중하는 경향이 있지만, 정작 이런 고급 승용차를 모는 운전자들은 약자를 괴롭힐 가능성이 더 커 보였다. '지위에 맞게 예우하라'라는 프랑스 격언이 딱 들어맞는 꼴이다.

구애를 위해 고가의 선물을 사는 이유

많은 종에서 잠재적 구애자들 간에 짝짓기가 이루어질 가능성은 대부분 결혼 선물의 '적절성'으로 결정된다. 많은 경우 결혼 선물은 음식을 나눠 주거나 음식에 접근할 수 있게 하는 것이다. 예를 들어 다수의 곤충류의 수컷은 암컷에게 먹이를 주고 암컷이 먹이를 먹는 동안 암컷을 수정시킨다. 이런 현상의 가장 극단적인 형태는 검은 과부거미와 사마귀 등 여러 곤충류에서 발견되는 짝짓기 행동인 성적 동족포식sexual cannibalism이다. 성적 동족포식은 교미 후에 암컷이 수컷을 잡아먹는 짝짓기 행동을 말하는데, 이때 수컷이 누리는 유일한 혜택은 산 채로 암컷에게 먹히면서 영양분을 공급하는 동안 암컷을 수정시키는 것이다. 사랑을 위해 죽는다는 이야기다. 성적 동족포식에서는 일반적으로 암컷이 수컷을 잡아먹는다. 이 경우, 사회 생물학자 로버트 트리버스의 양육 투자 이론이 예측했듯이 암컷이 수컷보다 훨씬 더 크다. 성적 동족포식의 경우에는 암컷이 충분히 힘을 발휘할 수 있다.

다른 종들도 먹이와 교미를 교환한다. 일부 유제 동물(영양처럼 발굽이 있는 포유동물)의 수컷은 먹이가 풍부한 영역을 지키면서 교미를 허락하는 암컷들이 영역 내에서 풀을 뜯게 한다. 우리와 가장 가까운 동물 사촌인 침팬지도 이런 교환에 참여한다. 구체적으로 암컷과 먹이를 나누는 수컷은 짝짓기 기회가 늘어난다.[14]

인간도 음식과 관련한 구애 의식이 많다. 첫 데이트는 종종 레스토랑에서 이뤄지며 밸런타인데이나 결혼기념일도 마찬가지다. 사실 새로 사귄 커플 사이에 친밀감이 깊어졌음을 알 수 있는 징후는 식당에서 음식을 공유하는 것이다. 인간 사회에서 구애용 선물의 종류는 한이 없지만, 이 책에서는 꽃과 반지에 한해서 살펴보자.

꽃을 선물하는 것이 사회적 통례가 된 경우는 수없이 많다. 결혼식 같은 경사부터 장례식 같은 조사에 이르기까지 수많은 통과의례에서 꽃은 없어서는 안 될 품목이다. 꽃을 선물하는 다른 경우로는 킨세아녜라(라틴계 소녀가 성숙한 여성이 되는 열다섯 살 생일을 축하하는 의식), 성인식, 첫 데이트, 밸런타인데이, 프롬 나이트(미국 고등학교의 무도회 밤), 결혼식, 병문안 등이 있다. 꽃 선물은 시대를 초월하는 보편적인 풍습으로 보인다. 예를 들어 6만 년에서 8만 년 전에 네안데르탈인의 매장지로 사용된 이라크의 샤니다르에서도 꽃이 발견되었다.

어떤 문화권에서 특정 꽃 선물은 특별한 의미를 지닌다. 프랑스에서는 남편이 아내에게 노란 꽃을 바친다면 바람피운 데 대한 용서를 구한다는 뜻이다. 이와는 대조적으로 일부 중남미 국가에서는 노란색 꽃을 장례식에 쓴다.

전 세계 화훼 산업 규모는 400억 달러에 달한다. 미국에서 판매되는 꽃의 3분의 2는 여성에게 배달되고, 전체 꽃 판매의 3분의 2는 선물로 나간다.[15] 대다수 꽃의 수명이 최대 일주일(엄밀히 말하면 자를 때 이미 죽지만)인 점을 고려하면 대단한 사업이다. 수명이 매우 짧은 제품에 무려 400억 달러를 쓰기 때문이다. 과연 무엇 때문에 이런 풍습이 생긴 걸까? 일반적으로 꽃을 선물 받는 사람들은 본능적으로 좋은 기분을 느낀다. 이는 입꼬리가 올라가고 눈 주위에 주름살이 생기는 뒤셴 미소Duchenne smile(꾸미지 않은 미소)로 알 수 있다.[16] 이처럼 꽃을 받는 사람이 좋은 기분을 느끼는 것은 앞서 논의한 생물 애호 가설의 발현으로 볼 수 있다. 이는 꽃으로 둥지를 꾸며 암컷을 끌어들이는 수컷 바우어새 등 다른 종들에서뿐만 아니라 다채로운 문화적 환경에서 꽃이 구애 의식의 중심에 있는 이유를 잘 설명해 준다.

여담이지만, 꽃집에서 로맨틱한 음악을 잔잔하게 틀면 아예 음악이 없을 때보다 꽃집 매출액이 증가한다.[17] 만약 당신이 여성이고 남성에게서 더 비싸고 잘 꾸민 꽃다발을 받고 싶다면 꽃집에 배경음악으로 로맨틱한 노래를 틀도록 부탁하는 것도 방법이다.

현대인의 구혼은 보통 남자가 예비 신부에게 약혼반지를 주면서 하는 청혼으로 절정을 이룬다. 다이아몬드 반지 구매 비용에 대한 일반적인 기준은 연봉의 25%이다. 왜 이런 기준이 존재할까? 다이아몬드 회사가 제멋대로 퍼뜨린 성차별적 기준에 불과한 걸까? 아니다. 다른 종에서 결혼 선물이 구애자의 헌신과 자질을 가늠하는 잣대가 되듯이 약혼반지도 마찬가지라고 할 수 있다. 만약 꽃을 선물하는 것만으로 여자에게 당신이 장래 결합을 진지하게 생각한다는 확신을 심어 줄 수 있다면 남성은 한없이 불성실할 수도 있다. 하지만 약혼반지가 고통스러울 정도로 경제적으로 부담이 된다면 진정한 구혼자와 이를 가장하는 자를 구별하는 수단이 될 수 있다.

구애 의식의 중심 요소로서 다이아몬드 반지의 중요성은 수많은 대중문화에서도 나타난다. 예를 들어 2000년 광고 전문지 〈에드에이지Ad Age〉는 영국의 세계 최대 다이아몬드 산출 회사 드비어스의 광고 슬로건 '다이아몬드는 영원하다'를 20세기 최고의 광고 슬로건으로 선정했다. 마릴린 먼로가 1953년 그녀의 대표작 〈신사는 금발을 좋아한다〉에서 불렀고, 마돈나가 1985년 그녀의 히트송 '머티리얼 걸' 뮤직비디오에서 이를 흉내 낸 노래 '다이아몬드야말로 여자의 가장 친한 친구랍니다'와 데임 셜리 배시의 잊을 수 없는 1971년 제임스 본드 영화 〈007 다이아몬드는 영원히〉의 주제가 등 여러 상징적인 노래도 다이아몬드 반지의 중요성을 증명한다.

미국 럿거스대 인류학과 리 크롱크 교수와 보스턴대 보건학과 브리아 던햄 교수는 남성들이 약혼반지에 쓴 금액과 이에 영향을 미치는 요소들을 조사했다.[18] 조사 대상 남성의 평균 연봉은 4만 1858달러였으며 약혼반지에 쓴 평균 금액은 3531달러였다. 다시 말해 남성들은 연봉의 8.44%를 반지에 썼는데 이는 표준 기준인 25%와는 큰 차이가 있다. 반지에 쓴 총액은 남성과 여성의 연봉과 양(+)의 상관관계를 보였지만, 여성의 나이와는 음(−)의 상관관계를 보였다. 따라서 크롱크와 던햄 교수는 지출 규모가 커플을 이루는 사람들의 '자질'에 영향을 받는다고 주장한다. 이런 자질을 이 연구에서는 남성과 여성의 연봉과 예비 신부의 나이로 측정했다. 그렇다면 다른 조건이 같을 때 더 매력적인 여성들이 더 큰 다이아몬드 반지를 받게 되는 걸까?

하지만 헌신의 신호를 보내기 위해 약혼반지를 포함한 구애 선물이 반드시 비쌀 필요는 없다. 종종 선물 가격보다 마음이 여성을 사로잡을 때도 있다.[19] 많은 경우에 여성들은 남자의 세심한 배려가 잘 나타나는 개인적인 선물을 선호한다. "언젠가 당신이 가장 좋아하는 색이 연보라색이라고 했었지. 당신이 항상 고급 에스프레소 머신이 있었으면 좋겠다고 했던 것도 기억나. 찾아보니까 리투아니아에 연보라색 에스프레소 머신을 만드는 회사가 있더군. 그래서 빌뉴스(리투아니아 수도)에서 항공편으로 주문해서 당신이 좋아하는 글씨체로 "사랑해"라고 새겼

어. 내 기억이 정확하다면 아마 당신이 좋아하는 글씨체가 북 안티쿠아
Book Antiqua 맞지?"

많은 여성들이 로맨틱한 선물 가격의 두 배에 해당하는 현금을 받는
것보다 이런 애정 표현을 훨씬 더 로맨틱하게 느끼고 감동할 것이다. 선
물 비용이 헌신의 신호 역할을 하지만, 유일한 지표는 아니다. 이것이
바로 선물하기가 매우 위험한 지뢰와 같은 이유다. 선물의 효과가 미묘
하게 달라질 수 있기 때문이다. 같은 맥락에서 여성들은 세심하게 준비
한 독특한 청혼에 높은 점수를 준다. 청혼은 구혼자의 헌신 가능성을 보
여 주기 때문이다.

향수와 후각의 힘

나폴레옹이 그가 전쟁터에서 돌아오기를 기다리는 조세핀에게 "사
흘 후에 돌아가오. 씻지 마시오."라는 메시지를 보냈다는 유명한 일화
가 있다. 나폴레옹이 이런 에로틱한 메시지를 보낸 것은 연인의 체취를
맡는 중독성 있는 매력을 차지하기 위해서였다. 후각은 성적 신호를 보
내는 강력한 방법의 하나다. 따라서 수많은 종이 후각을 구애 의식의 핵
심 요소로 사용한다. 우리는 후각 신호가 많은 종에서 중요한 역할을 하
는 것으로 인식하지만, 인간의 짝짓기에서는 무시할 만한 정도라고 여
기는 경향이 있다. 하지만 진화 행동 과학자들은 그렇지 않음을 보여 주
는 몇 가지 증거를 발견했다.

한 대표적인 진화심리학 연구에서 스티브 갠지스태드와 랜디 손힐은

여성들의 후각이 매우 발달했다는 사실을 발견했다. 구체적으로 실험에서 여성들에게 남성들이 이틀 밤 동안 잘 때 입었던 티셔츠 냄새를 맡고 평가하도록 했다. 연구진은 자연 체취 이외의 모든 냄새의 근원을 차단하기 위해 남성들에게도 금연, 성관계 또는 특정 음식 섭취 등을 제한하는 지침을 전달했다. 그 결과, 피임약을 먹지 않고 월경 주기의 최대 가임기나 이에 근접한 여성들은 얼굴 대칭과 같은 좌우 대칭성에서 어긋나는 정도가 가장 덜한 남성의 체취를 제일 좋아했다.[20] 다시 말해서 수정 확률이 높을 때 여성의 코는 잠재적 구혼자들의 눈에 보이는 특성의 표현 형질을 가려낼 정도로 민감했다. 여성의 코가 용케 알아차린 것이다. 이 놀라운 발견은 여성이 최적의 남성을 식별하는 데 온 감각을 집중함을 뜻한다. 여성들은 눈을 사용하든 코를 사용하든 궁극적으로는 똑같이 짝 고르기라는 최종 목표에 도달한다.

일반적으로 우리는 자신과 비슷한 짝을 선호하는 경향이 있다. 즉, '유유상종類類相從'이라는 말이다. 하지만 주의 깊게 살펴야 할 예외가 있다. 이번에도 우리 코가 이 특별한 평가 과정을 담당한다. 주요 조직 적합 유전자 복합체MHC, major histocompatibility complex는 개인의 면역력을 결정하는 유전자 그룹이다. 일어날 수 있는 가장 많은 도전에 효과적으로 대응하는 면역체계를 갖추는 것이 유리하므로 인간을 포함한 유성생식 유기체는 MHC가 자신들과 아주 다른 상대와의 짝짓기를 선호해야 한다. 이런 짝짓기 선호는 더 다양한 면역 특성을 보이는 자손이 태어날 확률을 높여준다. 여러 연구에서 인간은 MHC가 자신과 많이 다른 사람의 체취를 선호한다는 사실이 실제로 확인되었다.[21]

그렇다면 MHC 관련 짝짓기 선호도에 대한 우리의 이해를 마케팅에도 적용할 수 있을까? 그 확실한 후보 영역은 향수 디자인이다. 미국의 연간 향수 판매액은 대략 250~300억 달러에 달하므로[22] 이런 연구 결과를 마케팅에 적용했을 때 그 상업적인 영향은 매우 분명하다. 소비자들이 특정 향수를 구매하도록 끌어당기는 요인은 무엇일까? 때로 사람들은 유명 연예인이 광고에 나와서 추천하는 향수를 구매하기도 한다. 향수의 브랜딩은 상업적인 성공의 중요한 선행 조건이다. 하지만 향수 선호에 영향을 미치는 한 가지 부인할 수 없는 생물학적 요인이 있다. 즉, 향수 선호는 MHC와 밀접한 관련이 있다.[23] 구체적으로 우리는 짝짓기 시장에서 우리의 독특한 체취와 특유한 면역유전학적 특성을 가장 잘 알릴 수 있는 향수를 선호하는 경향이 있다. 개인의 자연 발생적인 체취를 설명할 때 실제로 MHC의 특정 유전자가 발현되는 것을 탐지할 수 있음을 뒷받침하는 추가 증거가 있다.[24] 다시 한번 말하지만, 코는 알고 있다.

〈엑스 효과Axe effect〉는 한 남성이 향수를 몸에 뿌린 후 수많은 여성에게 쫓긴다는 내용으로 큰 성공을 거둔 영국 유니레버사 남성용 바디 스프레이 엑스Axe의 광고 캠페인이다. 이 광고는 남녀에게 꼭 필요한 진화론적 핵심 요소를 인식했기 때문에 성공을 거뒀다. 첫째, 이 광고의 주요 강조점은 여러 섹스 파트너와 관계를 맺을 가능성인데, 이는 특히 남성들에게 매력적이다. 둘째, 후각은 인간, 특히 여성이 잠재적 구혼자 중에서 짝을 고를 때 매우 중요한 요소다.[25] 흥미롭게도 엑스 효과라는 것은 실존하는 것처럼 보인다. 최근 연구에서 남성들에게 활성 혼합물(향유와 항균 성분) 혹은 비활성 혼합물이 든 데오도란트를 뿌렸다. 그런 다음 이들에게 몇 가지 자기 평가(자신감과 자기 매력도 등)를 하도록 했다. 이어서 남성 참가자들의 짧은 동영상을 찍어서 여성 평가자들에게 보여 주고 몇 가지 지표(자신감과 매력도 등)에 따라 남성들을 평가하게 했다. 놀랍게도 활성 혼합물이 든 데오도란트를 뿌린 남성들이 자기 평가에서 자신감을 더 높게 평가했을 뿐만 아니라 여성들도 시청한 짧은 동영상에 기초해서 이 남성들을 더 매력적이라고 평가했다.[26] 이와 관련해서 향수와 데오도란트에 돈을 들이지 않고 체취를 개선하고 싶다면 소고기나 돼지고기 같은 붉은색 고기 소비를 줄이는 것이 좋다.[27] 다만 이 경우에는 우리의 육식 본능과 가장 기분 좋은 체취를 풍기려는 본능적인 욕망이 충돌한다.

하이힐을 사랑하는 이유

남성들은 차를 수집한다. 그리고 여자들은 신발을 모은다. 마르코스 필리핀 전 대통령 부인 이멜다 마르코스는 세계에서 가장 많은 신발을 모은 것으로 알려졌다. 여성이 90%를 차지하는 충동구매자들(자세한 내용은 9장 참조)이 가장 많이 구매하는 제품 중 하나는 신발, 특히 몸매를 아름답게 만들어 주는 하이힐이다. 묘한 매력이 있는 아름다움과 관능미로 유명한 여배우 마릴린 먼로가 이런 말을 했다. "누가 하이힐을 발명했는지 모르지만, 모든 남자는 그에게 고마워해야 해요." 포르노 여배우, 스트립 댄서, 여성 비키니 대회 참가자들은 항상 자신들의 성적 매력을 과시하는 수단으로 하이힐을 신는다.

캐서린 로치 교수는 자신의 저서《스트립쇼, 섹스, 그리고 대중문화 Stripping, Sex, and Popular Culture》2장에서 일 때문에 어쩔 수 없이 하이힐을 신어야 하는 스트립 댄서들의 이야기를 전한다. 스트립 댄서들은 하이힐을 신었을 때 발생할 수 있는 신체적 고통과 부상 가능성에 대해 불평하면서도 하이힐이 중요하다고 말한다. 굽이 더 낮은 구두를 신고 싶으냐는 질문에 한 스트립 댄서는 "아뇨, 그렇게 생각하지 않아요. 하이힐이 섹시하기 때문이에요. 하이힐은 굉장히 섹시한 것 같아요."라고 대답했다. 또 다른 전직 스트립 댄서는 스트립 댄서 일이 그리우냐는 질문에 "그때 신었던 하이힐이 그리워요."라고 대답했다. 이어 그녀는 "스트립 바에서 굽이 7cm보다 낮은 구두를 신어도 된다고 허락한다면, 정말 바보죠."라고 덧붙였다.[28] 그녀는 또 하이힐이 여성의 몸매를 돋보이게 해 줄 뿐만 아니라 그녀가 몸을 흔들 때 남성들에게 더 요염하게 보이도록 해 준다고 했다.

2005년 영국 영화 〈킨키 부츠〉에서 망해 가는 가족 소유 신발 공장 주인은 우연히 한 여장 남자 가수를 만나면서 복장 도착자transvestite용 틈새시장을 겨냥한 하이힐 부츠를 만들기로 한다. 편안함과 기능성이 이런 부츠의 중요한 속성일 수 있다는 생각에 첫 번째 시제품은 성적 매력이 빠진 낮은 굽으로 만들었다. 이 성적 매력 없는 시제품을 본 그의 복장 도착자 파트너가 내뱉듯이 말했다. "젊은이, 이 굽을 봐. 성적 매력은 굽에서 나오는 거야." 이어 한 늙은 구두장이의 약삭빠른 지적이 이어졌다. "하이힐은 다리 위쪽까지 계속 균형을 잡아야 하니까 엉덩이 근육이 긴장되어 짝짓기할 준비가 된 것처럼 보이지." 이 늙은 구두장이는 뭘 좀 아는 걸까?

하이힐을 신으면 굽 높이로 인해 대략 20~30도 정도 엉덩이가 올라간다. 굽이 높을수록 엉덩이가 올라가는 각도는 더 커진다. 나이가 들면서 우리, 특히 여성들의 몸매는 중력을 이기지 못해 점점 더 아래로 처지게 된다. 활기찬 신체 부위는 젊음과 관련이 있고 축 처진 신체 부위는 노화와 관련이 있다. 따라서 더 젊어 보이는 몸매를 만들어 중력 효과를 '뒤집을 수 있는' 하이힐이나 가슴을 받쳐 주는 푸시업 브라 같은 제품은 잘 팔릴 수밖에 없다. 올라붙은 엉덩이는 젊음의 상징일 뿐만 아니라, 포유류 암컷들이 짝짓기에 앞서 취하는 척추가 앞쪽을 향해 S자로 굽는 성적 수용 자세를 닮았기 때문에 남성들이 더 매력적으로 여긴다.[29] 또한, 하이힐은 긴 다리를 좋아하는 남성들의 선호를 충족한다. 최근 한 연구에 따르면 남녀 모두 다리가 평균보다 5% 더 긴 이성을 선호한다고 한다.[30]

하이힐을 신었을 때 눈에 띄는 여성의 몸매 변화에 더해, 여성이 신는 신발에 따라 여성의 걸음걸이도 더 매력적으로 바뀔까? 놀랍게도 두 명의 일본 과학자가 발견한 결과에 따르면 그렇다. 구체적으로 여성의 걸음걸이를 심사할 때 남성들은 하이힐을 신고 걷는 여성들이 굽이 낮은 로퍼를 신고 걷는 여성들보다 더 여성스럽고 신체적으로 매력적이라고 평가했다.[31]

다시 하이힐을 신고 요염하게 춤추며 생계를 유지하는 스트립 댄서들 이야기로 돌아가 보자. 스트립 댄서가 버는 팁 액수는 이들의 생리 주기와도 관련이 있다. 스트립 댄서들은 가임기에 가장 많은 팁을 받았다. 이런 효과는 스트립 댄서들이 가임기에 성적으로 더 매혹적인 춤을 춰서 더 많은 팁을 모았기 때문일 수 있다. 혹은 고객들이 댄서들에게서 미묘한 신호를 포착해서 배란기의 댄서에게 랩 댄스(스트립 클럽에서 댄서가 앉아 있는 고객과 신체 접촉을 하는 에로틱한 춤 공연의 일종*)를 추도록 주문하기 때문일 수도 있다. 이는 서비스 산업에서 여성의 생리 주기와 수입의 상관관계를 증명하는 첫 번째 연구였다.[32]

어떤 이들에게는 이 모든 토론이 여성을 성적 유혹의 대상으로 취급하기 때문에 불쾌할 수 있다. 또한, 하이힐 착용이 여러 유형의 발 부상으로 이어진다는 점을 고려할 때,[33] 하이힐을 반대하는 사람들은 이 잔인한 패션 장구가 남성들이 여성들을 학대하는 또 다른 수단이라고 주장한다. 자신들이 여성을 무찌르기 위한 음모의 일부라는 사실을 알면 마놀로 블라닉, 지미 추, 크리스찬 루부탱 등 하이힐 제작자들은 놀랄지도 모른다. 하지만 여성이 하이힐을 신는 것은 하이힐이 섹시하다고 느끼기 때문이며, 이것이 결과적으로 남성들의 진화된 시각적 선호를 불러일으키기도 한다. 남녀가 짝짓기 무대에서 서로에게 깊은 인상을 주려고 끊임없이 노력하는 것은 분명 현실이다. 때로는 이런 노력이 자기 자신에게 해로울 수 있는데도 말이다. 남성들은 여성들에게 배우자로서 자신의 가치를 알리기 위해 극한 스포츠에 참가하거나, 직업상의 위험을 기꺼이 감수하거나, 동성 간 폭력 행위에 가담하기도 하는 등 큰 신체적 위험을 감수한다(9장 참조). 하지만 아무도 남성들을 죽이기 위해 이런 위험한 행동을 강요하는 음모가 있다고 주장하지 않는다. 짝짓기 시장에서 매력적으로 보여야 한다는 타고난 욕구가 삶의 원동력이다. 사람들은 자신을 돋보이게 하는 최적의 전략을 부지런히 추구한다. 하이힐을 신는 것은 수많은 미화 의식의 전략 중 하나에 지나지 않는다.

하이힐을 신으면 부상 위험이 따른다는 사실에도 불구하고, 이탈리아 비뇨기과 전문의사이자 자칭 하이힐 애호가인 마리아 안젤라 세루토 박사가 동료들과 연구한 결과 하이힐을 신으면 여성의 골반기저근 활동이 좋아지는 것으로 나타났다. 비록 하이힐과 더 만족스러운 섹스 사이에 양(+)의 상관관계가 있을 수 있다는 사실을 알고 실망하는 사람이 일부 있을지라도 대부분의 여성은 이런 향상된 능력이 더 만족스러운 섹스로 이어질 수 있음을 알고 싶을 것이다. 세루토 박사와 동료들은 "하이힐을 사랑하는 모든 여성을 위해 싸우는 전사로서, 우리는 하이힐에서 건강에 도움되는 요소를 찾으려고 했고, 결국 목표에 도달했다."라고 말했다.[34]

하이힐 착용은 남성의 시각적 선호를 자극하고, 여성의 성적 만족도를 높일 수 있으므로 대체로 남녀 모두에게 유리한 상황이지만, 잠재적인 단점도 있다. 즉, 여성이 남성 파트너보다 키가 클 수 있다. 키는 많은 여성이 원하는 특성이다. 하지만 이런 보편적인 선호의 가장 중요한 요소는 여성들이 자신보다 키 작은 남자와 데이트하기 싫어한다는 것이다. 실제로 바로 이 문제를 탐구한 연구에서 여성이 남성 파트너보다 키가 더 큰 경우는 720쌍 중 오직 한 쌍에 지나지 않았다.[35] 남성의 키가 얼마 이상이어야 한다는 것은 아니지만, 대부분의 여성은 잠재적 구혼자보다 키가 큰 것을 원하지 않는다.

옷이 날개다

남녀 모두 옷을 통해 성적 신호를 보낸다. 여성은 옷을 신체적 특징을 부각하는 도구로, 남성은 신분 상징으로 사용하는 경향이 강하다. 옷이 날개라는 말이 사실일까? 이 문제를 검증하는 간단한 방법이 있다.

같은 남자에게 각기 다른 수준의 사회 경제적 지위를 나타내는 옷을 하나씩 입혀 보면 된다. 예를 들어 맥도날드 유니폼이나 외과용 수술복을 입혀 볼 수 있다. 혹은 소매 없는 셔츠와 유행에 뒤떨어진 청바지를 입힐 수도 있고, 비싼 시계와 함께 고품격 정장을 입힐 수도 있다. 그런 다음 여성들에게 다양한 신분 조건을 나타내는 옷을 걸쳤을 때 남자가 얼마나 신체적으로 매력적인지 평가하도록 해 보라. 당연히 같은 남자지만 높은 사회적 지위를 나타내는 옷을 입었을 때 훨씬 더 매력적으로 느낀다. 또한 관계를 시작할 가능성은 남성이 입은 옷에서 풍기는 사회적 지위에 비례했다.

그러나 여성 모델을 사용해서 남성에게도 같은 실험을 했을 때 남성들은 일반적으로 여성의 옷이 풍기는 사회적 지위에 대해 신경을 덜 쓰는 것으로 나타났다.[36] 대부분의 남성은 여성이 프라다를 입었든 월마트에서 파는 모조품을 입었든 전혀 개의치 않았다. 하지만 여성의 몸매를 돋보이게 하는 옷은 모두 남성들의 시선을 끌었다. 이는 현대 서구 문화에만 국한된 현상이 아니다. 과거에 사용했던 장신구인 코르셋의 예를 들어 보자. 일반적인 코르셋은 남성들이 보편적으로 선호하는 허리 대 엉덩이 둘레 비율[37] 0.68~0.72에 해당하는 모래시계 모양의 몸매를 만든다.[38]

지난 90년 동안 몇몇 학자들은 경기와 치마 길이의 상관관계에 주목했다.[39] 1920년대 미국 경제학자 조지 테일러 교수가 주창한 이른바 '헴라인 지수Hemline Index'는 경기가 좋으면 치마 길이가 짧은 미니스커트가 등장한다는 것이다. 한편, 2001년 에스티 로더로더의 전 CEO 레너드 로더가 발표한 이른바 '립스틱 지수'는 경기가 나쁠수록 립스틱 판매가 늘어난다고 한다.[40] 마지막으로, 토론토의 바타 신발 박물관 큐레이터이자 《패션의 정점: 하이힐의 역사Heights of Fashion: A History of the Elevated Shoe》의 저자인 엘리자베스 세멀핵은 경제가 어려울 때 구두 굽이 높아진다고 했다.[41] 이 밖에도 이런 관련 현상들을 설명하는 몇몇 그럴듯한 주장들이 나왔다. 어려운 시기를 마주하면 여성들은 자신감을 내보이거나 금욕적인 태도를 보이거나(헴라인 지수의 경우), 방탕한 생활을 하거나 현실 도피에 빠지고 싶어 한다는 등의 주장이다. 하지만 아무도 진화를 토대로 한 생물학적 힘이 패션 스타일과 경기 상황 간의 이런 흥미로운 관계를 달리 설명할 수 있으리라고는 생각하지 못했다.

몇몇 진화론적 마인드를 지닌 학자들은 치마 길이를 통해 알 수 있는 경기와 여성 패션의 연관성은 여성의 동성 간 경쟁의식에서 비롯한다고 주장해 왔다. 한 연구에서는 1916~1999년 영국 패션 잡지 〈UK 보그〉에 나타난 여성 패션을 조사했다.[42] 이 조사에 따르면 일반적으로 동성 간 경쟁의식을 더 격화시키는 어려운 경제 상황이 더 과감한 패션 트렌드를 낳았다(이는 헴라인 지수와는 정반대다).

여성은 신체적 특성을 경제 영역에서의 경쟁을 비롯한 동성 간 경쟁의 한 형태로 사용할 가능성이 매우 크다. 비슷한 맥락에서 미국 심리학 전문 웹사이트 〈사이콜로지 투데이Psychology Today〉에 기고하는 동료 블로

거이자 생체심리학자인 나이젤 바버는 치마 길이와 특정 기간에 사회에서 교육받은 여성 수 사이에 음(—)의 상관관계를 발견했다.[43]

여성이 화장품에 돈을 아끼지 않는 이유

화장품을 미용 수단으로 사용한 기록은 수천 년 전부터 있었으며, 가까이는 로마제국, 멀리는 수메르 문명과 고대 이집트 문명까지 거슬러 올라간다.[44] 남자들도 때로 화장품을 바르는 경우(전투에 나가기 전 등)가 있었지만, 미용 목적으로 사용하는 경우는 매우 드물다.[45] 문화와 시대를 불문하고 일반적으로 여성들이 화장품을 압도적으로 많이 사용한다. 파라오, 여왕, 국가 원수, 고위 외교관 등 매우 영향력 있는 여성들은 모두 화장품을 사용해 왔다(클레오파트라, 엘리자베스 2세 영국 여왕, 베나지르 부토 전 파키스탄 총리, 앙겔라 메르켈, 매들린 올브라이트, 힐러리 클린턴, 콘돌리자 라이스 등).

나는 2009년 〈포춘〉 선정 1000대 기업의 여성 CEO 목록에 접속해 봤다.[46] 여성 CEO 28명의 이름이 올라와 있었고, 이 중 12명은 사진이 링크되어 있었다. 유난히 영향력 있고 기량이 뛰어난 이 여성들은 모두 화장한 상태였다.

여성들이 화장하는 이유는 자신들의 매력을 극대화해 주기 때문이다.[47] 또한, 남녀 모두 화장을 하는 여성은 성격이 더 긍정적이고,[48] 더 건강할 것으로 여긴다. 최근 실험실이 아닌 현실 세계에서 이루어진 현장 실험에서는 여성들이 화장을 전혀 하지 않은 날보다 화장을 한 날 바에서 남성들이 더 자주, 더 빨리 접근했다.[49] 또한, 화장한 웨이트리스들이 화장하지 않았던 날보다 팁을 받을 때가 많았고 팁 액수도 더 많았다.[50]

몇몇 학자들은 화장품의 미화 효과를 설명하는 몇 가지 이유를 제시했다. 어떤 사람은 화장품이 성적으로 흥분하거나 성적인 관심이 있는 것처럼 보이게 한다고 주장했다(입술과 볼을 빨갛게 하는 화장, 눈동자가 커 보이게 하는 눈 화장 등). 대부분의 여성은 주름이나 검버섯을 감추는 등 더 젊어 보이기 위해 화장을 하지만, 나이 어린 여성들은 때때로 더 성숙해 보임으로써 성적 매력이 넘쳐 보이기 위해 화장을 하기도 한다. 또한 사람들은 맑고 매끄러운 피부를 미의 보편적 지표로 여기기 때문에 화장품은 지성 피부와 잡티, 여드름 등을 감추는 역할을 한다. 화장품은 또 미의 대명사로 여기는 얼굴 대칭성을 높이는 데도 사용된다.

사실 대칭적인 얼굴과 몸단장은 얼굴의 매력을 높일뿐더러 나아가서 추상적 예술 표현력으로 인식되는 매력을 훨씬 더 높인다.[51] 리처드 러셀은 여성들이 화장으로 눈과 입, 그리고 인접한 얼굴 부위들 사이의 밝기 대비를 강조한다는 사실을 보여 주었다.[52] 구체적으로 눈과 입 주위의 피부는 일반적으로 더 밝게 화장하는데 이런 대비는 여성에게서 더 두드러진다. 화장으로 이런 밝기 대조를 강조하면 얼굴이 더 여성스러워 보인다.

전 세계 화장품 업체들은 '나이에 도전하는', '주름을 없애는', '노화

방지', '검버섯 제거', '젊고 매끄러운 피부', '잡티 제거' 등의 용어를 사용하며 피부 관리 제품을 홍보한다. 우드버리 비누의 광고 표어 '만지고 싶은 피부'는 맑고 매끄러운 피부의 중요성을 나타낸다. 이런 제품 강점이 먹히지 않는 문화는 없다. 이는 제멋대로 만든 미의 기준 때문이 아니다. 피붓결은 잠재적 여성 배우자에 대한 많은 귀중한 정보를 담고 있다. 예를 들어 잡티와 털이 적고 부드러운 피부는 안드로겐 수치는 낮고 에스트로겐 수치는 높다는 표시다. 여드름이 있는 여성의 83%가 난소에 여러 개의 물혹이 생기거나 다모증을 동반하는 다낭성 난소 증후군polycystic ovary syndrome을 갖고 있다. 여성의 피붓결은 생리 주기에 따라 변화가 심하다. 이 또한 짝짓기 무대에서 피붓결이 결정적인 역할을 한다는 사실을 말해 준다.[53]

화장품은 여성 자신을 아름답게 가꾸는 강력한 수단일 뿐만 아니라 화장품의 특정 색상은 보는 이의 시선을 끈다. 섹시한 여배우 스칼렛 요한슨의 예처럼 모든 립스틱 색상 중에서 빨간색만큼 매혹적인 색은 아마 없을 것이다. 립스틱이 프랑스어로는 'rouge à lèvres(입술을 빨갛게 칠하는 것)'으로 번역되는 사실도 알아두면 유익하다. 더 나아가서 빨간색은 로맨스(밸런타인데이 등)나 성적 취향(빨간 란제리 등)과 관련 있는 색으로 보인다. 영화 등 대중문화에서는 아름답고 매력적인 여성들이 종종 붉은색 옷을 입거나 장신구를 두르고 있다(1984년 진 와일더와 길다 래드너, 켈리 르브록 주연의 영화 〈우먼 인 레드〉와 영국 싱어송라이터 크리스 디 버그의 1986년 히트곡 〈레이디 인 레드〉 등). 왜 그럴까? 우리와 가까운 영장류 사촌을 포함한 많은 종에서 붉은색은 발정 현상(충혈된 외음부 등)을 나타내는 뚜렷한 표시라는 것이 생물학적 논거다. 인간의 경우 여성이 성적으로 흥분하면 신체의 다양한 성감대가 붉어지는 것을 볼 수 있다. 그러므로 붉은색을 칠하는 다양한 문화 의식은 빨간색에 대한 남성들의 선천적인 시각적 선호에서 비롯되었을 수 있다.

이 논리를 이용한 다섯 차례 연구에서 심리학자 앤드류 엘리엇Andrew J. Elliot과 다니엘라 니에스타Daniela Niesta는 남성들이 같은 여성이 빨간색과 관련이 없거나 다른 색과 관련이 있을 때보다 빨간색과 관련이 있을 때 더 매력적으로 느낀다는 사실을 증명했다. 이런 연구 결과는 남성이 여성에게 느끼는 매력도와 성적 호감도, 데이트 의향, 데이트에서 기꺼이 쓸 금액 등을 측정하는 데는 유효했지만, 여성의 지성미, 친절도, 전반적인 호감도 측정에는 맞지 않았다. 따라서 빨간색 관련 효과는 모든 측정에 일반화할 수 없으며, 짝짓기 관련 변수에만 국한한다. 공교롭게도 여성이 다른 여성을 평가할 때는 '빨간색 효과'가 나타나지 않았다. 이는 빨간색 선호가 남성에게 특유한 선호임을 뜻한다.[54]

머리숱이 많은 사람에게 더 끌리는 이유

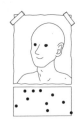

왜 특정 나이가 지난 대다수의 여성이 비슷한 짧은 헤어스타일을 하는 걸까? 답은 매우 간단하다. 나이가 들면 머릿결이 나빠진다. 머리카락이 윤기를 잃고 가늘고 푸석푸석해지기 쉽다. 샴푸 회사들이 유난히 빛나고, 굵고, 비단결 같은 머리카락의 젊은 여성들을 광고 모델로 쓰는 것은 우연이 아니다. 따라서 표현 형질이 나빠지는 특성은 되도록 나타내지 않는 것이 타당하다.

중요한 것은 미혼이면서 아이가 없는 여성들의 머리카락이 더 길고, 머릿결이 좋고, 더 건강한 여성들이 더 긴 머리를 자랑한다는 사실이다.[55] 당연히 남성들은 여성의 긴 머리카락과 좋은 건강 상태를 연결하는 경향이 있다.[56] 종합해 보면 이런 연구 결과들은 왜 많은 종교, 특히 이슬람교에서 여성들이 히잡 등으로 머리를 가리게 하는지 설명해 준다. 이를 여성의 정숙함을 지키기 위한 신성한 계율로 여기지만, 실제로는 머리카락은 성적으로 유혹하는 수단이며, 따라서 강한 가부장적 사회에서 여성들이 자신들의 성적 매력을 알리는 능력을 통제하는 '세속적인' 수단을 찾은 것이다.

성적 역할극은 법적으로 성관계에 동의할 수 있는 성인들이 자신들의 성적 판타지를 추구하는 일반적인 수단이다. 이런 성적인 게임의 중심적인 특징은 가발 착용이다. 하지만 이런 가발은 남성들보다 여성들이 주로 착용한다. 가발은 짧거나 긴 것, 곧거나 곱슬곱슬한 것, 그리고 금발, 갈색 머리, 빨간 머리 가발 등 종류가 다양하다. 당연히 가발은 여성의 외모를 획기적으로 바꾸는 쪽으로 선택한다. 만약 여성이 긴 흑발이라면 짧은 금발 가발을 쓸 것이다. 목표는 성적 다양성을 추구하는 남성들의 욕구를 자극하는 데 있다. 그러나 검은 머리의 남성들은 일반적으로 침실에서 금발 가발을 쓰지 않는다. 여성에게서는 성적 다양성을 추구하는 성향이 두드러지지 않기 때문이다. 같은 원리가 머리 염색에도 적용된다. 여성들은 희끗희끗해지는 머리카락을 감추기 위해서 뿐만 아니라, 머리 색깔을 극적으로 바꾸는 일탈을 위해서 염색하는 경우도 많다. 이 또한 성적 다양성을 추구하는 남성들의 욕구에 대한 미학적 반응일 수 있다. 적어도 커플인 여성들이 염색하는 경우 그럴 가능성이 크다.

배란기에 더 도발적인 여성들

많은 종의 암컷들은 짧은 발정기 동안 짝짓기를 받아들인다. 발정기의 암컷은 후각적, 시각적 신호나 구애 행동을 통해 짝짓기 준비가 되었음을 알린다. 예를 들어 암컷 개코원숭이의 짝짓기 준비 상태는 충혈된 생식기로 나타난다. 일부 종의 수컷들은 플레멘 반응Flehmen response(동물이 냄새를 더 잘 맡기 위해 입을 벌리고 냄새를 맡는 행동으로 암컷이 발정 주기의 어디쯤 있는지 측정하기 위한 것이다)을 진화시켰다. 수컷들에게 암컷의 배란은 신비에 싸인 것으로 여겨졌다. 이는 암컷의 배란 상태를 외부에서 알아채기가 어렵기 때문이다. 이런 현상이 진화한 것은 전체 주기 동안 수컷이 암컷에게 관심을 가지도록 해서 공동 양육에 필요한 장기적인 관계의 진화를 촉진하기 위한 것으로 생각된다. 다만 여러 연구에서 여성의 배란 상태는 다소 감추어져 있지만, 미묘한 형태학적, 생리학적 신호나 행동을 잘 관찰하면 여성의 생리 상태에 대한 힌트를 눈이나 코로 확인할 수 있다는 사실이 밝혀졌다. 이를 테면 배란기에 여성은 피붓결이 가장 곱고 얼굴과 가슴이 더 대칭을 이루며, 더 좋은 체취를 풍긴다.[57]

가임기 여성의 행동을 보면 다양한 꾸미기를 통해 놀라울 정도로 침착하게 자신을 알린다. 에릭 스텐스트롬과 나는 생리 주기의 황체기(비가임기)와 가임기 여성의 꾸미기 행동을 비교했다. 여성들은 가임기에 관능적인 옷을 입는 등 더 많은 꾸미기 행동을 한다고 답했다.[58] 다른 연구에서도 마찬가지로 여성들이 가임기에 짝짓기 시장에서 자신을 알리려는 욕구가 강해진다는 설득력 있는 증거를 발견했다.[59] 대부분의 여성이 진화의 힘을 인식하지 않고 이런 행동을 한다는 점이 중요하다. 오히려 여성들은 가임기에 "더 매력적이고", "더 겸손해지고", "더 자신감이 넘치는" 느낌을 받는다고 말한다. 바로 이런 긍정적인 감정이 짝짓기 시장에 자신을 알리고 싶은 욕구로 이어진다.

소프트웨어 기업가들은 생리 주기가 여성의 일상 행동에 미치는 영향을 예사롭지 않게 보았다. 이들 중 몇 명은 여성들의 생리 주기를 추적할 수 있는 앱을 개발했다.

이성에게 잘 보이기 위한 사기

수많은 종이 다양한 형태의 가짜 신호를 보낸다. 때로는 이런 가짜 신호가 먹이를 얻거나 누군가의 먹이가 되지 않으려는 생존 목적으로 진화했다. 예를 들어 북미지역에 서식하는 큰 민물 거북인 악어거북은 입 안에서 튀어나온 벌레 모양의 융기로 먹이를 꾀어낸다. 일부 독성이 없는 뱀들은 포식자의 접근을 막는 경계색을 흉내 낸 색으로 진화했다. 이와 관련해서 사람들은 "노란 바탕에 빨간 점이 있는 뱀은 사람을 죽이고, 검은 바탕에 빨간 점이 있는 뱀은 우리 친구라네."와 같은 언어유희를 사용해서 정말로 위험한 맹독성 뱀과 이를 흉내 낸 무독성 뱀을 구별한다. 가짜 신호는 짝짓기 게임에서 우위를 차지하는 목적으로도 사용된다.

이런 의미에서 많은 유성 생식 종의 암컷과 수컷은 진화 군비경쟁을 벌인다고 볼 수 있다. 일반적으로 수컷은 암컷에게 자신의 유전적 자질을 속이는 쪽으로 진화하지만, 암컷은 이에 대한 대응 전략으로 정말 잘 맞는 배우자와 가짜를 구별할 수 있는 쪽으로 진화한다.

권모술수에 능한 이런 움직임은 소비자 분야에서 무수히 많은 형태로 그 모습을 드러낸다. 여성들은 푸시업 브라, 가슴 패드, 엉덩이가 올라붙게 하는 '보정속옷'을 착용하고 하이힐을 신는다. 또 여성들은 피붓결이 좋아 보이게 화장하며 성형수술 환자의 90%를 차지한다. 이 모든 요소는 여성들의 몸과 얼굴의 주요 특징을 바꾸는(즉, 속이는) 수단이 된다. 한편 남성들은 자신들의 연봉과 직업적 성취에 대해 거짓말할 뿐만 아니라, 사회적 지위를 거짓으로 위장하기 위해 짝퉁 롤렉스시계 등 온갖 가짜 명품들을 산다. 아우디를 갖고 있던 오랜 친구가 더 비싼 모델의 로고를 얻기 위해 대리점을 방문한 적이 있다. 그는 '겨우' A4 모델을 몰았지만, 세상 사람들에게는 자신이 더 비싼 A6 모델을 몬다고 알리고 싶었던 것 같다. 대부분의 여성은 이런 가짜 신호를 보내지 않으리라 생각한다. 고급 승용차를 이용해서 자신의 사회적 지위를 나타내는 것은 대체로 남성의 전략이기 때문이다. 나는 '통신 대학'에서 가짜 졸업장을 찾는 사람들의 대다수가 남성이라고 장담한다. 기혼 남성이 더 호감이 간다는 생각(하지만 이 속설은 2003년 연구에서 반박되었다)에 따라 미

혼 남성들이 가짜 결혼반지를 끼기도 한다.[60]

결론은 많은 남녀가 짝짓기 시장에서 자신들의 위상을 높이려고 무한한 형태의 소비 관련 기만을 저지른다는 것이다. 이 경우 번식 성공이라는 목적이 기만적 소비 신호라는 수단을 정당화하는 것으로 보인다.

뉴욕 맨해튼의 커낼 가는 위조 상품의 메카 같은 곳이다. 벨트에서 지갑, 옷에 이르기까지 상상할 수 있는 모든 '명품'을 정품 브랜드 가격의 극히 일부만 내고 살 수 있다. 최근 2007년 OECD 보고서에서는 2005년 전 세계 위조품 시장 규모를 2000억 달러(약 240조 원)로 추정한다. 이는 150개국의 국내총생산GDP보다 큰 금액이다.[61] 게다가 국제위조방지연합에서는 이 시장 규모를 훨씬 많은 연간 6000억 달러로 추산하며, 그중 약 4%는 가짜 명품인 것으로 본다.[62]

위조 상품을 사용해서 짝짓기 속성을 속이려는 욕구는 인간에게 보편적이다. 다만 문화적 전통에 따라 속이려는 속성의 대상이 달라질 수도 있다. 이를테면 서구 국가에서는 페라리가 남성의 사회적 지위를 나타내지만, 마사이 족에서는 이것이 소유한 소의 수가 될 수 있다. 하지만 이 가짜 신호의 성별 특수성은 모든 문화에서 동일하다. 즉, 남성은 사회적 지위를, 여성은 외모를 속이는 경향이 강하다.

이런 속임수가 드러나는 또 다른 예는 애인을 구하기 위해 신문 등에 내는 개인 광고와 온라인 채팅이다. 남성들은 키, 수입, 직업, 사회적 지위 등을 속이고, 여자들은 몸무게, 나이, 외모 등을 속인다.[63] 가짜 신호를 만들기 위해 사람들은 에어컨이 없는데도 숨 막힐 듯한 여름 더위 속에 차창을 닫고 운전하고, 가짜 휴대전화로 이야기하고, 식료품점에서 카트에 엄청나게 비싼 식품을 가득 담았다가 통로를 통과하고 나면 조

용히 카트를 버리고 간다.[64]

결론

인간이 유성 생식 종임을 고려하면 많은 소비가 성과 관련이 있는 것
은 놀라운 일이 아니다. 남녀는 광범위한 제품을 사용해서 짝짓기 시장
에서 자신들의 입지를 강화한다. 살펴본 것처럼 남성들은 자신의 사회
적 지위를 알리기 위해 고급 스포츠카를 사는 경향이 강하고, 여성들은
화장품과 자극적인 복장을 통해 자신을 아름답게 가꾸는 경향이 강하
다. 꽃과 약혼반지 선물을 포함하는 소비자 구매는 구애 의식의 주요 특
징이다. 성호르몬은 소비자 영역에서 강력한 효과를 발휘한다. 남성 테
스토스테론 수치는 포르쉐를 모는 등의 과시적 소비를 할 때 현저하게
증가한다. 여성의 생리 주기와 이에 관련된 호르몬 변화는 여성들이 자
신을 알리려는 욕구를 형성한다. 우리의 성적 본성은 우리 소비자 선택
과 선호에 지워지지 않는 흔적을 남긴다.

| **4장** |

가족을 위해 산다

피는 물보다 진하다.
1온스의 피가 1파운드의 우정보다 더 소중하다.

스페인 속담

어려울 때는 가족이 최고다.

미얀마 속담

가족을 친구처럼, 친구를 가족처럼 대하라.[1*]

---

*이 속담들은 여러 인터넷 속담 저장소에서 수집한 것이다.

아프리카 들개는 엄격한 혈족 중심으로 무리를 지어 산다. 이들은 나이가 많거나 다친 일행에게 비상한 헌신과 투자를 하는 것으로 알려져 있다. 이와 비슷한 혈족 중심의 이타주의가 곤충(무리 지어 사는 개미 등), 조류(야생 칠면조 등), 어류(대서양 연어 등), 포유류(원숭이, 유인원, 하이에나, 사자, 얼룩다람쥐, 코끼리 등. 코끼리는 생물학적 어미 이외의 가족 구성원이 어미 대신 새끼를 돌본다)에서 나타나는 사실이 문헌에 기록되어 있다. 물론 인간도 가족 간에 긴밀한 유대관계를 형성하는 사회적 동물이다. 왜 사람들은 부모, 자식이나 형제자매, 사촌을 구하기 위해 자신의 목숨을 걸까? 유기체가 오직 자신의 생존만을 돌보는 것이 진화론의 원칙이라면 많은 대가를 치러야 하는 이타주의는 이런 욕망에 역행하는 것처럼 보인다. 하지만 일단 진화가 유전자의 전파에 '관심'이 있다는 사실을 인식하게 되면 유기체가 유전자를 공유하는 이들에게 투자하는 것은 전적으로 이치에 맞는 일이다.

이 장의 서두에서 소개한 것처럼 여러 문화권의 속담에서 가족 간 유대의 독특한 특성을 특별하게 묘사한다. 가족의 중요성은 거의 모든 형태의 문화 창조물과 결과물에서 찾아볼 수 있다. 성서 속 이야기(카인과 아벨)나 그리스 비극(오이디푸스 왕), 또는 셰익스피어 희곡(햄릿) 등 마음을 사로잡는 많은 문학적 서사는 가족 드라마를 중심으로 전개된다. 지난

40년간 대다수 인기 시트콤과 영화는 가족을 모티브로 해 왔다.

가족 관계는 수많은 광고 슬로건에서도 중심이 된다. 몇 가지 예를 들면, "당신의 아기가 거버의 아기 모델이 되어야 하지 않겠어요?"(거버), "아이들이 먹어 보고, 어머니들이 괜찮다고 했습니다"(킥스 시리얼), "까다로운 엄마는 지프를 고릅니다"(지프 땅콩버터. 이 슬로건은 나중에 정치적으로 더 올바른 "까다로운 엄마 아빠는 지프를 고릅니다"로 바뀌었다) 등이다. 이 슬로건들은 모두 자녀에게 투자하려는 부모의 타고난 본능을 겨냥한다. 인간의 경험에서 가족의 중요성은 종교적인 서사와 제도를 만드는 사람들에게서도 나타났다(하나님 아버지Father, 수녀Sister, 수녀원장Mother Superior, 수도사Brother, 성부와 성자와 성령Father, Son, and the Holy Spirit 등). 미국 대학교의 남학생회와 여학생회 회원들도 형제자매로 불린다. 사실 남학생회fraternity와 여학생회sorority의 라틴어 어원은 각각 '형제'와 '자매'를 뜻하는 'frater'와 'soror'다. 거리의 은어로 친척이 아닌 사람들 간에도 강한 유대 관계를 나타내기 위해 형제brother or bro, 사촌cuz, 아들son과 같은 용어를 흔히 사용한다. 같은 편에서 싸우는 병사들을 가리켜 '전우brothers in arm'라고도 한다(HBO 텔레비전 시리즈 〈밴드 오브 브라더스Band of Brothers〉는 제2차 세계 대전 중 병사들의 삶을 그린다). 여기서 동료 병사들은 혈족을 지칭하는 용어로 묘사된다. 이들이 일반적으로 가족 구성원 간에 기대할 수 있는 이타적인 행동을 서로에게 보이기 때문이다.

가족에 대한 헌신은 유전자에 새겨져 있다

다윈은 자연 선택이 개별 유기체 차원에서 일어난다고 생각했다. 따라서 문헌에 나타나는 인간을 포함한 많은 종의 혈족을 위한 이타적 행위를 명확히 설명하기가 어려웠다. 다윈도 특성이 유전된다는 사실은 확실히 알고 있었던 것 같다. 하지만 멘델의 유전학이나 유전 단위인 DNA에 대해서는 몰랐다. 따라서 유전자 중심의 관점에서 자연 선택을 인식하는 데 필요한 지식은 없었다. 이 모든 종을 가로지르는 퍼즐은 옥스퍼드대학교 생물학자 빌 해밀턴이 풀었다. 그는 2000년 인간면역결핍바이러스HIV의 기원에 대한 자신의 이론을 검증하기 위해 콩고로 방문하였다가 말라리아로 비극적인 죽음을 맞이했다. 해밀턴은 자연 선택이 일어나는 차원을 다윈이 생각했던 유기체에서 유전자 중심으로 전환했다. 즉, 선택 압력이 작용하는 가장 근본적인 단위가 유전자라면 혈연 중심의 이타주의를 완벽하게 설명할 수 있다는 것이다. 혈연 선택으로 알려진 이 메커니즘은 1964년 해밀턴이 발표한 논문에서 고도로 정교한 수학 공식으로 설명되었다.[2]

해밀턴의 이 중대한 연구 이전에 다른 진화 과학자들도 비록 덜 엄격한 형식주의를 따르기는 했지만, 이런 근본적인 통찰을 직감했다. 그중 한 사람이 영국 태생 유전학자인 J. B. S. 홀데인이다. 그는 물에 빠진 한 형제를 구할 것이냐는 질문에 다음과 같은 유명한 말을 남겼다. "아니요. 하지만 두 명의 형제나 여덟 명의 사촌이라면 그들을 구할 겁니다."[3] 형제는 평균적으로 유전자의 절반을 공유하고, 사촌들은 8분의 1을 공유하므로 홀데인은 유전자 중심의 관점에서 자기 생명을 내놓기에 타당한 '유전적 손익

분기점'을 제시한 것이다.

혈연 선택은 '포괄 적응도inclusive fitness'로 알려진 폭넓은 메커니즘과 관련이 있다. 생물학적으로 적응도는 유전자의 확대를 말한다. 자신의 적응도를 높이는 가장 확실한 방법은 자식을 낳는 것이며, 개인은 번식을 통해 자신의 직접 적응도direct fitness 또는 번식 적응도reproductive fitness를 높일 수 있다. 또 다른 방편으로 개인은 자신과 관련된 사람들에게 투자함으로써 자기 유전자 전파를 촉진할 수 있다. 당신의 딸, 손자, 조카가 아이를 낳는다면 이 아이가 간접적으로 당신의 적응도를 높이는 것이다. 따라서 이런 간접 적응도indirect fitness는 포괄 적응도의 일부이다.

혈연 선택이 직접적으로 말해 주는 것은 인간을 포함한 유기체가 혈족과 비非혈족에 대해 차등 투자를 할 뿐만 아니라 더 가까운 혈족에 대해서 더 많은 투자를 한다는 사실이다.[4] 수많은 연구에서 실제로 이런 사실이 증명되었으며, 그중 몇 가지는 소비자 맥락과 관련이 있다.

예를 들어 양친이 모두 친부모인 가정과 한쪽이 양부모인 가정을 비교했을 때 의붓자식보다 친자식의 대학 교육을 더 지원한다.[5] 당연히 특정 가족 내에서 의붓자식들은 친자식보다 교육을 덜 받는다.[6] 가상의 복권 당첨금 분배도 유전적 관련성과 상관관계가 있으며, 특정 관계의 부성 불확실성 정도에 따라 이루어진다.[7] 유증(유언에 의한 증여)[8]의 패턴이나 쌍둥이 중 한 명이 사망했을 때 느끼는 상실감의 정도도 유전적 관련성으로 예측한다.[9] 구체적으로 이란성 쌍둥이보다 일란성 쌍둥이의 상실감이 더 크다. 친형제자매는 이복형제자매나 의붓형제자매보다 서로 생사를 더 잘 아는 경향이 있다(이는 친밀성의 척도가 된다).[10] 유전적 관련성은 특히 잠재적 수혜자가 위험한 상황에 처했을 때 도움을 줄 가능성을 예측하기도 한다.[11] 모르몬교 공동체에서 친형제자매는 이복형제자매보다 서로 더 강한 유대감을 느낀다.[12] 또한, 친형제자매들은 이복형제자매들보다 서로 더 많은 사회적 투자를 한다.[13] 여러 문화에서 잠재적 수혜자에게 보상하기 위해 개인이 기꺼이 감내하는 신체적 고통의 정도도 유전적 관련성과 상관관계가 있었다.[14] 마지막으로 가족 경영 기업이 우수한 성과를 창출한다는 증거가 있다.[15] 이는 부분적으로 노동의 수혜자가 친족일 때 더 잘 협력하고 더 큰 노력을 기울이기 때문으로 보인다.

나는 박사과정 학생이었던 트리패트 길Trippat Gill과 혈연 선택 이론을 적용해서 선물을 주는 사람과 받는 사람 간에 할당되는 선물 비용을 예측했다.[16] 우리는 선물 비용이 주는 사람과 받는 사람 사이의 유전적 관련성(r), 즉 두 사람이 평균적으로 공유하는 유전자 비율에 따라 할당될 것이라는 가설을 세웠다. 유전적으로 더 가까운 수혜자는 더 먼 수혜자보다 더 많은 예산을 할당받게 될 것으로 가정했다. 개개인의 'r' 점수는 부모(0.50), 형제자매(0.50), 조부모(0.25), 삼촌 또는 외삼촌(0.25), 고모 또는 이모(0.25), 이복형제자매(0.25), 사촌(0.125), 일란성쌍둥이(1.0), 의붓아버지나 의붓어머니(0), 의붓형제자매(0)이다. 예측한 대로 유전적 관련성과 선물 비용 간에 양(+)의 상관관계가 있음을 발견했다. 조사 대상자들이 받은 평균 선물 비용은 가까운 친척(r=0.50)이 73.12달러, 중간 정도 친척(r=0.25)이 19.03달러, 먼 친척(r=0.125)이 18.56달러였다. 사람들은 가까운 친척과 다른 친척을 차별했다. 중간 정도 친척과 먼 친척에게 거의 같은 선물 비용을 할당했다.

마지막으로 장기 기증에 대해 간단하게 살펴보고 이 주제를 마무리한다. 장기 기증은 문자 그대로 생명의 선물이고, 따라서 이런 맥락에서 혈족에 대한 편애가 특히 두드러질 것이기 때문이다. 미국 HBO 시트콤 〈커브 유어 엔수지애즘Curb Your Enthusiasm〉 시즌 5의 '루이스는 신장이 필요해'라는 제목의 에피소드에서 래리 데이비드와 그의 친구 제프 갈린은 누가 나서서 신장 기증이 필요한 친구 루이스를 도와야 할지를 놓고 논쟁을 벌인다. 이 이야기의 재밌는 부분은 두 사람 모두 이타주의자가 되기를 딱히 열망하지 않는다는 사실이다. 그래서 이들은 술래 정하기 방식으로 누가 신장을 기증할지 정한다. 하지만 이 방법조차 실행하기 어렵게 된다. 두 친구는 술래가 장기를 기증해야 하는 사람인지, 아니면 기증하지 않아도 되는 사람인지 합의하지 못했기 때문이다.

물론 이 줄거리는 잘 짜인 것이다. 이런 생명의 선물은 혈족 사이에서 일어날 가능성이 훨씬 더 크다는 진화론적 사실에 뿌리를 두고 있기 때문이다. 혈연 선택 관점에서 볼 때, 장기 기증, 특히 산 사람의 장기 기증은 거의 가족에 대해 이루어질 것으로 예상된다. 실제 데이터도 이런 예상을 확실히 뒷받침한다. 2000년부터 2002년 동안 미국에서 이뤄진 1만 1672건의 생존 장기 기증 중 31건만이 익명(즉, 모르는 사람에 대한) 기증이었다.[17] 생존 장기 기증자로 서명한 362명을 대상으로 한 최근 연구에서 232명은 기증받는 사람의 가족, 95명은 배우자, 35명은 '기타 친족이 아닌' 사람(자연스럽게 이들도 대부분이 낯선 사람이 아닌 가까운 친구임을 추정할 수 있다)이었다.[18] 1988년 전체 신장 이식 중 아무 관계 없는 생존 기증자들의 기증으로 이뤄진 이식은 1% 미만이었다. 1997년에 이 비율은 늘어났지만, 여전히 5% 정도로 낮았다.[19] 혈연 선택에 의해 충분히 예측할 수 있었던 것처럼 값비싼 생명의 선물은 가족들에게 나눠줄 가능성이 훨씬 더 큰 것은 명백하다.

결혼은 두 가문 유전자의 결합

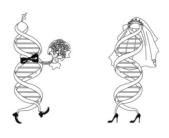

개인의 삶에서 중요한 통과 의례 중에서도 결혼식은 아마도 가족과 친구들이 한데 모이는 가장 중요한 의식일 것이다. 미국 결혼식의 평균 하객 수는 164명이다.[20] 이 수치는 상당히 의미가 있다. 우리가 조상 대대로 진화해 온 집단 규모의 상한선에 가깝기 때문이다. 생물 인류학자 로빈 던바는 인류 진화의 역사 동안 개인이 가깝게 지낸 사람은 150명을 넘지 않았을 것 같다고 주장했다(던바의 수Dunbar Number).[21] 다시 말해 우리의 사회 연결망은 항상 유대가 강하고 응집력 있는 단위였다.

독자 중 일부는 로버트 드 니로가 영화 〈미트 페어런츠〉에서 사위가 될 벤 스틸러에게 자기 신뢰의 원circle of trust에 넣어 주겠다고 선언하는 장면을 기억할 것이다. 던바 교수가 말하는 150명이라는 숫자는 이 신뢰의 원의 둘레로 볼 수 있다. 우리가 결혼식에 초대하는 사람들은 가까운 동류(친척과 비친척) 집단을 이루며, 이런 의미에서 우리는 과거 우리 진화에서 비롯된 사회적 현실을 재창조하는 것이다.

결혼식에는 우리의 진화한 혈연 중심 심리를 나타내는 수많은 다른 징후로 가득하다. 예를 들어 164명의 하객을 분석해 보면 친밀도가 다른 친구와 유전적 관련성이 다른 친척을 우리가 어떻게 대하도록 진화해 왔는지에 관한 여러 진화론적 현실을 알 수 있다. 신랑과 신부 측 모두 부성 불확실성에 비추어 대개 모계 쪽 가족이 더 많이 참석할 것이다. 또한, 신랑과 신부의 모계 쪽에서 오는 선물의 금전적 가치가 부계 쪽의 그것보다 더 클 것이다. 마지막으로 나는 유전적으로 더 가까운 친척이 호스트 테이블에 더 가까이 앉게 되리라 생각한다. 또한, 모계 가족들이 평균적으로 부계 가족보다 호스트 테이블에 더 가까이 앉게 될 것이다. 좌석 배치는 친밀도를 나타내는 강력한 신호다. 신부나 신랑과의 관계에서 특정 개인이 지니는 중요성을 나타내기 때문이다.[22] 나는 조카 결혼식에서 무시당한 느낌이 드는 자리 배치로 인해 자매간에 심한 말다툼을 했던 사람을 적어도 한 명은 안다.

모계 쪽에서 더 강력히 느끼는 이런 차등적 친밀감은 여러 가족 환경에서 나타난다. 예를 들어 나는 부성 불확실성으로 인해 이모가 고모보다 조카들의 유모가 되어 줄 가능성이 크다고 예측한다. 이는 이모가 조카들을 더 많이 보살핀다는 연구 결과가 뒷받침한다.[23] 내 가설을 뒷받침하는 몇 가지 개인적인 일화도 있다. 우리 부모님은 모두 대가족 출신이다. 아버지에게는 9명의 여형제와 1명의 형제가 있고, 어머니는 여형제만 6명이다(대부분이 캐나다에 살지 않고, 거의 연락을 하지 않아서 현재 얼마나 많은 형제자매가 살아 계시는지 잘 모른다). 흥미롭게도(이 주장이 사실인지 확신이 서지는 않지만) 내 이모 중 몇 분은 내가 어렸을 때 살아남은 것은 자신들이 나를 젖 먹여 키운 덕분이라고 주장했다. 고모 중에는 이런 주장을 하는 분이 없다(한국어, 아랍어 등 일부 언어에는 이모와 고모, 삼촌과 외삼촌을 구분해서 지칭하는 용어가 있다. 여기서도 부성 불확실성이 나타난다).

유전자 관점에서 장난감 선물과 놀이의 가치

양육 투자는 다양한 형태로 이뤄지지만, 어떤 것도 새로운 장난감을 선물했을 때만큼 아이에게 즐거움을 주지 못한다. 당신의 자녀들은 자신들을 기르면서 당신이 견뎌낸 수많은 잠 못 이루는 밤, 당신이 갈아준 수많은 기저귀, 젖먹이기, 그리고 당신이 부모로서 제공한 무수한 보살핌에 대해 큰 감사를 표하지 않을 것이다. 하지만 아이에게 새로운 장난감을 선물하면 당신을 향한 아이의 사랑과 감사하는 마음을 느낄 것이다. 2005년 미국 장난감 소매 판매는 총 213억 달러에 달했다.[24] 이런 장난감의 여러 측면을 진화적인 관점에서 분석할 수 있다. 기본적으로 장난감 선물은 양육 투자의 상징이므로 혈연 선택의 영역에 포함된다. 이는 우리에게 장난감을 제공하는 유전자가 있다는 말은 아니다. 단순히 부모가 장난감을 선물하는 것이 또 다른 형태의 양육 행동이라는 것을 의미할 뿐이다.

진화론이 장난감 연구와 관련이 있는 두 번째 측면은 아이들의 성사회화에서 추정되는 장난감의 역할이다. 사회적 구성주의자들은 종종 이런 사회화의 초기 원천은 어린 소년 소녀에게 제공되는 성별에 따른 장난감이라는 주장을 펼쳐왔다. 이를테면 어린 크리스토퍼에게는 위협적으로 보이는 어두운 색깔의 남성 액션 피겨 영웅(지아이조 등) 장난감을 주고, 어린 크리스티나에게는 여성스럽게 생긴 분홍색 바비 인형을 준다. 그런 다음 부모들은 자녀들에게 이런 장난감을 가지고 노는 적절한 방법을 다르게 가르친다. 즉, 크리스토퍼에게는 새 장난감을 가지고 거칠게 놀라고 하고, 크리스티나는 장난감을 곱게 가지고 놀라고 한다. 이런 성사회화의 초기 형태가 아이의 발달 단계 내내 계속되어 궁극적인 성 역할로 고착된다는 것이다.

이런 주장의 스토리 라인은 그럴듯하지만, 상식은 물론 현실과도 완전히 동떨어진 것이다. 장난감이 특정 형태로 존재하는 것은 보편적인 성 특유의 장난감 선호를 충족하기 때문이다. 장난감 회사들은 이런 사실을 알고 진화한 놀이 선호에 맞는 제품을 전 세계에 파는 데 성공했다.

선천성 부신 과형성증CAH, Congenital Adrenal Hyperplasia은 여자아이의 형태학적 특징(커진 클리토리스 등)과 행동 패턴(거친 놀이에 가담할 가능성 등)을 남성화하는 내분비 계통 장애다. 선천성 부신 과형성증은 장난감 선호가 사회적으로 구성되는지 아니면 선천적인 성 차이에 따른 것인지 탐구하는 기회를 제공한다. 이 병을 앓는 어린 소녀들은 남성 특유의 장난감(자동차와 소방차 등)에 대한 선호도가 높아지고 여성 특유의 장난감(인형과 소꿉놀이 세트 등)에 대한 선호도는 감소하는 것으로 나타났다.[25]

남자아이들은 어떨까? 남자아이들도 남성화 정도에 따라 차별적인 성 특유의 놀이 행동을 보일까? 남자아이의 경우에는 선천성 부신 과형성증을 남성화의 요인으로 삼는 대신 정상 인구를 대상으로 손가락 길이를 조사해서 연구할 수 있다. 구체적으로 '검지 대 약지 비율2D:4D ratio'로 알려진 손가락 길이 비율은 평균적으로 남성이 여성보다 더 낮은 수치가 나오는 성적 이형성을 띠는 특성이다. 즉, 검지(2D)과 약지(4D)의 길이 차이가 여성보다 남성에서 더 두드러진다는 얘기다. 이런 성별 차이는 자궁에서 남성 호르몬 안드로겐(테스토스테론)에 노출되는 정도의 차이 때문으로 생각된다.[26] 개인의 남성화 혹은 여성화 수준은 부분적으로 이 손가락 길이 비율로 알 수 있다. 놀이 행동으로 돌아가서 미취학 아동의 성별 역할이 부여된 놀이 행동은 이 손가락 길이 비율과 음 (—)의 상관관계에 있다. 손가락 비율이 낮을수록(즉, 약지가 검지보다 길수록) 놀이 행동은 남성화한다.[27] 임상 표본과 비 임상 표본을 사용해서 별도로 이뤄진 두 호르몬 기반 연구는 동일한 결론에 도달했다. 즉, 아이들의 놀이 선호와 놀이 행동은 사회화와는 거의 무관한 생리적 현실에 뿌리를 두고 있다는 결론이다. 장난감이 성사 회화의 강력한 요인이라는 전제를 잠재우는 마지막 결정적인 증거는 버빗원숭이vervet와 붉은털원숭이rhesus 등 여러 종의 원숭이가 인간 어린이와 비슷한 성 특유의 장난감 선호를 보인다는 연구 결과이다.[28] 사회적 구성주의자들이 부모 원숭이가 새끼 원숭이들을 사회화하는 과정에서 '독단적이고 성차별적인' 고정관념을 보인다고 주장하기를 원하지 않는 한 이들이 주장하는 양육 전제는 생명력을 다한 것이다.

아이들은 왜 놀이를 좋아할까? 왜 그렇게 많은 포유류 종, 특히 발달 기간이 긴 종들이 끊임없이 유희를 즐기는 걸까? 놀이의 적응적 본성에 관한 몇 가지 이론 중 가장 설득력 있는 이론은 놀이가 미래의 예기치 않은 사태에 대비하는 수단이며, 다양한 새로운 행동과 사회적 전략을 시도해 보는 위험도 낮은 훈련장 역할을 한다는 주장이다.[29] 포식자와 먹잇감의 상호작용을 흉내 낸 술래잡기든, 미래에 있을 동성 간 싸움을 흉내 낸 전쟁놀이든, 인간 아이에게만 고유한 놀이로 성인의 사회적 역할을 흉내 내는 놀이(소꿉놀이나 의사 놀이 등)든, 놀이는 아이들을 주변 환경에서 일어날 수 있는 우발상황에 노출하며 이는 적응적으로 매우 중요하다. 숨바꼭질 같은 아이들 놀이에서 공포 영화 관람과 롤러코스터 타기 등 청소년 오락까지 이런 취미는 예상치 못한 반전 상황을 헤쳐 나가야 하므로 스릴이 넘친다.

아이들은 장난감을 가지고 놀기도 하는데 이는 아이들이 환경에 적응하는 데 장난감이 필요하기 때문이다. 진화의 관점에서 장난감을 분석하는 마지막 방법은 가장 인기 있는 장난감의 형태학적 특징을 탐구하는 것이다. 노벨상 수상자이자 동물행동학과 비교행동학의 창시자인 콘라트 로렌츠는 본능적으로 긍정적인 반응을 일으키는 큰 눈과 작은 코와 같이 어려 보이는 동안 특성이 인간 조상 대대로 진화했다고 주장했다. 물론 많은 종의 새끼가 지나칠 정도로 어려 보인다는 것을 쉽게 깨달을 수 있다. 새끼 곰, 강아지, 또는 새끼 고양이 모습을 떠올려 보라. 우리 대다수는 이렇게 연약해 보이는 동물의 얼굴 생김새에 매우 끌린다.

역시 진화적 본능을 지닌 마케터들은 이런 사실들을 보고 그냥 지나치지 않았다. 이런 의미에서 유명한 테디 베어로 예를 들어 보자. 몇몇 학자들은 테디 베어의 얼굴 특징이 지난 100년 동안 크게 진화했다고 했다.[30] 예전 버전 테디 베어는 실제 곰 얼굴 생김새를 더 정확하게 표현했지만, 시간이 지나면서 이 특징들은 더 어리고 '귀여운' 모습으로 바뀌어 왔다. 흥미롭게도 이런 테디 베어의 '변모'를 주도한 것은 소비자의 선호였다. 자연 선택이 선택 과정을 이끌거나 인위적 선택의 경우 사육사들이 그런 역할을 하는 대신 이 경우에는 소비자의 선천적 선호가 선택적 힘으로 작용했다. 작고한 하버드 진화론자이자 고생물학자 스티븐 제이 굴드 박사도 디즈니의 아이콘인 미키 마우스의 진화를 설명할 때 같은 주장을 했다.[31]

테디 베어의 얼굴 특징이 점차 어려지게 된 것은 부분적으로는 러시아 과학자 드미트리 K 벨랴예프의 유명한 실험에서 기인했다고 할 수 있다. 그는 인간에게 온순하게 구는 길든 은빛 여우를 인위적으로 선택하는 데 관심이 있었다. 물론 인위적 선택 자체는 자연 선택이 아닌 인간이 선택을 매개하는 진화 과정이다. 자연 선택과 성 선택은 각각 생존과 번식 이점을 제공하는 특성을 선택하지만, 인위적 선택의 지표는 특정 개의 특성을 좋아하는 인간의 미적 선호처럼 종잡을 수 없다. 예를 들어 털이 짧고 몸집이 아주 큰 그레이트 데인 종과 나비 모양의 큰 귀를 가진 작은 스패니얼의 일종인 파피용 종은 크기와 무게의 차이는 말할 것도 없고, 매우 다른 형태학적 특성을 보인다. 이런 종들은 선택적 사육을 통해 생성되었다. 궁극적으로 모든 순종 개의 개발은 선택적 사육을 통해 이뤄진다. 벨랴예프의 연구로 돌아가서 그는 비교적 적은 세대의 선택적 사육을 통해 은빛 여우의 온순하고 길들여지는 특성을 선택적으로 길러낼 수 있었다. 장난감에 관한 논의와 관련해서 그는 행동 특성에 대한 선택이 이런 특성을 유지하는 동물들의 형태학적 변화로 이어진다는 사실을 발견했다. 길든 은빛 여우는 더 큰 눈, 더 작은 이빨, 그리고 늘어진 귀 등 어리고 귀여워 보이는 특징이 발달했다. 놀랍게도 특정 행동(온순함)을 선택함으로써 일반적으로 이런 특정 행동과 관련된 형태학적 특징도 변하는 부수적인 효과가 발생했다. 이는 특정 유전자가 여러 특성의 발현에 영향을 미치는 다면 발현pleiotropy의 한 예이다. 즉, 이 경우 형태학적 특성뿐만 아니라 행동적 특성도 포함한다.

장난감과 관련된 다툼은 어린아이의 삶에서 초기에 나타나는 형제자매간 갈등의 하나이다. 이를 염두에 두고 형제자매간의 경쟁의식을 진화적으로 분석하고, 이런 가족 갈등이 소비자 환경에서 어떻게 나타나는지 살펴보겠다.

형제간의 경쟁은 태어날 때부터 시작된다

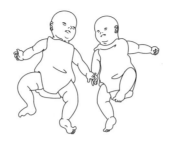

동물의 세계에서 형제자매간 경쟁의식은 여러 형태를 띤다. 가장 극단적인 형태는 자신의 형제자매를 죽이는 형제 살해siblicide이다. 일부 조류의 경우 두 번째로 부화하는 개체는 잔인한 죽음을 맞이하게 된다. 먼저 부화한 녀석이 먹이를 독점하거나, 조금 '너그럽게' 영양가가 높은 먹이만 독점해서 나중에 부화한 녀석들을 서서히 굶어 죽게 하거나, 둥지에서 내던지거나, 쪼아 죽이기도 한다. 하이에나 등 많은 포유동물 사이에서도 격렬한 형제자매간 싸움이 아주 어릴 때부터 일어난다. 어떤 경우에는 난폭한 형제자매간 경쟁이 자궁에서 시작되어 야만적인 형제 살해의 형태를 띠기도 한다(산란기에 동족을 잡아먹는 모래뱀상어 등). 추론컨대 성경에 기록된 형제 살해(카인이 동생 아벨을 죽인 이야기)는 수많은 종의 자연사에 뿌리를 둔 것으로 보인다. 다행히도 인간 형제자매간의 경쟁의식은 이런 역학관계로 이어지는 격렬한 경쟁심과는 무관하게 훨씬 더 온화한 형태를 취한다.

과학사가 프랭크 설로웨이에 따르면, 출생 순서가 그가 새로 조어한 '진화적 틈새 분할 가설Darwinian Niche Partitioning Hypothesis'이라는 과정을 통해 형제자매간의 경쟁의식을 일으킨다고 한다.[32] 그는 틈새시장에 맞춰 제품을 차별화하는 마케팅 전략과 마찬가지로, 아이들도 부모들의 눈에 독특하게 보이기 위한 방법으로 비어 있는 틈새에 자신들을 노출하려 한다고 주장했다. 당연히 맏이는 가능한 모든 틈새를 이용할 수 있다. 이들은 반항아일 수도 있고 착한 아이일 수도 있다. 이후에 태어나는 아이들은 바로 앞에 태어난 아이보다 선택할 수 있는 틈새가 하나씩 줄어든다. 설로웨이는 이런 초기 도전이 출생 순서가 다른 아이들 간의 지속적인 성격 차이로 이어진다고 주장했다. 일반적으로 막내들은 새로운 경험과 아이디어에 더 개방적인 경향이 있다. 이는 이들이 적은 틈새에 자신들을 독특하게 차별화하기 위해 새로운 사고를 해야 했기 때문이다.

설로웨이는 28가지의 획기적인 과학 혁신의 기초를 확립하거나 지지한 사람들과 이런 새로운 아이디어의 가치를 가장 격렬하게 깎아내린 사람들의 출생 순서 조사를 통해 자신의 이론을 검증했다. 28가지 사례 중 23가지 사례에서 막내들은 획기적으로 새로운 과학 이론의 원동력이 되었다. 이 이론을 강의할 때 나는 청중들에게 내가 4남매 중 막내임을 밝힌다. 이는 인습을 타파하는 내 연구를 설명하는 데 도움이 되기 때문이다. 위험을 감수하는 일을 과학혁명에만 국한되지 않는다. 동생들은 다양한 형태의 육체적인 위험을 감수해야 하는 일(위험한 스포츠 활동, 야구에서 도루 감행 등)에 참여하는 경향이 더 강하다.[33]

설로웨이의 이론이 소비자 환경에서는 어떻게 검증될 수 있을까? 패션 트렌드 따라하기 같은 소비자 동조성consumer conformity은 많은 제품 범주에서 강력한 동인이지만, 혁신적인 제품을 일찍 채택하는 것은 새로운 아이디어와 경험에 대한 개방성을 보여 준다. 나는 트리패트 길, 라잔 나타라잔Rajan Nataraajan 교수와 함께 나중에 태어난 아이들은 제품 혁신 분야에서 더 높은 점수를 받았고, 맏이들은 동조성 분야에서 약간 더 높은 점수를 받았다는 것을 증명했다.[34] 이 연구를 통해 우리는 소비자 영역에서 설로웨이 이론이 진실임을 검증했다.

틈새 접근 방식은 과학 혁명, 육체적 위험 감수, 제품 혁신 외에도 다른 많은 맥락에도 적용할 수 있다. 일반적인 인생 경로와 구체적인 직업 선택은 설로웨이의 가설을 시험하기 좋은 또 다른 영역이다. 일반적으로 형제자매들은 일부 가족 내에서 자신을 최대한 차별화하는 수단으로 전혀 다른 인생 경로를 걷는다. 나는 서로 경력이 이 이상 다를 수 없는 두 형제를 안다. 한 사람은 고삐 풀린 자본주의가 제공하는 자유를 만끽하는 헤지펀드 전문가이고, 다른 한 사람은 노동조합을 조직하는 체 게바라 형의 반자본주의자이다.

이런 사실을 염두에 두고 있는 나로서는 형제자매가 같은 길을 갈 때, 특히 형이 이미 해당 분야에서 강한 명성을 쌓았을 때 동생이 같은 길을 가는 걸 보면 항상 놀랍다. 예를 들면 비욘세의 동생 솔란지Solange도 가수다. 솔란지가 유난히 유명한 언니를 능가할 가능성은 얼마나 될까? 이런 선택은 형제자매간에 질투가 난무하고 자신의 초라한 경력에 실망할 소지가 다분해 보인다.

입양 가정에서 불행한 일이 왜 더 많이 일어날까

앞서 나는 마틴 데일리와 마고 윌슨이 공동으로 저술한 《살인》에서 진화론의 설명력을 이해하는 데 많은 영감을 받았다고 했다. 잠시 이들의 저술로 돌아가자. 저자들은 가정에서 의붓아버지나 의붓어머니의 존재는 어린이가 마주하는 가장 큰 위험 중 하나라는 사실을 보여 줬다(이후 이 현상을 가리키는 '신데렐라 효과'라는 신조어가 탄생했다).[35] 의붓아버지가 집에 있을 때 다양한 형태의 아동학대가 발생할 가능성이 100배나 증가한다. 2007년 영화 〈아메리칸 크라임〉은 이런 비극적인 아동학대 사건을 통렬하게 그려냈다. 이 영화는 1965년 인디애나에서 십 대 소녀 실비아 라이켄스를 그녀의 임시 보호자인 거트루드 베니체프스키가 잔인하게 고문하고 가학적으로 살해하는 장면을 묘사하고 있다.

이런 현실이 끔찍하긴 하지만, 인간이 친자가 아닌 자식에 대한 투자에서 이런 차별적인 양육 태도를 보이는 유일한 종은 아니다. 기존 우두머리 수사자를 죽이거나 내쫓고 새로 무리를 이끌게 된 수사자는 자기 핏줄이 아닌 어린 새끼 사자들을 차례로 죽이고, 조금 큰 새끼들은 무리에서 쫓아낸다. 잔혹한 학살이 끝나면 암사자들은 발정기로 들어간다. 장미와 잔잔하게 흐르는 음악, 촛불이 켜진 식탁에서 즐기는 만찬 같은 낭만은 잊어라. 분위기를 잡기 위해 암컷의 새끼들을 죽이는 것은 가장 소름 끼치는 전희다.

새로 왕관을 쓴 수사자가 나이 든 새끼들을 무리에서 추방하는 것과 같은 일을 일부다처제 종파 사이에서도 찾아볼 수 있다. 이를테면 이른바 예수 그리스도 후기 성도 근본주의 교회FLDS, Fundamentalist Church of Jesus Christ of Latter Day Saints의 '사라진 소년들Lost Boys'은 '치명적인' 죄를 범했거나 반항심을 보인다는 이유로 자신들이 알던 유일한 세계에서 인정사정없이 쫓겨난 젊은이들이다. 하지만 이 종파의 진실은 성적으로 성숙해진 젊은 남성 경쟁자들을 집단에서 추방하지 않으면 나이 든 남성 교인들이 여러 여성 교인과의 동침을 허락하는 신의 칙령을 '시행'할 수 없다는 것이다. 젊은 여성들은 때로 마흔 살이나 연상인 호색한 남편들과 관계를 가지라는 '신의 뜻'을 단호히 거부하지 않는 한 집단에서 좀처럼 쫓겨나지 않았다는 사실은 우연의 일치가 아니었다. 게다가 추방된 남자들은 새로운 아내를 데리고 오면 그 집단으로 다시 돌아갈 수 있었다. 이는 신의 뜻이 권력자의 성적 욕망을 충족시키기 위한 수단이라는 또 다른 증거다.

외할머니가 손주를 유달리 예뻐하는 이유

인간이 평균적으로 조부모와 유전자의 4분의 1을 공유한다는 사실을 기억하라. 따라서 혈연 선택 관점에서 보면 4명의 조부모는 손자 손녀들에게 똑같이 투자해야 마땅하다. 하지만 데이터는 이런 기대를 뒷받침하지 않는다. 오히려 4명의 조부모는 투자 패턴에 큰 차이를 보인다. 이런 현상을 '차별적 조부모 배려differential grandparental solicitude'라고 한다. 유전적 근친성은 이야기의 일부일 뿐이다.

특정 유전적 관계의 확실성도 측정해야 한다. 앞에서 언급했듯이 부성 불확실성은 많은 성 특유 현상의 근원이다(남성이 배우자의 성적 부정을 용서하는 능력이 떨어지는 것 등). 손자 손녀에 대한 조부모의 투자 정도는 유전적 관련의 확실성에 따라 결정된다. 4명의 조부모 중 외할머니는 부모 불확실성에 봉착하지 않는다(처음부터 모성 불확실성 같은 것은 없으므로 양세대 모두 모성을 확신하기 때문이다). 하지만 친할아버지는 두 가지 부성 불확실성의 가능성(두 세대 각각 하나의 가능성)에 직면한다. 따라서 외할머니가 손자 손녀에게 가장 많이 투자하고, 친할아버지가 가장 적게 투자하며, 남은 두 조부모가 그사이 어딘가에 있을 것으로 예상할 수 있다. 이런 예상은 몇몇 연구 결과와 정확히 일치한다.[36] 이와 관련해서 문화 간 연구를 검토한 결과 할머니들, 특히 외할머니들이 아이들의 생존에 상당히 중요한 것으로 나타났다.[37]

얼마 전에 내 아내와 나는 딸 루나의 돌을 기념했다. 요즘은 대다수 사람이 루나가 내 아내와 나를 쏙 빼닮았다고 한다. 하지만 우리가 아이를 낳는 모험을 시작한 초기에는 그렇지 않았다. 임신 2개월쯤 첫 초음파 검사를 받았을 때 우리는 의례적인 초음파 사진을 받았다.

대부분의 예비 부모가 그러듯이 우리는 자랑스럽게 그 사진을 냉장고 문에 붙여 뒀다. 장모는 그 사진을 처음 봤을 때 들뜬 목소리로, 하지만 분명하게 이렇게 외쳤다. "여보게, 이 녀석이 자네를 쏙 빼닮았네. 옆모습이 똑같아!" 장모의 이 말은 너무 이상하게 들렸다. 초음파 사진 속의 태아가 나를 쏙 빼닮기는커녕 어떤 종인지도 거의 분간하기 어려웠기 때문이다. 장모는 이 사실을 인정하고 싶지 않으시겠지만, 혹시라도 내가 여러 연구에서 밝혀진 부성 불확실성을 우려할까 봐 달래려 하고 있음이 분명했다.[38]

아이의 관점에서 아버지와 닮는 것은 대단히 중요하다. 대개 아버지들은 자신을 닮은 아이들에게 더 많이 투자하기 때문이다. 심리학자인 코렌 아피셀라와 프랭크 말로 교수는 남성들이 자신과 아이가 닮았다고 인식하는 유사성에 관한 자료를 수집했다. 이들은 또 재정적 투자와는 무관한 세 가지 투자 척도를 도출했으며, 부성 투자는 특정 남성이 자기 아이에게 할애한 시간과 관심도로 측정했다. 예상대로 닮을수록 아이에 대한 아버지의 투자도 더 많았다.[39] 세네갈의 일부다처제 마을에서 시행한 연구에서는 시각과 후각적 신호를 통해 포착한 아버지와 아이의 닮은 정도를 보고 부성 투자의 정도를 예측할 수 있다는 사실을 밝혀냈다. 이런 차별적인 투자는 궁극적으로 아이들의 체질량 지수BMI와 팔뚝 중앙 둘레로 측정한 아이의 건강 상태에도 영향을 미쳤다.[40]

부성에 대한 의심은 다른 수많은 상업적 환경에서도 나타난다. 병원에서 신생아의 친자 확인 검사를 시행하는 데 대한 태도를 물었을 때, 남성들은 여성들보다 이런 관행을 더 선호하는 것으로 나타났다.[41] 이 경우 새로운 서비스(부성 배제 테스트)에 대한 남성의 태도는 주로 진화 논리, 즉 아내가 남편 몰래 바람을 피울지도 모른다는 남성 특유의 위협 요인에 따른 것이다.

입양 결정에도 부성 불확실성이 영향을 미치는 것으로 나타났다. 이는 언뜻 입양 결정에는 부모의 유사성은 문제가 안 된다는 점에서 이례적으로 보일 수 있다. 공식적으로 증명된 것은 아니지만, 일화에 따르면 인종이 다른 커플들은 최소한 '지엽적인' 유사성이라도 확보하기 위해 둘 중 한 사람과 종족이 같은 아이 입양을 선호한다고 한다. 예를 들어 부부가 각각 백인과 흑인이라면 아시아계 아이보다 흑인이나 백인 아이 입양을 선호할 가능성이 크다. 말할 것도 없이 이는 인종 차별 때문이 아니다. 이는 부모와 닮은, 더 나아가 아버지와 닮은 단서를 확보하려는 욕구에 뿌리를 두고 있는 것으로 보인다.

아들과 딸은 똑같이 대우받을까

부모들에게 모든 아이를 똑같이 사랑하느냐고 물으면 대부분은 자신들이 편애하는 아이가 있을 수 있다는 생각에 잠시 움찔할 것이다. 이 경우 부모들의 표준적인 대답은 '모든 아이를 똑같이 사랑한다'는 것이다. 혈연 선택 관점에서, 그리고 아버지가 자신들의 부성을 확신한다고 가정하면 모든 아이가 똑같이 부모와 0.50의 유전적 관련성을 가지고 있으므로 모든 아이를 똑같이 사랑한다는 부모들의 말을 믿고 싶을 수도 있다.

하지만 부모들은 어떤 상황에서 아이들에 대한 편파적인 투자 패턴을 보여 준다. 트리버스-윌러드TW, Trivers-Willard 가설은 부모의 사정에 따라 기울어진 자손 성비가 발생할 수 있다고 가정한다. 예를 들어 엄마의 식습관이 자손 성비에 영향을 미칠 수도 있다.[42] 최근 연구에 따르면 Y염색체(남성)가 포도당이 풍부한 환경에서 번성할 확률이 높으므로 임신 전에 더 풍부한 음식을 섭취한 여성들은 아들을 낳을 확률이 더 높았다.[43] 음식과 섹스가 각각 복잡한 감각적 쾌감을 일으킬 수 있지만, 음식이 아기의 성에 영향을 미칠 수 있다고 생각하는 사람은 거의 없을 것이다.

트리버스-윌러드 가설은 또한 부모의 다양한 조건이 출산 후 한 성에 대한 차별적 양육 투자를 초래할 수 있다고 예측한다. 즉, 다른 모든 조건은 같다고 가정할 때 부모의 사회적 지위가 높으면(신분이 남성의 생식 편차를 더 강화하는 요인이므로) 양육 투자는 아들에게 치우칠 것이고, 부모의 사회적 지위가 낮으면 딸에게 치우칠 것으로 본다.[44] 최근 연구에서 엘리사 Z. 캐머런과 프레드리크 데일럼 교수는 남성 억만장자들이 전체 인구 집단에서 예상되는 것보다 아들을 훨씬 더 많이 낳은 사실을 발견했다. 이는 트리버스-윌러드 가설을 뒷받침하는 설득력 있는 증거다. 게다가 억만장자들의 아들들은 일반적으로 딸들보다 부자였는데, 이는 부모가 아들들에게 더 많은 양육 자원을 할당하는 데서 일부 비롯됨을 뜻한다.[45] 한편 리 크롱크 교수는 부모가 딸을 편애하는 여러 문화를 연구해서 논문을 남긴 바 있다.[46]

레바논 유대계 아랍어 방언에서는 사춘기를 '고약한 시기'라고 한다. 십 대들은 심지어 매우 참을성 있는 부모들의 신경을 건드릴 때도 있다. 이 시기는 젊은이들이 부모의 직접적인 친권 아래에 있으면서 자신의 정체성을 형성하려고 노력할 때다.

따라서 이 시기에는 무엇을 입고, 언제 외출할 것인가, 통금 시간은 몇 시로 하고, 누구와 외출할 것인가 등을 두고 부모와 십 대 자식 간에 끝없는 갈등이 일어난다. 이 보편적인 가족 간의 갈등은 생물학적 현실에 뿌리를 두고 있다.[47] 예컨대 존 리터가 출연했던 시트콤 〈아빠는 연애코치〉에서는 부모가 아들보다 딸의 연애에 대해 훨씬 더 경계심이 강하다는 보편적인 사실을 인정한다. 이는 성차별적 이중 잣대와는 무관하며, 전적으로 아이를 가졌을 때 아들과 딸이 치러야 하는 차별적인 대가(양육 투자 이론)와 관련이 있다. 부모가 아들이 '몸매를 드러내는' 옷(타이트한 청바지 등)을 입는 것을 특별히 걱정하는 문화는 발견되지 않았지만, 딸의 복장을 엄격하게 규제하는 문화는 수없이 많다. "아냐, 그 옷은 입으면 안 돼."라는 말은 주로 딸들에게 해당하며, 이는 어떤 문화 환경에서도 마찬가지다.

아버지의 부재가 어린 소녀들에게 미치는 독특한 영향에 대한 논의로 이 섹션을 마친다. 물론 아버지의 부재가 어린 소년들에게도 영향을 미치지만, 방식은 다르다. 첫 생리를 의미하는 초경은 여자아이의 삶에서 엄청난 사건이며, 모든 문화에서 중요한 통과의례로 인식한다. 초경이 발생하는 나이는 폭넓은 생태적 요인들로 인해 여자아이마다 상당히 다르다. 몇몇 진화론자들은 불안정한 환경(아버지의 부재와 가족 불화 수준 등)이 초경 시기를 앞당긴다고 주장해 왔다.[48] 이 사례는 유전자-문화 상호작용의 중요성을 증명하며, 따라서 진화론은 유전적 결정론이라는 주장을 다시금 반박하는 증거다.

그렇다면 이처럼 다른 초경 시기를 소비자 현상과 어떻게 연결할 수 있을까? 아버지의 부재는 초경 시기를 앞당길 뿐만 아니라 사춘기의 성적 활동을 촉진한다. 따라서 불안정한 가정환경에서 태어난 어린 소녀들이 훨씬 더 이른 나이에 특정 제품(화장품 사용, 성적으로 자극적인 복장, 하이힐 등)을 사용해서 자신에게 성적 매력을 부여할 수 있음은 쉽게 짐작할 수 있다. 다만 아직 이런 가설을 검증한 연구는 발견하지 못했다. 만약 이런 가정이 경험적으로 검증된다면 이는 환경 조건(불안정한 가정환경)이 생리적 사건(초경)과 관련된 성 행동(이른 성적 활동)을 앞당기고 이것이 다시 특정 제품(미용용품)에 대한 조기 수요를 촉진하는 것을 보여 주는 첫 번째 사례가 될 것이다.

개와 주인의 교감

지금은 사랑스러운 반려동물이 빠질 수 없는 가족 구성원이라는 사실을 많은 마케터가 똑바로 인식하고 있다. 미국은 어린아이가 있는 가정보다 반려동물을 기르는 가정이 거의 두 배나 많다.[49] 이는 "아이는 개를 기를 수 없는 사람들을 위한 것이다."라는 신랄한 우스갯소리를 떠올리게 할 만큼 매우 이례적인 통계다. 미국인들은 매년 반려동물에 400억 달러 이상을 쓴다. 여기에는 사료와 수의사 비용이 포함되지만, 최근에는 호텔, 침술, 보험 등 반려동물을 위한 다양한 서비스까지 포함할 정도로 성장했다.

반려동물에 대한 인간의 사랑은 미국에만 국한되지 않는다. 수천 년에 걸쳐 다양한 문화권의 사람들(이집트의 파라오들 등)이 반려동물과 매우 친밀한 관계를 누려왔기 때문이다. 종교적 교리가 드물게 우리의 타고난 동물 애호 성향을 다른 방향으로 돌리기도 한다(이슬람교에서는 이슬람교 창시자인 무함마드가 당국의 수색을 피해 동굴에 숨어 있을 때 개 한 마리가 짖어 붙잡힐 위기에 처했었다는 이유로 부정하게 여긴다). 하지만 반려동물을 빠질 수 없는 가족 구성원으로 여기는 경우가 훨씬 많다. 반려동물과 교감하려는 우리의 선천적인 욕구가 마음속 깊이 뿌리를 내리고 있어서 동물을 해치는 사람들은 대개 사회의 가장 위험한 구성원으로 여겨진다. 예를 들면 연쇄 살인범의 중요한 특징 중 하나로 어린 시절 동물 학대 행위를 저지른 이력이 꼽힌다. 우리 일상생활에서 반려동물의 중요성과 반려동물 산업의 상업적 힘을 고려할 때 이 주제를 비즈니스와 마케팅 측면에서 전문적으로 다루는 학자가 거의 없다는 사실은 매우 놀

라운 일이다.[50]

그렇다면 인간과 반려동물 사이의 깊은 유대감은 이례적인 진화 현상일까? 이런 종 간 관계를 설명하는 진화 원칙이 있을까? 자연계는 관련된 종들이 서로 이익을 주고받는 공생관계로 충만하다. 예를 들어 소등쪼기새는 얼룩말의 털에서 진드기 같은 기생충을 잡아먹으며 얼룩말에 접근하는 포식자에 대한 조기 경보 시스템 역할도 한다. 다양한 청소 물고기들은 숙주의 몸이나 때로는 무시무시한 입안에서 죽은 피부뿐만 아니라 다양한 기생충을 제거하는 등 청소 서비스를 제공한다. 청소 물고기가 위험한 포식자의 입안을 헤엄치려면 신뢰가 필요하다. 서비스를 받는 포식자 물고기 처지에서도 신뢰를 저버리면 손해다. 당장의 손쉬운 먹이를 욕심내기에는 청소 물고기의 서비스가 너무 유익하기 때문이다. 때로는 벌과 꽃 사이처럼 다른 왕국의 종 사이에서 상생 관계가 일어나기도 한다. 벌과 꽃의 교환은 특정 종에서 종종 발생하는 생식과 음식의 교환이다. 벌은 꽃에서 꿀을 얻는 대가로 수술의 꽃가루를 암술머리에 붙인다(즉, 꽃의 번식을 돕는다). 인간의 경우, 우리 내장은 수백 종의 박테리아에 숙주 역할을 하고, 박테리아들은 우리에게 다양한 도움을 준다. 우리와 반려동물의 관계도 비슷한 공진화적 공생 과정에서 기인한 것일까?

분명 우리가 반려동물로부터 얻는 혜택은 무궁무진하다. 이는 인간 사회에서 인간과 동물의 관계와 상호작용을 연구하는 인류동물학자들의 일반적인 연구 주제다. 반려동물은 심리적인 혜택뿐만 아니라 생리적인 혜택(혈압 감소 등)까지도 아무런 조건 없이 우리에게 준다. 개는 양치기, 경비견, 폭탄 탐지견 등으로 이용되며, 수색과 구조 작업에서는 없어서는 안 될 존재다. 이외에도 개는 시각장애인을 안내하고, 인간 반려자가 간질 발작을 일으키기 전에 미리 감지하고, 인간 기술로 초기에 발견하기 힘든 암의 냄새를 맡고, 노인에서 자폐아에 이르는 환자들의 치료를 돕는다. 가끔 부도덕한 남성들이 존 쿠삭과 다이앤 레인이 주연한 2005년 영화 〈비밀과 거짓말의 차이〉에서처럼 여성에게 좋은 인상을 심어 주기 위해 귀여운 강아지를 이용하기도 한다. 실제로 개를 데리고 다니는 남성은 여성의 전화번호를 얻어낼 확률이 더 높다.[51] 어떤 의미에서는 동물을 사랑하고 아끼는 남자는 바람직한 배우자의 특징인 잘 발달한 감수성을 드러내는 것이다. 이를 포함해서 반려동물이 주는 다른 혜택도 많지만, 이것이 진화적 이점은 아니다. 개가 좀 더 활동적인 생활 습관을 촉진하여 우리 심혈관을 건강하게 만들어 준다고 해서 이를 '포괄 적응도'(유전자의 확장성)가 증가한다고 해석할 수 있다는 의미는 아니다.

존 아처 교수도 이런 혜택이 인간과 반려동물을 묶는 깊은 상호 유대감의 동인이 아니라고 주장해 왔다. 대신 그는 반려동물이 우리의 양육 본능을 이용해서 혜택을 누린다고 말한다.[52] 아처 교수의 주장에 따르면 뻐꾸기가 알을 다른 새 둥지에 떨어뜨려 다른 새가 자기 새끼로 여기고 돌보게 하는 것처럼 반려동물들도 늘 이와 비슷하게 인간에게 '기생'해 왔다. 반려동물들은 장난 같은 특정한 행동에 대한 우리의 타고난 선호와 우리의 양육 본능에 맞춰 진화한 어리고 귀엽게 보이는 큰 눈 같은 특징과 같은 형태학적 특성을 이용해서 자신들을 사랑하도록 '유혹' 한다. 이 설명은 애완용 타란툴라(독거미)보다 개나 고양이에게 더 잘 맞는 것 같다. 덧붙이자면, 길든 늑대가 개로 진화한 방식을 놓고도 논쟁은 계속되고 있다. 일반적인 이론은 우리가 인위적인 선택(길든 늑대 새끼들을 길러서 나중에 다른 길든 늑대와 교배하는 방법)을 통해 이 진화 과정을 이

끌었다는 주장이다. 좀 더 최근의 이론은 늑대가 먹이를 찾아 인간의 야영지 주위를 배회하면서 이른바 '자기 길들이기self-domesticated'를 통해 개로 진화했다고 주장한다. 덜 소심해서 인간에게 더 가까이 간 늑대가 인간을 피해 도망 다닌 늑대들보다 매일 필요한 열량을 얻을 확률이 높았을 것이다. 리처드 도킨스는 개가 두 단계 과정, 즉 늑대의 자기 길들이기 단계와 인간의 인위적 선택에 의한 길들이기 단계를 거쳐 진화했을 것이라는 이론을 제시했다.[53]

동물들이 아이들을 대상으로 한 수많은 제품, 특히 언어 습득을 다루는 제품에 이용된다는 사실 또한 흥미롭다. 어린이용 동화책이나 동요를 생각해 보라. 동화책이나 동요에 동물 캐릭터가 가득 차 있는 이유는 우리의 동물 애호 본능뿐만 아니라 동물들을 의인화하는(즉, 인간의 자질을 인간이 아닌 개체에 부여하는) 우리의 타고난 능력 때문이다. 이것이 때로는 개의 행동 문제로 이어진다. 개 심리치료사 시저 밀란이 개와 함께하는 인기 다큐멘터리 시리즈 〈도그 위스퍼러〉에서 이런 개의 행동 문제들이 종종 소개된다. 그의 성공은 개 심리를 이해하는 타고난 묘한 능력 때문이다. "나는 개들을 재활 치료하고, 사람들을 훈련한다."라는 밀란의 쇼 슬로건에 개 행동 문제를 다루는 그의 접근 방식이 잘 나타나 있다. 즉, 대부분의 문제는 바로 인간인 개 주인에게 있다. 그의 쇼에서 흔하게 마주치는 문제 중 하나는 개의 의인화, 즉 개를 사람처럼 대하는 것이다. 이런 빈번하게 일어나는 행동은 인간다운 자질을 네 발 달린 가족 구성원에게 부여하는 우리의 타고난 선호를 말해 준다(한국 프로그램을 예로 들자면, 〈세상에 나쁜 개는 없다〉가 있다*).

마지막으로 개와 주인의 모습이 닮았다는 통념에 대해 살펴보고 이

장을 마치고자 한다. 가족은 서로 닮고, 우리가 반려동물을 가족으로 본다는 사실에 비추어 볼 때 우리는 실제로 우리와 닮은 반려동물을 선택하는 걸까? 그렇다면 이런 현상을 어떻게 설명할 수 있을까? 개와 인간에 대해 부인할 수 없는 한 가지 명백한 사실은 두 종의 구성원 모두 외모에 큰 차이를 보인다는 것이다. 독자 중에 웨스트민스터 케넬 클럽 도그쇼를 본 사람이 있다면 개들의 외형상 특징이 엄청나게 다양한 사실에 놀랐을 것이다. 개를 구별하는 많은 지표 중에서, 개는 크기와 무게, 털 길이, 털의 유형, 귀 모양, 주둥이 크기, 털 색깔 등에서 다양한 모습을 보인다. 장난기 많은 귀여운 표정의 개도 있고 불길하고 근엄한 눈빛의 개도 있다. 어떤 개는 우아하게 걷고, 어떤 개는 육중한 덩치로 느릿느릿 걷는다. 개들은 기질과 성격 면에서도 매우 다양하다는 사실도 주목할 필요가 있다. 사실 사회성이 강한 종일수록 해당 종에 속하는 개체들 사이에서 이질성이 더 많이 발견된다. 따라서 치타(사회성이 약한 종)가 사자(사회성이 강한 종)보다 성격 면에서 이질성을 덜 보일 것으로 예상할 수 있다. 물론 인간도 이 모든 변수에서 다양하므로 "개와 주인은 서로 닮을까?"라는 질문은 대단히 흥미롭다.

이 전제를 검증하기 위해 여러 연구에서 '사진 짝짓기match-photo' 기법을 사용했다. 구체적으로 설명하면 반려견과 주인의 사진을 뒤섞어 참가자들에게 보여 주고 개와 주인 짝을 맞히게 한다. 만약 실제 짝이 맞은 수가 우연히 짝이 맞을 확률을 초과한다면 이 결과는 개와 주인이 닮는다는 전제를 뒷받침하는 강력한 증거가 된다. 두 번의 다른 연구에서 연구진은 실제로 우리가 우리와 '닮은' 반려동물을 선택하는 경향을 발견했다.[54] 이런 일이 일어나는 이유를 둘러싼 논쟁은 다소 추측에 근거한 것이긴 하지만, 꽤 흥미롭다. 우리가 우리를 닮은 반려동물을 선택하는 이유는 인간의 짝짓기 선택에 '서로 다른 것끼리 끌린다'라기보다는 '유유상종'이라는 속담이 더 잘 들어맞는다는 사실에 기인한다. 그리고 이런 사실은 29개 문항으로 구성된 적합성 테스트를 기반으로 한 온라인 중매 서비스로 성공을 거둔 이하모니의 사례로 증명된다. 즉, 커플들이 신념과 가치관 등 중요한 변수들에서 비슷한 점이 많을 때 로맨틱한 결합이 이루어질 확률이 훨씬 더 높다는 것이다. 유사성을 기반으로 한 중매 서비스에 대한 우리의 선호가 반려동물을 고를 때도 드러나는 것 같다.

결론

이 장에서는 소비패턴 등 가족 간 유대관계를 굳건히 하기 위해 소비자들이 폭넓은 투자를 하게 하는 진화의 힘을 살펴보았다. 가족은 사랑과 양육의 원천이 될 수 있지만, 갈등과 경쟁, 편애의 발판이 되기도 하며, 이 모든 것이 생물학적 과정에 뿌리를 두고 있다. 사회성에 대한 우리의 선천적 필요를 채우는 가족의 중요성을 고려하면 우리가 아이들에게 사주는 장난감, 애완동물에 쏟는 사랑, 그리고 가족에게 주는 선물 등 소비자 영역에서 혈연에 기반을 둔 투자가 수많은 방식으로 나타나는 것은 놀라운 일이 아니다.

5장

친구를 위해 산다

좋은 친구 한 명은 수많은 인맥과 맞먹는 가치가 있다.

세계 속담

좋은 친구 한 명이 친척 아홉 명보다 낫다.
좋은 친구는 가장 가까운 친척이다.

에스토니아 속담

다정한 친구가 박정한 형제보다 낫다.

중국 속담[*]

───────

*세 개의 속담은 모두 마티 쿠시 국제 속담에서 가져 왔다.

지금까지 우리는 혈연 선택이 가족 간의 이타적 행동을 어떻게 이끄는지 살펴봤다. 하지만 인간과 수많은 다른 동물 종에 걸쳐 친족이 아닌 개체 간의 이타적 행동을 기록한 사례는 셀 수 없이 많다. 왜 우리는 친족이 아닌 타인에게 이런 이타적인 행동을 하는 걸까? 미국의 진화생물학자이자 사회생물학자 로버트 트리버스는 호혜적 이타주의reciprocal altruism 이론으로 이 진화 수수께끼를 풀었다.[2] 구체적으로 그는 혈연관계가 아닌 특정 종의 구성원들, 그리고 때로 다른 종의 구성원들 간에 호혜성이 진화하는 조건을 설명했다. 이런 조건에는 반복적인 상호작용의 필요성과 이런 상호작용을 한 사람을 인식하고 기억하는 능력 등이 포함된다.

인간의 경우 호혜적 이타성은 굶주림에 대한 보험으로 진화했을 가능성이 크다. 친족이 아닌 두 가족 간에 다음과 같은 합의에 이르렀을 수 있다. "만약 오늘 우리 가족이 큰 먹잇감을 잡으면 당신 가족과 나눠 먹도록 하겠소. 나중에 당신이 큰 동물을 사냥하면 우리와 나눠 먹읍시다." 이처럼 "내 등을 긁어 주면 나도 당신 등을 긁어 주겠다."라는 속담에도 나오는 상부상조가 원시 아프리카 사바나의 평원에서 이뤄졌을지도 모른다.

여러 종에서 다양한 형태의 호혜적 이타성을 발견할 수 있다. 예를 들어 인간을 비롯한 사회적 동물이 서로의 몸이나 외모를 청소하거나 유지하는 행동을 가리키는 사회적 그루밍social grooming은 새로운 동맹과 연대를 형성하는 토대가 되며, 우호적인 유대관계를 공고히 하는 데 도움을 준다. 이런 의미에서 사회적 그루밍은 영장류 사회에서 사회적 윤활유 역할을 한다. 개체 A는 앞으로 언젠가 개체 B가 같은 손질을 해 주거나 싸움에서 지원해 줄 것을 기대하면서 개체 B를 손질해 준다(즉, 진드기나 기타 기생충을 제거해 준다). 문헌에 기록된 호혜적 이타성의 다른 두 가지 사례는 포식자에 대한 경고와 집단 공격이다. 하지만 아마도 동물의 왕국에서 가장 흔한 형태의 호혜적 이타성은 음식 공유일 것이다. 코스타리카의 흡혈박쥐는 음식을 공유하는 호혜적 이타성의 전형적인 예를 보여 준다. 이들은 밤새 사냥하고 빈손으로, 아니 빈 배로 동굴로 돌아올 때가 종종 있다. 그럴 때면 생물학적으로 관련이 없는 다른 박쥐들이 와서 자신들의 전리품(피)을 굶주린 박쥐의 입에 넣어 준다.

궁극적으로 유기체가 마주하는 두 가지 주요 생존 과제가 포식자 피하기와 열량 부족 및 불확실성임을 고려할 때 문헌에 기록된 많은 호혜적 이타성의 사례들이 이런 진화적 과제와 관련이 있는 것은 그리 놀랍지 않다.

이 장의 서두에 열거한 여러 문화의 속담에서 분명히 포현되었듯이 우정은 종종 가족 간의 유대보다 더 중요할 수 있다. 앞 장에서는 내가 트리패트 길과 함께 배우자, 친족, 친구 등의 사람들을 위한 선물 비용이 어떻게 배분되는지 조사한 연구 결과를 설명했다. 우리는 사용하는 선물 비용이 가장 많은 배우자부터 가까운 혈족, 가까운 친구, 그리고 마지막으로 먼 친척 순으로 줄어든다는 사실을 발견했다. 여기서 주목해야 할 중요한 점은 선물 비용 사용 순위에서 가까운 친구가 먼 친척을 앞질렀다는 사실이다. 친구 간의 선물 의식은 혈연관계로 맺어지지 않은 사람들의 유대관계를 강화하는 데 도움이 되는 상호주의의 한 형태다. 여러 연구에서 친족과 친족이 아닌 사람에 대한 이타성의 정도를 비교했다. 어떤 연구에서는 친족이 아닌 사람에 대해 더 큰 이타성을 보였지만,[3] 다른 연구에서는 혈연 선택 이론에서 예상한 대로 친족에게 더 큰 이타성을 보였다.[4]

흥미롭게도 남성과 여성은 우정을 쌓는 스타일이 다소 달라 보인다. 여성은 친구를 친척으로 여기는 경향이 강하지만, 남성은 집단 간 갈등에 마주쳤을 때 친족이 아닌 다른 남성들과 연대하는 방식으로 우정을 쌓는 경향이 있다.[5] 우정에 대한 이런 남성의 관점은 우정의 필요성이 부분적으로 비친족 연합 결성이 가능하도록 진화했다고 상정하는 동맹 가설을 뒷받침한다.[6]

전쟁의 잿더미에서 싹튼 우정

1975년 우리 가족은 죽음의 위협이 눈앞까지 다가온 상황에서 레바논을 떠났다. 그해 초 레바논에서는 어지러울 정도로 많은 민병대들(4개의 주요 분파만 예를 들자면 아랍어로 카테브로 알려진 마론파 민병대, 시아파 아말 민병대, 수니파 PLO 민병대, 드루즈파 민병대) 사이에서 내전이 일어났다. 근본적인 차원에서 레바논 내전은 기독교도와 이슬람교도 사이의 전쟁이었다. 당시 레바논에 사는 유대인인 나는 좋은 처지가 아니었다. 미국인들은 레바논 국민이 국제 여행에 필요한 표준 여권에 더해서 각 개인의 종교를 명시한 내부용 신분증을 가지고 다닌다는 사실을 알면 놀라거나 두려움을 느낄 수도 있다. 하지만 이는 중동의 현실에서는 놀라운 일이 아니다. 중동에서는 한 사람의 사회생활을 항상 그 사람의 종교라는 프리즘을 통해 보기 때문이다. 레바논의 정치 체제는 종교적 연대를 전제로 설계되었다. 미국에서 위헌 소지가 다분한 것들이 레바논에서는 정치 현실의 틀에 짜여 있다. 레바논 헌법은 종교를 국가 통치의 중심 요소로 분명히 규정하고 있다.

다시 내전 이야기로 돌아가 보자. 내전 초기에 이슬람 민병대와 기독교 민병대가 도로에 세운 검문소에서 민간인 학살이 자행되었다(어느 한쪽만 잔혹하고 가학적인 행동에 가담한 것이 아니다). 민병대가 차량 승객들에게 신분증을 제시하라고 요구했고, 불행하게도 '잘못된' 종교를 믿는 승객들은 처참하게 죽임을 당했다. 대다수 민병대가 유대인을 적대시하는 점을 고려할 때 무사히 통과할 수 있는 검문소가 거의 없다는 사실을 우리는 잘 알고 있었다. 설상가상으로 신분증에 우리 가족이 '유대인'이 아닌 훨씬 더 심한 적대감을 일으키는 '이스라엘인'으로 표시되어 있어서 사태는 더욱더 나빠졌다. 다시 말해 우리는 레바논 아랍계 유대인이라는 내집단 신분을 박탈당하고, 철천지원수(이스라엘) 외집단과 한통속으로 취급당했다.

수개월 동안 이루 말로 다 할 수 없는 폭력을 목격한 우리 가족은 다행히 부모님의 인맥을 통해 베이루트 국제공항까지 차로 데려다줄 PLO 민병대를 고용해서 가까스로 레바논에서 탈출하는 비행기를 탈 수 있었다. 당시 PLO 민병대가 공항으로 가는 길목을 모두 통제하고 있었기 때문에 이들의 보호를 받는 것이 결정적이었다. 즉, 이슬람 민병대의 도움 없이는 달리 대학살을 피할 방법이 없었다. 나는 그들이 마음에서 우러나서 우리를 보호해 준 것처럼 말하고 싶지 않다. 그런 보호 서비스를 받기 위해 부모님이 상당한 비용을 치른 것으로 기억한다. 하지만 지금 내 인생에서 매우 고통스럽고 충격적인 시기를 이야기하는 이유는 그토록 위험한 곳에서도 발휘되는 인맥과 우정의 힘을 강조하기 위해서다. 우리를 도와준 이들에게 우리는 친구였다. 이런 우정이 우리가 유대인이라는 사실보다 중요했다.

그 후 5년 동안 부모님은 캐나다 몬트리올과 베이루트 사이를 계속 오갔다. 그러다가 1980년 PLO의 군사적·정치적 분파인 파타Fatah에 납치되어 돌아가신 것으로 여겨졌다. 레바논에서는 납치가 매우 흔했고 그 결과는 거의 항상 같았다. 그곳에서 사람 목숨은 처형에 사용된 총알보다 값싼 것이었다. 일주일 남짓 동안 나보다 훨씬 나이가 많은 세 형은 모든 인맥을 총동원해서 부모님 소식을 들으려고 노력했고, 혹시라도 기적적으로 부모님이 아직 살아 계실 경우 구명하기 위한 방법을 찾고 있었다. 이 모든 일들은 내가 모르는 사이에 진행되었다. 주변의 모든 사람이 스트레스를 받고 몹시 불안해하는 것은 알았지만, 사람들은 당시 열다섯 살이었던 나를 추악한 진실로부터 보호하기 위해 내게는 꾸며낸 이야기만 들려주었다. 나는 그 유괴가 일곱 가지 치명적인 죄악의 하나인 탐욕 때문에 일어났다고 믿는다. 당시 아버지 상점에 눈독을 들이던 이웃이 있었다. 그는 내 부모님에게서 이스라엘 스파이라는 자백을 받아내기 위해 민병대를 고용했다. 부모님에게서 자백을 받아내면 민병대는 우리 부모님을 합법적으로 처형할 수 있게 되고, 레바논에 남은 가족이 없기 때문에 상점은 집주인에게 돌아가기 때문이다. 물론 스파이일 리 없는 부모님은 잔혹한 억류 상태에서 극도로 힘든 나날을 보냈다.

다행히도 당시 어머니의 가장 친한 친구였던 시리아계 무슬림 여성이 평소 유대 관계를 맺고 있던 시리아 정계 고위 인사들을 통해 부모님의 구명 활동에 나섰다. 인적 네트워크가 가동되고 많은 유명 중동 고위 인사들이 이 시련에 직접 개입한 뒤에야 부모님의 석방 협상이 타결되었다. 부모님이 공항으로 차를 타고 이동할 때 절친한 친구들은 부모님에게 차마 말하기 어렵지만 레바논에 다시는 오지 말라고 충고했다. 더는 부모님의 안전을 보장할 수 없었기 때문이다. 부모님의 석방에 도움을 준 모든 사람은 부모님을 구하기 위해 자신들의 사회적 지위와 평판을 거는 위험을 무릅썼다. 이들에게는 가족도 유대인도 아니라는 두 가지 공통점이 있었다. 엄밀히 말하면 부모님과 이런 영웅적인 사람들 사이의 우정이 다른 모든 현실을 뛰어넘었다. 돈독한 우정은 진정으로 우리 생물학적 유산의 흔적이다.

좀 더 밝은 얘기를 하자면 중동 사람들은 손님을 극진히 대접하는 것으로 유명하다. 나는 이런 문화적 전통이 상호주의의 진화 과정에 뿌리를 두고 있다고 생각한다. 다음은 이 주제를 살펴보기로 한다.

우정도 서로 주고받는 것

손님 접대는 서로 전혀 다른 사회(미국 남부의 손님 접대와 아랍 유목민 베두인족의 손님 접대 등)에서 공통적으로 발견되는 문화 규범이다. 접대의 미덕은 수천 년 동안 유대교와 기독교, 이슬람교, 힌두교의 성서에서 극찬되어 왔다. 이는 'make yourself at home(편하게 지내세요)', 'mi casa es su casa(내 집이 당신 집입니다)', 'fais comme chez toi(당신 집이라고 생각하세요)' 등과 같이 비슷한 표현에서도 드러난다. 핀란드 민속학자 마티 쿠시Matti Kuusi가 만든 마티 쿠시 세계 속담 체계Matti Kuusi International-type system of proverbs에는 전 세계 속담이 실려 있다. 그중 접대와 관련된 속담 몇 개와 그 문화적 기원을 소개한다.

- 작은 선물이 우정을 지킨다. ―서유럽, 이슬람, 동양
- 이웃이 보낸 음식만 당신을 만족시키지는 못할지라도 친밀도를 높여 준다. ―페르시아
- 좋은 말은 좋은 친구를 만든다. ―그리스
- 접대를 받았으면 받은 만큼 접대해야 한다. ―핀란드 및 기타 발트해 문화, 유럽, 사하라 사막 이남의 아프리카, 동양 문화
- 일방적인 호의는 오래가지 못한다. ―전 세계

수많은 이질적인 문화에서 선물, 접대, 관용 등이 중요한 사회적 행동으로 여겨지는 동시에 상호주의를 기대한다는 데 주목해야 한다. 레바논계 유대인이지만 무신론자인 나로서는 유대교 교리와 아랍 문화 양쪽의 이례적인 접대 규범을 접할 수 있었던 것을 행운으로 생각한다. 나는 랍비 일라이 실버스타인과 그의 아내이자 내 코넬대학교 대학원 동창인 차나 실버스타인 박사가 많은 코넬대학교 학부생과 대학원생을 자신들의 집으로 초청해 금요일 밤 안식일 만찬을 베풀어 준 후의를 기억한다.

유대교에서는 외집단 개종이 극히 드물다는 점을 고려할 때 이런 환대가 내집단 개종에 관여하려는 욕구에 뿌리를 두고 있다고 생각할 수 있다. 사실 이런 관습은 문자 그대로 '이방인을 환영한다'라는 의미의 '하크나사트 오르킴Hachnasat orchim'으로 알려진 유대교 율법에서 유래했다.

아랍의 환대도 마찬가지로 아주 유명하다. 집에서 손님을 맞는 방식과 관련한 여러 가지 예의범절이 있다. 예를 들어 음식을 어마어마하게 많이 차리고 손님이 실컷 먹도록 계속 권한다. 중동에서는 손님이 차려진 음식을 조금만 먹는 것은 주인에 대한 결례다. 따라서 서양인들은 식탐이 없는 것으로 보이면서 정중하게 행동한다고 생각하지만, 실제로 주인은 이를 매우 불쾌하게 생각한다. 즉, "우리가 준비한 음식이 마음에 안 드는 걸까?"라고 생각한다. 사실 아랍 문화에는 손님을 모든 해악의 근원으로부터 보호해야 한다는 아주 오래된 철칙이 있다. 나는 이것이 환대의 궁극적인 행위라고 생각한다. 아랍 문화에서 이렇게 분명한 환대 정신이 발달하게 된 이유는 무엇일까? 어떤 이들은 그 기원이 베두인 사회에 있다고 주장한다. 피로, 굶주림, 목마름 등 끝없는 고난 속에 험한 사막을 이동해야 한다고 상상해 보라. 이런 가공할 지형을 횡단할 때 이방인의 환대에 의지할 수 있다는 사실은 안도감을 주는 보험과 같다. 이 점은 굶주림에 대비한 보험이라는 호혜적 이타성의 진화적 기원에 대한 내 주장을 뒷받침한다.

중동 친구들과 함께 영화를 보러 가거나 식당에 갈 때마다 미국이나 서양 친구들 사이에서는 좀처럼 볼 수 없는 광경이 벌어지곤 한다. 서로 돈을 내겠다고 '싸우고 고집하는 것'이다. 이런 승강이에는 으레 다른 친구들이 돈을 내겠다는 자신의 호의를 받아들이지 않아서 모욕감을 느졌다거나 기분이 상했다거나 하는 의례적이고 가식적인 언동이 뒤따른다. 그리고 마침내 친구 중 한 명이 같이 간 다른 친구들의 '실망' 속에 관대해질 권리를 가까스로 '따낸다.' 이는 친구를 관대하게 대하겠다는 의지를 표명하는 의례적인 사교의 춤이다. 하지만 현실은 모든 친구가 이런 승강이에서 각자가 '이기거나 진' 횟수를 기억하는 데 능숙하다는 것이다. 만약 한 친구가 열 차례나 연속해서 비용을 계산하게 된다면 이 의식은 계속될 수 없을 것이다. 이는 궁극적으로 인간은 자신이 인식하는 친구의 보답 능력에 따라 친구를 선택한다는 생각과 일치하며,[7] 내가 앞서 소개한 환대에 관한 여러 문화권의 속담에서도 드러난다.

대중문화와 상거래에서 나타나는 우정과 연대

당연히 인간의 경우 우정은 인생에서 가장 중요한 관계의 하나다. 대부분의 노래가 짝짓기(6장 참조)에 관한 것이지만, 우정 역시 반복적으로 다뤄지는 주제이다.

큰 인기를 끈 텔레비전 시트콤들도 친족이 아닌 사람들 사이에서 일어나는 깊은 우정을 중심으로 줄거리가 전개된다. 가족관계와 친한 친구 간의 우정을 함께 다룬 TV쇼도 있다.

우정의 중요성은 영화에도 나타난다. 우정이 주제인 영화들이 많다는 점을 봐도 그렇다. 때로는 여성들만의 우정을 다룰 때도 있다.

다른 예로 '브로맨스bromance'라는 신조어로도 불리는, 남자들만의 우정을 다룬 영화들도 있다. 주목할 만한 사실은 이런 남성만의 우정을 다룬 영화들은 성인물, 코미디, 드라마, 경찰 영화, 버디 무비(두 사람 사이의 긴밀한 우정을 다루는 영화), 감옥물, 전쟁 영화, 범죄 영화 등 영화 장르 전반에 걸쳐 있다는 것이다.

물론, 때로 로맨스로 발전하는 남녀 간의 우정을 주제로 다루는 상징적인 영화들도 있고, 개와 인간의 우정을 다루는 영화들도 있다. 그리고 영화는 때때로 〈ET〉처럼 기억에 남는 은하 간 우정을 그리기도 한다. 이처럼 모든 문화적 산물에서 우정을 볼 수 있는 것은 우정이 보편적으로 정서적·인지적 참여를 끌어내는 촉매 역할을 하기 때문이다.

우정의 중요성은 다양한 마케팅 환경에서도 나타난다. 많은 회사가 슬로건에서 구체적으로 우정과 그와 관련한 상호주의 연대 구축 가능성을 말한다. 대표적인 예로 "스테이트 팜이 좋은 이웃으로 함께합니다"(스테이트 팜 보험), "체이스 맨해튼에는 당신의 친구가 있습니다"(체이스 맨해튼 은행), "디지털 시대에 당신의 친구"(콕스 커뮤니케이션), "친구처럼 편안한 항공 여행을 이용하세요"(유나이티드 항공), "친구라면 친구가 음주운전 하도록 내버려 두지 않습니다"(미국 연방 교통부) 등이 있다. 가끔은 회사명이 가까운 친구처럼 믿을 수 있음을 분명하게 지칭하는 예도 있다(캐나다 보험협동조합 더 코오퍼레이터스The Co-operators).

관계 마케팅의 핵심 원칙은 상호주의와 협력의 진화 과정에 확고히 기반한다. 관계 마케팅의 기본 전제는 고객과 기업 간의 반복적 상호작용은 일회성이 아니라 장기적인 관점에 기초해야 한다는 것이다. 우정과 비슷한 고객과의 관계 구축은 고객의 충성도를 높이는 방식으로 이루어져야 한다.

에어컨을 판다고 가정해 보자. 올여름은 찌는 듯이 덥고 당신이 운영하는 가게는 재고가 있는 유일한 매장이다. 수요 공급의 기본적인 법칙에 따르면 수요가 많으므로 남은 물건에 대해 엄청나게 비싼 가격을 매김으로써 소비자에게 바가지를 씌울 수도 있다. 하지만 당신은 많은 고객과 반복적으로 거래한다는 사실을 인식하고 제품 가격을 공정하게 책정하는 현명한 결정을 내린다. 따라서 당신은 상호주의 전략을 완벽하게 구현했다. 당신은 훌륭하게 행동했고, 그 대가로 향후 구매에 대한 고객의 충성도를 얻었다. 일반적으로 관계 마케팅은 진화 과정으로 해석되지는 않았다.[8] 하지만 그 전제가 상호주의의 원리에 뿌리를 두고 있는 것은 분명하다. 결국 관계 마케팅은 상호주의가 강력한 사회적 윤활유라는 사실에 근거하기 때문이다.

우정과 연대를 형성하려는 타고난 욕구를 개인 간 관계나 기업과 고객들 간의 관계로 한정할 필요는 없다. 이는 더 큰 집단, 심지어 국가 간에도 똑같이 적용할 수 있다. 일반적으로 경제적 상호 연결성이 뿌리 깊은(즉, 교역이 활발한) 민주 국가 간에는 전쟁을 벌일 가능성이 거의 없을 것으로 여겨진다. 즉, 경제 협력이든 문화교류와 같은 유대관계든 두 나라 사이에 연결성이 강하면 강할수록 평화가 깃들 가능성이 더 크다. 일부 학자들은 이런 견해를 반박하지만, 우정은 국가처럼 거대한 조직에도 적용하기 유용해 보인다.[9]

미국인들의 우정은 정말 얄팍할까

코넬대학교 대학원 시절 나는 운 좋게도 매우 이질적인 문화권에서 온 동료 학생들을 만날 수 있었다. 우리는 언어, 문화 의식, 종교는 달랐지만, 한 가지 의견은 일치했다. 즉, 우리와 많은 미국인 친구들이 가진 우정에 대한 관념이 근본적으로 다르다는 의견이었다. 우리는 모두 미국인들이 매우 친근해 보이고 다가가기 쉽다는 데 동의했다. 하지만 미국인들의 우정은 깨지기도 훨씬 더 쉬웠다. 많은 비미국인과 미국인이 우정의 깊이를 근본적으로 다르게 정의하는 것처럼 보였다. 왜 그럴까? 미국인들이 본래부터 얄팍한 성향이어서 우정에 대해서도 다소 무관심한 태도를 보인다는 견해도 있지만, 이는 사실이 아니다. 실제로는 미국인들도 우정에 대해서 다른 사회 사람들과 다르지 않다. 다만 우정의 깊이가 문화적 환경에 따라 다르게 된 사회적 이유가 있다.

당신이 지난 200년 동안 가족이 살았던 시칠리아의 작은 마을에서 태어났다고 상상해 보라. 그리고 가족 소유의 포도밭을 물려받아야 해서 마을을 벗어날 가능성이 희박하다고 가정해 보라. 당신의 사회적 뿌리는 이 마을에 깊이 자리 잡았을 것이다. 어릴 때부터 같은 친구들과 함께 자랐을 것이고, 각자의 가족들은 서로를 잘 알 것이다. 그리고 당신은 아마도 이 마을에서 평생을 보내게 될 것이다.

이는 대부분의 인간이 우리의 진화 역사를 통해 마주했던 현실이다. 즉, 지리적으로 제한된 범위 안에서 제한된 사람들과만 소통해 왔다. 이제 이런 현실을 미국 사회를 위시한 현대 사회의 현실과 비교해 보자. 오늘날 우리의 삶은 끊임없는 사회적 이동으로 정의할 수 있다. 노동자 계급에 속했던 젊은이가 명문 대학 교육을 받고 인터넷 백만장자가 되고, 이런 과정에서 사회 계층 구조의 상위로 사회적 신분이 상승할 수도 있다(사회경제적 이동성). 같은 젊은이가 오하이오주 클리블랜드에서 자라서, 로드아일랜드의 브라운대학교를 졸업하고, 캘리포니아 팔로알토에 있는 스탠퍼드대학교에서 MBA를 취득하고, 이스라엘 라마트간Ramat Gan 에서 인터넷 벤처기업을 설립할 수도 있다. 이런 지리적 이동성은 오늘 날 전문직 종사자들에게서 흔히 볼 수 있는 일이다. 예를 들어 MBA 출 신들은 평생 평균 8번 직장을 옮긴다.[10]

이처럼 '구시대적인 나라'의 사람들은 이동 가능성이 거의 없는 사회 적 지위를 타고날 수 있지만(인도에 태어나면 카스트 제도로 인해 사회계층 간 이동이 거의 불가능하다), 미국은 이런 사회적 경계가 없다. 나는 이것이 미 국인들과 비미국인들의 우정에 대한 태도 차이의 근원이라고 강하게 믿 는다. 다른 모든 조건이 같다면 최소한의 사회경제적 이동성과 지리적 이동성이 보장되는 평등하고 긴밀하게 연결된 공동체에서 사람들은 더 깊이 있는 우정을 형성한다. 이는 결국 다양한 소비자 환경에서 드러나 는 환대 규범에도 영향을 미친다.

호르몬과 신뢰의 상관관계

나는 2001년부터 2003년까지 캘리포니아대학교 어바인 캠퍼스에 서 객원 부교수로 지냈다. 캘리포니아의 아름다운 경치와 눈이 부신 햇 살에 적응하기는 쉬웠지만, 마치 모든 사회적 상호작용을 규제할 것처 럼 끝없어 보이는 법적 계약에 익숙하기는 훨씬 어려웠다. 아마도 우리 아파트 임대차 계약은 1978년 이스라엘과 이집트가 체결하고 미국이 보증한 캠프 데이비드 협정보다 더 길고 복잡할 것이다. 우리는 과거에 있었을지도 모르는 일뿐만 아니라 앞으로 일어날 수 있는 모든 비상사태에 대한 소송 권리를 포기해야만 했다. 예를 들어 그 임대 아파트 단지에서는 과거에 살충제를 종종 썼고 앞으로도 살충제를 쓸 수 있지만, 우리는 어떤 목적으로든 이런 살충제 사용과 관련한 고소권을 포기해야만 했다. 우리는 비행기 지나가는 소음이 들릴 수 있음을 알고 있다는 서명도 해야만 했다. 그뿐만 아니라 수영장, 자쿠지 욕조, 운동 시설 등을 이용하면서 일어날 수 있는 모든 일에 관한 고소권도 포기해야만 했다. 심지어 나는 집세를 내는 데 필요한 수입이 있다는 사실을 증명하기 위해 상세한 재정 상태 정보까지 제공해야 했다. 2001년에는 아파트 임대차 계약이 이렇게 까다로웠다. 하지만 몇 년 후, 실업자들한테 50만 달러에 이르는 주택 담보 대출(비우량 주택담보 대출 관행)을 강력히 장려하는 바람에 주택 시장 붕괴를 초래했다는 사실이 얼마나 아이러니한가?

나는 우리가 남부 캘리포니아주에 있는 정비공장에 처음 차를 가져 갔던 때를 기억한다. 몬트리올에서 가져간 우리 차는 더 엄격한 캘리포니아주 배기가스 검사 기준을 통과해야 했다. 정비공은 차 주위를 돌아보며 차 안팎의 작은 흠집 하나하나에 표시한 후 긁힌 자국이 있음을 인정하는 양식에 서명을 요구했다. 내가 만약 배기가스 검사 중에 그가 차를 긁었다고 주장했을 때 이것이 자신을 소송으로부터 보호할 수 있기 때문이었다.

이런 소송과 계약 중심적인 기풍은 어떤 의료보험 상품을 선택할지 결정할 때, 또는 내 과정 강의 개요를 작성할 때 등 거의 모든 상호작용에서 드러났다.

이렇게 공식화된 계약과 중동의 전통적인 거래 방식을 비교해 보라.

중동에서는 악수나 말로 충분하다. 역사적으로 아랍인들은 계약으로 모든 기대 사항을 정하자는 요구를 모욕으로 받아들인다. 이들은 "왜 나한테 이 서류를 다 주고 서명하라는 겁니까? 내 말을 못 믿겠다는 겁니까?"라는 반응을 보일 것이다.

그렇다면 아랍인은 본래 미국인보다 더 정직할까? 그래서 공식적인 사업 거래 관계에서 법적 계약이 필요 없을까? 결론부터 말하면 아니다. 남부 캘리포니아의 법적 계약 중심주의와 아랍 세계에서 일반적인 "내 말은 곧 내 명예"라는 정신의 차이는 이른바 '던바의 수'가 다르다는 데 있다. 던바의 수는 역사적으로 인간이 일상생활에서 상호작용한 평균적인 집단 크기(4장에서 로빈 던바는 150명을 넘지 않았을 것으로 주장했다)를 의미한다는 사실을 되새겨 보라. 이런 환경에서 평판은 가장 중요한 사회적 자본이다. 어떤 사회 계약에서든 한 번은 속일 수 있지만, 일단 당신이 사기꾼이라는 소문이 퍼지면 당신 인생은 끝장이다. 따라서 제한된 지리적 영역과 긴밀한 사회관계망 안에서 평생을 살아가야 하는 '구시대적 사회' 환경에서는 법적 계약이 필요 없다. 남부 캘리포니아의 일시적인 속성에 따른 계약보다 우리가 조상 대대로 진화해 온 환경에 더 가까운 사회 환경이 약속을 강제하는 데 더 효과적인 수단이 된다.

응집력 있고 지속적인 인맥은 개인 간 신뢰를 구축하기가 더 쉽다. 이는 중요한 대목이다. 경제적, 사회적, 정치적 환경에 존재하는 신뢰 수준이 한 나라의 경제 활력을 예측하는 가장 강력한 요인의 하나이기 때문이다. 이런 통찰력으로 신경경제학자 폴 자크는 다양한 경제적 맥락에서 신뢰의 신경생물학적 동인을 탐구했다.[11] 연구 결과 그의 팀은 우리 두뇌의 옥시토신이라는 호르몬이 개인 간의 신뢰를 촉진하는 데 중요한 역할을 한다는 사실을 알아냈다. 테스토스테론이 다양한 형태로 성적 신호를 보내고 싶은 인간의 욕구를 이끄는 것과 마찬가지로 옥시토신은 개인 간 상호작용을 촉진하도록 진화했다. 따라서 옥시토신은 성교 후(이는 옥시토신을 '포옹 호르몬cuddling hormone'으로 부르는 이유다), 모유 수유 중(모성애 자극), 비친족 간 상호작용(사회적 종에서 빈번하게 발생) 등 진화 적으로 중요한 환경에서 분비된다.

결론적으로 우리가 다른 경제 주체를 신뢰하는 능력은 원래 낯선 사람과의 상호 작용과 관련된 적응 과제를 해결하도록 진화한 신경생물학적 회로에 뿌리를 두고 있다는 것이다. 옥시토신은 우리 인간이 지닌 사회성의 흔적이다.

우리와 그들 편 가르기

1999년 나는 트리패트 길과 함께한 '최후통첩 게임(A가 B에 대해 정해진 돈의 분배 비율을 일방적으로 제안하고 B가 이를 거절하면 게임이 끝나는 실험으로, 인간의 호혜성을 보여 주는 게임)'에 관한 연구 결과를 발표하러 이스라엘을 방문했다. 발표를 마치고 나는 이집트 시나이 사막의 휴양지 다합 Dahab에서 며칠간 휴가를 보냈다. 대부분의 이집트인으로 구성된 호텔 직원들이 내가 아랍어를 할 줄 아는 유대인이라는 사실을 알게 되는 순간 나는 스타 손님이 되었다. '다른 사람들(즉, 이스라엘 유대인들)'도 있었지만, 나는 그들의 내집단에 속한 사람이었다. 왜 그런지는 모르겠지만, 내 아랍인의 정체성이 내 유대인의 유산을 눌렀다.

중동에서는 이런 부족 의식이 특히 강하다. 연합적 사고는 우리가 세상을 보는 프리즘이다. 이는 부분적으로 진화 역사를 통해 우리가 내집단 구성원들과 상호 동맹을 맺을 가능성이 훨씬 더 컸기 때문이다. 무자퍼 셰리프와 헨리 타즈펠은 '우리 대 그들' 사고방식에 대한 우리의 타고난 성향을 조사한 가장 유명한 사회 심리학자일 것이다. 타즈펠의 최소 그룹 실험에서는 무작위적이고 의미 없는 단서(참가자의 셔츠에 붙인 파란색 스티커와 빨간색 스티커 등)를 사용해서 참가자들을 그룹으로 나눴다. 이런 분류 단서가 실제로는 무수한 특질에서 다를 수 있는 참가자들에게 타고난 연합 심리를 불러일으켰다(즉, 이들은 새로 정해진 내집단을 선호하는 경향을 보였다).

2009년 사회적·정서적 신경과학협회 연례회의에서 이스라엘 하이파 대학교 림 야히아와 그 동료들은 고통을 가하는 이미지를 내집단과 외집단, 대조군과 각각 연결했을 때 우리 뇌가 이를 처리하는 방식에 관해 매우 흥미로운 연구 결과를 발표했다. 진화 관점에서 예상할 수 있는 결과대로 고통을 가하는 이미지를 내집단 구성원과 연계했을 때 고통 등급이 가장 높았다. 인간의 공감은 타고난 연합 심리와 일치하는 방향으로 전략적으로 배분된다. 이탈리아 연구진이 최근 비슷한 연구를 통해 두뇌의 공감 반응이 내집단과 외집단에 따라 달라지는지 측정했다. 연구진은 이 실험에서 흑인과 이탈리아인(백인) 피실험자에게 각각 흰 손, 검은 손, 보라색(부자연스러운 색) 손을 바늘로 찌르는 영상을 보여 줬다. 연구진은 경두개 자기 자극법transcranial magnetic stimulation(자기장으로 뇌의 특정 부위를 자극해서 뇌신경 세포를 활성화하는 실험*)을 이용해서 내집단에 대해 암묵적인 편애를 보였던 참가자들이 같은 인종의 손뿐만 아니라 보라색 손에 대해서도 생리학적 차원의 공감을 나타낸다는 사실을 발견했다. 즉, 사람에게는(보라색 손에 관한 연구 결과에서 보듯이) 타인의 고통에 공감하는 능력이 있지만, 특히 고통받는 사람이 같은 내집단 소속인지 아닌지에 따라 공감의 정도 차이를 보이는 경향이 있다.[12]

이와 관련해서 이스라엘 경제학자 하임 퍼스만과 유리 그니지는 여러 경제 게임의 맥락에서 연합적 사고를 탐구했다. 이런 게임의 예로는 최후통첩 게임과 독재자 게임 등이 있다. 최후통첩 게임에서는 A에게 일정 금액(10달러)을 주고, B에게 나눠 줄 금액을 제시하라고 한다. B가 이를 받아들이면 A와 B는 각자의 몫을 받게 된다. B가 A가 제시한 금액을 거부하면 A, B 모두 한 푼도 받지 못한다. 독재자 게임도 같은 방식이지만, 한 가지 중요한 차이점이 있다. 즉, B는 거부권이 없다.

퍼스만과 그니지는 이스라엘 사회 맥락에서 이런 경제 게임에서 참가자들이 하는 행동이 출신 민족에 좌우되는지를 연구했다. 연구 대상인 아슈케나지 유대인(동유럽과 중부유럽계 유대인)과 스파라드 유대인(아프리카와 중동계 유대인)이었다. 과연 참가자들이 연합적 편향성을 보일까? 다시 말해서 이들이 민족별로 전형적인 이름을 보고 같은 민족 출신자들에게 더 이타적으로 행동할까? 흥미롭게도 퍼스만과 그니지는 양쪽 민족 출신 남성들이 모두 스파라드 유대인 남성들을 더 불신할 뿐만 아니라, 이들에게 더 관대한 제안을 한다는 사실을 발견했다. 이런 차별적인 행동은 여성들 사이에서보다 남성들 사이에서 훨씬 더 일반적이었다. 연합적 사고가 노골적인 외국인 혐오 태도까지는 아니더라도 외집단에 대한 다양한 형태의 고정관념과 편견으로 이어질 수 있음을 쉽게 알 수 있다. 가장 놀라운 것은 스파라드 유대인 남성들이 자기 동족에 대해 보여 준 자기 편견일 것이다. 스파라드 유대인 남자로서 나는 이런 연구 결과가 실망스럽다.

우리의 사회적 속성과 결부된 '우리 대 그들'이라는 사고방식은 우리에게 분명하게 정의된 내집단에 속하려는 선천적인 욕구[13]가 있음을 의미한다. 아마도 패션 산업만큼 이런 보편적 소속 욕구를 충족하는 소비자 환경은 없을 것이다. 세상은 유행의 첨단을 걷는 사람들인 내집단과 그 외 사람들로 깔끔하게 구분되기 때문이다.

패션은 옷이 아닌 정체성

패션이 미치는 경제적, 문화적, 사회적 영향은 부정할 수 없다. 세계 패션 시장은 보수적으로 잡아도 수천억 달러의 경제 활동을 창출하는 가장 큰 산업이다. 패션 TV처럼 패션 관련 문제만을 전문으로 다루는 채널도 있다. 여러 텔레비전 쇼의 주제가 거의 같다. 즉, 사람들을 패션 꾸미기로 '리브랜딩rebranding'하는 것이다.

수많은 패션 잡지가 스타일에 대한 소비자들의 만족을 모르는 욕구를 자극한다(비교적 잘 알려진 패션 잡지로는 〈코스모폴리탄〉, 〈보그〉, 〈엘르〉, 〈얼루어〉, 〈글래머〉, 〈인스타일〉, 〈마리 끌레르〉, 〈에스콰이어〉, 〈GQ〉 등을 들 수 있다. 여기서 여성을 겨냥한 잡지가 압도적으로 많은 점에 주목할 필요가 있다).

특히 패션에 초점을 맞춘 것으로 유명한 영화들도 있다(상징적인 영화 〈티파니에서 아침을〉과 〈프레타포르테〉, 〈클루리스〉, 〈악마는 프라다를 입는다〉, 〈쇼퍼홀릭〉, 〈코코 샤넬〉, 〈섹스 앤 더 시티〉 등이 그 예다). 요컨대 패션은 대중문화

어디서나 볼 수 있는 요소다.

가장 기본적인 의미에서 의복은 비바람 등 외부 환경으로부터 우리를 보호해서 생존을 돕는 기능을 한다. 하지만 오늘날 옷을 그렇게 제한적으로 생각하는 사람은 거의 없다. 특히 의류와 패션의 주된 목적은 일반적으로 우리의 개성 표현 욕구를 충족하는 것이다. 결국, 우리의 옷과 장신구들은 우리가 누구인지를 세상에 알리는 신호이다. 우리는 수많은 패션 선택을 통해 우리의 개성을 알린다. 역설적으로 들릴지 모르지만, 패션은 우리의 타고난 소속 욕구에도 부합한다. 즉, 우리는 특정한 스타일을 채택함으로써 무수한 패션 하위문화의 하나에 속한다는 사실을 보여 주고 싶어 한다.

물론 이런 패션 트렌드의 다수는 청소년 운동과 관련이 있다. 이는 청소년층이 패션 선택을 통해 자신들의 정체성을 규정하고자 하는 주요 인구통계학적 집단이기 때문이다. 영국 저술가 쿠엔틴 크리스프는 이런 유명한 글을 남겼다. "젊은이들의 문제는 늘 똑같다. 어떻게 반항하면서 동시에 순응하는 방법을 찾느냐는 것이다. 이들은 기성세대에 반항하고 자기 세대를 서로 모방하면서 이 문제를 해결한다."[14] 대다수 청소년의 목표는 자신들이 속한 집단의 사람들과는 최대한 비슷해지고, 그렇지 않은 사람들과는 차별화하는 것이다.

패션 마케터의 관점에서 이 산업의 탁월한 장점은 패션 시즌마다 소속을 나타내는 지표가 달라진다는 것이다. 특정 패션 하위문화와 관련된 스타일은 오랜 기간 거의 변하지 않지만, 대부분의 사람들은 이러한 '고정된' 하위문화에 속하지 않는다. 그들은 세상을 두 패션 그룹, 즉 패션 애호가들과 나머지 부류로 나누어 해석한다. 따라서 어엿한 패션 리

더 대열에 끼고 싶다면 계속 최신 스타일을 환히 꿰고 있어야 한다. 올 가을에 갈색이 유행이면, 지금 옷장을 갈색 하나로 채워야 한다. 내년 가을에는 갈색이 가고 회색이 유행할 수도 있다. 그러면 당신은 예전에는 아주 멋졌던 갈색 스웨터지만 더는 입지 않을 것이다.

몬트리올에 사는 교수로서 나는 패션 트렌드의 최전선에 있다. 몬트리올은 유난히 패션에 민감한 도시이다. 미국 대학에서는 학생들이 아무렇지 않게 운동복 바지를 입고 샌들을 신지만, 몬트리올 사람들은 패션에 그렇게 너그럽지 않다. 우리 강의실은 패션쇼의 축소판이다. 몇 년 전 많은 젊은 여대생이 보여 준 새로운 트렌드가 내 눈에 띄었다. 이들은 어그 부츠(또는 비슷하게 생긴 신발) 안에 바지를 집어넣고 다녔다. 어느 순간, 이 패션이 너무나 유행해서 나는 우리 대학이 사립 고등학교 교복처럼 새로운 교복을 지정했을지도 모른다고 생각할 정도였다. 군중심리는 참으로 대단했다.

그래서 패션 스타일은 종종 특정 시대의 상징이 되기도 한다(물론 이전 스타일이 다시 유행할 수도 있다). 예를 들어 벌집처럼 만든 올림머리 beehives와 미니스커트는 1960년대 유물이고, 무릎 아래부터 통이 넓어지는 나팔바지와 플랫폼 슈즈는 1970년대에서 온 시간 여행자이며, 어깨 패드와 파스텔 색상은 1980년대의 진수를 담아낸다. 패션 스타일은 또한 특정 사회 계층의 징표를 나타내기도 한다.

예를 들어 앞은 짧고 옆과 뒤는 긴 헤어스타일을 하고 하얀 민소매 티셔츠를 입는 것은 사회적 지위를 나타내는 분명한 신호가 된다. 물론 옷은 특정 민족이나 문화 또는 종교 집단 소속임을 알리는 역할도 한다(이슬람 여성들이 머리에 쓰는 히잡이나 유대인들이 쓰는 모자인 키파 등).

때로는 문신과 같이 신체 일부에 변화를 주는 것으로 역사적으로 반체제 조직의 일원임을 나타내기도 했다. 하지만 오늘날 미국인의 20% 이상이 문신을 하고, 서구 현대 국가 인구의 10%는 어떤 형태로든 신체에 변화를 주고 있다.[15] TV 방송국 임원들도 이렇게 날로 인기를 더해가는 문신 문화를 그냥 지나치지 않았다(⟨잉크드⟩, ⟨마이애미 잉크⟩, ⟨LA 잉크⟩, ⟨리오 잉크⟩ 등 최근에 제작된 많은 문신 관련 리얼리티 쇼가 그 증거다).

2007년 영화 ⟨이스턴 프라미스⟩에서 비고 모텐슨은 러시아 마피아 조직 보리의 일원이 되려는 러시아 정부 집행자 역할을 연기한다. 그의 범죄 조직 입단식 장면에서 문신은 이 통과의례의 중심적인 요소로 묘사된다. 먼저 그는 자신의 과거(복역한 감옥 등)를 나타내는 기존 문신을 보여 준다. 그런 다음 그는 신입 단원으로서 해당 범죄 조직을 상징하는 색깔로 새 문신을 새긴다. 범죄조직에서 문신하는 것은 비단 러시아 범죄조직만이 아니다. 많은 나라에서 문신은 범죄와 감옥 문화의 지울 수 없는 특징이다. 예컨대 세잎클로버는 아리아 형제단 단원임을 나타내며, 눈물방울 문신을 한 사람은 종종 살인자임을 나타낸다. 문신은 군대와 기존 체제에 순응하지 않는 반체제 조직 등 많은 비범죄 단체의 구성원임을 나타내는 표시 역할도 한다. 흥미롭게도 일부 집단(유대교)에서는 문신이 금지되며, 따라서 문신이 '우리 대 그들' 사고방식을 나타내는 기능을 한다.

문신하는 동기의 하나가 특정 집단 구성원임을 알리려는 욕구에 기인하기는 하지만, 역설적으로 문신은 패션의 일종으로 자기 개성을 표현하는 수단이기도 하다. 주목할 것은 사회적 규범에 순응하지 않겠다는 표현으로 문신을 하는 행위는 결국 기존 체제와는 다른 '반체제 집단'

에 대한 소속을 나타낸다는 점이다. 인간 정체성과 관련한 두 보편적인 힘(순응성과 개성) 사이의 팽팽한 긴장감을 최적 차별성 이론optimal distinctive-ness theory에서 잘 설명하고 있다.[16] 즉, 최적 차별성 이론에서는 인간이 대립하는 이 두 힘 사이에서 최적의 균형을 찾는다고 주장한다. 남성 회사원들의 복장은 이런 현상의 또 다른 예이다. 투자 은행과 같은 특정 산업에서 남성들의 복장은 대부분 비슷하지만(순응성), 넥타이 선택을 통해 개성을 나타낸다.

패션 외에도 소비자들이 한 집단에 대한 충성심을 보여 주는 다른 방법들은 무수히 많다. 그중에서도 전 세계 스포츠팬들이 보여 주는 것만큼 감정을 드러내는 소비 방법은 없을 것이다.

스포츠에 환호하는 이유

오랫동안 프랑스 축구 국가대표팀 팬이었던 나는 이들이 2006년 월드컵 결승에 올랐을 때 무척 기뻤다. 큰 경기가 있던 그날 아침이 생생하게 기억난다. 나와 내 친구는 개를 데리고 산책하고 있었는데, 내가 눈에 띄게 긴장하고 있다는 것을 친구가 알아차렸다. "왜 그래?" 친구의 물음에 나는 곧 있을 결승전 생각에 초조하다고 대답했다. 이런 모습이 이상해 보일 수도 있다. 어쨌든 나는 프랑스 축구 국가대표팀에 개인적으로 아는 선수도 없고, 프랑스 시민도 아니며, 게임에 돈을 걸지도 않았다. 하지만 나는 이 역사적인 경기에서 뛰게 될 선수들에게서나 나타날 법한 신체적인 스트레스 증상을 경험하고 있었다. 내가 프랑스 선수들에게 느꼈던 유대감의 힘이 내 안에서 감정적·생리학적 대리 반응을 일으키고 있었다. 내집단과 결속을 다지고 외집단과 관계를 단절하는 이런 타고난 능력이 스포츠 관람의 뿌리에 있다. 스포츠 종류를 불문하고 중립적이고 감정에 좌우되지 않는 관중으로 경기를 보는 사람은 거의 없다. 경기장에서 직접 관람하든 TV로 보든 이 경기 관람 경험의 힘은 '우리' 팀이 승리하는 모습을 보며 경험하는 대리 감정에서 비롯한다.

지배계층을 형성하는 사회적 종족으로서 인간은 승자와 제휴하고 패자와 결별하기(반사된 실패 차단)를 원한다. 1976년에 발표한 연구에서 미국 애리조나대학교 심리마케팅학과 로버트 치알디니 교수와 그의 동료들은 대학 미식축구팀 성적에 적용되는 '후광 반사 효과' 현상을 탐구했다.[17] 구체적으로 연구진은 학교 축구팀의 주말 경기 승패에 따라 월요일에 학교 이름이 새겨진 옷을 입은 학생 수를 추적 조사했다. 연구진은 또 다른 학교 옷을 입은 학생들도 관찰했다. 예상대로 학생들은 학교 축구팀이 졌을 때보다 이겼을 때 다음날 학교 이름이 새겨진 옷을 더 많이 입었다(다른 학교 옷을 입는 비율은 학교 미식축구팀의 승패에 영향을 받지 않았다). 확실히 이런 특정 옷 선택은 학생들이 승리한 진영과 제휴하고 '패배자'와 결별하려는 욕구와 밀접한 관련이 있다.

치알디니 교수와 동료들은 또한 학생들이 학교 축구팀의 승리를 이야기할 때는 '우리'를 더 많이 사용하고, 패배를 설명할 때는 '우리가 아닌' 대명사('그들' 등)를 더 많이 사용한다는 사실도 발견했다.

이와 관련한 연구에서 연구진은 네덜란드와 벨기에 축구팀 웹사이트를 팬들이 방문할 가능성은 이전 경기 결과에 좌우된다는 사실도 알아냈다.[18] 이 또한 말 그대로 승자와 어울리고 패자를 멀리하고 싶은 사람들의 욕망을 나타내는 또 다른 예이다.

스포츠 상품 판매는 해당 팀이나 선수들의 경기력과 밀접한 관련이 있다. 예를 들면 현재 가장 많이 팔리는 NFL 선수 셔츠는 슈퍼볼에서 우승한 쿼터백의 셔츠다. 또한, 가장 많이 팔리는 축구 클럽 유니폼은 여러 해 동안 뛰어난 성적을 거둔 팀의 유니폼이다. 이런 경향은 축구 국가대표팀에서도 마찬가지여서 이탈리아, 프랑스, 브라질, 독일, 아르헨티나, 영국, 네덜란드 국가대표팀 유니폼이 가장 잘 팔린다. 에스토니아, 베네수엘라, 베트남 대표팀의 축구 유니폼 수요는 거의 없다. 스포츠 상품 판매와 경기 성적 사이의 이런 상관관계는 "우리가 최고다. 다른 사람들은 패배자다."라는 분명한 진화 메커니즘에 그 뿌리를 두고 있다.

연합적 사고의 힘과 집단(및 그 자원)을 지키기 위해 결속하려는 유혹은 스포츠에서 호르몬 분비로 나타난다. 남자 축구 선수들은 원정 경기보다 홈경기에서 테스토스테론 수치가 더 높게 나타난다(영토 수비의 한 형태).[19]

이런 효과는 해당 경기의 상대 팀과의 라이벌 관계에도 영향을 받는다. 경기 결과에 따라 선수들의 테스토스테론 수치가 달라질 뿐만 아니라, 팬들도 비슷한 테스토스테론 수치 변화를 경험한다.[20] 이는 팬들이 응원하는 팀에 대해 가지는 강렬한 연대감 때문이다. 〈리얼 풋볼 팩토리즈 인터내셔널〉은 원래 브라보 방송에서 방영된 전 세계 축구 훌리건들을 다룬 텔레비전 시리즈였다. 매회 가장 충격적인 요소는 심한 폭력 사태로 이어질 수 있는 라이벌 팬들 상호 간의 뿌리 깊은 증오심이었다. 이 프로그램을 보면 홈구장의 이점이 어떻게 테스토스테론 수치가 폭포수처럼 증가하는 효과를 낳는지 알 수 있다.

대개 같은 지구에 속한 특정 팀 간의 역사적인 NFL 라이벌전이나 프로야구에서 뉴욕 메츠와 뉴욕 양키스 간의 유명한 '지하철' 시리즈와 마찬가지로 축구에서 이런 치열한 라이벌 관계는 더비 경기라고 한다. 일반적으로 더비 경기는 서로 지리적으로 가까운 클럽팀 간에 열리지만, 항상 그런 것은 아니다. 더비 경기의 유명한 예로는 맨체스터 유나이티드 대 맨체스터 시티(영국), 레인저스 대 셀틱(스코틀랜드), AC 밀란 대 인터밀란(이탈리아), 바르셀로나 대 레알 마드리드(스페인), 아약스 대 페예노르트(네덜란드), 갈라타사라이 대 페네르바체(터키), 플라멩고 대 플루미넨세(브라질), 보카 주니어스 대 리버 플라테(아르헨티나) 등이 있다.

이런 명문 프로 축구 클럽들은 수백만 팬의 열렬한 지지를 받는 세계적인 브랜드다. 과거에는 서로 다른 지역에 사는 팬이 쉽게 연결될 수 없었다. 하지만 인터넷이 어마어마하게 넓은 세계를 흔히 얘기하는 지구촌으로 바꾸는 데 성공함으로써 팬들이 페이스북 페이지 등을 통해 서로 쉽게 연결할 수 있게 되었다. 더 일반적으로 말하면 온라인 소셜 네트워킹 플랫폼으로 인해 지리적 장벽이 없어져서 마우스 클릭 한 번으로 연결성에 대한 우리의 본능적인 욕구를 채울 수 있게 되었다.

온라인 소셜 네트워킹과 인간의 상호 연결성

지난 몇 년 동안 소셜 네트워킹 웹사이트와 관련 도구들이 엄청난 열풍을 일으켰다. 먼저 페이스북과 인스타그램은 사람들이 온라인에서 우정을 쌓고 유지할 수 있게 해준다. X(구 트위터)도 이 틈새시장에 뛰어들어 사람들 간의 온라인 상호 연결성을 새로운 차원으로 끌어올렸다. 이런 인터넷 플랫폼의 채택률은 그저 놀라울 따름이다. 온라인 플랫폼들이 이렇게 성공할 수 있었던 이유는 뭘까? 나는 이들이 상호 연대를 맺으려는 우리의 본능적인 욕구에 뿌리를 두고 있고, 따라서 다른 사람들과 연결되려는 우리의 타고난 욕구를 채워 주기 때문이라고 생각한다. 우리 인간은 사회적인 종이다. 따라서 다른 사람들과 연결되어야 한다. 인간의 사회성은 우리 종족의 결정적인 특징이며, 인간 정신의 진화를 이루는 한 요인이다.

하버드 의과대학교 정신의학자로서 70년에 걸친 '하버드 성인 발달 연구'의 책임을 맡은 조지 베일런트 교수는 이 초대형 프로젝트의 핵심 연구 결과를 말해 달라는 질문에 이렇게 말했다. "인생에서 진정으로 중요한 것은 다른 사람들과의 관계뿐입니다."[21] 이처럼 사회적 접촉의 필요성은 너무나 강해서 경비가 가장 삼엄한 중범죄인 교도소에 수감된 죄수들도 종종 안전이 보장되는 독방보다 다른 죄수들과 함께 있기를 선호한다. 이런 연대 욕구는 수많은 종에서 나타난다. 예를 들어 무리 짓는 습성이 있는 개들은 홀로 남겨졌을 때 잘 견디지 못하며 때로는 심한 분리 불안 공포증을 겪기도 한다. 하지만 혼자 있기를 좋아하는 고양이들에게서는 이런 공포증이 거의 나타나지 않는다.

인간 상호 연결의 중요성으로 인해 인간의 사회 연결망 연구에 관한 관심은 더욱 높아졌다. 더 일반적으로 말하면 자연 현상이든 인위적인 현상이든 많은 현상은 네트워크의 발현이다.[22] 인간의 뇌는 사실상 시냅스synapse를 통해 연결된 뉴런neuron의 분산 네트워크이다. 인터넷은 수많은 컴퓨터 네트워크가 상호 연결된 거대한 연결망이다. 인간의 질병을 네트워크로 대치해서 특정 질병의 유전적 뿌리가 상호 연결되어 있음을 증명할 수 있다.[23] 과학계량학Scientometrics은 학술 인용 네트워크(즉, 누가 누구를 인용하는지)를 연구하는 학문이다. 계량사회학Sociometry은 사회적 관계 네트워크를 정량적으로 분석하고 연구하는 학문이다.

인간 사회 연결망의 위력을 증명한 책으로는 던컨 와츠의 《Small World》, 존 카치오포와 윌리엄 패트릭의 《인간은 왜 외로움을 느끼는가》, 니컬러스 크리스태키스와 제임스 파울러의 《행복은 전염된다》 등이 있다. 와츠의 책은 〈케빈 베이컨의 여섯 다리〉 게임(모든 배우와 케빈 베이컨을 여섯 단계 이내로 연결하는 놀이)과 비슷한 방식으로 모든 인간이 서로 잘 연결된 이른바 '작은 세상 현상Small World Phenomenon'을 설득력 있는 증거를 들어 설명한다. 카치오포와 패트릭은 깊고 의미 있는 인맥을 구축한 사람들(사회적으로 고립되지 않은 사람들)이 얻는 여러 심리적, 의학적 혜택을 강조한다.

크리스태키스와 파울러는 많은 현상이 특정 사회 연결망 안에서 세 다리까지 확산된다는 사실을 보여 준다. 예를 들어 당신이 살이 찌거나 행복한 것은 당신 친구의 친구의 친구가 살이 찌거나 행복한 것과 관련이 있을 수 있다.

즉, 폐쇄적인 사회에 살지 않는 한, 세상 모든 사람은 여섯 다리 이내에서 서로 연결되며, 사회 연결망의 확산력은 대개 세 다리까지 미친다는 것이다. 이런 연구 결과는 유행과 마케팅 밈이 바이럴 마케팅이나 입소문을 통해 확산하는 등 많은 소비자 현상과 관련이 있다. 궁극적으로 유튜브의 사회적, 상업적 중요성은 수백만 명에게 무수한 종류의 메시지를 힘들이지 않고 전파하는 능력에 있다.

정보 공유를 통한 문화 전파는 인간 정신의 진화한 역량이다. 따라서 할리 데이비슨 브랜드와 라이프스타일 애호가들의 웹로그와 같은 온라인 브랜드 커뮤니티가 강력한 마케팅 도구가 된 것은 그다지 놀라운 일이 아니다. 이는 궁극적으로 생각이 같은 사람들과 정보를 공유하려는 우리의 타고난 욕구를 촉진하기 때문이다. 브랜드 커뮤니티는 상호 연결하고 연합 집단을 형성하려는 인간의 욕구가 낳은 직접적인 산물이다.

이 경우 마음이 맞는 소비자들은 서로 연결할 뿐만 아니라 자신들이 열정을 느끼는 제품이나 브랜드와도 연결한다. 이런 연결의 이점은 다면적이다. 브랜드 커뮤니티는 신제품 아이디어를 창출하는 초개체superorganism 역할을 한다. 브랜드 커뮤니티에 속한 소비자들은 선호하는 제품에 대해 큰 충성도를 보인다. 이는 이런 토론의 장이 연합적 사고 혹은 일상적인 표현으로 '우리 대 그들' 사고에 참여하려는 우리의 타고난 성향을 불러일으키기 때문이다. 열렬한 맥Mac 사용자들은 세상을 맥 사용자(우리)와 기타 사용자(그들)로 명확히 양분한다. 맥 애호가들의 브랜드 커뮤니티에 속하게 되면 소속감이 강해진다. 이는 모든 사회적 종의 핵심 요소이다. 인간의 사회성이 미치는 이러한 영향력을 마케터들이 인식하면서 종족 마케팅[24](브랜드에 대한 열정을 품고 있고 공통의 열정을 통해 서로 연결하기를 원하는 사람들의 브랜드 커뮤니티를 구축하거나 집단을 형성하는 마케팅 전략)이나 군중 마케팅[25](무리가 이동하는 것과 비슷하게 서로 영향을 주고 모방하려는 소비자 본능을 겨냥한 마케팅 전략) 같은 새로운 마케팅 용어가 탄생했다. 이런 개념들은 생물학에 기반을 둔 인간 본성의 이해에 뿌리를 두고 있다.

2010년 기준 이용자 5억 명을 돌파한 페이스북은 인간의 보편성을 탐색하기 좋은 환경이다. 인간은 150명 이하의 사람들과 생활하도록 진화했다고 하는 던바의 숫자를 상기해 보라. 수백만 명의 사용자 데이터 세트를 사용한 몇몇 연구에서 페이스북 사용자들의 평균 친구 수가 예상대로 약 150명이라는 사실이 밝혀졌다.[26] 타고난 인간 본성의 다양한 면이 우리 선조들이 마주한 환경과는 근본적으로 다른 완전히 새로운 환경(인터넷)에서 나타난 것이다.[27] 또한 페이스북 사용자들이 프로필에서 자신을 나타내는 방식은 진화적 분석을 하기 좋은 또 다른 영역이다.[28] 여성들은 확실히 프로필에 외모와 관련한 단서를 더 많이 사용하며, 남성들은 자신들의 사회적 지위에 관한 단서들을 포함하는 경향이 더 강하다(명문 대학교 재학 여부, 직업 등). 남성과 여성이 자신들을 세상에 알리는 방식은 소셜 네트워킹 사이트나 개인 웹페이지 등 온라인 매체에서 정확히 모사된다.

결론

인간은 다른 사람과 연결되려는 욕구가 강한 사회적 종이다. 인간의 사회성은 부분적으로 상호 유대를 형성해야 할 진화적 필요에 따른 것이다. 이런 인간의 보편성은 우리가 친한 친구에게 하는 선물, 서로 이질적인 문화에서 발견되는 환대의 전통, 경제 거래에 내재한 신뢰, 소속 내집단을 알리려는 타고난 욕구와 같은 수많은 소비자 환경에서 나타난다. 마지막으로 최근 온라인 소셜 네트워킹 사이트의 폭발적 성장은 상호 연결에 대한 우리의 욕구를 이끄는 진화적 힘을 말해 준다.

6장

문화와 함께 산다

유전자는 문화의 목줄을 쥐고 있다.

E. O. 윌슨[1], 미국 생물학자

고생물학자들은 골격과 화석 유적을 활용해서 한 종의 진화사를 파악한다. 2009년 10월 2일 자 〈사이언스〉에서는 팀 화이트 박사가 이끄는 과학자 그룹이 유명한 '루시'의 부분 골격보다 100만 년 이상 앞선 놀라운 인류의 조상 화석을 발견했다고 발표했다. 이 발견으로 인류의 계통 발생 역사에서 빠졌던 한 가지 연결고리가 추가되었다. 일반적으로 골격과 화석 유적은 생명의 진화 나무를 재구성하는 데 가장 중요한 역할을 해왔다. 분자계통학 등 다른 기법은 미토콘드리아 DNA와 단백질을 생명의 나무에 속한 종들의 유사성을 파악하는 핵심 기질로 사용한다. 진화사에서 더 밀접한 관계가 있는 종들은 대체로 분자구조가 더 비슷하다. 우리 DNA의 98%가 침팬지와 똑같다는 사실은 침팬지가 우리의 가까운 진화적 사촌이라는 증거다.

하지만 진화심리학자들이 이런 접근법으로 인간 정신의 진화를 이해하기는 어렵다.

첫째, 인간 정신은 화석이 되지 않으므로 고생물학과 고고학의 학문적 수단들은 거의 쓸모가 없기 때문이다.

둘째, 인간 게놈 지도 작성 분야에서 큰 진전이 있었지만, 우리는 아직도 어떤 특정한 유전자 또는 유전자의 상호작용이 특정한 인간 정신의 적응을 암호화하는지 잘 알지 못한다.

그렇다고 해서 모든 게 물거품이 되는 건 아니다. 인간의 마음을 형성한 진화적 힘을 설명할 만한 흔적들은 많이 남아 있다. 이런 흔적들은 우리 주변 어디에서나 볼 수 있다. 몇 가지 예를 들면, 차가 막힐 때 듣는 노래들, 고속도로에서 휙휙 지나가는 광고판들, 우리 상상력을 자극하는 텔레비전 쇼와 영화들, 우리를 사로잡는 위대한 문학 작품들, 우리가 위안을 얻기 위해 찾는 자기계발서와 상담 칼럼들, 우리의 존재에 관한 불안에 대해 답을 주는 종교적 서사들, 우리의 시각을 자극하는 미술 작품 등이다.

수많은 문화상품은 인간 정신의 화석이나 '문화 유적cultural remains'이라고 할 수 있다. 문화상품이 우리 인간성을 형성하는 변하지 않는 힘을 보관하는 보고의 역할을 하기 때문이다. 구체적으로 우리 문화상품은 우리가 공유하는 생물 유산과 보편적 인간성을 엿볼 수 있는 창문 역할을 하므로, 문화적 배경과 역사적 시기와 상관없이 되풀이되는 특정 주제를 담고 있다. 이런 내용분석법은 만화책, 인물 모형 장난감, TV 리얼리티 쇼, 연속극, 비디오 게임(아바타, 월드 오브 워크래프트 대 심즈 등), 뮤직비디오, 연애소설, 하드코어 포르노, 뉴스 머리기사, 개인 광고, 속담, 괴담, 소문 등 다른 문화상품에도 적용할 수 있다. 이런 문화상품에서 볼 수 있는 보편적인 콘텐츠를 연구함으로써 우리는 인간 본성의 근원을 이해할 수 있다.

본격적으로 특정 '문화 유적' 분석에 들어가기 전에 문화를 연구하는 다른 진화 기반 접근법을 알아보자.[2]

문화상품은 일종의 적응으로 볼 수 있다. 일부 학자들은 자연 선택 또는 성 선택을 통해 유기체의 생존이나 번식 확률을 높이는 다양한 형태학적 특성과 행동 패턴이 선택되어 온 것처럼 문화상품도 이런 목적에 이바지할 수 있다고 주장해 왔다. 이런 접근법에 따르면 "미술, 음악 또는 문학의 적응적 가치는 무엇일까?"라는 의문이 든다. 미국 저술가이자 학자인 엘렌 디사나야케는 이런 접근법을 채택해서 예술 창작은 궁극적으로 사회적 종의 적응적 목표인 집단 응집력을 촉진하는 '특수화'의 한 형태라고 주장했다.[3] 미국 심리학자 제프리 밀러는 문화상품은 일반적으로 남성들이 짝짓기 시장에서 자신들의 가치를 높이는 데 사용하는 성적 신호라고 주장한다. 밀러는 수컷 공작의 꼬리가 포식자를 피하는 데 방해가 되는 데는, 사치스러운 것임에도 이 꼬리는 수컷 공작의 적응도를 나타내는 정직한 신호로 보았다. 이와 마찬가지로 다양한 문화 형태의 창작도 결국 그것을 만들어 내는 사람들의 번식 가치를 말해주는 사치스러운 신호라고 밀러는 말한다.[4]

확실히 이 방법에 따르면 키도 작고 늠름한 것과는 거리가 먼 피카소가 그렇게 많은 여성의 관심을 끌 수 있었던 이유가 설명된다. 미국의 철학자 데니스 더턴은 자신의 2009년 저서《예술 본능: 미와 쾌락, 그리고 인간의 진화The Art Instinct: Beauty, Pleasure, and Human Evolution》에서 예술의 진가를 알아보는 우리의 타고난 능력은 자연 선택과 성 선택에 따른 것이라고 설명한다. 따라서 더턴도 디사나야케와 밀러의 주장에 동의한다. 다른 진화론자들은 우리 골격계의 색(흰색)이 다른 진화적 힘의 부산물인 것처럼, 많은 문화상품도 특정 적응의 부산물이라고 주장한다. 이런 견해는 주로 진화심리학 보급에 앞장서 온 유명한 스티븐 핑커[5]와 종교의 기원을 진화론으로 설명한 파스칼 보이어 등의 학자가 주장해 왔다. 구체적으로 보이어는 원래 다른 목적으로 진화한 인지 과정이 우리의 종교성을 촉진한다고 주장한다.[6]

진화론적 의미가 아닌 일반적인 의미에서 특정한 문화적 형태의 진화를 어떻게 설명할 수 있을까? 예를 들어 인상파, 입체파, 아르 데코art deco, 초현실주의, 신표현주의 등 미술 사조를 일으킨 힘은 무엇일까? 콜린 마틴데일은 무작위적인 유전적 돌연변이가 진화적 선택을 추진하는 원동력이 되는 것과 마찬가지로, 기존 미술 형식에서 나오는 참신성이 충분하면 새로운 사조를 창시하는(혹은 생물학적으로 비유하면 '분화'시키는) 수단이 된다고 주장했다.[7] 즉, 특정 문화 형태 내에서 일어나는 장르의 진화는 비록 그 선택의 기질이 현재 상태에서 나온 새로움이기는 하지만, 진화적 선택에 따라 형성된다는 것이다.

지금까지 살펴본 모든 접근법이 문화를 진화론으로 이해하는 데 도움이 되지만, 나는 다른 접근법을 택하겠다. 구체적으로 노래 가사, 뮤직비디오, 텔레비전 쇼, 영화 주제, 문학 서사 등 다섯 가지 문화상품에 대한 분석을 통해 이런 콘텐츠들이 어떻게 우리가 공유하는 생물학에 기반을 둔 인간성과 소비자 본능의 지워지지 않는 흔적을 나타내는지 살펴본다.

노랫말과 뮤직비디오, 선호하는 이성에 대한 기록

노랫말은 인간 정신의 진화를 이해하려는 사람들에게 가장 효과적인

문화적 화석이다.[8] 대부분의 노래는 중세의 음유시인이 부른 것이든 현대 아랍이나 프랑스, 인도 가수가 부른 것이든, 아니면 미국이나 영국 팝 아티스트가 부른 것이든 한 가지 공통점이 있다. 즉, 사랑과 섹스를 노래한다는 것이다. 따라서 노래는 보편적인 짝짓기 선호의 효과적인 보고 역할을 한다. 좀 더 정확히 말하면 문화적 배경이나 역사적 시기와 상관없이 약 90%의 노래가 짝짓기를 주제로 하고 있다.[9]

어떤 면에서 이는 그다지 놀라운 일도 아니다. 우리는 지능이 고도로 발달한 유성생식 종이다. 따라서 궁극적으로 원초적인 감정을 표현하는 노래가 우리의 가장 기본적인 진화적 관심사 중 하나인 짝짓기를 다루는 것은 당연하다. 물론 인간 욕구의 정점은 자아실현이라는 미국 심리학자 에이브러햄 매슬로의 욕구단계설이 사실이라면, 섹스에 관한 노래보다 인간으로서 자신의 가능성에 도전하는 것에 관한 노래가 더 많아야 하리라.

노래는 남녀가 연인에게 바라는 속성들에 관한 귀중한 정보를 담고 있다. 수많은 연구에서 남성과 여성은 경제적, 사회적, 문화적, 인종적, 종교적, 정치적 요인과 관계없이 보편적인 짝짓기 선호를 보인다는 사실이 밝혀졌다.[10] 이런 변함없는 선호는 시대적 배경에도 영향을 받지 않는다. 고대 그리스의 남성과 여성은 오늘날 뉴욕에 살고 있는 사람들과 짝짓기 선호가 같았다. 다만 몇 가지 속성에서는 남성과 여성의 태도가 일치하지만, 다른 속성들에서는 남녀 차이가 분명하다. 구체적으로 남녀 모두 잠재적 배우자의 지성과 다정함을 중요하게 여긴다. 하지만 남성 가수들은 여성 가수들보다 여성의 육체미를 노래하는 성향이 압도적이다. 남성들은 젊음과 생식능력의 중요한 지표가 되는 여성의 육체미를 훨씬 더 중요하게 여기기 때문이다. '당신은 정말 지성적이군요.'라든가 '당신은 성격이 참 좋아요.' 같은 노래 제목은 없지만, 여성의 아름다움을 찬양하는 노래들은 끝없이 쏟아져 나온다. 영국 가수 조 카커의 명곡 〈당신은 너무 아름다워〉, 오프라 윈프리의 인정을 받은 제임스 블런트의 〈당신은 아름다워〉, 캐나다 R&B 가수 자비스 처치의 〈너무 아름다워〉, 더 최근에 나온 미국 힙합 가수 에이콘의 〈아름다워〉 등이 그런 노래다. 가끔은 서 믹스 어 랏이 부른 상징적인 힙합곡 〈그녀는 엉덩이가 멋있어〉처럼 가사가 그다지 로맨틱하지 않고 직설적인 경우도 있다. 이 노래에서 래퍼는 자신이 곡선미가 충분하지 않다고 생각하는 구체적인 신체 치수(36-24-36)까지 말한다. 흥미롭게도 이 신체 치수에서 허리 대 엉덩이 비율은 0.667로, 실제로 대다수 남성이 선호하는 0.68~0.72에 약간 못 미친다.[11]

여성 가수들은 무엇을 노래할까? 이들은 확실히 남성들의 아름다운 복근, 단단한 엉덩이, 그리고 근육질의 몸통을 칭송하는 데 많은 시간을 보내지 않는다. 그러나 이것이 여성들이 남성미에 관심이 없다는 것을 의미하지는 않는다. 여성들도 확실히 남성미에 관심이 있다. 하지만 이것이 여성의 짝짓기 선호를 이끄는 주요 속성이 아니라는 것은 분명하다.

여러 연구에서 여성들은 사회적 지위가 높은 남성 또는 적어도 높은 지위에 도달할 수 있는 잠재력이 있는 남성을 선호한다는 사실이 거듭 밝혀졌다. 게으르고, 순응적이고, 재능 없는 남성에게 끌리는 여성은 없다. 이것이 '실직자 아저씨, 나를 짓밟아 줘요.'라든가 '당신의 무관심하고 무기력한 모습이 나를 흥분시켜요.'라는 제목의 노래가 없는 이유다. 하지만 지위가 높거나 돈 많은 남자에 대한 여자의 욕망을 묘사하거나 지위가 낮은 남자들을 깎아내리는 노래는 많다. 미국 R&B 걸그룹 데스티니스 차일드의 〈청구서, 청구서, 또 청구서〉와 1990년대 미국 걸그룹 TLC의 〈찌질한 남자는 사절〉은 모두 자기 여자 친구에게 돈을 쓰지 않는 쩨쩨한 남성들이나 사회적 지위가 낮은(차가 없거나 부모 집에 얹혀사는 등) 남성들에 대한 혐오를 노래하고 있다. 미국 싱어송라이터 그웬 거스리의 〈계속되는 건 집세뿐〉에서는 남자에게 필요한 직업과 돈이 없으면 사랑도 없다고 노골적으로 경고한다. 마를리나 쇼의 〈꼬마는 저리 가라〉는 노래 제목이 너무나 분명하게 말해 주듯이 계속 돈을 벌지 못하는 남자의 접근을 거부하는 내용을 담고 있다. 미국 음악 보컬 그룹 시스터 슬레지의 〈최고의 댄서〉는 나이트클럽에서 만난 남자가 입은 높은 사회적 지위를 나타내는 옷을 열거하면서 바람직한 남성상을 묘사한다. 확실히 옷이 남자를 만든다. 미국 래퍼 미시 엘리엇의 〈멋진 남자〉는 비싼 차를 몰고 프리미엄 신용카드를 가지고 다니는 남성이 매력적이라고 말하고 있다. 비욘세의 남편 제이지가 게스트로 나오는 비욘세의 뮤직비디오 〈당신을 업그레이드해요〉는 높은 사회적 지위를 나타내는 물건(클래식 롤스로이스, 화려한 정장, 값비싼 보석, 큰 다이아몬드 등)을 가지는 것을 남성의 '업그레이드'로 본다. 이 뮤직비디오에는 눈을 즐겁게 하는 화려한 명품 사진들이 배경에 계속 흐른다.

여성 가수들은 주로 남성들의 사회적 지위에 대해 노래하지만, 정열적인 활동성, 영웅적인 직업, 또는 거친 '나쁜 남자' 본성 등으로 드러나는 육체적으로 우월한 남성들의 매력도 자주 표현한다. 이런 남성들이 바람직하다고 분명히 얘기하는 영국 금발 가수 보니 타일러의 〈영웅을 기다리며〉와 데스티니스 차일드의 〈군인〉이 그 전형적인 예이다.

이는 일부에서 '호의적 성차별주의benevolent sexism'라고 주장하는 것과는 근본적으로 다르다는 사실에 주목해야 한다. 이 개념은 여성들이 두 가지 형태의 성차별주의와 마주한다는 생각이다. 즉, '전통적인' 적대적 성차별주의와 여성을 남성의 도움이 필요한 여린 존재로 보는 상대적으로 유순한 형태의 성차별주의가 그것이다. 따라서 기사도 정신, 남성이 여성에게 보이는 정중한 관심, 구애 선물, 보호 행위(공격적으로 접근하는 남성으로부터 여성을 돕기 위해 개입하는 것 등) 등 다양한 형태는 모두 호의적 성차별주의의 표현으로 여긴다. 또 다른 예는 남자가 아내를 고이 받들며 아내의 사랑 없이는 자기 삶이 불완전하다고 말하는 것이다.[12] 실제로 대부분의 여성은 잠재적 배우자들에게서 이런 '호의적 성차별주의' 특성을 매우 갈망한다. 이런 사실은 여성의 짝짓기 선호를 더 상세히 설명하는 설문조사뿐만 아니라 여성들이 다른 여성들을 위해 만든 문화상품(노래 가사 또는 연애 소설 등)에서도 나타난다.

당연히 남성들이 노래에서 자랑하는 내용은 여성들의 짝짓기 선호에 호소하기 위한 것이다. 대부분의 힙합 노래는 거의 같은 주제를 담고 있다. 즉, "나는 돈과 지위를 가졌고, 당신은 아름다운 몸을 가졌다. 그러니 같이 어울리자."라는 것이다. 미국 래퍼 T. I. 의 〈당신이 좋아하는 것은 무엇이든지 줄 수 있어〉라는 제목의 노래에서 그는 자신이 사랑하는 사람에게 모든 물질적인 혜택을 줄 수 있다는 점을 강조한다. 단기간에 많은 돈을 번다는 뜻인 'making bank'는 근래에 등장한 속어로 남성 래퍼들이 많이 찾는 문구이기도 하다. 릴 스크래피, 릴 웨인, 스위즈 비츠의 노래 등 적어도 세 개의 힙합곡 제목에 '은행에 돈이 있다'라는 제목이 들어간다. 로이드 뱅크스의 앨범 중에도 이런 제목을 단 노래가 있다. 때로 뱅크스는 자기 이름을 'Banks'가 아닌 'Bank$'로 적는데 이는 자신이 부자라는 사실을 은연중에 드러내려고 그런 것이 아닐지 추측한다.

자신의 재력을 자랑하는 것이 남성 가수들이 자주 다루는 주제지만, 짝짓기와 관련된 또 다른 주제는 마이클 잭슨의 〈빌리 진Billie Jean〉, 카니예 웨스트Kanye West의 〈골드 디거Gold Digger〉와 같은 곡에서 두드러지게 드러나는 부성 불확실성이라는 위협이다.

뮤직비디오는 진화한 짝짓기 선호를 연구하기에 효과적인 매체이다. 그중에서도 현대사회에서 일반적인 정치적 올바름을 고수하지 않는다는 점에서 R&B 뮤직비디오들이 특히 그렇다. 이 뮤직비디오들은 적어도 남성과 여성이 서로에게 매력적이라고 느끼는 몇몇 속성들에 대해서는 원초적으로 솔직한 면이 있다. 일반적으로 뮤직비디오는 동일한 보편적인 주제를 다룬다. 즉, 남성 래퍼들은 노출이 심한 옷을 걸친 미녀들의 끝없는 행렬을 배경으로 자신들이 새로 찾은 부를 과시한다. 남성 래퍼들이 거듭 보여 주는 한 가지 특정한 행동이 처음에는 이상하게 보일 수 있다. 왜 이 젊은이들이 고액의 진짜 돈을 내던지는 모습을 계속 보여 주는 걸까? 여기서 돈을 내던진다는 것은 돈을 낭비한다는 의미가 아니다. 실제로 예술가, 그리고 때때로 그의 남성 수행원들이 말 그대로 두꺼운 돈뭉치를 버리는 행동을 말한다. 얼핏 보기에 이런 행동은 타당한 이유 없이 돈을 경시하거나 터무니없는 낭비벽을 보여 주는 것처럼 보인다. 하지만 낭비벽이 심한 것과 나이트클럽이나 발코니, 이동하는 차에서 돈을 뿌리는 것은 별개의 이야기다. 이런 행동의 예는 저메인 듀프리가 부르고 제이지가 특별출연하는 〈돈은 중요하지 않아〉[13], 로이드 뱅크스의 〈난 너무 멋지게 빼입었어〉, 칭기의 〈발라 베이비〉, 팻 조가 부르고 릴 웨인이 특별출연하는 〈(돈을) 비처럼 쏟아지게 해〉와 같은 뮤직비디오에서 찾아볼 수 있다. 나는 이런 가식적인 행동이 수컷 공작의 꼬리와 비슷하게 비용이 많이 드는 신호라고 생각한다. 거금을 내던짐으로써 이 남성 가수는 사실상 "나는 너무 부유해서 이런 낭비 정도는 내게 별 영향을 미치지 않아. 나는 진짜 부자야. 아니면 이런 행동을 못 하지."라고 말하는 셈이다. 이제 진화론이 거리에서도 통한다는 사실이 증명되었다.

제품 광고는 일반적으로 텔레비전 쇼나 영화 속에서 이뤄지지만, 최근에 등장한 제품 광고 형태는 노래 가사 속에서 브랜드를 언급하는 것이다.[14] 샌프란시스코와 파리에 근거지를 둔 어젠다Agenda Inc.라는 컨설팅 회사는 몇 년 전 3년 연속(2003~2005년) 빌보드 차트에 오른 노래 가사 중 브랜드가 언급되는 사례를 추적하는 '아메리칸 브랜드스탠드'라는 프로젝트를 수행했다. 그 결과, 거의 모든 경우에 언급된 제품들은 넉넉한 부를 드러내는 사치품이었다. 그리고 예상대로 이런 브랜드가 언급되는 노래는 대다수 남자 가수들이 불렀다. 3년 동안 가장 많이 언급된 45개의 브랜드 중 23개는 자동차로 그중 한 브랜드를 제외한 모두가 고급 자동차(메르세데스, 렉서스, 캐딜락, 람보르기니, 쉐보레, 레인지 로버, 벤틀리, 롤스로이스, 재규어, 마이바흐, 포르쉐 등)였다. 11개는 의류와 관련 액세서리로 역시 대부분이 고가 브랜드(구찌, 버버리, 프라다, 페이리스 슈 소스, 돌체&가바나, 마놀로 블라닉, 나이키, 롤렉스, 루이비통 등)였다. 7개는 주류(크리스탈, 헤네시, 돔 페리뇽 등)였고, 3개는 남성들의 동성 간 경쟁에 뛰어들 능력을 확실하게 나타내는 수단인 총(AK-47, 베레타 등)이었고, 나머지 1개는 칼곤Calgon이라는 화장품 브랜드였다. 노랫말이 우리의 기본적인 진화적 동인을 나타낸다는 점을 고려하면 노래라는 예술 형태 안에 광고된 제품들이 이런 생물학적 관심사와 일치하는 것은 전적으로 당연하다.

1975년 컨트리 음악 가수 미키 길리는 〈문 닫을 시간이 되면 여자들이 모두 더 예뻐지지 않나〉라는 곡을 녹음했고, 이후 바로 이런 전제를 검증하는 과학 연구가 진행되었다.[15] 이 노래에서 길리는 혼자 술집을 나서게 될 공산이 커지면서 잠재적 구애 대상인 여성들에 대한 남성들의 심리가 어떻게 변하는지 예리하게 짚어 낸다. 즉, 남자들은 단기적인 성적 유희를 위한 파트너를 찾을 때 자신들이 수용할 수 있는 최저선을 바꾸는 능력이 있다. 그러나 이런 과정이 여성들에게서 일어날 가능성은 훨씬 작다. 단기적인 성적 유희 파트너 대 장기적인 배우자 선택의 비용 편익 계산이 남성들과 많이 다르기 때문이다.[16] 남성의 짝짓기 선호는 관계의 시간적 상황에 따라 근본적으로 다를 수 있다(단기적인 짝짓기에서는 문란한 것을 원하지만, 장기적인 짝짓기에서는 싫어한다). 하지만 여성의 선호는 단기와 장기적 상황 모두 한결같다. 여성은 단기적 짝짓기에서 임신하거나 장기적 짝짓기에서 임신하거나 대가는 같기 때문이다. 이는 바로 '문 닫을 시간이 되면 남자들이 모두 더 멋져 보이지 않나?' 같은 노래가 나오지 않는 이유이기도 하다.

이와 관련해서 유튜브에는 성차별적인 내용이 숨어 있다고 해서 방송 금지당한 덴마크 맥주회사 투보그의 텔레비전 광고가 올라와 있다. 이 광고에서는 다른 테이블에 마주 보고 앉은 평범한 외모의 여성을 바라보며 맥주를 마시는 한 남성의 모습이 보인다. 남자가 맥주를 마실수록 여자가 더 예뻐 보인다. 남성의 짝짓기 인식이 '술기운'으로 인해 특히 취약해질 수 있다는 사실은 잘못된 짝짓기 선택을 했을 때 남성과 여성의 비용과 편익이 다르다는 것을 다시금 말해 준다. 이런 '알코올 효과'는 두 개별적 연구에서 검증되었다. 한 연구에서는 이성에 대한 평가에만 이런 효과가 있었지만,[17] 다른 연구에서는 이성뿐만 아니라 동성에 대한 평가에도 효과가 있었다.[18] 주로 남성에게 영향을 미치는 것으로 생각했던 알코올 효과가 남녀 모두에게서 발견된 것은 놀라운 일이다.

사람들이 텔레비전에 몰입하는 이유

세계적인 통합 정보 분석 기업 닐슨 컴퍼니가 최근 발표한 분기 보고서에 따르면 2009년 1분기에 미국인들은 한 달 평균 153시간 27분 TV를 시청했다. 하루에 대략 5시간 TV를 시청한 셈이다. 당신이 75년을 살고 다섯 살부터 TV를 보기 시작한다면(즉, 70년 동안 TV를 본다면), 하루 5시간 TV를 시청한다는 것은 인생의 약 14.5년을 TV 시청으로 보낸다는 의미다. 이 수치를 다르게 바라볼 수도 있다. 즉, 보통 사람들이 하루에 8시간을 잔다고 가정하면, 깨어 있는 시간은 16시간이 된다. 하루 5시간씩 TV를 보는 것은 대부분의 사람이 깨어 있는 시간의 30% 이상을 텔레비전 앞에서 보낸다는 것을 의미한다. 이런 수치를 공유하는 것은 텔레비전 쇼 내용 분석의 중요성을 강조하기 위해서다.

우리가 선택할 수 있는 다른 일들을 기꺼이 포기하고 소중한 시간을 TV를 보는 데 쓰도록 유혹하는 TV의 매력은 무엇일까? TV는 가장 기본적인 수준에서 우리를 즐겁게 한다. 볼링을 즐긴다면 TV에서 프로 볼링 선수들을 보는 것이 즐거운 경험이 될 것이다. 마찬가지로 요리가 취미라면 유명한 요리사들의 요리 솜씨를 보여 주는 쇼를 보면서 즐길 수있다. 이런 의미에서 TV는 우리가 지속해서 자양분을 공급받아야 하는 큰 뇌를 지닌 사실을 잘 안다.

TV는 단순히 우리를 즐겁게 하는 것 이상의 역할도 한다. 특정 시트콤이나 황금시간대 드라마에서 볼 수 있는 중심 줄거리를 통해 우리의 진화적 관심사에 맞춘 콘텐츠를 제공한다. 우리는 TV 등장인물들이 허구의 세계에서 마주하는 문제들과 관계가 있으므로 정서적으로 애착을 느낀다. 즉, 훌륭한 시나리오 작가들은 세계적으로 많은 인기를 끈 시트콤 〈사인필드〉같이 다양한 문화 환경에서 공유할 수 있는 보편적인 이야기들을 만들어 낸다. 이런 의미에서 TV 쇼는 인간 정신의 진화에 대한 깊은 통찰을 얻을 수 있는 귀한 '문화의 화석'이다. 이런 점은 〈킹 오브 퀸즈〉, 〈사인필드〉, 〈커브 유어 엔수지애즘〉 줄거리 분석을 통해 증명할 수 있다.

〈킹 오브 퀸즈〉는 1998년부터 2007년까지 9년간 CBS에서 방영된 시트콤이다. 이 시트콤은 한 블루칼라 부부와 그 친구들, 그리고 캐리의 괴짜 아버지 아서 스푸너의 삶을 그린 작품이다. 여기에는 진화 관련 현상을 나타내는 다양한 이야기가 나온다. 2002년 시즌 4의 '음식 싸움' 에피소드에서 캐리는 남편인 더그가 자기 친구 스펜스의 여자 친구 베키가 만든 요리를 칭찬하는 것에 심한 질투를 느낀다. 이 일로 대식가인 더그와 요리사인 베키는 맛있는 음식에 대한 애정을 바탕으로 정서적 유대감을 키워 가고, 이를 정서적 불륜으로 여긴 캐리는 분노한다. 왜 여자들은 이런 정신적인 관계에 신경을 쓸까? 해답은 질투심을 일으키는 요인의 보편적인 성 차이에 있다.

남녀 모두 똑같이 질투심을 잘 느낀다. 하지만 질투심을 일으키는 요인을 살펴보면 분명한 성 차이가 실제로 나타난다. 지난 20년간 대표적인 진화심리학자 중 한 사람인 데이비드 버스 교수는 몇몇 동료들과 함께 질투심에 대한 연구를 진행했다. 이 연구에서 연구진은 참가자들에게 연인이 정서적 혹은 육체적 불륜을 저지르는 상상을 하게 했다.[19] 전자의 경우 정서적인 유대감은 형성되지만, 육체적 관계는 철저히 제약된다. 데이비드 버스 교수와 공동 저자들은 심장 박동 수, 피부 전도성 및 안면 근전도 검사 등으로 이런 시나리오에 대한 응답자들의 생리적 반응을 측정했다. 설문조사로는 참가자들이 이런 민감한 사안에 대해 거짓말을 할 수 있기 때문이다. 결과는 두 가지 형태의 불륜이 남녀 모두에게 불쾌감을 주지만, 남성은 성적 불륜 시나리오를 접했을 때, 그리고 여성은 정서적 불륜 시나리오를 접했을 때 더 큰 스트레스를 받았다. 이 일반적인 성 차이의 이면에 있는 진화적 이유는 매우 간단하다. 남성만이 부성 불확실성의 위협을 느끼기 때문이다(부성 불확실성이 실제로 존재하는 관심사이고, 모성 불확실성 같은 것은 애초에 없다는 점을 상기하라). 따라서 남성들은 이런 위협을 방지할 수 있는 방식으로 감정 체계가 진화했을 것이다.

반면에 인간의 경우 양친의 양육 투자(자원, 보호 등)가 필요한 점을 고려하면, 우리의 진화 역사에서 여성의 생식 이익에 대한 가장 큰 위협

중 하나는 장기적으로 함께할 남성 파트너에게 버림받는 것이었다. 남자가 다시는 안 볼 여자와 '의미 없는' 하룻밤을 보내는 경우보다, 다른 여자와 정서적이고 플라토닉한 유대감을 형성하는 경우 그의 현재 파트너와 아이들에 대한 투자를 중단하거나 축소할 가능성이 더 크다. 이것이 바로 남자들이 바람을 피울 때 종종 "그 여자는 나한테 아무런 의미도 없어, 그냥 섹스였을 뿐이야."라는 명분을 내세우는 이유다. 이 말이 개탄스럽게 들리긴 하지만, 때로는 사실이기도 하다. 남성들은 자신들의 번식 관심사에 맞게 사랑과 섹스를 완전히 분리할 수 있다. 거듭 강조하지만, 불륜을 설명한다고 해서 불륜을 용납하거나 정당화하는 것은 아니다.

〈킹 오브 퀸즈〉 시즌 3의 '디콘 블루스'라는 에피소드에서 더그는 그의 절친인 디콘이 다른 여자와 저녁을 먹는 모습을 목격한다. 그는 이 사실을 아내 캐리에게 말했다가 이것이 불륜에 해당하는지를 놓고 의견이 엇갈려 말다툼을 하게 된다. 캐리는 이것이 불륜이라고 생각하지만, 더그는 섹스를 한 게 아니니까 불륜이 아니라고 주장한다. 이 에피소드의 줄거리가 불륜에 관한 보편적인 성 차이와 일치한다는 사실을 다시 한번 주목할 필요가 있다.

2004년 시즌 6의 '빌어먹을 양키' 에피소드에서 캐리는 더그가 맹장수술로 입원해서 진정제를 맞는 동안 여러 여성에 대한 환상을 느끼는 모습을 목격한다. 나중에 캐리는 자기도 환상에 빠져 보기로 한다. 그녀는 사회적 지위가 높은 한 남자(병원에서 더그를 치료하던 의사이자 레아 레미니의 남편)와 사랑에 빠지는 상상을 한다. 왜 시나리오 작가들은 정반대되는 판타지(즉, 캐리가 많은 남자 파트너와 어울리는 환상이나, 더그가 사회적 지위가 높은 한 여자와 사랑을 나누는 환상)는 쓰지 않았을까? 이 에피소드는 성적 환상의 빈도와 내용에서 성 차이를 연구한 결과와 정확히 일치한다.[20] 남자들은 훨씬 더 자주, 훨씬 더 많은 성적 파트너를 상상하며, 정서적인 애착이 빠진 상상을 하는 경향이 훨씬 더 강하다. 따라서 시나리오 작가들이 양성 간의 특정 성 차이를 묘사하는 데 있어서 성차별적인 것이 아니다. 오히려 이들은 보편적으로 유효한 진화된 성 차이를 인식하고 있을 따름이다.

이와 관련하여, 〈사인필드〉에서 가장 유명한 에피소드 중 하나인 시즌 4의 '내기'는 '내 영역의 달인'이라는 상징적인 문구를 낳았다. 제리, 조지, 크레이머, 일레인 등 4명의 주인공은 누가 자위하지 않고 가장 오래 버틸 수 있는지(또는 좀 더 화려하게 표현해서 '내 영역의 달인'으로 남는지) 내기한다. 이 에피소드는 특히 성생활에서 보편적인 성 차이를 날카롭게 부각한다. 우선 유일한 여성인 일레인은 남성들이 자위 충동을 참기 훨씬 더 어렵다는 생리학적 사실을 인정하고 이 내기에 세 명의 남자보다 더 많은 돈을 걸어야 한다. 또한, 다양한 성격의 등장인물들이 자위하도록 자극하는 흥미로운 여러 요인들이 드러난다. 예를 들어 크레이머는 도발적인 복장을 하고 운동하는 아름다운 이웃 여성을 창문으로 계속 훔쳐보다가 내기에 지고 만다. 시각적 이미지가 그의 몰락 원인이다. 일레인 역시 충동을 못 이기고 굴복하고 만다. 하지만 그녀의 자위 충동을 자극하는 촉매제 역할을 한 것은 에피소드 초반에 만났던 존 F. 케네디 주니어의 아내가 되는 상상이다. 성적 이미지는 남성을 더 취하게 만들고, 사회적 지위가 높은 파트너와의 결혼은 여성의 짝짓기 선호를 높이는 더 강력한 원동력이다. TV가 차별적인 성 역할의 사회화를 촉진한다는 사회적 구성주의자들의 주장과는 달리, 〈사인필드〉 시나리오 작가들은 생물학에 기반을 두고 진화한 인간의 본성과 이와 관련한 성 차이와 일치하는 이야기를 만들어 냈다.

사회적 지위의 보편적 중요성 또한 허구의 이야기에서도 정확하게 드러난다. 〈킹 오브 퀸즈〉 시즌 7의 '따르는 결정' 에피소드에서 더그는 좀 더 직업적인 야망을 갖기를 바라는 캐리의 간청에 따라 바텐더의 꿈을 좇기로 한다. 하지만 더그의 결정에 캐리는 크게 낙담한다. 사회적 지위가 낮은 바텐더의 아내라는 것이 그다지 자랑스럽지 않기 때문이다. 그러던 그녀는 더그가 벌어들이는 팁의 액수를 알고 바텐더라는 직업에 대한 자신의 부정적인 생각을 바꾸게 되고, 그에게 호화로운 맨해튼의 나이트클럽에서 바텐더를 하라고 조른다. 이 줄거리는 여성들이 가족에게 투자할 충분한 돈을 벌 수 있는 지위가 높고 야심 찬 배우자를 원한다는 사실과 완벽하게 일치한다. 남성이 여성보다 배우자의 사회적 지위를 더 중시하는 문화는 아직 발견되지 않았다. 따라서 이 이야기가 다른 여러 문화권에서도 통하는 '통용성'을 지니는 것은 자연스러운 현상이다. 이런 통용성 덕분에 다양한 문화적 환경에서 비롯된 사람들이 수천 년 전에 만들어진 고대 그리스 신화 이야기의 진가를 알아보는 것이다.

또 다른 에피소드 '후원자가 아니야'에서 더그와 캐리는 자신들이 자선을 베푸는 사람이 아니라는 사실을 깨닫는다. 이런 상황을 바로잡기 위해 이들은 초등학교 도서관에 500달러를 기부하기로 한다. 그런데 기부자 명판에 자신들이 잘못 기재된 사실을 알고 속이 상한다. 자신들이 기부한 액수에 따르면 '후원자' 명단에 올라가야 하지만 '친구' 명단에 잘못 올라간 것이다. 이들은 상황을 바로잡기 위해 여러 가지 교묘한 꾀를 부린다.

이와 비슷한 사례로 또 다른 시트콤 〈커브 유어 엔수지애즘〉의 '익명의 기부자' 에피소드에서는 래리 데이비드와 테드 댄슨이 각자 박물관에 돈을 기부한다. 그런데 래리의 기부는 공개되지만, 테드의 기부는 '익명'으로 처리된다. 하지만 래리는 테드가 관대해서 익명으로 기부한 것으로 생각했는데 곧 그렇지 않음을 알게 된다. 문제의 기부를 한 사람이 테드라는 사실을 모든 사람이 알고 있는 것 같았기 때문이다. 이 사실에 래리는 화가 난다. 테드가 궁핍한 사람들을 돕기 위해 기부를 했을 뿐만 아니라 자신이 기부자라는 사실을 밝히길 '거부했다'라는 이유로 너무 과분한 감사와 평가를 받는다고 생각했기 때문이다.

이 두 에피소드는 자선 활동이 종종 사회적 지위를 대중에게 알리는 신호로 이용된다는 사실을 여실히 보여 준다. 대학 및 다른 기관들은 후원자들의 이름을 따서 학교를 짓겠다는 말로 부자들의 돈을 끌어오곤 한다. 내가 일하는 학교도 존 몰슨 경영대학원이지 익명의 후원자 경영대학원이 아니다. 어떤 의미에서 이런 기명 자선 행위는 개인의 자기애적 욕구를 채워 준다. 하지만 생물학적 관점에서 보면 비용이 많이 드는 이런 자선 행위는 정직한 신호 역할을 한다. 부자 흉내를 내는 사람들도 20만 달러짜리 자동차를 살 수는 있지만, 4000만 달러를 기부하지는 못한다. 이런 의미에서 자선 활동은 때때로 수컷 공작의 꼬리와 같다. 유대교의 주요 신학자이자 의사, 철학자이기도 한 마이모니데스는 자선 활동과 관련된 신호 전달의 본질적인 이점(사회적 위신 증가 등)을 알아봤다. 그는 후원자도 받는 사람도 상대방의 신분을 알지 못한 채 진행되는 것이 가장 순수한 형태의 '체다카(자선)'라고 주장했다. 마이모니데스는 자신의 종교적 혈통에도 불구하고 궁극적으로 진화론에 따라 사고하고, 진화 원리와 완벽하게 일치하는 종교적·도덕적 신조를 지지했다.

이렇게 TV는 보편적인 정서를 자극하는 계기가 될 뿐만 아니라, 가십거리에 대한 욕구도 채워 준다. 토크쇼, 연예가 소식, 연속극 등 여러 장르의 텔레비전 프로그램이 궁극적으로 중요한 기능을 한다. 이들은 우리가 휴게실에서 나눌 사회적 정보를 제공한다.

대중들이 가십을 좋아하는 이유

사회적 종들은 집단의 구성원들과 생태적 관련 정보를 공유하는 정교한 의사소통 체계를 갖고 있다. 이런 정보는 동종 유인 호르몬인 페로몬(군집 생활을 하는 개미 등), 울음소리(늑대의 울부짖음 등), 비언어적 신호(젤라다 개코원숭이가 커다란 송곳니를 뽐내기 위해 입술을 뒤집는 행동 등), 그리고 몸짓(수컷 악어가 구애 행동으로 몸을 떨어서 내는 진동 등) 등 여러 감각 시스템을 통해 전달된다. 아내와 나는 종종 개를 산책시킬 때 이들이 끊임없이 킁킁거리며 냄새 맡는 행동이 우리가 신문에서 가십 기사를 읽는 것과 비슷하다고 농담한다. 개들은 소변 표시를 통해 이웃에 사는 개들의 최신 가십 뉴스를 '읽는다'. 이는 개를 산책시키는 것이 사람과 개가 함께 운동 효과를 누리는 이점 이상으로 중요한 이유다.

언어로 의사소통하는 능력은 우리를 다른 모든 종과 차별되게 한다. 언어 소통 능력은 우리가 모여 사는 세계의 복잡성에 맞는 사회적 정보를 공유할 수 있게 해 준다. 언어 능력의 수많은 기능 중에서 가십은 보편적으로 중요한 기능이다. 로빈 던바의 책《그루밍, 가십, 그리고 언어의 진화》는 언어를 통한 사회적 교류의 적응적 가치를 철저히 분석한다. 우리 대화의 대부분이 가십을 중심으로 이루어질 뿐만 아니라, 가십의 내용도 진화적으로 중요한 문제를 다룬다. 우리는 이웃이 오페라 관람 정기권을 사서 자아실현을 추구하는 것을 두고 수군대지 않는다. 그보다 우리는 이웃의 아내가 바람을 피운다거나, 이웃 남자에게 발기부전 문제가 있다거나, 그가 얼마 전에 직장을 잃었다거나, 이웃 여자의 유방 확대 수술이 어떻게 되었다는 등을 이야기하는 것이 더없이 즐겁다.

1986년 미국 R&B 그룹 타이맥스 소셜 클럽이 발표한 힙합곡 〈소문〉에서 날카롭게 표현했듯이, 결국 인간은 성 문제(난잡한 성행위, 은밀한 동성애 행위 등)에 관한 가십에 특히 관심이 많다. 나는 내 첫 번째 책《소비의 진화적 토대The Evolutionary Bases of Consumption》와 이 책을 쓰면서 주로 카페에서 시간을 많이 보냈다. 나는 카페 주변 테이블에서 들려오는 대화를 자연스럽게 엿듣게 되었다. 엿듣지 않으려고 해도 주위 소리가 들려오기 때문이다. 분명하게 말할 수 있는 사실은, 사람들은 지적 대화를 거의 나누지 않는다는 것이다. 대부분의 대화는 "식탁을 새로 사야 한다"라거나 하는 일상적인 결정 혹은 충격적이거나 흥미진진한 소문에 관한 것이다.

진화심리학자들은 실제로 사람들이 무엇에 대해, 그리고 누구에 대해 잡담을 나누는지 연구해 왔다. 사람들은 10가지 대상 집단(친척, 친구, 지인 등) 중에서 대부분 친구를 대상으로, 10가지 주제 중 8가지 주제에 대해 이야기하는 것을 가장 선호했다. 이를테면 약물 관련 문제(약물 남용, 술버릇), 도박 문제, 성적 비행(문란한 성행위, 불륜), 성 기능 장애, 도덕적 일탈과 범죄행위(커닝, 컴퓨터 절도) 등이다. 사람들이 친척에 관해 이야기하기 좋아하는 두 가지 주제는 거액의 재산을 물려받았다거나 백혈병 같은 불치병에 걸렸다는 소식이었다. 유산은 유전적 연관성에 따라 분배되는 것이 당연하고, 가족 중 누가 생명을 위협하는 치명적인 질병에 걸렸을 때 가장 불안감을 불러일으키기 때문이다. 흥미로운 것은 사람들이 동성에 대해, 그리고 남녀 각자에게 특히 중요한 문제에 관해 이야기하기 좋아한다는 사실이다. 이를테면 남성은 도박 문제가 있는 남성에 관한 이야기, 그리고 여성은 문란한 성행위를 한 여성에 관한 이야기를 선호했다.[21]

요컨대 우리는 다른 동성이 마주하는 비행과 문제에 관한 사회적 정보를 공유하기를 즐긴다는 것이다. 참고로 십 대 소녀들은 동성 경쟁자의 평판을 훼손하고 괴롭히는 수단으로 거짓 소문을 퍼뜨리는 일도 스스럼없이 한다. 뛰어난 영국 철학자 버트런드 러셀은 이에 대해 "남의 은밀한 미덕을 이야기하는 사람은 없고, 오직 그들의 은밀한 악덕만 이야기한다."라고 일침을 가했다.[22]

연예인들에 관한 가십거리를 갈구하는 소비자들의 끝없는 욕구를 채워 주는 무수한 상품들이 있다. 여기에는 〈TMZ〉, 〈엔터테인먼트 투나잇〉, 〈액세스 할리우드〉, 〈엑스트라〉와 같은 TV 쇼와 〈스타〉, 〈내셔널 인콰이어러〉, 〈피플〉과 같은 오래된 타블로이드 잡지들이 포함된다. 지난 5년 동안 당신이 들었던 가장 기억에 남는 연예가 가십을 떠올려 보라. 대부분이 앞에서 열거한 주제 중 하나에 속할 것이다. 즉, 약물 남용(에이미 와인하우스), 술버릇(린제이 로한), 불륜(존 에드워즈), 문란한 성행위와 불륜(타이거 우즈), 도박 문제(마이클 조던), 치명적인 질병(패트릭 스웨이지), 도덕적 일탈(멜 깁슨이 어린 여자 친구를 협박하고, 술에 취해 유대인을 비방한 행동) 등이다.

왜 우리는 전혀 낯선 사람인 연예인들의 가십을 주고받을까? 앞에서 살펴본 것처럼 우리가 친구에 관해 험담하기 좋아한다면, 왜 친구도 아닌 연예인에 대해 신경을 쓸까?

런던 정치경제대학교의 진화심리학자 가나자와 사토시 교수는 그의 저서 《지능의 역설》에서 이 수수께끼 같은 문제를 설득력 있게 설명했다. 그는 포르노물이 번식 이익과 아무 관련이 없지만, 벌거벗은 여성을 보는 남성들이 생리적 반응(즉, 발기)을 일으키는 것과 마찬가지로, 연예인들이 원래 실제 친구들과의 상호작용에서 활성화되는 우리의 정서적 체계를 오작동시킨다고 주장한다. 다시 말해서 우리의 진화 환경에서 문제를 해결하기 위해 형성된 적응이 현대 환경에서 인위적으로 촉발될 수 있다는 것이다. 어쨌든 많은 연예인이 매일은 아니더라도 매주 우리 안방에 찾아온다. 따라서 우리는 연예인들이 연기하는 캐릭터 또는 연예인들에게 친밀감을 느끼게 되고, 이 과정에서 우리 두뇌는 이들을 '던바 서클(로빈 던바가 정서적 친밀도에 따라 인간의 사회적 관계를 몇 가지 층위의 서클로 나눈 것)'의 일원으로 잘못 인식하게 된다.[23] 가나자와는 사람들이 특정 텔레비전 쇼를 보는 정도와 실제 친구들에 대한 만족감 사이에 양(+)의 상관관계가 존재한다는 사실을 증명했다. 예를 들어 우정을 다루는 TV 프로그램을 많이 보는 여성은 다른 사람들보다 가상의 현실을 자신의 실제 교우 관계에 투영할 가능성이 더 크다.[24]

연예가 소식 외에 어떤 이야기가 우리의 관심을 사로잡고 우리의 감정을 끌어당기는지 판단하는 방법으로 선정적인 뉴스(헤드라인) 내용을 연구할 수 있다. 뉴스 매체들은 어떤 이야기가 뉴스 가치가 있는지 어떻게 판단할까? 나는 중요한 진화 목적(생존, 짝짓기, 혈연, 상호주의)에 부합하는 이야기들이 큰 비중을 차지할 것으로 생각한다. 포식 동물의 공격, 자연재해, 강력범죄 등에 관한 뉴스는 생존(또는 죽음)에 대한 우리의 관심을 나타낸다. 불륜에 관한 뉴스는 분명히 짝짓기 관련 문제에 집착하는 우리 성향에 부합한다. 소름 끼치는 영아 살해 이야기나 오랫동안 헤어졌다가 다시 만난 형제자매의 고무적인 이야기들은 혈연과 관련한 주요 진화적 동인을 말해 준다. 마지막으로 용감하게 육체적인 위험을 무릅쓰거나(모르는 사람을 구하기 위해 강물에 뛰어드는 것 등) 놀랍도록 너그러운(사장이 은퇴하면서 회사를 직원들에게 물려주는 것 등) 영웅적인 행동에 관한 뉴스는 상호주의라는 주요 진화적 동인을 나타낸다(혈족이 아닌 타인에 대한 이타적 행동은 일반적으로 호혜적 유대관계를 확립하려는 욕구에 뿌리를 두고 있다).

300년 이상, 그리고 5개 대륙(북미, 유럽, 오세아니아, 아시아, 아프리카)에 걸쳐 신문 1면에 보도되었던 흥미로운 이야기의 내용을 분석하자, 많은 주제가 주요 진화적 동인 중 하나를 나타내는 것이었다. 즉, 구애(짝짓기), 가족 관계(혈연 선택), 인간에 대한 공격(생존), 용감한 영웅적 행동(호혜적 이타주의)에 관한 이야기들이었다.[25] 다양한 주요 뉴스의 빈도 순위는 문화적 배경이나 특정 시대와 관련이 없었다. 이는 우리가 가장 읽고 싶은 이야기들이 보편적으로 정의된다는 사실을 말해 준다. 바로 우리의 과거 진화 과정에서 매우 중요했던 이야기들이기 때문이다. 우리가 뉴스 방송을 보거나 신문을 읽는 것은 가십을 갈구하는 욕구, 특히 과거 진화 과정에서 공유할 가치가 있었던 정보를 나누고 싶은 타고난 욕구에 따른 것이다.[26]

TV 드라마에 대해 간단히 살펴보면서 이 단락을 마무리한다. 드라마는 매우 이질적인 문화 환경에 빈번히 발견되는 보편적인 장르이다. 위키피디아에는 55개국의 드라마가 나열되어 있다.[27] 드라마에 대한 여러 내용 분석에서, 반복되는 보편적인 주제들이 발견되었다. 이런 보편적인 주제 중 몇 가지 예를 들면, 불륜(부성 불확실성이 필수적으로 따른다), 권력 투쟁, 형제자매 간의 경쟁, 양육 문제, 사랑과 로맨스, 우정, 폭넓은 대인관계에서 배신과 속임수 등이 포함된다.[28] 이 모든 것은 앞에서 말한 주요 진화적 동인과 일치한다. 인도, 이집트, 미국, 멕시코 등 어느 나라 드라마를 보더라도 거의 같은 문제들이 전체 줄거리를 이끌어 간다는 사실을 확실히 알 수 있다.

그리고 가십은 이런 드라마의 중심이 되는 요소다.[29] 드라마의 줄거리는 대부분의 드라마 속에서 일어나는 가십거리를 통해 전개된다. 드라마 등장인물들은 잡담의 대가들이다. 그리고 드라마 시청자들은 다시 자신들이 가장 좋아하는 드라마 안에서 일어나는 사건들에 대해 잡담을 나눈다. 실제로 드라마의 허구적 세계에서 일어나는 사건들에 대한 잡담 나누기가 목적인 여러 토론의 장, 즉 잡지(〈소프 오페라 다이제스트〉, 〈소프 오페라 위클리〉 등), 신문 칼럼, 웹사이트, 블로그, 기타 온라인 커뮤니티 등이 있다. 문화적 배경과 상관없이 대부분의 드라마 시청자는 여성이다. 따라서 드라마 내용은 여성 특유의 심리를 형성한 진화의 힘을 잘 보여 준다. 예를 들면 남성 주인공들은 예측하기 쉬운 보편적인 전형에 속한다. 즉, 이들은 일반적으로 키가 크고, 힘이 세며, 명망 있는 직업을 가진 사회적 지위가 높은 남성들이다(의사, CEO 등). 때로 이들은 위험을 감수하는 '나쁜 남자'일 수도 있다. 허약하고, 여성스럽고, 고분고분하고, 직업이 없고, 키 작은 남자가 드라마 속 주인공으로 나오는 경우는 거의 없다. 요컨대 포르노물이든 드라마든 연애소설이든 성공한 제품은 대상 관객의 타고난 선호를 알아본다.

영화로 보는 인간의 욕망

2008년 미국영화협회가 발표한 보고서《영화 시장 통계[30]》에 따르면 국내(미국과 캐나다) 매출은 98억 달러, 해외 매출은 183억 달러였다. 이 보고서는 또 2008년 한 해에만 미국 국내에서 610편의 영화가 개봉했다고 덧붙였다. 방송(ABC 등), 일반 케이블(AMC 등) 또는 유료 방송(HBO 등)을 통해 TV로 시청하는 영화, 그리고 상업 항공편 기내 상영 영화를 포함하면 소비자들의 여가 시간 및 지출의 상당 부분을 차지한다. 때로 영화는 하늘을 나는 영웅처럼 우리를 현실에서 도피할 수 있게 해 줌으로써 우리를 즐겁게 한다.

하지만 대부분의 영화는 우리의 타고난 인간 본성을 흥미롭게 그려서 우리의 마음을 사로잡는다. 핵심 줄거리는 거의 언제나 진화적으로 중요한 문제에 관한 것이다. 즉, 생존(〈캐스트 어웨이〉, 〈패닉 룸〉 등), 감미로운 사랑(〈러브 스토리〉, 〈러브 어페어〉 등), 불륜(〈위험한 정사〉, 〈언페이스풀〉 등), 바람난 아내(〈카오스 이론〉 등), 어버이의 사랑(〈소피의 선택〉, 〈로렌조 오일〉, 〈크레이머 대 크레이머〉 등), 형제자매간 경쟁(〈천일의 스캔들〉, 〈한나와 그 자매들〉 등), 형제자매간 우애(〈레인 맨〉 등), 가족사(〈대부〉 등), 이타성(〈쉰들러 리스트〉 등), 우정(〈좋은 친구들〉 등) 등이다.

영화의 줄거리는 중요한 진화적 요소를 다루기 때문에 우리는 영화에 정서적으로 몰입하고 인지적으로 매력을 느낀다.[31] 이것이 영화가 시간과 문화적인 환경을 초월해서 쉽게 파급되는 이유다. 대부분의 영화의 매력은 포스트모더니즘, 페미니스트, 해체주의, 마르크스주의, 프로이트주의적 현실 등 영화 분석에 사용되는 일반적인 구조에서 나오는 것이 아니다. 영화가 우리 마음을 사로잡는 것은 우리의 가장 근원적인 진화적 본성에 호소하기 때문이다. 미국 시청자들을 울리는 슬픈 장면은 버뮤다, 일본, 멕시코, 파푸아뉴기니의 시청자들이 볼 때도 가슴 아픈 장면일 것이다. 이 장면을 청동기 시대 관객들에게 보여 줄 수 있다면 이들도 마찬가지 반응을 보이리라 생각한다.

근본적인 진화 원리를 나타내는 몇 편의 영화 줄거리를 살펴보자. 일반적으로 '남부럽지 않게 산다'라고 표현되는 과시적 소비에 대한 우리의 욕구를 잘 포착한 최근 영화부터 살펴보기로 한다. 이런 과시적 소비에 대한 욕구는 오니다 TV의 "이웃의 부러움, 가진 사람의 자랑", 브래니프 항공의 "가졌으면 자랑하세요" 등 광고 슬로건에도 인상 깊게 나타난다. 소비자들에게 가장 중요한 것은 절대적인 부나 제품을 축적하는 것이 아니라, 주변 사람들보다 더 많이 갖는 것이다. 이는 바로 사회적 비교 이론의 저변에 깔린 생각이다. 여성들은 슈퍼모델과 비교했을 때 자기 외모에 열등감을 느끼지 않는다. 슈퍼모델들은 말 그대로 대다수 여성의 사회적 영역 내에 돌아다닐 것 같지 않은 유전적인 돌연변이이기 때문이다. 하지만 옆집의 아름다운 여성은 꽤 위협적일 수 있다.

2006년 미국 코미디 영화 〈키핑 업 위드 더 스타인스〉는 가족들이 사회적 지위를 과시하는 수단으로 화려한 바르 미츠바 의식을 치르는 상황을 통해서 과시적 소비의 경쟁적 본성을 담아냈다.[32] HBO 드라마 〈안투라지〉에서 행실이 지저분한 할리우드 에이전트 역할로 잘 알려진 제레미 피번과 제이미 거츠가 연기한 부모들은 사치스럽고 과시적인 주제에 대해 의논한 뒤, 집에서 검소하게 바르 미츠바 의식을 치르기로 한다. 경쟁 상대 부부는 과시할 기회를 포기하기로 한 친구 부부의 결정에 깜짝 놀란다. 마침내 경쟁 상대 남편은 정직한 신호의 정의를 완벽하게 설명한다. 그는 친구 부부가 비싼 과시적 의식을 포기함으로써 자신들은 너무나 부유해서 이런 경쟁에 뛰어들 필요도 없다(즉, 호화로운 의식을 치르지 않는 데 따르는 사회적 비용을 감내할 수 있다)는 신호를 보내는 것이라고 주장한다. 이것이 수컷 공작의 꼬리 진화를 설명하는 데 사용되는 '핸디캡 원리'의 논리임을 기억하라. 다시 한번 강조하자면 스타인 가족이 화려한 의식 경쟁에 뛰어들지 않기로 한 통찰력은 수많은 종에서 발견되는 현상인 값비싼 신호에 뿌리를 두고 있다. 이 경우 의식에 돈을 거의 쓰지 않는 것이 값비싼 신호이다.

라이언 레이놀즈, 에밀리 모티머, 스튜어트 타운젠드가 출연한 2007년 개봉 영화 〈카오스 이론〉은 행복한 부부(앨런과 수전)가 딸 임신과 관련해서 몇 가지 문제 있는 뉴스를 접하게 되는 데서 시작된다. 앨런은 병원을 찾았다가 자신이 남성 불임을 일으키는 질환인 클라인펠터 증후군을 앓고 있다는 사실을 알게 된다. 그래서 그는 자신이 딸의 아버지일 리가 없다는 사실을 깨닫고 아내가 불륜을 저지른 것이 틀림없다고 확신한다. 이어지는 장면들은 가슴이 아프다. 특히 관객들은 앨런이 이런 충격적인 소식을 접했을 때 겪는 엄청난 감정적 고통을 보면서 가슴이 미어진다. 관객들은 이런 감정을 자극하는 드라마를 보기 위해 따로 대비할 필요가 없다. 모든 사람, 특히 남성 관객들은 즉시 앨런에게 공감할 수 있다. 아내의 불륜은 진화에 뿌리를 둔 분노 중 가장 원초적이고 본능적인 분노를 일으키기 때문이다.

비슷한 사례로 지금은 간단히 '머레이쇼'로 알려진 〈머레이 포비치 쇼〉는 부성 불확실성이라는 한 가지 주제만 반복적으로 다루는 통속적인 토크쇼이다. 부부들을 이 프로그램에 초대해서 남편에게 DNA 친자 검사를 받게 하는데, 이때 이들은 종종 아내의 불륜 사실을 알게 된다. 이어지는 감정을 자극하는 드라마가 시청자들의 흥미를 끌기 때문에 이 프로그램의 시청률은 꽤 높다. DNA 검사 결과를 들은 대부분의 남편이 외치는 화려한 욕설과 이 주제를 다루는 빈도로 미루어 볼 때 프로그램의 제목을 〈나쁜 년, 내 아이가 아니잖아!〉로 바꾸는 것이 더 낫다고 생각할 수도 있다.

1993년 멜로 영화 〈은밀한 유혹〉은 경제적으로 어려움을 겪는 젊은 부부 데이비드와 다이애나가 라스베이거스 도박 여행 중 로버트 레드포드가 연기하는 존이라는 돈 많고 멋진 사업가를 만나는 이야기를 그린다. 대화 중에 젊은 부부와 사업가는 돈으로 모든 것을 살 수 있는지에 대해 의견이 갈린다. 이 젊은 부부가 사람은 돈으로 살 수 없다고 주장하자, 존은 다이애나와 하룻밤을 보내는 대가로 백만 달러를 주겠다는 '은밀한 유혹'으로 이들의 강한 믿음을 시험대에 올려놓는다. 처음에 부부는 이 제의에 몸서리를 치며 단호하게 거절한다. 하지만 이들의 마음속에는 음흉한 씨앗이 움트기 시작한다. 심사숙고 끝에 부부는 마침내 이 제안을 받아들이기로 하고 결혼 생활에 심각한 문제를 초래하는 거래를 하게 된다. 이 줄거리는 남편이 아내와의 성관계를 공유하자는 제안을 받는 대목에서 더 자극적이다. 이는 남편으로서 하기 매우 어려운 결정이다. 부성 불확실성과 관련된 원초적인 감정을 불러일으키기 때문이다. 만약 줄거리가 뒤바뀌어서 부유한 여성 사업가가 거액을 줄 테니 남편과 하룻밤 지낼 수 있겠느냐고 제안해 온다면 아내는 "얼마든지요. 빨리 데리고 가요!"라며 기꺼이 수락할 수도 있을 것이다.

줄거리와는 별개로 진화론적 관점에서 탐구할 수 있는 다른 영화 관련 현상들도 있다. 특정 미국 여배우들의 인기는 경제 상황이나 사회 환경과 연관된다. 구체적으로 어리고 귀여운 얼굴 특징을 지닌 여배우들은 경기가 좋은 시기에 인기가 있고, 좀 더 성숙한 모습을 지닌 여배우들은 어려운 시기에 인기가 있다.[33] 산드라 블록과 아만다 사이프리드는 각각 성숙한 얼굴과 어린 얼굴을 지닌 여배우다.[34] 패션 트렌드가 진화론과 일치하는 양상으로 거시 지표를 따르는 것과 마찬가지로, 여배우의 얼굴 특징에 대한 우리의 선호도 거시 조건들에 영향을 받는 것으로 보인다.

다음으로는 다른 형태의 픽션인 문학이 진화론적 렌즈를 통해 어떻게 분석될 수 있는지 살펴본다.

문학 작품 속 주인공에게 매력을 느끼는 이유

영화 연구와 마찬가지로 문학 비평도 역사적으로 정치적, 철학적 또

는 인식론적 이데올로기에서 다루어져 왔다. 이를테면 마르크스주의자라면 문학 서술을 계급투쟁의 렌즈를 통해 분석한다. 같은 이야기를 페미니스트는 성적 갈등 사례를 가부장적 억압의 징후로 파악한다. 프로이트 학설을 신봉하는 분석가는 "때로 시가는 단지 시가일 뿐이다."라는 프로이트의 유명한 경구에도 불구하고 상상할 수 있는 모든 문학적 상황에 대해 환각적이고 정신분석학적인 설명을 늘어놓을 것이다. 포스트모더니스트들은 모든 지식이 상대적이라고 하고, 해체주의자들은 언어가 현실을 창조한다고 주장한다.

이런 세계관 아래에서는 문학 텍스트를 분석하는 특유의 의미 추출 방법이 무한할 수 있다. 반면 진화심리학은 인간의 보편성이 존재한다고 주장한다. 진화심리학은 모든 과학 학문 분야와 마찬가지로 현실은 언어적 관습 밖에 존재한다고 인식하고, 타고난 성 차이가 존재한다고 주장한다. 따라서 일부에서는 문학 진화론literary Darwinism을 이단으로 여길 수도 있다.

진화론의 관점에서 문학은 어떻게 볼 수 있을까? 일반적으로 말해서 문학 진화론적 비평가들이 취하는 접근법은 문학 서술이 우리의 공통된 생물학적 유산을 나타내는 보편적인 주제를 포함하고 있음을 증명하는 것이었다. 다시 말해서 문학은 텔레비전이나 영화 주제에 대한 나의 앞선 주장과 비슷하게 진화적으로 중요한 이야기들을 담고 있으므로 우리를 감동하게 하고 우리를 사로잡는다.

문학 진화론적 비평 주창자 중에는 조셉 캐롤, 브라이언 보이드, 조너선 갓셜 등이 있다.[35] 일반적으로 문학 진화론자들은 특정 문학 작품(일본의 고대 소설 《겐지 이야기》[36] 또는 구스타브 플로베르의 《보바리 부인》[37] 등), 한 작가의 여러 작품(호머의 고대 그리스 서사시,[38] 셰익스피어 희곡[39] 등), 한 문학 장르의 여러 작가 작품(연애소설[40] 등), 또는 여러 문화에 걸친 특정 장르 작품(전 세계 민간 설화 등)에 대한 내용 분석을 수행한다. 그 목적은 시공을 초월해서 모든 문학 장르에서 반복해서 다뤄지는 보편적인 요소가 있음을 보여 주는 것이다. 예를 들어 매우 다양한 문화권의 민간 설화에 나타난 짝짓기 선호가 정확하게 일치한다[41](즉, 여성은 사회적 지위가 높은 남성을 선호하고, 남성은 젊고 아름다운 여성을 선호한다). 이와 관련해서 문학 작품에 등장하는 인물을 묘사할 때 다양한 문화적 배경과 시대를 불문하고 여성은 거의 언제나 매력과 연관 지어 묘사하고 있다.

모든 형태의 허구 중에서 연애 소설은 매년 큰 매출을 올린다.[42] 이 문학 장르의 성공을 촉진하는 요소들을 이해하는 것은 상업적으로는 물론 과학적으로도 중요하다. 대부분의 여성 작가가 집필한 여성 독자 대상 연애 소설에서는 남자 주인공을 거의 똑같은 방식으로 묘사하고 있다. 남자 주인공들은 여성 취향에 맞춰 한결같이 대담하고, 키가 크고, 사회적 지위가 높으며, 자신감 있고, 근육질이다.[43]

앤서니 콕스와 메리앤 피셔는 최근 60여 년 동안 발간된 수천 편의 할리퀸 로맨스 소설 제목을 분석했다.[44] 이들은 주제에 따라 특정 단어가 자주 쓰이는지, 그렇다면 이것이 여성의 짝짓기 선호에 대한 진화적 예측에 부합하는지 판단했다. 그 결과, 로맨스 소설에서 가장 흔하게 다룬 주제는 장기적 헌신(결혼, 신부 등), 생식(부성, 모성 등), 남성 등장인물의 높은 사회적 지위(의사, 왕, CEO 등)였다. 또 다른 공통 주제는 영웅주의와 육체적 용감성을 수반하는 남성의 직업(카우보이, 목장주, 보안관, 경호원, 기사 등)에 대한 설명이었다. 여성들이 어떤 판타지를 품는지 알고 싶으면 로맨스 소설 제목을 보면 된다.

문학은 팍팍한 현실에서 벗어나 허구의 세계로 탈출할 기회를 제공하며, 이런 허구의 세계는 궁극적으로 공통의 생물학적 힘으로 형성된 인간의 보편적 속성에 뿌리를 두고 있다.

옥스퍼드대학교 진화생물학자이자 확고한 무신론자인 리처드 도킨스는 종교를 일반교양 교육과정에서 문학의 한 형태(소설)로 가르쳐야 한다는 유명한 말을 남겼다. 이 정신에 따라 나는 모든 '소설' 중에서 가장 유명한 구약성서를 대상으로 최근 진행된 내용 분석에 관해 논의하려고 한다.

종교적 서사의 내용은 그 이야기들이 신성한 기원이 아니라 진화적 존재에 의해 만들어졌음을 은연중에 드러낸다. 남성의 지위와 남성이 누리는 짝짓기 기회 사이에는 양(+)의 상관관계가 있다는 보편적인 연구 결과를 예로 들어 보자. 이런 현실이 구약성서에서도 발견된다는 사실이 밝혀졌다. 1986년 독재자가 누리는 생식적 이익에 관한 책을 집필한 로라 벳직은 구약성서로 관심을 돌려 남성의 사회적 지위와 성적 쟁취의 연관성을 탐구했다.[45] 예측한 대로 벳직의 연구 결과 가부장, 왕, 법관 등 사회적 지위가 높은 남성이 아내, 첩, 하녀, 노예 등 다양한 여성에게 성적으로 접근할 수 있었다는 사실이 밝혀졌다. 이들은 또한 다른 남자의 아내도 자유롭게 가로챘다(다윗왕과 밧세바 이야기 등). 물론 이 모든 성적 쟁취는 구약성서에 나오는 강력한 남성들에게 더 큰 번식 적응도(즉, 더 많은 자식)를 가져다주었다. 같은 맥락에서 한 랍비는 '율법 학자들은 가장 아름다운 여성과 결혼해야 한다는 내용이 탈무드에 있다'고 설명한 적이 있다. 신앙심이 매우 깊은 정통 유대교 사회에서 '학자scholar'라는 용어는 율법과 탈무드를 배우는 사람들을 가리킨다. 물리학자, 화학자, 수학자, 심리학자, 역사가와 기타 학자, 지식인, 과학자들은 정통 유대교에서 말하는 학자에 해당하지 않는다. 이것이 앞에서 말한 랍비가 내게 교수 직업을 '낮의 취미'로 여겨야 하고, 밤에 '진짜 공부'인 종교 수업을 들어야 한다고 굳이 '설명'한 이유다. 이런 관점에서 보면 토라와 탈무드의 전문가들, 즉 랍비는 사회적 지위가 가장 높은 사람들이기 때문에 이들이 가장 아름다운 여성과 결혼해야 한다는 것은 논리적으로 타당하다.

결론

인간 정신은 화석화되지 않기 때문에 진화 과학자들은 대체 수단을 활용해서 인간 정신을 형성한 진화의 힘을 연구해야 한다. 수많은 문화적 배경과 시대에 걸친 문화상품은 인간 정신의 화석이라고 할 수 있다. 노랫말, 뮤직비디오, 텔레비전과 영화 주제, 문학 작품 등 다양한 문화상품이 우리의 공통된 생물학적 유산을 나타내는 보편적으로 반복되는 주제를 담고 있다. 따라서 이런 보편적인 문화 유적에 대한 상세 연구를 통해 우리 인간 본성의 진화를 형성한 진화 현실을 밝힐 수 있다.

7장

광고에 혹해 산다

인사말은 달라도 환영받고 싶은 마음은 같습니다.
당신을 잠시 머무는 손님이 아니라 가족처럼 모시겠습니다.

쉐라톤 호텔 앤드 리조트의 슬로건

인간 본성에 대한 통찰력이 마케터가 지녀야 할 핵심 기술이다.

윌리엄 번벅[1], 광고 전문가

지금까지 다양한 문화상품을 인간 정신의 화석으로 해석할 수 있음을 보았다. 광고 내용 또한 인간의 보편적 속성과 각 문화에 특유한 전통의 중요성을 모두 투영하는 문화 유산으로 볼 수 있다. 전 세계 마케팅에서 아직 결론이 나지 않은 가장 뜨거운 논쟁의 하나는 이른바 국내 광고 대 글로벌 광고, 혹은 현지화 대 표준화의 문제다. 코카콜라는 애틀랜타 본사에서 만든 광고 캠페인을 전 세계 시장에 적용해야 할까? 아니면 지역 간 문화 차이를 고려해서 국가별로 광고 문구를 달리해야 할까? 광고에 섹스를 활용하는 것이 모든 나라에서 똑같이 효과적일까? 동일한 미녀 모델을 서로 다른 문화권에 써도 될까? 광고에 사용된 유머를 각 문화 특성에 맞게 조정해야 할까? 녹색을 사용하는 것이 전 세계적으로 똑같은 의미를 전달할까? 2010년에만 전 세계 광고 지출이 4560억 달러 규모였던 것을 고려할 때 이런 질문들은 경제적으로 매우 중요한 의미를 지닌다.[2]

하지만 학자들과 전문가들은 지역 광고 또는 글로벌 광고를 언제 해야 좋을지 최적화된 규격을 제시하지 못하고 있다. 이는 관련 문헌을 검토한 결과, 아래의 두 인용문에서 증명된다.

40여 년에 걸친 학문적 연구 활동과 80년이 넘는 전문가들의 논쟁이 이어졌지만, 학자들 및 전문가들의 관심사와 해당 분야 주요 학술지에서 알 수 있듯이 현지화 대 표준화 문제는 여전히 풀어야 할 숙제로 남아있다. 놀랍게도 지금까지 이 논쟁은 뒷받침되는 견고한 이론의 개발도 없이 방법론적 결함을 드러난 채로 진행되었다.[3]

광고의 표준화 대 현지화 문제는 마케팅 관련 문헌에서 어느 정도 구체적으로 다루어 왔다. 하지만 이런 시도에도 불구하고 마케팅 전문가들과 학자들 간에 폭넓게 수용 및 사용되는 의사결정 모델은 아직 없다.[4]

일반적으로 마케팅 전문가들은 표준화, 즉 글로벌 접근법을 더 강력하게 지지해 왔다. 구체적으로 말하자면, 많은 인간의 동기와 필요는 보편적이기 때문에 이 부분을 겨냥한 광고 메시지를 다양한 문화 환경에 전할 수 있다고 짚었다. 하지만 이들의 견해는 진화론의 이해에서 비롯된 것은 아니다. 이들의 통찰은 진화론적인 존재로서 이들이 전 세계 소비자들이 공통된 인간 본성을 지닌다는 명백한 현실을 인식한 데서 나온 것이다.

반면 마케팅 학자들은 지역별 접근 방식을 강하게 지지해 왔다. 이들의 견해는 통계적으로 의미 있는 결과를 찾는 데만 초점을 맞추는 데서 비롯되며, 이런 태도는 문화 간 차이를 파악할 때 인식론적 편향을 초래한다. 어떤 현상이 보편적이라면, 다시 말해서 집단 간에 차이가 없으면 마케팅 학자들은 이를 통계적으로 무의미한 결과로 해석한다.

국가 간 비교에 사용할 수 있는 수많은 광고 문구 변수(두려움, 유머, 성적 이미지 또는 연예인 광고 모델 활용 등)와 문화적 특성(개인주의 대 집단주의 등)이 있다.[5] 이는 그룹 간에 통계적으로 의미 있는 차이를 낳을 가능성이 큰 문화 간 연구를 하려는 마케팅 학자들에게 좋은 연구 기회가 된다. 비교 광고(토요타 대 마쓰다)는 미국처럼 한국에서도 효과적일까? 스웨덴 광고가 영국 광고보다 더 유머러스할까? 일본 광고와 브라질 광고에서는 연예인 모델을 얼마나 자주 쓸까? 성평등 수준이 더 높은 나라들에서 성적으로 노골적인 광고가 더 자주 등장할까? 감정적인 호소가 더 적합하거나 이성적인 호소가 더 적합한 나라들이 있을까? 이렇게 광고 문구 변수와 문화적 특성들을 거의 끝없이 조합하고 변환할 수 있다. 사실 많은 경우 이런 연구는 통계적으로 의미 있는 결과를 발견하기 위한 낚시와 다를 바 없다. 다만 이렇게 해서 얻은 결과는 재현성이 거의 없기에 마케터들이 광고 문구를 설계할 때 참고하기도 어렵다.

하지만 이 실제적인 문제를 해결하는 데 진화심리학을 사용할 수 있다. 확실히 진화심리학은 어떤 광고 문구 요소가 문화에 특유하고 진화론의 범위 밖에 있는지(프랑스에서 노란 꽃이 불륜과 관련된 이유 등), 아니면 보편적으로 유사하고 이에 따라 진화론의 범위 안에 있는지(문화적 환경과는 무관하게 대칭적인 얼굴을 지닌 광고 모델을 아름답게 인식하는 것 등), 혹은 문화에 따라 다르긴 하지만 지역 환경에 대한 적응의 결과이므로 진화론의 범주에 속하는지(제2장에서 살펴본 바와 같이 어떤 나라가 자극적인 양념을 사용하는 정도는 나라별 위도에 따라 결정되는 등) 판단하는 데 도움이 된다.[6]

마케터들은 글로벌 소비자를 말할 때 대개 세계화에 따른 문화의 균질화를 전제로 말한다. 일반적으로 세계화는 문화 장벽을 무너뜨리는 힘의 융합으로 진행된다. 이런 힘에는 전 세계에 영향을 미치는 미국 문화의 패권과 확산, 인터넷을 통한 글로벌 상호 연결성, 그리고 항공 여행의 낮아진 진입 장벽 등이 포함된다. 하지만 무엇보다 근본적으로 지구촌 구성원들은 인류 공통의 생물학적 유산으로 연결되어 있다. 글로벌 소비자는 문화적 배경이나 시대 상황과 무관하게, 특정한 필요와 욕구, 선호, 동기를 공유한다. 이런 의미에서 보편적인 인간의 본성에 의거해 글로벌 소비자를 정의할 수 있다.

지역 광고 대 글로벌 광고 논쟁은 아동의 언어 습득에 영향을 미치는 보편적 요소 대 문화 특유의 요소와도 비교할 수 있다. 언어는 어휘와 문법(형태론과 구문론), 음운 체계 등에서 매우 다양하다. 한 언어에만 있고 다른 언어에는 없는 개념도 있다. 독일어로 다른 사람의 불행을 기뻐한다는 뜻인 '슈덴프레데schadenfreude'와 아랍어로 누군가에게 은혜를 입은 사실을 상기시킨다는 뜻인 '타비 지밀레Tarbih Jmilé' 등이 그 예이다. 명사의 성을 구분하는 언어(아랍어와 프랑스어 등)가 있는가 하면, 구분하지 않는 언어(아르메니아어, 영어 등)도 있다. 아랍어에는 아랍인이 아닌 사람들이 흉내 내기 어려운 후두음이 있다. 아랍어에는 'p'라는 글자가 없어서 아랍어를 모국어로 사용하는 사람들은 종종 'p'로 시작하는 영어 단어를 'b'인 것처럼('패러다이스paradise'를 '배러다이스baradise'로) 발음한다.

이처럼 언어는 여러 가지 면에서 서로 다르지만, 모든 인간은 특정 모국어를 배울 때 기저에 깔린 보편적 인지 계산 체계를 사용한다. 이런 생각은 언어학자 노암 촘스키가 '보편 문법'[7]이라는 개념을 통해 처음으로 도입했지만, 진화 언어학자 스티븐 핑커에 의해 널리 알려지게 되었다.[8] 언어는 실로 엄청나게 다양하지만, 언어를 배우는 데는 근본적으로 타고난 생물학적 본능이 있다. 따라서 언어적 현상의 영역에는 문화 간 차이와 유사성이 모두 존재한다.

같은 원칙이 지역 광고 대 글로벌 광고 논쟁에도 적용된다. 광고 문구에 관해서 특유의 문화적 배경이 녹아있는 것들도 수없이 많다는 것은 의문의 여지가 없다. 하지만 일반적으로 특정 광고 메시지의 내용과 사람들의 광고 메시지에 대한 반응이 문화적 환경에 따라 달라지지 않는 것도 사실이다. 진화심리학을 통해 우리는 어떤 현상이 지역적으로 특수한 현상인지 혹은 세계적으로 보편적인 현상인지를 확신할 수 있다.

진화론에 기반한 광고 효과

소비자들이 광고를 볼 때마다 여러 인지적 과정이 작동된다. 우리가 광고를 보는 순간 우리의 지각 체계가 작동하기 시작한다. 우리의 관심을 끈 것이 아름다운 여성이거나 광고 모델의 감미로운 목소리일 수도 있고, 광고에 사용된 선명한 색채일 수도 있다. 이런 인식 과정을 이해하는 것은 매우 중요하다. 북미에서는 일반적인 소비자들이 하루에 600개가 훨씬 넘는 광고 메시지에 노출되는 등 광고가 엄청나게 범람하기 때문이다. 이런 광고 중에서 서너 개만 기억되고 학습 관련 인지 과정으로 이어진다는 사실을 광고주가 안다면 상당히 낙담할 수밖에 없으리라.

광고의 첫 번째 목표는 사람들에게 신제품 정보를 알리고 기억에 오래 남게 하는 것이다. 두 번째 목표는 다음번에 허기를 느낄 때 빅맥을 맨 처음 떠올리게 하는 이른바 '최초 상기도top-of-mind awareness'를 심어 주는 것이다. 세 번째 목표는 광고에 대한 호감을 조성하여 브랜드에 대한 소비자의 태도를 개선하는 것이다.

광고 실무자들과 학자들은 광고 효과를 측정하는 수많은 변수를 발견했다. 광고에 대한 태도$_{Aad}$와 브랜드에 대한 태도$_{Abr}$, 브랜드 인지도, 브랜드 상기도, 구매 목적 등이 그것이다. 광고주들은 좋은 광고로 각 변수를 향상시켜 매출 증가로 이어지기를 바란다. 이를 도식으로 나타내면 'Aad↑ → Abr↑

→ 브랜드 인지도↑ → 브랜드 상기도↑ → 구매 목적↑ → 매출↑'이 된다. 물론 광고 효과가 항상 이렇게 선형적으로 진행되는 것은 아니다. 예를 들어 강렬한 성적 광고는 Aad를 높이지만, 브랜드 상기도는 낮출 수 있다. 성적 이미지가 너무 강렬하면 거기에 온통 주의가 집중되어 브랜드가 훼손되고 뒷전으로 밀려날 수 있기 때문이다.

브랜드 상기도는 광고 효과의 선형적 진행에서 후반부에 나타나는 변수다. 브랜드 상기도를 이해하려면 인간의 기억을 제대로 이해해야 한다. 흥미롭게도 마케터와 광고주 모두 기억의 적응적 역할을 제대로 탐구하지 않았다. 이는 일반적으로 진화 렌즈를 통해 특정 종의 기억 체계를 탐구하는(즉, 이 종은 왜 기억 시스템의 특정 속성이 진화했을까?) 동물 행동학자들과는 극명하게 대조된다. 몇 가지 구체적인 사례를 통해 이 점을 명확히 밝힐 수 있다.

나는 집 주변에서 다람쥐들이 길고 혹독한 몬트리올의 겨울을 나기 위해 여러 곳에 음식을 저장해 두느라 분주한 모습을 종종 목격한다. 어찌 된 일인지 다람쥐들은 꼭 냄새를 맡지 않고도 먹이를 묻어 둔 위치를 정확히 기억한다. 수많은 동물이 전형적으로 먹이 사냥과 관련된 유사한 기억 특성을 보인다. 동물들은 먹이를 숨겨 놓은 장소를 기억해 내야 할 뿐만 아니라, 이동 경로와 물웅덩이 위치, 자신들의 영역 안에 있는 먹이 분포도 기억해야 한다. 이들은 또한 어떤 식물에 독성이 있고 어떤 식물은 먹을 수 있는지 기억해야 한다. 코끼리의 기억력이 놀랍다는 사람들의 믿음은 과학적 사실에 뿌리를 두고 있다.

사회적 종들은 사회적 연대의 상대도 기억한다. 내가 다섯 번이나 당신을 저녁 식사에 초대했는데 당신이 아직 답례하지 않았다면 이 정보는 기억할 만한 가치가 있다. 실제로 여러 사람의 얼굴을 보여 줬을 때 사람들은 사기꾼 딱지가 붙은 사람들을 더 잘 기억해 냈다.[9] 또한, 남녀 모두 아름다운 여성의 얼굴을 더 잘 떠올린다.[10] 이는 1950년대 미국 재즈 가수 냇 킹 콜의 대표곡 〈잊지 못할 사랑〉을 새삼 떠올리게 한다.

기억의 적응성을 연구하는 몇 가지 방법이 있다. 심리학자 제임스 네언과 동료들은 정보 처리가 생존 시나리오와 관련이 있을 때 인간의 기억력이 향상된다는 사실을 보여 주었다.[11] 그들은 피실험자들에게 30개의 단어 목록을 보여 주고 어딘가에 가둔 뒤 각 단어가 생존에 얼마나 중요한지 평가하게 했다. 또한, 다른 피실험자들에게 똑같은 단어 30개를 보여 주고 새집으로 이사하게 한 후 각각의 중요성을 평가하게 했다(두 시나리오에서 자동차가 각각 얼마나 중요한지 묻는다). 이어서 두 피실험자 집단에 예고 없이 기억력 테스트를 해서 30개 단어 중 몇 단어를 떠올리는지 측정했다. 그러자 기억력 면에서 생존 시나리오가 지속해서 모든 다른 정보 처리 시나리오를 앞섰다. 즉, '생존 대비' 본능이 기억력 향상으로 나타난 것이다. 이는 소비자들이 공포를 불러일으키는 일부 광고를 잘 기억하는 이유에 대한 설명이 될 수 있다. 어떤 의미에서 공포에 호소하는 것은 생존 본능을 자극하는 것과 마찬가지다.

진화론의 관점에서 인간의 기억을 연구하는 또 다른 방법으로 광고를 기억에 남도록 만드는 기호학記號學적 요소를 측정하는 방법이 있다. 우리는 진화적으로 중요한 의미를 지닌 자극(특정 단어, 얼굴 또는 냄새 등)을 더 잘 기억하도록 기억 편향성을 진화시켜 왔다. 파블로프의 조건반사가 해당 유기체에 따라 다른 감각(쥐는 미각, 인간은 시각, 개는 후각 등)을 통해 가장 잘 일어나는 것과 마찬가지로 인상적인 자극도 종에 따라 다르다. 인간은 진화적으로 기억에 남는 내용을 담은 광고를 문화적 배경과 상관없이 보편적으로 더 잘 기억한다. 다른 모든 조건이 같다면 귀여운 아기, 섹시한 광고 모델, 그리고 공포를 유발하는 자극적인 요소가 포함된 광고가 일반적으로 주의를 끌고 더 잘 기억된다.

흔히 광고주들은 자신들의 제품을 원하는 이미지와 속성, 생활양식 또는 결과와 연결하기 위해 다양한 조건화를 활용한다. 예를 들어 정력이 넘치는 강인하고 남성적인 카우보이를 말보로 담배에 반복적으로 연계함으로써 이런 특성이 광고하는 제품에 옮겨지기를 기대한다. 혹은 특정 제품을 사용하면 소비자들에게 중요한 보상이 따른다는 암시를 하기도 한다(남성용 향수를 뿌린 남자에게 수많은 여성이 반하게 된다는 '엑스 효과'를 상기하라).

사실 스키너식 조건 형성의 무조건적인(즉, 본능적인) 파블로프 반응과 보상은 우리의 공통된 생물학적 유산에 호소하므로 보편적으로 유효하다. 앞에서 논의한 바와 같이 이런 보편적인 무조건적 반응의 예로는 우리가 아기와 강아지, 새끼 고양이처럼 어리고 귀여운 속성을 지닌 동물들을 본능적으로 좋아하는 반응을 들 수 있다. 캐나다의 두 대표적인 통신 회사 파이도와 텔러스는 동물을 브랜드와 광고에 필수 요소로 사용한다. 또한 최근 텔러스는 1953년 미국 가수이자 어린이 스타였던 게일라 피비의 대표곡 〈크리스마스에 하마를 원해요〉를 리메이크해서 상당한 화제를 불러일으켰다. 보험회사 가이코는 말하는 게코 도마뱀을 광고 모델로 사용한다. 다른 유명한 동물 광고 모델로는 미국 보험회사 아플락의 오리, 미국 수산 기업 스타키스트의 만화 마스코트인 참치 찰리, 버드와이저 맥주의 말, 에너자이저 배터리의 토끼, 에소의 호랑이, 캐멀 담뱃갑의 낙타 조, 고양이 사료 회사 미유믹스의 고양이, 역시 고양이 사료 회사 나인라이브스의 고양이 모리스, 미국 산림청 산불방지 홍보 표지판의 회색곰 스모키, 미국 레스토랑 가맹점 타코벨의 개, 켈로그 시리얼 마스코트인 호랑이 토니, 코튼넬 화장지 포장의 강아지, 버드라이트 맥주의 개 스퍼즈 맥켄지 등이 있다.

다시 강조하지만, 여기서 전제는 일반적으로 동물에 대한 소비자들의 긍정적인 감정이 무조건적인 반응이라는 것이다. 즉, 이미 우리 안에 이런 동물에 대한 호감이 있으므로 광고주들은 이를 억지로 유도할 필요가 없다. 이처럼 마케터들은 상품을 특정 동물과 연계시킴으로써 동물에 대한 호감이 상품으로 전이되기를 바란다.

이처럼 모든 문화적 환경에 보편적으로 적용되는 다른 수많은 무조건적 반응과 이와 관련된 광고 효과와 신호가 있다. 여기에는 굵고 낮은 목소리, 성적 이미지, 공포심에 호소하는 광고 등에 대한 본능적인 반응도 포함된다.

글로벌 접근법에 적용할 수 있는 광고 효과와 신호

목소리의 힘

사고 실험을 하나 해 보자. 지난 미국 대통령 선거 기간에 마법처럼 버락 오바마의 목소리를 1992년과 1996년에 제3당 후보로 출마한 로스 페로 목소리로 바꿨다고 가정하자. 즉, 오바마가 선거운동 기간에 공개적으로 말한 모든 발언 내용은 하나도 바뀌지 않고 그대로지만, 목소리는 페로의 목소리로 바뀌는 상상을 해 보라. 그래도 오바마가 여전히 선거에서 이겼을까? 유권자들은 정치 후보들을 판단할 때 실질적인 문제와 관련이 없는 이런 지엽적인 신호들을 사용한다. 여기에는 목소리의 높낮이, 웅변 기량, 개인적인 카리스마 자질, 얼굴 특징, 그리고 키 등이 포함된다.[12] 정치 후보들은 자기 자신을 팔지만, 광고주들은 종종 제품을 팔기 위해 광고 모델을 활용한다. 때로 연예인의 목소리 높낮이는 특정 광고 캠페인에서 적합성을 판단하는 중요한 기준이 된다. 목소리의 영향력을 증명하기 위해 먼저 최면을 거는 듯한 굵고 낮은 목소리를 가진 유명 해설자들의 대표적인 사례를 몇 가지 들어 본다.

미국 영화배우 데니스 헤이스버트는 올스테이트 보험회사의 광고 모델이었다. 〈스타워즈〉에서 다스 베이더 목소리를 연기한 제임스 얼 존스는 CNN을 상징하는 "CNN입니다"를 말했다. 윌 라이먼은 미국 PBS의 조사 다큐멘터리 〈프론트라인〉과 수많은 영화 예고편에서 목소리를 들려줬다. 고인이 된 폴 윈필드는 미국 코미디, 드라마, 다큐멘터리, 라이브 전문 채널인 A&E 네트워크를 통해 방영된 다큐멘터리 〈시티 컨피덴셜〉의 첫 번째 해설자를 맡았다가 나중에 배우 키스 데이비드로 교체되었다. 마지막으로 오스카상을 받은 배우로 목소리가 감미롭고 강약 조절이 잘되는 것으로 평가받는 배우 F. 머레이 에이브러햄은 PBS 과학 전문 프로그램 〈노바〉의 아이작 뉴턴 편과 〈네이처〉의 수많은 에피소드에서 자신의 재능을 발휘했다.

남성들의 굵고 나직한 목소리는 사춘기 때 테스토스테론에 더 많이 노출된 것을 의미하며, 따라서 여성들이 선호한다. 이와 관련해서 여성들은 생리 주기의 가임기에 이런 굵고 나직한 남성 목소리를 가장 선호하는 것으로 나타난다.[13] 이는 목소리가 표현형의 질을 측정하는 척도임을 말해 준다. 흥미롭게도 최근 한 연구에서 남성의 목소리 높낮이가 생식 능력과 상관관계가 있다는 사실을 발견했다.[14] 이는 내가 독신일 때

겪었던 개인적인 이야기를 떠올리게 한다. 나는 서로 아는 친구를 통해 소개받은 아름다운 동유럽 모델과 연락하며 지냈다. 내 친구는 우리가 잘 어울려서 연인 관계로 발전할 것으로 생각했다. 그녀와 나는 여러 차례 전화로 대화를 나누다가 마침내 직접 만나기로 했다. 우리가 마침내 만났을 때 그녀가 가장 먼저 한 말은 목소리에서 풍기는 이미지와 실제 내 키가 달라서 놀랐다는 것이었다(나는 그녀보다 키가 작다). 그녀는 내 '전화 목소리'로 봐서는 키가 훨씬 더 클 것으로 생각했다고 한다. 최근에 우리가 다시 연락이 닿아 만났을 때 나는 그녀에게 이 이야기를 장난스럽게 꺼냈다. 그녀는 이런 생각을 그렇게 직접적으로 말했던 것을 민망해했다.

다만 어떤 경우에는 아름다운 목소리로 인해 생식 측면에서 궁지에 몰릴 수도 있다는 사실에 주목할 필요가 있다. 18세기 이탈리아의 카스트라토(16~18세기에 어려서 거세한 남성 가수) 카를로 마리아 브로스키가 그랬다(1994년 그의 생애를 기록한 영화 〈파리넬리〉 참조). 당시 아름다운 목소리를 가진 소년들은 사춘기 이전 음역대를 보존하기 위해 거세를 당해야 했다.

다시 해설자들의 사례로 돌아가서 이들이 모두 한 가지 속성을 공유한다는 사실을 알 수 있다. 즉, 신뢰성과 권위, 전문성을 풍기는 굵고 나직한 목소리다. 보험 영업을 하거나, 뉴스 아나운서를 하거나, 정치나 과학 프로그램의 내레이션을 할 때 굵고 나직한 목소리는 즉각적인 신뢰감을 준다. 이는 모든 문화 환경에서 사실일 것이다. 즉, 볼리비아에서는 높은 콧소리를 내는 남성이 여성들을 사로잡을 것이라고 기대할 이유가 없다. 테스토스테론과 목소리 높낮이 사이에 연관성이 있다는 사실은 여성들이 사회적 지위가 높은 남성을 선호하는 것과 마찬가지로 보편적으로 유효하다.

따라서 광고주들은 굵고 나직한 목소리를 가진 남성 광고 모델을 사용하는 것이 모든 문화 환경에서 같은 효과를 낼 것으로 확신해도 된다. 단, 굵고 나직한 목소리를 지닌 아프리카계 미국인 배우 제임스 얼 존스가 CNN에 적합한 목소리일지라도 BBC에는 영국식 억양이 필요할 수 있다. 지역 대 글로벌 문제가 여기서도 발생한다. 진화의 체계는 우리가 지역에 특화된 속성뿐만 아니라 보편적으로 유효한 속성(목소리 높낮이)을 찾을 수 있도록 한다.

반복 광고에 대한 반응

광고 캠페인을 설계할 때 가장 중요한 이슈 중 하나는 광고를 반복하는 최적 횟수를 파악하는 것이다. 광고학자들은 이를 반복 효과라고 한다. 광고 반복 횟수는 대체로 회사 광고 예산에 따라 결정된다고 생각할 수 있지만, 항상 그렇지는 않다. 기업이 마음대로 사용할 수 있는 광고비가 무한하더라도, 광고 성공을 판단하는 다양한 지표 측면에서 더 많은 광고 노출이 반드시 더 나은 결과로 이어지지는 않는다. 오히려 반복 효과는 역U자형을 따른다. 즉, 메시지를 반복하면 일정 지점까지는 효과가 증가하지만, 이후 최적 노출 횟수를 초과하면 효과가 감소한다.

심리학자 다니엘 E. 벌린은 역U자형 반복 곡선이 두 가지 별개의 힘이 융합한 것이라고 주장하면서, 이를 '두 가지 요인 이론'이라고 불렀다.[15] 우리가 처음 광고 메시지에 노출될 때 다량의 '점진적인 학습'이 이루어진다. 하지만 이후 추가로 노출될 때마다 메시지에서 빼내는 정보량이 점차 줄어든다. 따라서 점진적인 학습은 증가율이 점감하며 증가하다가 궁극적으로 정체 상태에 도달한다(즉, 일정 수의 노출 후에는 새로운 학습할 수 없다). 또한, 여기에는 상반되는 요인인 싫증 혹은 지루함도 작용한다. 아주 유머러스한 광고를 처음 보았을 때를 상상해 보라. 아마도 큰 웃음을 터

뜨렸을 것이다. 하지만 두 번째 볼 때는 유머가 현저하게 감소한다. 아마 같은 광고를 열 번째 볼 때는 그 광고가 싫어질 수도 있다. 이처럼 지루함 의 증가율은 서서히 올라간다. 두 상반되는 힘(즉, 증분 학습과 지루함)의 결합 효과가 반복 효과를 나타내는 역U자 형상이 된다.

내 박사학위 논문 심사위원 중 한 사람이었던 더그 스테이과 나는 여러 차례 연구를 통해 다양한 광고를 보여 주는 순서가 평가에 어떤 영향을 미 치는지 연구했다. 어떤 회사에 특정 기간에 광고를 아홉 번 내보낼 예산 이 있다고 가정하자. 또한, 광고 캠페인이 세 가지 광고로 구성되고, 각 광 고를 세 번 내보낸다고 가정하자. 즉, 세 가지 광고를 각 세 번씩 총 아홉 번 내보낸다. 에너자이저의 '계속합니다' 캠페인은 동일한 중심 메시지 를 다양한 광고를 통해 전달한다. 이 경우 다양한 광고는 같은 메시지를 담은 광고에 표면적인 변화를 줘서 만들어진다. 다른 경우에는 광고마다 실질적인 변화를 주기도 한다(광고마다 새로운 정보를 제공한다). 세 가지 광고 를 E1, E2, E3로 표기한다면 광고주는 아홉 번의 노출을 어떤 순서로 할 지 정해야 한다. 예를 들면 다음과 같은 두 가지 배열을 생각할 수 있다.

| E1 | E2 | E3 | E1 | E2 | E3 | E1 | E2 | E3 | (열 길이 = 1) |

| E1 | E1 | E1 | E2 | E2 | E2 | E3 | E3 | E3 | (열 길이 = 3) |

스테이먼과 나는 다른 광고로 넘어가기 전에 한 광고를 보여 주는 횟 수를 지칭하는 '열 길이string length'라는 새로운 용어를 만들었다. 위의 첫 번째 배열은 열 길이가 1이고 두 번째 배열은 열 길이가 3이다. 두 배열

중 어떤 배열로 하는 것이 더 좋을까? 고전 경제학에 따르면 두 배열 모두 총 정보량은 같으므로 정보를 표시하는 순서와 상관없이 최종 효과는 같아야 한다. 이런 관점에서는 인간은 이런 '비합리적' 요인에 절대 휘둘리지 않는 초이성적 의사결정자(호모 이코노미쿠스 혹은 경제적 인간)라고 전제한다. 하지만 이런 가공의 종은 오로지 상상력이 풍부한 경제학자들의 머릿속에나 존재하기 때문에 호모 사피엔스의 구성원들이 정보가 표시되는 순서에 관심을 두는 것은 놀라운 일이 아니다.

캘리포니아주립대학교 샌디에이고 캠퍼스의 심리학과 창립 멤버 중 한 사람인 노먼 앤더슨은 40여 년 전에 정보를 순차적으로 제시했을 때 어떻게 처리되는지 정확하게 설명하는 정보 통합 이론을 개발했다. 그의 광범위한 연구는 정보 제시 순서가 미치는 영향이 매우 크다는 사실을 보여 준다. 당신이 같이 일할 동료를 묘사하는 형용사 목록을 보고 평가하도록 요청받았다고 가정해 보자(1은 '같이 일할 의사가 전혀 없다'는 뜻이고 10은 '기꺼이 같이 일할 의사가 있다'는 뜻일 때 1~10 척도로 같이 일할 의사가 어느 정도인지 평가한다). 물론, 특정 개인을 묘사하는 형용사에는 긍정적인 (+) 형용사(부지런히 일하는, 정직한, 존경스러운)도 있고, 부정적인(—) 형용사 (교활한, 오만한, 독단적인)도 있다. 목록이 여섯 개의 형용사로 구성된다면, [+ + + − − −], [− − − + + +], [+ − + − + −], [− + − + − +] 등 여러 가지 배열을 만들어 정보를 표시할 수 있다. 당연히 순서는 매우 중요하다.

예를 들어 초기에 입력된 정보가 나중에 입력된 정보보다 더 큰 영향력을 발휘할 때를 '초두 효과'라고 하고, 나중에 입력된 정보가 초기에 입력된 정보보다 더 큰 영향력을 발휘할 때를 '최신 효과'라고 하자. 일반적으로 위에서 설명한 것과 같은 평가 작업의 경우 초두 효과가 나타날 가능성이 더 크다.

초기 정보가 나중 정보를 처리하는 기준 또는 프리즘 역할을 하기 때문이다. 따라서 세 개의 긍정적인 형용사를 먼저 보게 된다면 마음속에 미래의 동료를 옹호하는 '긍정적인 태도'가 형성된다. 이후 부정적인 정보가 걸러져 들어오기 시작하면 이미 설정한 긍정적인 기준에 비추어 부정적인 정보의 영향을 일부 무시한다.[16] 최신 효과는 기억 작업에서 더 중요할 수 있다(전체 목록을 보고 난 다음 미래의 동료를 설명하는 데 사용되는 형용사를 최대한 많이 열거하라는 요청을 받았을 때 등). 이때 가장 최근에 본 정보를 더 쉽게 기억해 낸다는 것을 직감적으로 알 수 있다.

스테이먼과 나는 배열 연구에서 최적의 열 길이가 광고 메시지의 복잡성에 좌우될 것으로 예측했고 실제 결과도 그랬다. 광고가 복잡하면(실질적인 정보가 많이 담긴 경우 등) 열 길이가 더 긴 것이 좋다. 역으로 광고가 단순하면 열 길이가 더 짧은 것이 좋다. 우리는 벌린의 두 가지 요인 이론을 이용해서 이런 예측을 했다. 메시지가 복잡할 때는 점진적인 학습의 정체 상태에 도달하기까지 동일한 메시지에 더 많이 노출되어야 한다. 그래서 추가 노출에서 새로운 정보를 거의 얻을 수 없거나 아예 얻을 수 없을 때까지 지루함이 미연에 방지된다. 하지만 메시지가 간단하면 소비자는 광고에 포함된 모든 정보를 매우 빠르게 학습할 수 있다(즉, 한 번의 노출 후에 점진적인 학습의 정체 상태에 도달한다). 이때는 싫증이 훨씬 더 빨리 나게 된다. 따라서 이때는 다른 광고로 넘어가면 소비자의 관심을 계속 붙잡아 둘 가능성이 크며, 지루함이 시작되는 시기를 늦출 수 있다.

인간이 새로운 자극에 익숙해지는 방식은 심리적 보편성을 지니므로 문화적 배경이나 역사적 특수성에 예속되지 않는다. 이런 배열과 반복 효과를 주도하는 인지 메커니즘은 보편적인 메커니즘일 가능성이 크다. 그러므로 광고주들은 이런 조사 결과들이 문화적인 경계를 넘어 적용될 수 있다고 확신해도 무방하다.

공포 소구에 대한 보편적 반응

공포 소구는 공공 서비스 공지, 특히 공공 안전(음주운전 등)이나 개인 안전(일광욕의 위험성, 콘돔을 쓰지 않는 항문 성교의 위험성, 주로 앉아서 생활하는 방식과 잘못된 식습관이 건강에 미치는 부정적인 영향 등) 공지에서 가장 자주 사용하는 수단이다. 현실적인 문제는 광고주가 특정 광고에서 끌어내야 하는 '최적' 공포의 양을 측정하는 것이다. 공포 소구 효과와 공포의 양의 관계는 역U자형을 따른다. 구체적으로 공포 요소가 너무 적으면 광고에 관한 관심을 끌지 못할 뿐만 아니라, 이 문제가 그다지 중요하지 않다는 신호를 보낼 수 있다. 하지만 지나친 공포를 불러일으키면 운명론적 전망이나 자동차 전조등 불빛을 마주할 때의 사슴처럼 경직되는 결과를 초래할 수 있다.[17] 또한, 지나친 공포로 인해 사람들이 해당 광고 메시지를 기피할 수도 있다.

예를 들어 동물 학대 방지를 위한 공익 광고의 배경음악으로 쓰인 사라 맥라클란의 노래 〈천사〉는 내게 공포감을 자아낸다. 그래서 이 노래의 처음 몇 소절을 들으면 나는 고통받는 동물들의 끔찍한 이미지가 떠올라 참을 수 없어 가능한 한 빨리 채널을 바꾸게 된다(동물에 대한 나의 감정이입은 이런 소름 끼치는 이미지를 두려워하게 한다). 최근 미국 코미디 및 버라이어티 쇼 〈새터데이 나이트 라이브〉에서 바로 이 문제를 다뤘다. 이제 맥라클란의 노래와 동물 학대 광고 사이에 너무나 강하게 조건화된 관계가 형성되어서 많은 동물 애호가가 이 노래의 한두 소절만 들어도 공포에 떨게 된다.

적절한 공포는 일반적으로 사람들이 메시지에 주의를 기울이게 하고, 공포를 일으키는 문제를 해결하는 전략을 스스로 생각하게 만든다. 그리고 인간이 다양한 수준의 공포심에 반응하는 방식이 문화에 특유한 현상이라고 생각할 근거는 없다. 오히려 공포에 대한 반응은 원래 환경 위협에 대한 적응으로 진화한 보편적인 감정이다. 따라서 광고주들은 위에서 설명한 역U자형이 모든 문화적 환경에 걸쳐 적용되며, 글로벌 광고 접근법의 관점에 속한다는 사실을 확신할 수 있다. 또한, 공포 반응 곡선은 인간의 보편적 특성을 나타낼 뿐만 아니라, 특정 이미지는 보편적으로 타고난 두려움을 불러일으킨다. 예를 들어 뱀과 거미는 많은 사람을 공포심에 움찔하게 한다. 때로 병적인 공포증으로 나타날 수 있는 이런 공포가 어떻게 진화했을지 상상하는 것은 어렵지 않다.

성적 이미지와 미의 기준

그렇지 않다고 생각하는 사람도 있겠지만, 광고주들은 섹스에 기반을 둔 정체성 정치(인종, 성, 종교, 계급 등 여러 기준으로 분화된 집단이 각 집단의 권리 주장에 주력하는 정치 운동 혹은 사상)와 관련된 의도를 애써 숨기지 않는다. 이들은 광고 대상에 가장 효과적으로 도달하는 광고를 제작한다. 메시지를 정확하게 전달하는 것이 광고주들의 일이다. 그리고 젊고 아름다운 여성들과 관련된 시각 이미지는 남성들에게 매력적이므로 광고주들은 하늘 아래 존재하는 모든 제품을 팔기 위해서 이런 전략을 활용할 것이다.[18] 맥주와 미녀 사이에 논리적 연관성은 없지만, 이 둘은 남성들에게 맥주를 팔 때 습관적으로 연결된다. 어떤 이들은 이런 전략이 여성들을 모욕하는 것이라고 주장할 수도 있다. 그런 논리라면 지위가 높고 키 큰 남성들을 부각하는 광고는 키 작은 실업자 남성들을 비하하는 것이 된다.

광고에서 성적 이미지는 전 세계적으로 비슷한 방식으로 사용되고 있으며,[19] 실제 성적 서비스 광고에도 반복되는 보편적인 주제가 포함된다. 이 전제를 검증하기 위해 나는 인터넷에 광고가 올라온 성매매 여성들의 '허리 대 엉덩이 비율WHR'이 거의 보편적으로 남성들이 선호하는 비율인 0.68~0.72에 부합하는지 조사했다. 이 모래시계 모양의 체형은 여성의 건강과 출산 가능성을 보여 주는 믿을 만한 지표 역할을 한다.[20] 진화론의 관점에서 보면 남성들이 이 특정 WHR에 대한 시각적 선호를 진화시킨 이유는 명백하다. 나는 유럽, 중남미, 북미, 아시아, 오세아니아의 48개국에서 자료를 수집했다. 그렇게 총 1068명의 WHR을 기록했다. 그 결과 진화론적 예측대로 전 세계 평균 WHR은 0.72였다. 단지 일부 지역의 WHR이 약간 더 높았다(북미의 평균 WHR은 0.76이고, 오세아니아의 평균 WHR은 0.75였다).[21]

이런 WHR 선호는 광고 이미지에 대한 노출을 통해 학습된 것이 아니라는 점에 유의해야 한다. 서구의 이상적인 여성미를 접했을 가능성이 희박한 문화적 환경의 남성들도 동일한 선호를 드러냈다. 인류학자 바너비 딕슨과 동료들은 파푸아뉴기니 오지 남성들의 WHR 선호를 조사했다.[22] 이들의 선호 체형은 모래시계 체형(평균 WHR 0.72)과 완벽하게 일치했다.

하지만 남성들의 WHR 선호가 '보편적'이라는 게 아니라 '거의 보편적'이라는 점에 유의해야 한다. 이는 바로 진화론자들이 진화론적으로 확립된 기준점을 수정하는 지역적 환경의 중요성을 인식하고 있기 때문이다. 예를 들면 연구진은 열량 부족이 고질적인 문제가 되는 일부 지역의 남성들은 약간 더 높은 WHR에 대한 선호를 보인다는 사실을 보여 주었다.[23] 따라서 타고난 생물학적 선호와 지역적 특수성이 상호 작용해서 문화별로 특유한 WHR 기준이 설정된다고 할 수 있다.

지금까지 많은 WHR 연구는 주로 종이 설문지를 활용해서 선호 비율을 도출했다. 하지만 최근 연구진은 새로운 접근 방식을 적용해서 0.70이라는 남성들의 보편적 WHR 선호를 확인했다. 딕슨과 동료들은 시선 추적 방법을 사용해서 남성들이 벌거벗은 여성의 가슴과 허리 부분을 매우 빠르게 평가한다는 사실을 확인했다. 실험에 참여한 남성들은 WHR이 0.90인 여성 사진보다 WHR이 0.70인 여성 사진이 더 매력적이라고 평가했다.[24] 신경과학자 스티븐 플라텍과 심리학자 데벤드라 싱은 WHR 0.70에 가까운 성형 수술을 받은 여성의 수술 전후 사진을 남성들에게 보여 주었다. 남성들이 사진을 보는 동안 이들의 뇌를 기능성 자기공명영상으로 촬영했다. 놀랍게도 수술 후 사진을 볼 때 보상 처리와 관련된 뇌 부위가 더 활성화되었음을 확인하였다. 즉, 모래시계 체형에 대한 남성의 진화한 선호가 신경세포 차원에서 증명되었다.[25]

마지막으로 최근 연구에서 촉각을 통해 측정한 결과, 선천적인 시각 장애인 남성도 WHR에 대해 비슷한 선호를 보인다는 사실이 밝혀졌다.[26] 이런 연구 결과들을 종합해 보면 미적 기준이 사회적·자의적으로 만들어진다는 주장이 다소 공허하게 들린다.

WHR과 얼굴 대칭성 등 많은 미적 기준이 보편적으로 정의되는 것을 고려하면 광고주들은 이런 자극에 대한 보편적인 반응을 확신한다. 예를 들어 화장품 광고 모델은 미의 보편적인 기준인 좌우대칭적 얼굴을 지닌 경우가 압도적으로 많으며, 이런 사실은 페루, 사우디아라비아, 일본의 여성들에게 화장품을 팔 때도 동일하다.

이와 관련하여 사회학자 패트릭 빈케는 인쇄 광고에 담긴 적응도에 대한 신호(광고 모델의 WHR 및 얼굴 대칭 등)를 조작해서 이것이 광고를 보는 사람들의 선호도에 어떤 영향을 미치는지 조사했다. 예상대로 가장 좋아하는 광고는 진화적으로 선호되는 신호를 보여 주는 광고였다.[27] 이 사실은 때와 장소를 불문하고 유효할 것이다.

소속 욕구 대 고유성 욕구

앞서 소속 욕구가 인간의 보편적 본성이라는 것과 패션 산업이 바로 이런 본성을 이용한다는 사실을 논의했다. 그렇긴 하지만, 소속 욕구는 평생에 걸쳐 강해지고 약해지기를 거듭한다. 막 첫 아이를 낳은 젊은 부부는 보통의 십 대들보다 소속 욕구가 덜할 것이다. 사실 청소년기만큼 소속 욕구가 절박할 때가 없을 것이다. 광고주들은 종종 이런 소속 욕구의 강력한 소구력을 활용해서 십 대들과 소통을 시도한다. 특히 펩시콜라는 40년 이상의 광고 캠페인에서 이런 소속 욕구를 능수능란하게 활용했다. 펩시콜라의 광고 메시지는 새로움을 추구하는 젊은 '펩시 세대'에 소속된다는 내용을 중심으로 제시된다. 대표적인 슬로건으로는 "신나게 즐겨 봐요. 당신은 펩시 세대입니다", "자유롭게 느끼는 펩시인들과 함께해요", "신세대의 선택, 펩시" 등이 있다.

이런 유형의 광고는 대중, 이를테면 어딘가에 소속됨으로써 집단의 기대에 부합하려는 욕구가 간절하고 예민한 십 대들이 대상이다.[28] 무리 행동에 참여하고 부합하려는 소비자의 타고난 성향은 패션 트렌드(5장 참조)와 광고 소구를 넘어선다는 사실이다. 군중심리는 금융 위기 때 발생한 예금 인출 소동에서 드러났듯이 금융 산업에 위협 요소이다. 궁극적으로 오바마 행정부가 미국 연방예금보험공사의 예금 보장 한도를 늘려야 했던 것은 바로 이런 군중심리의 위협 때문이다.[29]

모든 인간에게는 타고난 소속 욕구가 있고, 전 세계 십 대들은 소속 욕구가 가장 강한 집단이지만, 이런 보편적인 현상은 문화적 환경에 따라 조정된다. 이를테면 개인주의-집단주의 스펙트럼에서 국가 점수는 집단 규범에 따르려는 개인적 욕구의 강도에 따라 결정된다. 다른 조건이 모두 같다고 가정할 때, 미국과 일본 십 대들이 모두 패션 트렌드를 따르려는 강한 욕구를 가지지만, 이런 욕구는 개인주의 사회(미국)보다 집단주의 사회(일본) 출신 사람들에게 더 클 수 있다. 이는 우리의 생물학과 환경이 상호 작용해서 소비자로서 우리의 행동을 형성한다는 사실을 보여 준다.

또한, 역사적으로 해당 지역 내 병원체가 어느 정도 존재했는지도 개인주의-집단주의 스펙트럼에서 한 국가의 점수를 결정하는 주요 요인이다. 집단주의 사회에서는 집단 간 교류 기회가 더 적고(내집단과 외집단의 경계가 더 명확하고 엄격하게 정의된다), 집단 규범에 대한 순응성(위생 규범 확립 등)은 더 강하다. 연구진은 특정 환경 내 병원체의 양이 많을수록 집단주의에 대한 국가 점수가 높다는 사실을 발견했다.[30] 즉, 집단주의는 병원체에 노출될 가능성에 따른 문화적 적응이라고 볼 수 있다. 해당 현상을 완전히 이해하려면 문화와 생물학이 매끄럽게 상호 작용하는 과정을 주의 깊게 살펴보아야 한다.

앞서 논의한 대로 인간과 같은 사회적 종이 집단 규범에 따르는 것은 개성을 표현하려는 우리의 강한 동인과 마찬가지로 보편적인 인간 본성의 특징이다.[31] 따라서 광고주들은 이 두 가지 심리적인 욕구를 채워 주는 메시지를 고안해 냈다. 즉, 사회 증명("수십억 명이 먹었습니다"라는 맥도날드 광고 슬로건에서처럼 많은 사람이 같은 행동을 했다면 적절할 것이라는 주장)과 희소성 소구('한정판' 와인이나 자동차 모델처럼 희귀한 품목일 경우 가치가 있을 것이라는 주장)가 바로 그것이다.

사회 증명의 경우 광고주는 이 제품을 사용한 소비자 수가 바로 품질 보증서라고 주장하고, 희소성 소구의 경우 독특함과 차별성을 강조한다. 블라드 그리스케비시우스와 동료들은 공포 영화 〈샤이닝〉과 멜로 영화 〈비포 선라이즈〉를 관람 후 각각 생존 욕구와 번식 욕구를 자극하는 것이 사회 증명과 희소성 소구 중 어느 쪽에 더 영향을 미치는지 밝혀냈다. 결과적으로 사회 증명은 생존 본능을 자극했을 때(즉, 수가 많으면 안전하다) 가장 효과적이었고, 희소성 소구는 번식 본능을 자극했을 때(즉, 짝짓기 영역에서는 독특하게 보여야 한다) 가장 효과적이었다.[32] 이런 현상이 문화적으로 특유한 이유는 없다. 따라서 이런 소구에 대한 반응은 보편적인 것이다.

지역 광고에 적절한 광고 효과와 신호

프랑스계 캐나다인들은 자신들의 유산을 보존하는 데 열성적이다. 레바논 출신 소수 유대계인 나는 큰 바퀴 속의 작은 톱니바퀴가 되는 기분을 이해한다. 프랑스계 캐나다인들은 퀘벡주 프랑스어 감독국(일명 언어 경찰)의 매우 엄격한 조처처럼 자신들의 언어와 문화유산을 보호하기 위한 과감한 조처를 하지 않는다면 캐나다와 미국의 영어 쓰나미가 자신들을 삼켜 버릴 것이라고 늘 걱정해 왔다.

펩시는 이런 프랑스계 캐나다인들의 실존적 불안감을 잘 포착했다. 양대 콜라 업체의 끊임없는 글로벌 경쟁에서 코카콜라보다 펩시가 더 높은 시장점유율을 유지해 온 세계 몇 안 되는 곳 중 하나가 바로 퀘벡이다. 이것이 가능했던 핵심적인 이유 중 하나는 펩시가 프랑스계 캐나다 소비자의 독특한 성격을 파악했기 때문이다. 이에 펩시는 퀘벡의 프랑스어 시장을 공략하기 위해 퀘벡 출신 코미디언 클로드 뮈니에를 광고 모델로 기용하는 등 현지 광고 전략을 펼쳤다.

프랑스계 캐나다 소비자의 특수성을 인정하지 않은 애틀랜타(코카콜라의 본사가 위치한 지역)의 표준화된 메시지는 실패할 가능성이 높다. 한편 영어를 사용하는 다른 캐나다인들은 때때로 프랑스계 캐나다인들을 깎아내리는 의미로 '펩시'라고 부르는데, 이는 일부, 이 드문 시장점유율 현실 때문이다.

내가 사는 캐나다에서 지역 광고의 힘을 보여 주는 사례를 소개했으니, 다음으로 문화에 따라 결정되는 두 가지 광고 카피 요소, 즉 색깔에 담긴 의미와 언어 사용에 대한 논의로 넘어간다.

색상에 담긴 의미

색상은 포장, 브랜딩, 광고 등 마케팅에서 폭넓게 사용된다. 대부분의 사람은 코카콜라와 펩시가 각각 빨간색, 파란색과 연관되는 것을 쉽게 안다. 색을 사용해서 우리의 감정을 강하게 끌어당기거나(색채를 사용해서 분위기를 조성할 때), 인지적 연관성(금색은 명망, 빨간색은 열정과 연관된다)을 끌어낼 수 있다. 크리스마스는 빨간색과 녹색, 발렌타인데이는 빨간색, 핼러윈은 주황색과 검은색처럼, 색은 문화 특유의 명절과 연관되며, 이 모든 명절은 선물을 주는 의미를 담고 있다.

우리는 일반적으로 파란색은 남성성, 분홍색은 여성성을 나타낸다고 여긴다. 이런 색깔에 담긴 의미는 북미에서 매우 흔하기 때문에 성 사회화의 상징(파란색은 남아용, 분홍색은 여아용)이 되었다. 하지만 네덜란드에서 파란색은 여성스러움을 나타낸다.[33] 이탈리아 최정상 리그에서 뛰고 있는 프로 축구팀 팔레르모는 분홍색 유니폼으로 유명하다. 그러므로 글로벌 광고를 진행할 때는 어떤 색에 담긴 의미나 색상 선호가 보편적 인지 고유한지 확인하는 것이다.[34]

색상의 중요성은 특정 색을 활용해서 의미를 전달하는 관용구의 수 에서도 잘 드러난다. 아래 표와 같이 영어를 예로 들어 보겠다.

영문	직역	의역
seeing red	붉게 물든	몹시 화를 내다
green with envy	부러움으로 푸르게	몹시 샘을 내다
tickled pink	간지럽힌 핑크색	무척 기쁘다
feeling blue	새파랗게 질린	기분이 울적하다
clear as black and white	검은색과 흰색으로 선명한	흑백처럼 명백하다
black sheep of the family	집안의 검은 양	집안의 골칫덩어리
the company is in the red (or black)	그 회사는 빨간색(혹은 검은색) 안에 있다	적자(혹은 흑자)가 나다
calling someone out of the blue	파란색으로 전화를 걸다	난데없이
painting the town red	마을을 붉게 칠하기	낭비하며 놀다
telling a white lie	흰 거짓말 하기	선의의 거짓말을 하다
being yellow-bellied	배가 누렇다	겁쟁이가 되다
having a heart of gold	황금 같은 마음을 가지고	착한 심성을 지녔다
black comedies	검은색 코미디	블랙 코미디
once in a blue moon	한 번 파란 달에	극히 드물게
having a green thumb	녹색 엄지손가락을 가지고	화초 재배가 적성에 맞다
being red in the face	얼굴이 빨개지다	얼굴이 빨개지다
red tape	빨간 테이프	불필요한 요식

영문	직역	의역
red carpet treatment	빨간 카펫 취급	정중한 대우
pink slip	핑크 슬립	해고 통지서
white flag	백기	(항복을 표시하는) 백기

당연하겠지만 이런 색상과 관련되는 관용구들은 언어에 따라 다르며 다른 언어로 번역하기 어렵다. 예를 들어 골칫덩어리는 영어로는 '검은 양black sheep'이지만, 러시아어로는 '하얀 까마귀white crow'이다. 게다가, '검은 양black sheep'은 일반적으로 따돌림받는 사람을 의미하지만, 이탈리아에서는 독립을 상징한다.35 퀘벡 프랑스어에서 '마 블롱드ma blond'(직역하면 '나의 금발'로 번역됨)는 '내 여자 친구'를 의미하는데 여자 친구가 갈색 머리여도 마찬가지다. 이 경우에는 '블롱드'가 모든 인종과 모든 머리 색상의 여자 친구를 가리키는 데 사용된다.

색상은 종종 한 나라의 국기를 통해 국가 정체성의 상징이 되기도 한다. 대부분의 사람은 캐나다 국기와 일본 국기(빨간색과 흰색) 또는 미국과 프랑스의 국기(빨간색, 흰색, 파란색)에 사용된 색상을 말할 수 있을 것이다. 회사도 때때로 특정 색상과 강하게 연관된다.

일반적으로 사용되는 '우량 기업'은 재무적 기반이 튼튼하고 평판이 좋은 회사를 가리킨다. 미국 오하이오주에 본사를 둔 다국적 기업 오웬스 코닝은 핑크팬더가 마스코트인 절연 제품에 사용하는 'PINK(대문자로 표기함)'라는 색상 상표를 등록했다. IBM은 빅 블루Big Blue라는 별명으로 알려져 있다. 국제 화물 운송을 주로 취급하는 세계적인 기업 UPS는 최근 광고 슬로건인 '브라운Brown이 무엇을 도와드릴까요?'에 사용된 갈색과 관련이 있다. NBC의 로고인 다채로운 색상의 공작 이미지는 역사적인 텔레비전 아이콘이다.

유럽과 북미에서 이동통신 서비스를 제공하는 T-모바일은 통신업계 내에서는 소비자들이 자홍색 하면 즉각 자사를 떠올릴 것이라는 논리를 내세워 자홍색에 대한 상표를 등록했다. 기업 브랜딩의 일부로 색깔을 사용하는 가장 유명한 두 가지 사례는 베네통의 의류 브랜드와 라이프 세이버스의 다채로운 색상의 캔디가 있다. 또한 오늘날 무지개 깃발은 동성애에 친화적인 지역임을 표시하는 보편적인 상징이다.

색상에 담긴 의미가 문화에 따라 많이 다르긴 하지만, 색상에 대한 일부 반응은 보편적이라는 증거가 있다. 예를 들어 파란색은 사람들이 보편적으로 선호하는 색이다. 다만 이런 선호가 우리의 생물학에 뿌리를 두고 있는지는 불분명하다.[36] 빨간색과 연관된 여성의 매력을 평가할 때 남성들이 보여 주는 선천적인 성향을 가리키는 '빨간색 효과'도 다시 떠올려 보라.[37] 여기서 빨간색은 이성 간 구애의 한 수단으로 작용하지만, 동성 간 경쟁에서는 별개의 선천적인 반응을 일으킨다.

올림픽에서 투기 종목에 참가하는 선수들에게는 무작위로 파란색이나 빨간색을 입도록 지정한다. 이론적으로는 이것이 어느 한 선수가 경기에서 이길 가능성에 어떤 영향도 주지 않는다. 하지만 2004년 올림픽 경기 분석 결과에 따르면 빨간색 옷을 입은 사람들이 이길 확률이 훨씬 높았으며, 특히 두 명의 선수가 기량이 거의 같을 때 더욱 그랬다.[38]

이 분석 결과를 내놓은 저자들은 빨간색이 일반적으로 많은 종에서 더 높은 테스토스테론 수치와 연관되며, 지배력과 공격성을 나타내는 정직한 지표 역할을 한다고 주장했다. 에티오피아 고원지대에서 발견된 수컷 겔라

다개코원숭이는 가슴에 있는 붉은 반점으로 자신의 적응도를 경쟁자들에게 알린다. 이 반점이 더 붉은 수컷은 많은 사회적·생식적 혜택을 누린다.[39]

따라서, 빨간색이 사람들에게 어떻게 영향을 미치는지 규명할 때 이성 간 구애인지, 아니면 동성 간 경쟁인지 평가의 맥락을 구별하는 것이 중요하다. 이와 같은 맥락에서, 빨간색은 종종 고급 스포츠카의 색깔로 사용된다(빨간색 페라리가 대표적이다). 선명한 색상은 시선을 사로잡고 주의를 끄는 가장 중요한 수단이다. 밝은 노란색과 같은 '튀는' 색상의 페라리가 존재하는 이유다.

차 주인은 사람들이 맵시 있는 디자인이나 윙윙거리는 엔진 소리에는 관심이 없더라도 최소한 보기 싫은 색상으로라도 주의를 끌겠다고 하는 것 같다. 고급 스포츠카를 모는 과시적 소비행위의 일환으로 밝고 선명한 색상을 사용하는 것은 인간의 보편적 특성일 가능성이 크다.

언어 사고

언어 사고Mishap는 글로벌 광고에서 흔히 일어나는 문제이다. 이 주제를 다룬 대부분의 책은 다른 언어의 프리즘으로 볼 때 당혹스러운 브랜드명뿐만 아니라 잘못 번역된 슬로건의—비극적이라고 표현할 정도는 아닐지라도—우스운 사례들을 많이 제공한다.

예를 들어 내가 사는 몬트리올처럼 두 가지 언어를 사용하는 사회에서 샴푸 '퍼트Pert'는 문제의 소지가 다분하다. 프랑스어로 '뻬르트pert'는 '손실'을 의미하기 때문이다. 프랑스어를 주로 사용하는 환경에서는 이 샴푸가 탈모를 연상시킬 수 있다. 영국인들이 '겁을 먹고 그만두다to chicken out'와 같은 뜻으로 쓰는 '겁에 질려 포기하다to bottle out'라는 말을 이해하는 미국인은 거의 없을 것이다. 이런 언어 사고를 막는 방법은 역^譯번역, 즉 한 사람이 A언어에서 B언어로 번역하고, 다른 사람이 B언어에서 다시 A언어로 번역하게 하는 것이다. 번역이 정확하다면 처음 시작했던 슬로건과 거의 비슷해야 한다. 문제는 편의성과 비용 문제로 인해 일방적인 번역만 해서 때로 당혹스러운 결과를 낳는다는 점이다.

언어 사고는 소비자 만족도 조사 같은 다른 마케팅 관련 맥락에서도 발생할 수 있다. 25개 언어를 사용하는 국가에서 호텔 체인을 운영한다고 가정해 보자. 특정 언어의 독특한 관용구를 적절하게 번역해서 25개 언어로 설문지를 만드는 것은 어려울 것이다.

이런 언어의 함정을 극복하기 위해 홀리데이 인은 한때 고객 만족도를 평가할 때 행복한 표정, 중립적인 표정, 슬픈 표정 중에서 선택하는 '그림 문자' 만족도 조사를 실시했다(그림 2 참조). 실제 홀리데이 인에서 사용한 이미지에는 미간을 찌푸릴 때 생기는 주름도 그려 넣어 세 표정의 감정을 실감 나게 표현했다. 이 회사는 이런 이미지들을 여러 문화적 환경에서 활용할 수 있었다.

심리학자 폴 에크만이 처음으로 증명했듯이, 분노, 혐오, 두려움, 슬픔, 행복, 놀람 등 여섯 가지 기본 감정들은 대개 비슷하게 얼굴에 나타나기 때문이다. 이는 특정 감정을 보편적인 표정과 연결하는 것은 잘못된 것이라고 끈질기게(그리고 부정확하게) 주장해 온 일부 문화 상대주의자들의 입장과는 극명한 대조를 이룬다.

이와 비슷한 맥락으로 점포를 찾는 고객들에게 행복하고 요란하게 인사해야 하는 많은 소매점 직원의 꾸며낸 미소에서는 부자연스러움이 은연중에 드러난다.

이때 진정한 미소와 꾸민 미소를 구별해 내는 소비자의 능력은 진화된 보편적 능력이다. 비록 언어적 전통은 문화에 따라 다를지라도, 비언어적 신호를 탐지하는 능력은 우리의 공통된 생물학적 유산의 일부이다.

그림 2. 이러한 행복한, 중립적인, 슬픈 표정 이모티콘은 보편적으로 이해하기 쉽다.

결론

지난 80년 동안 광고 분야에서 지역 광고 대 글로벌 광고의 논쟁은 명확한 해결책도 없이 격렬하게 이어져 왔다. 다양한 문화 환경에 적용할 수 있는 단일 광고를 만드는 것이 최선일까, 아니면 항상 개별 문화에 맞게 광고를 맞춤 제작해야 할까? 진화심리학은 문화 특유의 요소와 보편적으로 공유하는 요소를 식별하는 데 필요한 틀을 제공하므로 이런 논쟁을 해결하는 데 도움이 될 수 있다.

예를 들어 색에 담긴 의미와 관용구는 문화적으로 얽혀 있지만, 성적 자극, 대칭적인 얼굴의 광고 모델, 굵고 나직한 목소리를 가진 남성 광고 모델 등 특정 시각적 이미지와 소리에 대한 타고난 무조건적 반응은 보편적으로 비슷하다. 또한, 일부 광고는 문화적 환경에 따라 효과가 다를 수 있지만(비교 광고의 필요성 등), 다른 광고 효과는 보편적으로 유사하다(공포 소구 등).

8장

희망 때문에 산다

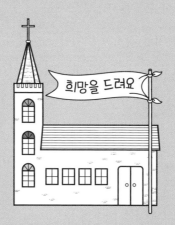

희망을 드려요

희망은 간사한 꾀보다 더 많은 사람을 속인다.

마르키스 드 보브나르그 후작[1], 프랑스 윤리학자·수필가

《병에 담긴 희망》

미국 역사학자 캐시 페이스의 저서[2]

마케팅과 종교는 비슷한 점이 많으며

둘 사이의 경계가 점점 모호해지고 있다.

마라 아인슈타인[3], 뉴욕 시립대학교 퀸스 칼리지 미디어학 교수

노화, 사망, 일부일처제 관계에서 발생할 수 있는 성적 권태, 아이들이 선천적인 능력 차이를 가지고 태어난다는 사실 등 받아들이기 어려운 생물학적 현실이 많다. 많은 문화적 산물과 사상은 이런 현실이 존재하지 않는 것처럼 우리를 설득하려고 한다. 종교는 우리에게 불멸을 약속한다. 화장품은 우리에게 영원한 젊음과 아름다움이라는 덧없는 매력을 판다. 사회적 구성주의는 우리가 모두 같은 잠재력을 가지고 태어났으며, 환경이 우리의 발전을 방해하고 우리의 '깨끗한' 백지상태의 마음을 어지럽히는 것일 뿐이라고 우리를 설득한다.

자기계발서들은 영원히 뜨거운 일부일처제의 부부관계, 영원한 정력, 여성의 무한한 오르가슴, 흠잡을 데 없는 육아, 날씬한 몸매, 인기, 그리고 끊임없이 돈줄을 만들어 내는 능력 등을 보장한다. 많은 자기계발서가 흔히 베스트셀러 목록에 오른다.

어떤 의미에서 인간은 모르는 게 약이라는 망상 속에서 삶을 헤쳐 나가기 위해 자신을 기만하는 능력을 진화해 왔다. 흥미롭게도 우울증을 겪는 사람들은 이런 망상에 시달리지 않는 유일한 사람들이다. 요컨대 약속을 파는 상인들(화장품 회사, 전도사, 자기계발서 저자 등)이 생존과 짝짓기, 가족 관계, 그리고 우정과 관련된 우리의 가장 기본적인 진화적 두려움을 달래려 한다.

희망은 삶의 활력소이자 우리가 수많은 목표를 추구하면서 앞으로 나아가게 하는 원동력이다. 희망을 잃으면 어떤 것도 감당하기 어렵다. 교도소에서든, 병원에서든, 일상생활에서든 희망을 잃은 사람들 혹은 비관적인 사람들은 건강이 나쁠 가능성이 더 크다.[4] 일반적으로 낙천적이고 희망에 가득 찬 사람들은 인생의 시련과 고난을 더 잘 헤쳐 나갈 수 있다. 따라서 희망은 다양한 상인들이 대중에게 '파는' 가치 있는 상품이다.

대다수 사람들은 종교적 서사, 광고, 또는 자기계발서에 담긴 희망적인 메시지에 영향을 받기 쉽다. 동시에 소수의 사람은 이런 메시지의 본질적인 이중성을 잘 간파한다.따라서 이들은 희망 상인들의 주장에 대항하는 방법을 마련한다. 리처드 도킨스, 대니얼 데닛, 샘 해리스, 크리스토퍼 히친스 등 무신론의 대표 주자들은 종교적 서사의 광기를 밝혀낸다. 문화적으로 조작된 이미지를 파헤치는 문화 방해 조직들[5]은 기업의 끊임없는 탐욕과 기업 광고의 이면에 숨겨진 거짓말을 조명한다. 진화학자들은 인간은 모두 백지상태의 마음을 가지고 태어나며 환경만이 삶의 개별적인 결과를 만든다는 희망적인 주장이 틀렸다는 것을 거듭 입증한다.

하지만 희망팔이가 횡행하는 여러 분야에 합리성을 불어넣으려는 바람직한 많은 시도에도 불구하고 대부분의 사람은 쉽게 희망적 메시지의 희생양이 된다.

종교는 역사상 최고의 상품

상품으로서 종교의 힘은 부인할 수 없다. 멜 깁슨이 감독한 2004년 영화 〈패션 오브 크라이스트〉는 극장 상영과 DVD 판매로 10억 달러를 벌어들였다. 도서 판매 시장에서 네 번째로 큰 범주를 이루는 종교·영성 서적은 2004년에만 1만 4천 권이 발간되었다. 텔레비전의 종교 채널도 10개가 넘는다(TBN, God TV 등). 2002년에 기독교 음악과 복음 성가는 8억 4500만 달러의 매출을 올렸다. 미국 복음주의 기독교 목사 릭 워렌이 쓴 《목적이 이끄는 삶》은 2500만 부나 팔렸다.[6] 조엘 오스틴의 설교는 전 세계 수백만 명의 청중에게 방송된다. 역대 최고 베스트셀러는 성경이다. 미국 대통령 후보들이 유권자들의 표심을 얻기 위해서는 신앙심을 보여야 한다. 종교는 팔린다. 무신론자들은 출마할 필요가 없다. 종교에는 마케터들이 꿈꾸는 상품이 될 만한 독특한 속성이 있다.

첫째, 종교는 불멸이라는 최고의 판매 포인트를 갖고 있다. 햇빛이나 노화로 인한 피부 손상을 되돌린다는 것이 피부 크림의 판매 포인트라면, 종교는 판매 요소의 할아버지 격이라고 할 수 있는 것, 즉, 불멸을 제공한다. 누구라도 사고 싶은 발명품이다.

둘째, 종교는 브랜드 충성도를 자자손손 창출한다. 예컨대 맥$_{Mac}$을 사용하고 펩시를 마시고 마쓰다 자동차를 모는 부모의 제품 선호가 자녀에게 거의 그대로 대물림되는 것을 상상해 보라. 종교에 대한 대를 이은 브랜드 충성도를 조금이라도 따라갈 만한 제품은 없다. 사람들의 종교는 거의 언제나 부모의 종교와 같다. 아이들은 기독교도나 유대교도, 이슬람교도로 태어나는 것이 아니다. 이들은 문화적으로 부모의 종교를 주입받는다.

셋째, 종교는 브랜드 충성도를 평생 촉진한다. 배교자들에게 사회적으로 엄청난 경멸을 퍼붓거나, 최악의 경우 사형을 선고하거나 지옥에 떨어진다는 저주를 내림으로써 다양성의 추구를 포기하게 만든다. 이런 식으로 브랜드 충성도를 유지할 수밖에 없게 만든다.

넷째, 종교는 갓 태어난 아기들도 겨냥할 수 있는 유일한 상품이라는 점이다. 많은 서구 국가에서 기업이 특정 나이 이하의 어린이들에게 직접 광고하는 것은 불법이다. 법정 나이는 문화적 환경에 따라 다르지만, 대부분의 사람은 광고를 통해 아이들을 조종하거나 설득하는 것이 아이들에게 특히 치명적인 영향을 줄 수 있다는 데 동의한다. 아동에 대한 광고 반대론자들은 '어린아이들은 이런 설득에 맞서 방어할 인지 능력이 없으므로 규제와 법을 도입해서 아이들을 보호해야 한다'고 주장한다. 여기서 잠깐 생각해 보자. 특정 서구 국가에서 기업들은 아이들에게 시리얼, 장난감, 껌을 광고할 수 없다. 하지만 부모들이 갓 태어난 아이들에게 자신들의 종교 교리를 주입하는 것은 완벽하게 합법적이고 윤리적이며 도덕적이다. 광고를 통해 아이들이 맥도날드 음식을 좋아하게 하는 것은 '악'이지만, 아이들에게 이성적이고 과학적인 원리와 상반되는 청동기 시대의 미신을 가르치는 것은 그렇지 않다. 나는 아이들에게 종교적인 메시지를 주입하는 것은 아동학대와 같다고 하는 도킨스의 말에 전적으로 동의한다.

이 네 가지 특성들을 보면, 마케터들이 종교를 지금까지 고안된 상품 중 가장 '완벽한' 상품으로 꼽을 만하다.[7] 하지만 종교는 사람의 마음에 기생하는 측면에서 많은 강점을 가지고 있다. 내가 이 글을 쓰는 시점에 토요타는 유례없는 위기를 맞고 있다. 최근 출시한 몇 개 모델이 운전하기에 안전하지 않다고 판명되어 이 회사는 수십만 대의 자동차를 리콜해야 했다. 종교를 제외한 모든 제품은 심지어 평판이 좋고 덕망 있는 회사 제품이라 할지라도 실패할 수 있다. 하지만 종교는 모든 발명품 중에서 가장 '결함이 많다'는 사실을 암시하는 방대한 증거가 있음에도 여전히 사람들을 사로잡고 있다. 왜 신은 네 살 아이를 백혈병으로 죽게 했을까? 신은 가장 사랑하는 사람들을 하늘나라에서 자신과 함께하도록 부르기 때문이다. 그러면 왜 다른 네 살 아이는 백혈병이 완쾌되었을까? 신은 순수하고 순결한 사람을 보호하기 때문이다. 왜 신은 홀로코스트가 일어나게 내버려뒀을까? 신이 스스로 선택한 백성들에게 화가 나서 그들을 외면했기 때문이다. 왜 히틀러는 '유대 민족 말살'에 성공하지 못했을까? 신은 그가 선택한 사람들을 사랑하기 때문이다. 이런 동어 반복은 끝이 없다. 결함이 발견되면 시장에서 회수해야 하는 다른 상품과 달리 종교 상인들은 실패할 가능성이 없는 상품을 팔고 있다.

2010년에 아이티를 강타한 지진은 사망자만 10만 명이 훨씬 넘고 수많은 부상자와 이재민을 낳은 파괴적인 재난이었다. 이런 재난이 모든 인간을 사랑하고 보호해 주는 자애로운 신에 대한 아이티인들의 믿음을 흔들어 놓으리라 생각할 수도 있다. 하지만 재난 이후 신을 믿는 이들의 믿음이 더 커진 것으로 나타났다. 며칠간 산 채로 묻혔다가 잔해 속에서 구조된 한 여성의 모습이 생생하게 기억난다. 구조되던 순간 그녀는 자신을 구해준 예수를 찬양하며 열광적으로 찬송가를 불렀다. 하지만 안타깝게도 신은 너무 바빠서 나머지 수십만 명의 목숨은 구할 수 없었다. 인간의 나르시시즘은 정말 끝이 없다.

종교의 강력한 매력 중 하나는 '우리 대 그들'이라는 프리즘을 통해 세상을 보는 우리의 뿌리 깊은 진화적 욕구를 교묘하게 이용한다는 것이다. 제5장에서 논의한 바와 같이, 연합적 사고는 우리의 타고난 심리의 일부이다. 세상에는 유대인과 비유대인, 이슬람교도(신자)와 이교도(신앙심이 없는 자), 기독교인과 구원받지 못하는 자, 신앙인(유대교도, 기독교도, 이슬람교도)과 무신론자가 있다. 말할 필요도 없이 이런 '이분법'은 좀 더 세분화해서 적용할 수 있다. 이슬람교도는 시아파와 수니파로 나뉜다. 유대교도는 사제 계급(코헨과 레위)과 이스라엘 부족(평민), 스페인·북아프리카계 유대인인 세파르디 유대인과 중부와 동부 유럽 유대인의 후손인 아슈케나지 유대인, 정교회와 기타 분파(재건주의, 개혁주의, 보수주의), 신비주의적으로 유대교를 이해하려고 하는 하시드파 대 율법을 고수하는 태도를 보이는 미트나그딤파(이들은 원래 서로 결혼을 못 한다)로 나뉘고, 세파르디 유대인 공동체 내에서는 중동계 유대인들(동양계 유대인들 또는 미즈라히 유대인들)과 북아프리카계 유대인들, 시온주의자 대 비非시온주의자, 정교회 개종자 대 비非정교회 개종자(이는 엄격한 유대교 율법에 따르면 허용될 수 없음), 모태 유대교도 대 개종자, 흑인 유대교도(팔라샤인, 예멘계, 인도계) 대 백인 유대교도 등으로 나뉜다.

이런 부족 의식은 아랍 문화에도 만연하다. 일부 아랍인들은 '신앙심 없는' 미국인의 도움을 받아 독재 정권의 고통으로부터 해방되기보다는 '자신들의' 독재자에게 짓밟히는 것을 더 선호한다(이들은 "사담 후

세인 정권하에서는 적어도 평화는 있었다"라고 말한다). 이들의 생각으로는 자신들을 해방해 준 다른 사람들의 지배를 받으며 사는 것보다 '자신들의' 독재자에게 고통받는 것이 낫다. 이는 가장 순수한 형태의 부족주의이다(중동 출신인 나로서는 이를 잘 이해한다). 미국 소설가 레온 유리스가 그의 저서 《하지》에서 이런 사고방식을 잘 표현했다.

나는 아홉 살이 되기 전에 아랍식 삶의 기본 원칙을 배웠다. 이 원칙이란 내가 내 형제와 맞서고, 나와 내 형제는 아버지와 맞서고, 우리 가족은 사촌과 그 일족과 맞서고, 우리 씨족은 부족과 맞서고, 우리 부족은 세상과 맞서는 것이었다. 그리고 우리는 모두 이단자들과 맞선다.[8]

사람들은 왜 종교에 끌릴까

릭키 제바이스와 제니퍼 가너가 주연한 2009년 미국 로맨틱 코미디 영화 〈거짓말의 발명〉은 지금까지 아무런 거짓 없이 존재했던 세상에서 거짓말의 힘을 처음으로 발견한 남자의 이야기이다. 사람들이 자신들의 생각을 모두 여과 없이 나누는 세상을 그려 보라. 모든 사람이 비밀이 없다. 모든 대화는 완전한 진실에 뿌리를 두고 있다. 어떤 가식도, 여과도, 사소한 거짓말도, 과장도 없다. 이런 정직한 세상에서 유일한 거짓말쟁이인 마크 벨리슨(제바이스가 연기한 영화 속 인물)은 순식간에 세상을 지배한다. 돈이 필요하면 은행 창구 직원에게 현재 시스템에 표시되는 것보다 더 많은 돈이 계좌에 들어 있다고 말하면 된다. 창구 직원은 거짓말이라는 개념을 모르기 때문에 요구하는 금액을 아무 의심 없이 내준다. 섹스하고 싶다면 아름다운 여성에게 세상을 구하기 위해 당신과 섹스해야 한다고 말하면 된다. 그녀의 세상에는 거짓이 존재하지 않기 때문에 기꺼이 허락할 것이다. 어머니가 임종을 앞두고 죽음에 대한 두려움에 사로잡혀 있다면 거대한 저택에서 사랑하는 모든 이와 다시 모여 사는 영원한 내세 이야기를 지어내면 된다. 어머니는 거짓말의 존재를 모르기 때문에 이런 내세를 생각하면서 충분히 위로받으며 편안하게 죽음을 맞이할 것이다.

성경의 원죄와 대비되는 최초의 거짓말을 한 마크는 이제 종교 교리를 세우기에 좋은 지위에 있다. 그가 어머니에게 들려준 내세 이야기에 대한 소문이 퍼지면서 그의 독특한 지식에 대한 자초지종을 듣기 위해 사람들이 구름처럼 모여든다. 그는 사람들이 내세로 들어가기를 원한다면 지켜야 할 규칙이 담긴 두 개의 피자 상자를 들고 군중들 앞에 나타난다(모세가 십계명이 새겨진 석판을 들고 나타난 것에 대한 희극적인 비유다). 청중들이 구체적인 질문 공세를 퍼붓자, 그는 하늘에서 사람들의 일거수일투족을 모두 지켜보는 사람이 있다는 등의 이야기를 즉석에서 꾸며낸다. 다시 말하지만, 그가 이 세상에서 거짓말을 할 수 있는 유일한 사람이라는 사실이 중요하다. 그러므로 모든 사람이 그가 지어낸 이야기를 완전히, 그리고 무조건 받아들인다. 이제 사람들은 종교를 가지게 되었다. 이 이야기는 희극적이기는 하지만, 종교의 기원에 대한 통찰력 있는 해석이다.

인간은 죽음에 대한 인식으로 인해 존재에 관한 불안을 겪는 유일한 종이다. 로버트 새폴스키는 자신의 저서 《스트레스》에서 동물들은 일반적으로 스트레스에 즉각적인 반응을 보인다고 주장한다.[9] 얼룩말은 평소 아프리카 사바나 지역에서 많은 위험한 포식자들에게 둘러싸인 자신의 존재론적 문제에 대해 고민하지 않는다. 일상적으로 지내다가 위협을 받았을 때만 달아난다. 불행히도 우리 인간은 커다란 두뇌를 가진 단점으로 인해 가까운 미래의 보고 싶지 않은 진실을 생각하는 능력을 갖추게 되었다. 물론 미래에 닥칠 일 중에서 죽음에 대한 인식만큼 우리를 괴롭히는 것은 없다. 만약 콜레스테롤 수치가 높으면 병원에서 콜레스테롤 억제제를 처방받아 지질 농도를 조절하면 된다. 하지만 불멸의 존재가 되거나 먼저 죽은 사랑하는 사람들과 재회하기 위해 복용할 수 있는 약은 없다. 우리의 죽음을 해결하는 물리적인 약은 없다. 하지만 이미 존재론적이자 영적인 약은 존재한다. '종교'라고 불리는 약이다.

마이클 셔머는 2002년에 출간하여 베스트셀러가 된《왜 사람들은 이상한 것을 믿는가》에서 인간은 패턴을 추구한다고 주장한다.[10] 다시 말해서 인간에게는 진화한 지능의 부산물로서 패턴을 파악해서 세상에 의미를 부여하려는 타고난 욕구가 있다는 것이다. 많은 경우에 패턴은 환상에 불과하지만, 그래도 세상은 더 질서 있게 보일 때 이해하기 쉬우므로 위로가 된다.

최근 친한 친구가 이런 패턴을 통해 의미를 찾으려는 우리의 타고난 욕구를 잘 말해 주는 이야기를 들려주었다. 그는 얼마 전에 오랫동안 보지 못했던 옛 친구의 꿈을 꿨다. 그러고 나서 하루나 이틀 후 그는 우연히 마주칠 일이 거의 없는 곳에서 그 친구와 마주쳤다. 이 일에 대해 그는 어떤 우주적인 힘이 작용한다고 생각하는 것 같았다. 그렇지 않고서야 어떻게 이런 일이 일어날 수 있느냐는 것이다. 하지만 그는 자신이 알고 있는 누군가의 꿈을 꾸고 얼마 뒤에 우연히 마주치지 않은 경위가 얼마나 되는지는 헤아리지 못했다.

내 친구의 판단 착오는 바로 자기 기도가 이루어진다고 믿는 메커니즘에서 비롯된 것이다. 예를 들어 한 여성이 어느 해에 천 가지 소원을 빌었는데 그중 한 가지가 이뤄졌다고 가정해 보자. 할렐루야! 그녀는 신이 자신의 기도에 응답한 것으로 여긴다. 신이 나머지 999개 소원은 무시했는데도 말이다. 이는 "내가 깜박 잊고 우산을 챙기지 않았을 때만 늘 비가 와."라는 생각과 비슷하다. 우산을 챙기지 않았을 때 비가 온 경우가 다섯 번 일어났다고 가정해 보자. 우리 뇌는 각 사건을 '사례화 instantiation' 해서 사례로 코드화한다. 하지만 이 과정에서 무시되는 다른 세 가지 관련 사건들이 있다. 즉, 비가 오고 우산이 있었던 때, 비가 오지 않고 우산이 있었던 때, 비가 오지 않고 우산이 없었던 때이다. 요컨대 가능한 네 가지 사건을 모두 고려해야만 원래의 사건 빈도를 올바른 관점에서 바라볼 수 있다.

종교적 예언을 하는 사람들을 포함한 예언자들은 무작위적인 사건에서 패턴을 읽는 인간 정신의 무한한 능력을 이용한다. 내 고모 중 한 사람은 컵에 남은 커피 얼룩을 읽어서 미래를 점치는 이른바 찻잎 점 tasseography이라고 불리는 능력을 갖춘 것으로 알려졌다. 사람들은 독실한 가톨릭 신자들이 교황의 말씀에 귀 기울이듯 고모의 점괘를 경청한다. 고모는 "당신의 미래에 즐거운 일이 있을 거예요."처럼 별 의미 없는 일반적인 말을 한다. 변비에 걸린 사람에게는 장 운동이 활발해지면 즐거운 일이 될 수 있다. 좋아하는 축구팀이 다음 경기에서 이긴다면 이 또한 즐거운 일이 될 수 있다. 부부가 몇 주 만에 성관계하게 된다면 이것도 즐거운 일이 될 수 있다. 고모의 '예언'이 실현될 방법은 무한하다. 고모는 당신이 승진해서 연봉이 15% 오르고 애틀랜타로 전근 가게 될 것이라는 식의 구체적인 예언을 하지 않는다. 구체성은 심령술의 진정한 적이다. 꾸며 낸 이야기라 할지라도 믿어서 전혀 해로운 것이 없다고 생각하는 독자들이 있을 수 있다. 하지만 나는 이런 독자들에게 이 사실을 상기시켜 주고 싶다. 과거에 군부 통치자들이 그랬던 것처럼, 로널드 레이건 대통령이 몇몇 결정을 내리기 전에 영부인 낸시 레이건이 점성술사와 상담했다는 사실을 말이다.

죽음에 대한 존재론적 불안과 거대한 패턴의 인지를 통해 우주적 의미를 찾으려는 우리의 욕망이 결합해서 종교는 항상 인간 조건의 일부로 남게 된다.[11] 지성과 교육만이 종교의 세뇌에 맞서는 데 효과적인 유일한 예방 접종이다. 지난 80년 동안 많은 연구에서 사람들의 지성과 신앙심 사이에 음(−)의 상관관계가 존재한다는 사실이 거듭 밝혀졌다. 이런 상관관계는 국가 수준에서도 존재한다. 즉, 국가별 신앙심과 지능 지수 사이에도 음의 상관관계가 존재한다. 무신론자가 가장 많은 직업 집단이 학자일 것이다. 이는 학자들의 지능지수가 높다는 점에 비추어 볼 때 지성과 신앙심 사이의 음의 상관관계를 거듭 말해 준다. 마지막으로, 저명한 과학자들일수록 신앙을 가질 확률은 낮다.[12] 심지어 학계 내에서도 학문적 명성으로 신앙심의 정도를 구분할 수 있다. 이 모든 사실을 종합해 보면 신은 계속해서 인간사에서 중요한 역할을 할 것이다. 이는 신이 실제로 존재하기 때문이 아니라, 수많은 사람의 마음속에 계속 존재할 것이기 때문이다.

진화심리학을 이용한 종교의 상업적 활동

최근에 나는 텔레비전 전도사 돈 스튜어트의 설교 프로그램을 보았다. 그의 설교를 보고 개인적으로 상업 광고 같다고 느꼈다. 그는 시청자들에게 자신의 '녹색 번영 손수건GPH, Green Prosperity Handkerchief(그가 웹사이트에 내건 슬로건은 '희망의 선물'이다)'이 기도에 대한 응답을 듣는 데 도움을 줄 것이라고 약속한다. 과정이 어떻게 진행되는지 잘 모르지만, 스튜어트가 직접 축복하고 성수를 바른 녹색 번영 손수건을 보내 줄 것이다. 이 징표는 사람들의 기도가 이루어지게 하는 신성한 도구이다. 그는 심지어 녹색 번영 손수건이 효험이 있음을 증명하는 몇 가지 증언도 확보하고 있다. 이 수법은 '번영신학'으로 알려진 영적 운동의 하나다. 대강의 요지는 신은 자기를 믿는 사람에게 보상을 내린다는 것이다. 즉, 당신이 신께 기도를 드리면 신이 기도에 응답하고 믿음에 보답하리라는 것이다. 항상 남부 캘리포니아로 이사가고 싶었던 나는 녹색 번영 손수건이 '약속의 땅'으로 가는 티켓이 될지 진심으로 궁금하다.

미국 보수 복음주의 기독교 방송 CBN의 간판 프로그램 〈700클럽〉의 진행자 팻 로버트슨 목사는 이 원칙을 '상호주의 법칙'이라고 주장했다. 즉, 신에게 재물을 바치면 신도 당신에게 보상을 내릴 것이며, 이는 되갚음의 가장 신성한 예시라는 것이다. 물론 이런 거래는 기독교 텔레비전 전도사들에게만 국한되는 것은 아니다. 이런 사기극은 하나같이 순진하고 어수룩한 사람들을 속여 돈을 사취하는 면에서 여러 가지 다양한 형태지만 하나같이 악랄하기 그지없다.

그레이터 미니스트리스 인터내셔널 교회와 애리조나 침례재단 각각 누적 5억 달러 이상의 절도 행각으로 이어진 종교에 기반을 둔 친밀감을 이용한 신용 사기는 폰지Ponzi 사기극(피라미드 방식의 다단계형 금융 사기)의 극치를 이룬다.[13] 사기꾼들은 순진한 교구민들을 속이기 위해 몇 가지 다윈의 메커니즘을 활용한다.

우선, 이들은 내집단 구성원을 대상으로 사람들의 선천적인 연합적 사고(우리 대 그들)를 자극시켜 사기 행각을 벌인다. 외부인들은 정직하지 않고 믿을 수 없을지도 모르지만, 우리 교회 신도들은 믿을 수 있는 훌륭한 사람들이라고 생각하기 쉽다. 요컨대 사람들은 내집단 구성원을 더 신뢰하고 외집단 구성원을 더 의심한다. 신탁의 궁극적인 전달자는 내집단의 리더, 즉 목사가 아니라 신이다. 따라서 "믿는 자는 모두 복을 받는다(시편 2장 12절)." 종교에 기반을 둔 친밀감을 이용한 대부분의 사기는 이런 종교적 맥락 안에서 교구민들의 믿음을 악용한다. 즉, 모든 인지적·정서적 경계심이 완전히 무너지지는 않더라도 약해져서 사기꾼들에게 속수무책으로 당하게 된다.

사기꾼들이 진화론을 악용하는 두 번째 방법은 앞에서 언급했듯이 상호주의 이야기를 활용하는 것이다. 그레이터 미니스트리스 인터내셔널 교회의 폰지 사기극에서는 "주라, 그러면 너희가 받을 것이다"라는 누가복음 6장 38절을 자주 언급했다. 진화적으로 안정된 상호주의 전략을 종교 교리로 재포장해서 신도들의 돈을 사취하는 데 교묘하게 활용한다.

종교의 무오류성 딜레마

기록상 세계 종교는 대략 1만 개 정도다.[14] 이런 종교들의 교리는 일부 문제에 대해서는 비슷한 점이 많다. 하지만 서로 완전히 모순되는 점도 많다. 1만 개의 종교가 모두 진리임을 주장하면서도 수많은 주제에 대해 서로 모순된다면, 누군가는 틀렸거나 심지어 거짓말을 하는 것이 분명하다. 내가 종교를 믿는 사람들에게 이 수수께끼 같은 문제를 설명해 보라고 하면 보통 이들은 나를 혐오스럽고 믿을 수 없다는 듯이 쳐다보며 이렇게 대답한다. "내 종교는 계시된 진리이다. 따라서 내 종교는 올바른 종교일 수밖에 없다." 하지만 '내가 옳으니 내가 옳다'는 논리는 반박할 수 없다. 이런 반응을 보이는 사람들은 동어 반복과 순환 논리의 오류를 논하는 철학 수업을 빼먹었을 것이다.

외계인 목성 씨Mr. Jupiter가 지구로 이주하기로 했다고 잠시 가정해 보자. 그는 즉시 종교가 인간 경험의 매우 강력한 요소라는 사실을 깨닫는다. 인간 사회에 하루빨리 동화되기를 바라는 그는 1만 개의 종교 중에서 단 하나의 참된 종교를 찾아 나선다. 〈스타트렉〉의 스팍Spock처럼 매우 합리적인 존재인 그는 첫 단계로 몇 가지 근본적인 질문에 대한 답을 찾기로 한다. 그는 몇 가지 음식과 관련된 기본적인 문제부터 시작한다. 즉, 술을 마셔도 되는지(그는 레드 와인을 좋아한다), 게살을 먹어도 되는지, 새우 칵테일을 먹어도 되는지, 아니면 얇게 썬 프로슈토prosciutto(향신료가 많이 든 이탈리아 햄)를 즐길 수 있는지 알아본다. 그는 진정한 신이 누구냐에 따라 각 질문에 대한 답이 다르다는 사실을 알고 깜짝 놀란다. 그는 계속해서 성생활과 로맨틱한 관계에 대한 몇 가지 질문을 던진다. 여기에는 자위행위가 허용되는지, 혼전 섹스가 허용되는지, 아내는 몇 명을 둘 수 있는지, 이혼할 수 있는지와 할 수 있다면 하기 쉬운지, 동성애에 대한 처벌은 어떤지 등이 포함된다. 이번에도 각각의 질문에 대한 답이 진정한 신이 누구냐에 따라 달라서 목성 씨는 극도로 혼란스러워한다.

그런 다음 그는 특정 일상 활동에 관한 종교적 규범에 대해 질문하기 시작한다. 음악을 들을 수 있는지, 토요일에 텔레비전이나 컴퓨터, DVD 플레이어를 켜도 되는지, 만약 세균성 폐렴에 걸리면 처방 약을 먹을 수 있는지, 결혼할 멋진 지구인 여자 친구의 복장에 대한 신성한 규칙이 있는지, 태어난 아기에게 할례를 해야 할 신성한 의무가 있는지, 지구에 와서 이탈리아제 가죽신을 좋아하게 되었는데 이를 항상 신을 수 있는지 아니면 신을 수 없는 날이 있는지, 기도하려고 할 때 중요한 좌표에 대한 자신의 위치를 알아야 하는지, 최근에 〈마이애미 잉크〉라는 TV 프로그램을 보고 문신하는 것이 재미있으리라 생각했는데 문신이 허용되는지, 나사NASA에서 새로운 일을 시작한 그는 동료 중 일부가 자신의 승진을 방해하려 한다는 사실을 알게 되었는데 그도 똑같이 복수해야 하는지, 아니면 다른 쪽 뺨마저 내밀어야 하는지 등이다. 이번에도 각각의 질문에 대한 답은 누가 진정한 신이냐에 달려 있다.

몇 가지 세속적인 문제들을 확인하면서 혼란에 빠진 목성 씨는 신학적 문제에 집중하기로 한다. 확실히 신학에서는 여러 신앙 체계의 종교적 계율이 어느 정도 수렴하는 부분이 있을 것이다. 그는 가장 근본적인 신학적 질문으로 시작한다. 진정한 신은 하나인가, 아니면 여러 신이 있는가? 태양과 달, 특정한 강, 또는 특정한 동물들을 신성하다고 여기는가? 우리는 지금 메시아가 나타나기를 기다리는 것일까, 아니면 그가 이미 나타난 것일까? 하나님께서는 이 세상에 자신을 대변하는 대리인을 뒀을까? 다른 행성에는 영혼이 살고 있을까? 순례는 신성한 의무인가? 다른 신앙을 가진 사람들은 하나의 진정한 신앙으로 개종해야 하는가? 진화는 과학적 사실일까, 아니면 우주의 창조자인 진정한 유일신의 존재를 부인하는 무신론자들이 꾸며 낸 음모일까? 각각의 질문에 대한 답은 전적으로 누가 진정한 유일신이냐에 달려 있다.

마지막으로 목성 씨는 가장 근본적인 실존적 문제에 도전하기로 한다. 이는 내가 '사람들이 종교를 믿게 하는 진화론적 핵심 동인'이라 주장한 문제이기도 하다. 바로 '죽음에 대한 두려움'이다. 목성 씨는 다양한 종교적인 설명들이 말 그대로 이 '삶과 죽음의 문제'에 대해 최소한 의견이 일치하긴 하는지 알아보기 위해, 죽음에 관한 일련의 질문을 던지기로 결심한다. 만약 삶이 견딜 수 없게 된다면 자살해도 되는가? 자살한 사람은 지옥에 가는가? 좀 더 일반적으로 지옥은 실제로 존재하는가? 환생은 확실히 가능한 일인가? 목성 씨는 돌아가신 사랑하는 조상들이 지옥에서 썩어 간다는 생각이 싫다. 조상들이 천국에 빨리 들어갈 수 있게 하는 면죄부를 살 수 있는가? 은퇴를 대비해서 돈을 저축해야 하는가, 아니면 아마겟돈이 머지않았는가? 지구 종말이 오는가? 모든 종교를 완전히 터무니없는 생각이라고 결론을 내린 후 무신론자가 되면 지옥행 확정인 걸까(물론 유일신이 존재한다고 가정할 때)?

마지막 결단을 앞둔 목성 씨는 자신이 선택한 종교에 가입하기가 쉬울지 혹은 어려울지, 언젠가 자신이 선택한 종교를 떠나기로 할 때 어떤 영향이 있을지 궁금하다. 목성 씨는 이번에도 이런 질문에 대한 답이 진정한 신이 누구냐에 전적으로 달려 있음을 알고 절망한다. 악마는 디테

일에 있다고 하는데 신도 그런 것 같다.

과거에 나는 내 〈사이콜로지 투데이Psychology Today〉 블로그에 '유일하게 진정한 종교를 찾는 것은 혼란스러울 수 있다'라는 제목의 글을 올렸다. 이 글에서 나는 위에서 든 많은 예를 언급했다. 지금까지 이 글을 읽은 2400여 명의 독자 중 내가 열거한 명백한 모순에 대해 반박해 온 사람은 아무도 없다. 다만 신앙심이 깊은 한 사람이 내게 사적인 이메일을 보내왔다. 이 이메일에서 그는 종교적 계율들의 터무니없는 무작위성과 모순된 본질을 보면 신의 존재를 의심할 만하다고 인정했다. 하지만 그는 자신의 신앙 체계에 의문을 품지는 않았다. 이번에도 종교의 무오류성은 또다시 그 추한 머리를 쳐들었다.

종교에 의한 참사

종교가 지금까지 인간이 고안해 낸 상품 중 가장 '완벽한' 상품의 속성을 지니고 있다는 점에서 실로 마케터들의 꿈이라 할 수 있다. 그렇다고 해서 종교의 밈플렉스memeplex(관련 밈의 집합)를 암묵적으로 인정하는 것은 아니다. 역사적으로 정확하게 추산하기는 어렵지만, 종교 분쟁으로 인한 사망자 수는 확실히 수억 명이 넘을 것이다. 종교가 가한 불행은 단순히 사망자 수로 측정되는 것이 아니다. 종교는 가장 은밀하게 인간의 마음에 기생한다. 종교는 사람들에게 이성, 논리, 증거 따위는 무시하는 것이 바람직하다고 가르친다. 종교는 사람들을 미신과 동화 속에 가둬 놓고 인간 정신을 초기 발달 단계에 머물게 한다. 히친스의 통렬한 표현을 빌리면 종교는 인간을 '천상의 독재자들'에게 영원히 구속되게 한다. 종교는 레바논 내전, 최근 발칸 반도 분쟁, 이라크의 종파 간 분쟁 등에서 목격하듯이 가까운 이웃을 적으로 만든다. 참담한 결과를 초래하는 종교의 영향력은 실로 무한하다. 물론 종교는 또한 사람들이 도덕적이고 이타적이며 친절하게 행동하도록 할 수 있다. 하지만 히친스가 거듭 지적했듯이 무신론자들도 이런 행동을 얼마든지 할 수 있다. 사실 나는 히친스보다 더 나아가 고결하게 행동하는 무신론자들이 종교적 계율 때문에 마지못해 그런 식으로 행동하는 신앙인들보다 훨씬 더 경건하다고 생각한다.

나는 종교가 먼 미래에 닥칠 죽음의 문제를 '해결'한다는 주장에 관한 논의로 이 단락을 시작했다. 때로 사람들은 예상보다 일찍 죽음을 마주하게 된다. 백혈병에 걸린 어린아이나 유방암에 걸린 젊은 여성을 생각해 보라. 모든 희망의 원천이 없어지면 절망이 찾아온다. 이런 절박한 상황은 돌팔이 의사들에게 더없이 좋은 기회를 제공한다. 이것이 지금부터 다룰 주제다.

종교를 이용한 사이비 의학

19세기 미국에서 시작된 기독교 종파인 여호와의 증인은 수혈을 금지하는 엄격한 종교적 계율이 있다. 따라서 이 종파에 속한 아이들이 백혈병에 걸리면 사형 선고를 받은 것과 같다. 역시 기독교 종파의 하나인 크리스천 사이언스를 믿는 일부 신봉자들도 병을 치료하는 문제는 하나님의 손에 맡겨야 한다는 믿음에 따라 자녀들에 대한 모든 의학적 치료를 거부한다. 이들은 기도만으로 병을 고칠 수 있다고 생각한다. 이처럼 종교적 밈플렉스의 힘은 너무나 강력해서 우리의 가장 기본적인 진화적 동인, 즉 생존 본능과 혈족 보호 본능마저 압도한다. 사이비 의학이 반드시 특정 종교적 전통에 뿌리를 두고 있는 것은 아니다. 하지만 중심 교리는 대개 오류가 없는 열렬한 믿음의 형태를 취한다("아로마테라피는 효과가 있다. 그러므로 더는 논의할 필요가 없다."라는 식의 믿음). 많은 종교인이 그렇듯이 특정 사이비 의학 신봉자들은 자신들의 신앙 체계를 시험하는 것을 용납하지 않는다. 사이비 의학의 효과는 종교적 교리와 마찬가지로 진실한 것으로 간주한다. 따라서 과학적 검증은 필요 없고, 효과가 있다는 믿음만 가지면 된다는 것이다.

2007년에 미국인들은 다양한 보완 및 대체 의학CAM, Complementary and Alternative Medicine 운동에 뿌리를 둔 제품과 서비스에 339억 달러를 썼다.[15] 이 설문조사에서는 '명망 있는' 보완 대체 의료 활동만을 고려했다. 실제 수치는 이 추정치보다 훨씬 높다. 수많은 형태의 의학적 속임수가 있지만, 두 가지 사례만 간단히 설명하겠다. 큐레이Q-Ray 팔찌와 동양의 기 치료와 비슷한 접촉 요법이라는 것이다.

큐레이 팔찌는 이온과 에너지 흐름에 기반을 둔 대체 의료 요법의 한 형태로 판매된다. 이 팔찌는 각종 질환의 치료제로 팔리는데, 그중 하나가 에너지 흐름(음과 양)의 균형 잡기를 통해 통증을 완화해 주는 것이다. 한 과학자 단체가 큐레이 팔찌로 인한 통증 완화 효과가 있다면 플라시보 효과보다 큰지 알아보는 과학적 실험을 통해 이런 주장을 검증했다(피실험자에게 플라시보 팔찌를 착용하도록 해서 측정함). 예상대로 큐레이 팔찌는 플라시보 효과와 같은 통증 완화 효과를 보였다(즉, 효과가 없었다).[16] 이 실험 결과는 이 제품이 완전히 사이비 의료기기라는 것을 증명할 만하다. FDA가 인증한 약물의 효능 시험에서도 같은 결과가 나왔다면 이런 결론을 내렸을 것이기 때문이다. 하지만 큐레이 신봉자들은 이런 과학적 연구 결과를 해명하기 위해 터무니없는 이유를 횡설수설 늘어놓았다. 그중에서 내가 가장 좋아하는 변명은 팔찌가 기의 흐름을 믿는 사람들에게만 효능이 있다는 것과, 팔찌의 효능에 대한 과학적 테스트가 기의 흐름을 바꿔 놓았다는 것이다. 분명히 효능을 믿지 않는 과학자들과 실험 참가자들이 팔찌에 '나쁜 기'를 불어넣는 바람에 팔찌의 기적적인 효과가 사라졌다는 것이다.

1998년 에밀리 로사는 미국 의학 협회 저널에 11세의 나이로 논문을 발표한 최연소자가 되었다. 에밀리는 치료사가 환자 몸의 아픈 부위에 손을 대는 것만으로 통증을 누그러뜨리는 에너지 파장이 전해진다는 접촉요법에 대해 들었다. 그리고 4학년 과학 프로젝트의 일환으로 접촉요법의 핵심 주장 중 하나를 검증하는 간단하면서 기발한 실험을 고안했다. 치료사가 칸막이 사이로 손을 집어넣으면 에밀리가 치료사의 오른손이나 왼손 위에 그녀의 손을 올려놓고 어느 쪽에서 자신의 에너지 파장이 느껴지는지, 즉 에밀리의 손이 오른손 위에 있는지 왼손 위에 있는지 물어보는 방식이었다. 무작위로 추측하면 50%의 기본 점수를 얻을 수 있다. 접촉요법 치료 경험이 1년에서 27년까지 다양한 치료사 21명이 실험에 참여했다. 그리고 280번의 실험에서 치료사들이 얻은 적중률은 우연히 얻을 수 있는 적중률보다 훨씬 낮은 44%였다. 앞에서도 언급한 대로 이런 터무니없는 행위에 대한 논박을 당하면 이런 대체 요법은 믿는 사람에게만 효능이 있다거나 실험 조건이 본질적으로 절차를 방해한다는 둥 전형적인 변명을 늘어놓는다. 논리적으로 이런 사이비 의학은 과학의 기본 요건인 반증이 불가능하다(칼 포퍼의 반증 원칙Karl Poppe's Falsification Principle).

에밀리의 실험에서 얻는 중요한 교훈은 이 실험이 과학적 방법에 내재된 민주적인 원칙을 생생하게 보여 준다는 것이다. 열한 살짜리 아이를 포함해서 누구나 과학적 활동에 참여할 수 있다. 종교적 '진리'와는 대조적으로 과학에는 권위주의적인 주장("나는 랍비, 목사 혹은 이맘imam—이슬람교에서 예배를 인도하는 성직자—이며, 따라서 신의 뜻을 안다"는 식의 주장)이 없다. 하지만 유감스럽게도 접촉요법이나 다른 수많은 사이비 의료행위를 포함한 이런 '대체' 의학 요법은 매혹적이다. 사람들의 가장 기본적인 진화적 본능, 즉 생존의 절박한 필요성을 건드리기 때문이다. 일부 독자들은 코미디언 앤디 카우프먼이 자기 몸에서 종양을 제거하기 위한 마지막 노력으로 '심령 수술'을 받기 위해 필리핀을 방문했던 일을 기억할지도 모른다. 이 여행에서 돌아오자마자 카우프먼은 그의 병에 굴복하고 말았다(관심 있는 독자들은 사이비 의료 행위에 대해 믿기 어려울 정도로 풍부한 정보를 제공하는 사이트(http://quackwatch.org)를 참조하기를 바란다)[17].

적응은 자연 선택(생존) 또는 성 선택(짝짓기)을 통해 일어난다는 점을 기억하라. 종교와 사이비 의학은 주로 불멸의 존재가 되고 싶은 우리의 뿌리 깊은 생존 본능에 영합한다. 나는 다음으로 짝짓기 시장에서 우리의 상대적 지위에 맞춘 희망팔이의 한 형태에 대해 언급하겠다. 이 상술은 우리가 모두 우리만의 독특한 방식으로 똑같이 멋지고 성적 매력이 있다는 확신을 심어 준다.

미인은 언제나 옳다

2000년대 진행되었던 도브의 '진정한 아름다움을 위한 캠페인Cam-paign for Real Beauty'은 매우 성공적이었다. 이 캠페인의 핵심 주제는 아름다움이 사회적 구성이며 아름다움의 보편적인 지표는 존재하지 않는다는 것이다. 그러면서 다음과 같은 희망을 주는 메시지를 전한다. "당신의 얼굴이나 몸매가 완벽하지 않을 수도 있지만, 걱정할 필요 없다. 아름다움의 척도는 자의적이며 당신은 당신만의 방식으로 아름답다." 이는 잠재 고객의 무너지기 쉬운 자존감을 보호한다는 측면에서 훌륭한 메시지다.

분명히 희망의 메시지는 다양한 환경에서 효과를 발휘한다. 어쨌든 버락 오바마는 어느 정도는 희망의 메시지 덕분에 대선에서 승리하고 노벨 평화상도 수상했다(그의 저서 중 하나는 《담대한 희망》이라는 시의적절한 제목이다). 프랑스 황제 나폴레옹 보나파르트는 "리더는 희망을 파는 사람이다"라고 희망을 정확하게 표현했다. 하지만 희망의 메시지들은 거의 객관적인 현실에 뿌리를 두고 있지 않다. 바람직함에 대한 보편적 지표는 존재하며 자의적인 사회적 구성물이 아니다. 다른 모든 조건이 같으면 여성들은 실직한 잡역부보다 사회적 지위가 높은 남성을 더 선호한다. 남성들은 일반적으로 폐경기가 지난 여성보다 젊은 여성을 선호한다. 키 작고 뚱뚱한 남성들보다 이목구비가 뚜렷하고 키 크고 탄력 있는 몸매의 남성들이 더 매력적으로 보인다. 비대칭의 얼굴에 눈이 작고 여드름 흉터가 있는 여성보다 대칭적인 얼굴에 눈이 크고 맑은 피부를 가진 여성이 더 아름답다는 평가를 받는다. 높은 콧소리를 내는 남성보다 굵고 거친 목소리를 가진 남성이 섹시하다는 평가를 받는다. 스칼렛 요한슨처럼 적절한 부위에 지방이 축적된 여성들은 구소련 시대의 지나치게 남성적인 체형을 가진 동독 여자 수영 선수들보다 섹시하다는 평가를 받는다. 어떤 이들에게는 이런 말들이 불편할 수도 있지만, 엄연한 사실이다.

물론 광고주들은 우리에게 희망을 판다. 이들이 하는 일은 우리에게 추한 진실을 알리는 일이 아니다. 이들은 우리가 모두 독특하고 다른 방식으로 똑같이 아름답다고 생각하도록 우리를 부추긴다. 이런 이중성은 1975년 레브론을 설립한 찰스 레브슨의 "우리는 공장에서 화장품을 만들고, 가게에서는 희망을 판다."라는 명언에 잘 표현되어 있다.[18]

1991년에 출판된 작가이자 사회비평가인 나오미 울프의 《무엇이 아름다움을 강요하는가》는 큰 성공을 거둔 책이다. 이 책에서 울프는 아름다움의 보편적인 기준 같은 것은 없다고 주장한다. 오히려 미의 신화는 가부장제 사회에서 여성들이 외모에 집착하고 자의적인 미의 기준을 따르도록 '강제'함으로써 여성에 대한 통제력을 유지하려는 최후의 발악으로 본다. 이는 끝없는 동성 간 경쟁에 뛰어들어야 하는 여성들에게 불안감을 조성하고, 이 모든 것은 가부장제 사회가 여성에 대한 통제권을 유지할 수 있도록 해 준다. 이 음모론적 메시지는 '가부장적이고 보편적인 미의 척도'를 따르지 않았을지도 모를 많은 여성에게 확실히 희망적인 메시지다. 하지만 이는 현실과 완전히 동떨어진 망상에 지나지 않는다.

거듭 강조하지만, 보편적인 아름다움의 지표가 존재하는 것은 엄연한 사실이다.[19] 물론 사람들은 다양한 모습과 체형의 남녀와 사랑에 빠지지만, 비대칭적인 사람을 대칭적인 사람보다 더 매력적이라고 평가하는 문화는 아직 발견하지 못했다. 다양한 인종의 사람들 사진을 보여주며 누가 아름다워 보이는지 물어보면 사람들의 답변은 거의 일치한다. 이를테면 서구 미디어의 이미지에 노출되지 않았을 아마존 오지의 야노마미족 사람들도 미인의 기준에 대해 뉴욕 시민들과 생각이 완전히 일치할 것이다. 사회화 이전 발달 단계에 있는 유아들은 많은 얼굴 사진 중에서 가장 아름다운 얼굴을 가장 오래 바라본다.[20] 아직 사회화할 인지 능력이 없음이 분명한 유아기에 이미 이런 선호를 가지게 사회화됐다고 주장하기는 어렵다. 수천 년에 걸쳐 다양한 문화 환경에서 유래한 많은 문화유산에서도 여성의 아름다움을 비슷하게 묘사하고 있다 (맑고 깨끗한 피부, 큰 눈, 윤기 나는 머릿결, 대칭적인 얼굴 등). 다양한 문화와 여러 시대에 걸쳐 동일한 미의 보편적 기준이 존재하는 것과 남성들이 아름다운 여성의 얼굴 이미지를 볼 때 뇌의 쾌락 중추(측좌핵)가 활성화되는 것은 우연이 아니다.[21]

그렇다면 이런 사실은 문화가 아름다움의 정의와 무관함을 의미할까? 미화 의식beautification ritual은 전 세계적으로 매우 다르다. 에티오피아의 수르마족과 무르시족 여성들은 커다란 입술 판을 입술에 끼운다. 미얀마의 카렌족과 파다웅족 여성들은 목을 길게 늘인다. 나이지리아의 니브족과 요루바족 여성들은 몸에 흉터를 낸다. 옛 중국에서는 여성들이 발을 묶는 전족 풍습이 있었다. 아름다움의 많은 양상이 사회적으로 구성된다는 사실은 다른 많은 양상이 실제로 보편적으로 정의된다는 사실과 별개의 문제다. 입술 판은 특정 문화에 특유한 미의 지표일 수 있다. 하지만 얼굴의 대칭성과 관련된 아름다움은 그렇지 않다.

어떤 사람들은 여성의 외모에 더 큰 가치를 부여하는 것은 특정 문화의 성차별적 관행이라고 주장한다. 하지만 어떤 문화에서는 남성들이 다양한 미화 의식을 치른다. 서아프리카 니제르의 우다베족 남성들이 게레올 축제의 필수 요소로서 치르는 미화 의식은 이런 의식의 가장 화려하고 생생한 예를 보여 준다.[22] 마오리족 남성들은 전통적으로 얼굴에 문신을 새겼으며, 파푸아뉴기니 남성들은 성인식 의례로 몸에 상처를 냈다. 남성들도 자기 몸을 꾸민다는 사실은 놀라운 일이 아니다(현대 서구 사회에서 패션과 외모에 많은 관심을 보이는 남성을 일컫는 메트로섹슈얼이 부상했다). 하지만 이런 사실은 지금까지 알려진 모든 사회에서 여성의 아름다움에 더 큰 가치를 부여한다는 사실에서 벗어나지 않는다. 여담이지만, 많은 경우에 남성의 '미화' 의식은 사실 심미적인 아름다움과 거리가 멀고, 전사의 지위를 알리거나 어엿한 남성이 되기 위한 통과의례로 치르는 것이다. 이런 의미에서 이 의식은 단순히 심미적인 아름다움의 척도 역할을 하기보다 더 높은 사회적 지위 등 여성들이 가치 있게 여기는 속성들을 알리기 위한 것이다.

아름다움은 사회적 구성물이라는 주문은 우리의 미적 불안을 달래 주는 희망의 메시지이다. 하지만 사람들은 다른 형태의 자기 회의에 끝없이 빠진다. 내 영혼의 짝을 찾을 수 있을까? 나는 훌륭한 부모일까? 나는 좋은 애인일까? 더 많은 친구를 사귀고, 더 나은 섹스를 하고, 더 많은 보수를 받는 직업을 가지고, 투자자로 성공하는 비결이 있을까? 자기계발 전문가들은 종교적 열정에 버금가는 확신과 믿음을 가진 소비자들에게 자신들이 쓴 책을 사기만 하면 모든 삶의 문제가 해결될 것이라고 약속한다.

자기계발 전문가의 제단에 기도하기

최근 미네소타주 상원의원에 당선된 알 프랑켄이 연기한 스튜어트 스몰리는 미국 TV 코미디 및 버라이어티 쇼 〈새터데이 나이트 라이브〉에 단골로 출연하는 캐릭터로 12단계 단주 프로그램과 이와 관련한 자기 긍정 주문에 중독된 것으로 유명한 인물이다. 숀 윌리엄 스콧과 존 라일리가 주연한 2008년 코미디 영화 〈더 프로모션The Promotion〉은 곧 문을 열 슈퍼마켓의 매니저 자리를 놓고 경쟁하는 두 남자 이야기를 그렸다. 영화 속에서 라일리가 연기한 인물은 무의미하고 따분한 말만 늘어놓는 자기계발 테이프를 듣는다. 이 두 가지 사례는 자기계발 주문이 미국인의 의식에 어느 정도 스며들었는지를 잘 보여 준다.

자기계발서는 가장 성공적인 책 장르 중 하나이다. 2003년에만 4000권에 가까운 자기계발서가 새로 출판되었다.[23] 일반적으로 소비자들은 자기계발(2008년 120억 달러로 추정됨)[24]과 웰니스wellness, 즉 행복하고 건강한 삶(2010년 1조 달러로 추정됨)[25]을 추구하는 무한한 욕구를 가졌다. 이런 다양한 '희망' 상품은 모두 진화적으로 중요한 보편적 관심사에 대한 구체적인 해결책을 약속한다. 인기를 끄는 상담 코너가 그 예다. 자아실현이 모든 욕구의 전형이라는 에이브러햄 매슬로의 주장과는 달리 자기계발서는 대부분 존재의 자아실현을 위한 해결책을 팔지 않는다. 이들은 내가 거듭 언급했던 네 가지 핵심 진화적 동인, 즉 생존, 짝짓기, 혈족, 상호주의에 주로 초점을 맞춘다. 이런 책의 예는 다음과 같다.

《영원히 여성스럽게Forever Feminine》

《남성의 폐경기Male Menopause》

《뜨거운 일부일처제: 화끈한 결혼생활 만들기Red—Hot Monogamy: Making Your Marriage Sizzle》

《평생 한 사람과 섹스하면서 그것을 즐기는 법How to Make Love to the Same Person for the Rest of Your Life and Still... Love It》

《매일 온갖 방법으로 매번 오르가슴 느끼기: 여성의 성적 쾌락을 위한 가이드Orgasm Every Day Every Way Every Time: A Woman's Guide to Sexual Pleasure》

《자신을 위한 중매인이 되라: 완벽한 짝을 유혹하는 8가지 쉬운 단계Become Your Own Matchmaker: 8 Easy Steps for Attracting Your Perfect Mate》

《뚱뚱해도 돼! 왜냐고? 당신의 몸집에 대해 사과할 필요는 없으니까Fat! So? Because You Don't Have to Apologize for Your Size》

《생각을 다이어트 하라The Beck Diet Solution: Train Your Brain to Think Like a Thin Person》

《당신의 체형에 맞게 먹어라: 건강하게 더 오래 살면서 이상적인 체중을 달성하는 맞춤형 다이어트 해법Eat Right 4 Your Type: The Individualized Diet Solution to Staying Healthy, Living Longer & Achieving Your Ideal Weight》

《신 부모의 힘New Parent Power!》

《1-2-3 마법: 2~12세 아동을 위한 효과적인 훈육법1-2-3 Magic: Effective Discipline for Children 2-12》

《데일 카네기 인간관계론How to Win Friends and Influence People》

《놓치고 싶지 않은 나의 꿈 나의 인생Think & Grow Rich》

《시크릿The Secret》

《끌어당김의 법칙Law of Attraction》

첫 두 권의 책《영원히 여성스럽게》와《남성의 폐경기》는 각각 영원한 여성성과 남성성을 약속한다. 말할 필요도 없이 이 판매 요소는 실현이 불가능하다. 하지만 이는 오랫동안 젊고 건강하게 살고 싶은 우리의 욕구를 채워 주기 때문에 우리는 기꺼이 현실을 외면한다. 영원한 여성성과 남성성은 끝없는 종교적 서사가 전하는 불멸의 약속과 같다.

다음 두 권의 책인《뜨거운 일부일처제: 화끈한 결혼생활 만들기》와《평생 한 사람과 섹스하면서 그것을 즐기는 법》은 일부일처제 부부관계에서 성적 흥분을 유지하는 비결을 다루고 있다. 쿨리지 효과Coolidge Effect는 인간을 포함한 다양한 종의 수컷에게서 두드러지는 성적 다양성 추구 성향을 가리킨다. 이는 여성들이 성적 다양성을 원하지 않는다는 것을 의미하지도, 남성들이 일부일처제의 결합에 충실할 수 있는 도덕적 자제력이 없다는 것을 의미하지도 않는다. 다만 쿨리지 효과는 성관계 초기에 일어나는 성적 흥분은 영원히 유지될 수 없음을 말해 준다. 2만 명의 여자와 잔 것으로 알려진(내가 계산을 해 봤지만, 실제로 그렇게 많은 여성과 잤을 가능성은 매우 희박해 보인다) 윌트 체임벌린은 자신의 성적 위업에 관해 묻자, 2만 명의 여자와 자는 것보다 한 여자와 2만 번 자는 것이 훨씬 힘들다고 말했다고 한다. 나는 그가 한 말이 자기 성적 정복 행위에 대한 도덕적 자기비판이며, 따라서 그는 일부일처제의 미덕을 암묵적으로 인정한 것으로 생각한다. 하지만 내 느낌에는 그가 무의식적으로 더 심오한 의미를 전달한 것 같다. 구체적으로 말하면 같은 여자한테 2만 번이나 성적으로 흥분할 수 있다는 것은 정말 정력이 좋은 남자임을 뜻한다. 그렇지 않으면 쿨리지 효과에 따라 훨씬 더 일찍 싫증이 나서 새로운 섹스 파트너를 찾아 나서야 하기 때문이다. 참고로 애슐리 매디슨은 잠깐 외도를 원하는 기혼자들의 욕망을 채워 주는 온라인 데이트 서비스다. 이곳의 대표적인 슬로건 중 하나는 '한 사람과의 잠자리Monogamy가 단조로움Monotony으로 바뀔 때'이다.

다음 두 책《매일 온갖 방법으로 매번 오르가슴 느끼기: 여성의 성적 쾌락을 위한 가이드》와《자신을 위한 중매인이 되라: 완벽한 짝을 유혹하는 8가지 쉬운 단계》는 짝짓기와 관련해서 불가능한 두 가지 약속을 다루고 있다. 여성의 성생활을 기록한 모든 과학적 조사에서 여성들이 성관계에서 오르가슴을 경험하는 경우가 극히 드물다는 사실이 확인되었다. 사실 여성의 5~10%는 오르가슴을 느끼지 못하고, 여성의 3분의 1은 성교만으로는 오르가슴을 느끼지 못하거나 느끼는 경우가 드물고 오르가슴을 느끼기 위해서는 손이나 입으로 클리토리스를 자극해야 한다.[26] 따라서 매일 무한하게 오르가슴을 느낄 수 있다고 말하는 책은 모두 의심스럽다.

연인을 구하는 외로운 독신자들이나 불행한 결혼생활로 고통받는 이들의 수를 고려하면 완벽한 짝을 찾는 8단계 프로그램을 제공하는 책은 진정한 생명의 은인처럼 들린다. 그렇긴 하지만 이른바 완벽한 짝을 찾는 일반적인 비법은 없기 때문에 이 또한 의문의 여지가 있는 제안이다. 10년 전에 마지막으로 직업을 가졌고 육체적인 매력도 없고 성격도 따분한 실직 남성에게는 그와 함께 있어 주겠다는 모든 여성이 완벽한 짝일 것이다. 하지만 마틴 루서 킹 목사의 웅변과 브래드 피트의 외모를 가진 키 큰 신경외과 의사는 선택의 폭이 훨씬 넓다. 보편적인 짝짓기 선호가 있는 것은 변함없는 사실이지만, 우리의 독특한 현실(우리 자신의 짝짓기 가치)에 따라 '완벽한 짝'의 정의가 다 다를 수 있다. 게다가 짝 선택과 사랑은 일반적으로 보완 과정이다. 다시 말해서 남성의 키가 작을 수도 있지만, 다른 가치 있는 속성(높은 지위와 유머 감각 등)으로 보완할 수 있다. 마찬가지로 남자들이 잠재적 배우자를 평가할 때 고려하는 많은 요소가 있다. 평범하게 생긴 여성도 다른 가치 있는 자질(다정한 성격, 사람을 끄는 매력 등)로 보완할 수 있다. 궁극적으로 우리가 항상 가장 예쁜 여자나 사회적 지위가 가장 높은 남자를 선택하는 것은 아닌 것처럼, 사랑에 빠지는 데는 신비로운 구석이 있다.

나는 얼마 전 일반인들 사이에서 뚱뚱한 사람들이 겪는 장애에 대한 인식을 높여서 비만에 대해 편향적인 사회적 태도를 바꾸려는 사회 운동인 '비만 받아들이기'에 관한 다큐멘터리를 보았다. 이 프로그램에서 180kg이 넘는 병적으로 비만인 한 여성이 수많은 단체 데이트 행사에서 남자들이 자신을 거부하는 것은 차별이라고 주장했다. 그녀는 남성들이 '마른 이상형'을 선호하도록 '사회화'되었고, 자기 내면의 아름다움을 보지 못한다고 느꼈다. 그녀는 자신도 사랑받을 권리가 있다고 거듭 강조했다. 이런 '친비만적인' 자기 긍정은 목록의 다음 책《뚱뚱해도 돼! 왜냐고? 당신의 몸집에 대해 사과할 필요는 없으니까》와 비만 수용 운동 추진 전국 협회National Association to Advance Fat Acceptance와 같은 단체들의 핵심 메시지를 전형적으로 보여 준다.[27] 놀랍게도 일부 과체중 여성들은 이른바 비만 숭배자로 불리는 남성들을 싫어한다. 단지 자신들의 큰 몸집 때문에 자신을 좋아하는 것을 모욕으로 느끼기 때문이다. 결론적으로 과체중인 여성에게 끌리지 않는 남성은 차별적이고 얄팍하며, 과체중인 여성들을 특별히 좋아하는 남성은 이들의 비만을 대상화한다는 것이다. 스코틀랜드 시인 월터 스콧 경은 1808년에 발표한 서사시 마미온에서 이런 유명한 말을 남겼다. "아, 처음 거짓말을 시작할 때 우리는 얼마나 얽히고설킨 거미줄을 짜는가." 이 말은 거짓말을 하거나 부정직한 행동을 하면 결국 통제할 수 없는 복잡한 문제를 일으키게 된다는 뜻이다. '비만 차별주의자'라는 비난을 받지 않도록 독자들에게 내가 지난 20년 동안 때로 20kg 이상 적정 몸무게를 넘어서면서 내 몸무게와 싸워 왔다는 사실을 고백한다.

95%에 가까운 사람들이 장기적인 다이어트 시도에 실패한다. 다이어트는 그만큼 어렵다. 뿌리치기 어려운 진화적 동인인 음식에 대한 사랑을 이겨 내야 하기 때문이다. 이런 힘든 도전을 마주할 때 다이어트에 관한 책들은 우리에게 필요한 죽음에 대한 종교적 '해결책'과 비슷한 희망의 메시지를 던진다. 비만—미국 사회를 괴롭히는—이 만연한 가운데 사람들은 허리둘레가 계속해서 늘어나는 것을 막는 만병통치약을 간절하게 구한다. 이런 현실은 다이어트 서적이 불티나게 팔리는 환경을 조성한다. 사실 열량 소비가 열량 섭취량보다 많으면 살은 빠지기 마련이다. 간단한 항상성(생체 내의 균형을 유지하려는 경향) 등식이다. 물론 개인차에 따라 열량의 손익분기점은 다르다. 예컨대 사람들은 부분적으로 체내 지방 분해를 촉진하는 렙틴 호르몬이 몸 안에서 어떻게 작용하느냐에 따라 기초대사량이 각기 달라진다. 그렇긴 하지만 다이어트 책은 해결책이 아니다.

다음 두 권의 책《신 부모의 힘》과《1-2-3 마법: 2~12세 아동을 위한 효과적인 훈육법》은 분명히 혈연 선택과 관련이 있는 양육에 관한 불안을 다루고 있다. 불안한 부모들에게 최적의 양육법이 있다고 설득하기는 쉽다. 자녀를 보살피는 모든 부모가 자녀에게 적절한 배려와 사랑을 베풀고 훈육하는 자신들의 능력을 걱정하기 때문이다. 여기서 근본적으로 잘못된 가정은 미국 소아청소년과 의사 벤저민 스폭이 퍼뜨린 가정이다. 즉, 사소한 부모의 결정조차도 아이의 삶에 중대한 영향을 지속해서 미칠 수 있다는 것이다. 일반적으로 말해서 스폭 박사가 주장하는 부모의 영향력은 그 중요성이 지나치게 과장되었다. 심리학자 주디스 해리스는 그녀의 저서《양육 가설》에서 부모가 아동 발달에 가장 중요한 요인이라는 이런 믿음을 비판하고, 이를 반박하는 증거들을 제시하고 있다. 또한 배려와 사랑이 담긴 일관된 훈육, 열린 대화 등 좋은 양육에 대한 몇 가지 확고한 규칙이 있기는 하지만, 마법 같은 비결은 없다. 교수들이 자신들의 지도 방식을 대학원생들의 독특한 성격과 요구에 맞춰야 하는 것과 마찬가지로 좋은 부모들은 아이들이 각자 특유한 양육이 필요한 고유한 인격체임을 인정한다. 만약 좋은 양육 비법이 있다면 단 하나의 공식을 모든 아이에게 천편일률적으로 적용하지 말라는 것이다.

마지막 네 권의 책《데일 카네기 인간관계론》,《놓치고 싶지 않은 나의 꿈 나의 인생》,《시크릿》,《끌어당김의 법칙》은 더 많은 친구와 더 많은 돈, 그리고 원하는 것은 무엇이든 얻는 능력을 약속한다. 하지만 이런 비결은 존재하지 않는다. 신新사상 신학New Thought Theology의 원리에 뿌리를 두고 있는 론다 번의 베스트셀러《시크릿》을 예로 들어 보자. 여기서 저자가 말하는 '비밀'은 이른바 '끌어당김의 법칙'에 바탕을 두고 있다. 기본적으로 의식적으로든 무의식적으로든 긍정적인 에너지("나는 빨간색 페라리를 가질 자격이 있다고 믿는다"라는 등의 암시)를 보내면 온 우주가 나서서 소원을 들어준다는 것이다. 이런 신사상 운동의 '권위자'를 자처하는 사람들은 이 과정이 정통 양자물리학의 원리를 바탕으로 한다고 주장함으로써 과학적 근거가 있는 '개념'으로 위장한다. 지금은 고인이 된 노벨물리학상 수상자 리처드 파인만은 "나는 아무도 양자역학을 이해하지 못한다고 자신 있게 말할 수 있다"라는 명언을 남겼다.[28] 이처럼 20세기 과학계의 거장 중 한 사람도 양자물리학은 매우 복잡해서 지식 수준이 높은 물리학자들조차 어려워한다고 말하는데, 어찌 된 일인지 뉴에이지New Age(현대 서구적 가치를 거부하고 영적 사상, 점성술 등에 기반을 둔 생활 방식과 관련된 운동)의 권위자들은 우리의 소원을 들어주는 양자물리학의 능력을 이해했다고 한다.

스티브 살레르노Steve Salerno는 자신의 저서 《사기: 자기계발 운동은 어떻게 미국을 무기력하게 했나Sham: How the Self-Help Movement Made America Helpless》에서 대체로 사기성이 농후하지만 아무런 규제도 받지 않는 자기계발 산업을 통렬하게 비판한다. 그는 날카로운 통찰력으로 자기계발에는 두 가지 근본적이고 때로는 모순되는 키워드가 있다고 지적한다. 즉, 피해자 의식victimhood과 자율권empowerment이 그것이다. 한 예로 어떤 환경적 요인이 당신의 잠재력을 충분히 발휘하지 못하게 방해한다는 메시지가 있다. 따라서 자기계발을 하려는 사람들이 자기 자신을 환경의 피해자로 보도록 부추긴다. 자율권과 관련해서 자기계발 권위자들은 인생 코치인 앤서니 라빈스의 좌우명 '네 안에 잠든 거인을 깨워라'처럼 누구나 자신의 꿈과 포부를 이룰 수 있으며, 이를 막을 수 있는 것은 아무것도 없다고 약속한다. 이들의 말에 따르면 우리의 모든 개인적인 목표는 분명히 우리가 도달할 수 있는 범위 안에 있고, 유일한 요건은 이런 목표를 추구할 내면의 힘을 찾는 것이다.

이 두 갈래 접근방식이 탁월한 점은 책임 소재가 모호해서 자기계발서나 DVD, 세미나에 터무니없이 많은 돈을 들인 후에도 자신의 목표를 달성하지 못한 것을 항상 자기계발 전문가가 아니라 개인 탓으로 돌릴 수 있다는 데 있다. 피해자의 지위에서 벗어나지 못했거나, 잠재력을 발휘하기 위해 충분히 노력하지 않아서라고 둘러댈 수 있기 때문이다. 신이 인간의 불행과 실패에 대해 잘못이 없는 것과 마찬가지로 자기계발 권위자는 어떤 비난도 받지 않는다. 많은 자기계발 권위자들이 자신들을 흠모하는 팬과 제자들에게 신격화된 인물로 추앙받는 것은 놀라운 일이 아니다.

신약은 식약처가 정한 매우 엄격한 절차를 거친 후 출시된다. 소비자들은 복용할 약이 약속하는 효능을 확신할 수 있어야 하며, 또한 있을 수 있는 모든 부작용에 대해서도 미리 고지되어야 한다. 하지만 대다수 자기계발 관련 조언들은, 처방전 없이 살 수 있는 시판약보다 사람의 삶에 실질적으로 심각한 부작용을 일으킬 수 있음에도 아무런 감독이나 제재를 받지 않는다. 이런 놀라운 현실이 지속될 수 있도록 하는 것은 자기계발 권위자들이 자신들의 진화적 두려움과 불안을 달래는 데 필요한 모든 삶의 비밀을 알고 있다는 종교적 신앙에 버금가는 절박한 소비자들의 믿음이다. 희망을 바라는 인간의 욕구는 결국 사기꾼들이 자기계발 사기를 계속 저지르게 만든다.

결론

　인간은 수많은 불안에 시달린다. 그중에서도 가장 강력한 것은 죽음, 사랑, 성, 양육, 다이어트, 건강, 지위, 사회적 영향 등 진화적으로 중요한 문제들에 관한 것이다. 따라서 수많은 희망팔이 상인이 역사적으로 이런 진화적 불안을 이용해서 믿음이 간절한 대중들에게 다양한 '실패할 염려가 없는' 해결책들을 팔아먹은 것은 놀라운 일이 아니다. 종교는 우리에게 영원산 삶을 보장한다. 화장품 회사들은 영원히 젊은 피부를 약속한다. 아름다움은 사회적 구성물이라는 주문은 우리가 모두 우리만의 방식으로 똑같이 아름답다고 주장한다. 뉴에이지 치료사들은 완벽한 치료법을 가지고 있다고 장담한다. 자기계발서는 모든 질병, 갈망, 욕구, 필요에 대한 해결책을 제시한다. 이 모든 약속 수단들은 종교와 같은 신앙 체계를 형성한다. 따라서 인간의 마음을 사로잡기 쉽고, 뿌리 뽑기도 매우 어렵다.

9장

사기 위해 산다

극히 가능성이 희박한 보상을 바라면서 비합리적인 일을 하는 것이
인간이다. 이는 복권, 데이트, 종교의 이면에 깔린 원칙이다.

스콧 애덤스, 연재만화 《딜버트》의 저자[1]

남자가 여자보다 합리적이라는 증거는 어디에도 없다.
남녀 모두 똑같이 비합리적인 것 같다.

앨버트 엘리스, 미국 심리학자[2]

비합리성의 합리성.

허먼 칸, 미국 핵 전략가이자 미래학자,
토머스 셀링, 미국 경제학자·노벨 경제학상 수상자[3]

인간이 오랜 진화 과정을 거쳐 만들어지고 적응해 온 생명체라면 왜 자신과 때로는 주변 사람들에게 해로운 결과를 초래하는 수많은 행동을 하는 걸까? 부적응적 소비가 존재하는 이유는 뭘까? 더 쉬운 말로, 왜 사람들은 명백히 비합리적인 행동을 할까? 이런 비합리적인 행동의 예로는 안전하지 않은 성행위, 지나친 일광욕, 섭식 장애, 병적인 비만을 초래하는 과식, 약물 오남용, 포르노 중독, 충동구매, 도박 중독, 그리고 '환경을 해치는' 생활 방식 등이 있다.

1장 끝부분에서 간단히 언급했듯이 대부분의 공공 정책 개입은 이런 부정적인 행동이 잘못된 사회화[4](미디어가 섭식 장애나 소아 비만을 유발한다는 모순된 전제) 또는 불완전한 정보 때문이라는 전제에서 이루어진다. 마치 소비자들에게 '적절하게' 행동하도록 가르치면 부적응적인 행동이 근절될 것처럼 여긴다. 지금부터 나는 이런 주장의 오류를 밝힌다. 예컨대 여성들은 남성들보다 지나친 일광욕의 부작용을 더 잘 알고 있지만, 훨씬 더 자주 한다.[5] 이런 선택은 정보 부족 때문이 아니다. 대부분의 많은 부적응적 행동이 문화적 환경이나 시대와 상관없이 강한 성별 특수성을 지닌다. 남성은 도박 중독, 포르노 중독 등에 빠지거나 기타 과도한 위험 감수 행동(난폭 운전 등)을 할 확률이 압도적으로 높고, 여성은 섭식 장애, 충동구매, 지나친 일광욕 등으로 고통받을 확률이 높다. 이런 장애 행동들은 잘못된 적응 과정에서 비롯된다. 따라서 잘못된 사회화와 불완전한 정보가 이런 나쁜 선택으로 이어진다는 사회적 구성주의의 주장과 달리 나는 이런 행동이 우리의 생물학에 뿌리를 두고 있다고 본다.

몇 년 전, 나는 한 학생에게서 인상적인 개인 일화를 들었다. 그는 장기 흡연의 폐해를 잘 알면서도 담배를 자주 피웠다. 하지만 그는 걱정스럽고 꺼림칙한 악영향에 관한 생각을 떨쳐 버리는 '확실한' 방법을 발견했다고 주장했다. 그것은 담배를 살 때마다 자신과 관계없는 경고 문구가 담긴 담배만 사는 것이었다. 이를테면 '임산부의 흡연은 태아 손상, 조산, 미숙아 출산으로 이어질 수 있다'라는 경고 문구가 적힌 담배만 사는 식이었다. 흡연과 심장병, 폐암, 발기부전이라는 경고문은 그에게 큰 부담으로 다가왔다. 하지만 흡연이 임산부와 아기에게 미치는 악영향은 자신과는 무관했다. 나는 이런 이야기를 나누는 학생의 솔직함뿐만 아니라 그의 노골적인 비합리성에도 놀랐다. 하지만 그는 마음이 훨씬 편해졌다고 주장했다. 내가 이 이야기를 소개하는 이유는 소비자들이 잘못된 행동을 하게 되는 것이 정보의 부족 때문인 경우가 드물다는 사실을 분명히 보여 주기 때문이다.

1995년 스릴러 영화 〈세븐〉에서 브래드 피트(데이비드 밀스 역)와 모건 프리먼(윌리엄 소머셋 역)은 케빈 스페이시가 연기한 다소 특이한 연쇄 살인범 존을 추적하는 형사 역을 맡았다. 존은 성서에 나오는 일곱 가지 대죄 중 식탐, 탐욕, 욕정, 나태, 교만을 상징하는 다섯 명을 살해한다. 이어서 그는 데이비드 형사가 스스로 일군 삶(기네스 펠트로가 연기한 아름다운 아내 트레이시와의 결혼 등)을 시기함으로써 스스로 여섯 번째 죄악(질투)을 저지르고 만다. 가학적 시기심에 사로잡힌 존은 트레이시를 죽이고 목을 잘라 상자에 담아 데이비드 형사에게 보낸다. 이 영화는 데이비드 형사가 존을 잡은 후 상자를 받으면서 절정에 다다른다. 데이비드 형사는 당연히 복수하게 되고, 존을 사살함으로써 일곱 번째이자 마지막 죄악(분노)을 저지른다.

도덕 철학자들과 신학자들은 모두 일곱 가지 죄악의 유혹에 대해 많은 글을 썼다. 당연히 우리가 하는 수많은 과소비도 궁극적으로 거슬러 올라가면 이런 죄악과 연결될 수 있다. 일곱 가지 죄악은 우리의 가장 기본적인 진화적 본능을 채워 주기 때문이다.[6] 다시 말해서 우리가 이런 죄악을 짓지 않도록 성문화된 도덕 체계를 마련하게 된 것은 바로 이 죄악들의 유혹적인 매력 때문이다. 도박 중독은 궁극적으로 탐욕에서, 지나친 성형 수술은 교만에서, 무절제한 식사는 식탐에서, 그리고 포르노 중독은 욕정에서 비롯될 수 있다. 그렇기에 이런 소비자의 관련 행동을 '비합리적'이라고 보기보다는 다음과 같은 질문을 하는 것이 더 계몽적인 접근 방식이다. 인간 생리의 무엇이 우리를 이런 유혹에 쉽게 넘어가게 할까? 이런 올바른 질문을 함으로써 우리는 적절한 공공 정책과 개입 전략을 알 수 있다.

그러면 지금부터 충동구매를 시작으로 비합리적으로 보이는 다양한 행동을 살펴보고 그 진화적 뿌리를 밝혀 보자.

충동구매라는 증상의 원인

텔레비전 네트워크 A&E와 TLC는 최근 각각 〈저장 강박증 환자들

Hoarders)과 〈저장 강박증: 산 채로 묻히다Hoarding: Buried Alive〉라는 제목의 새로운 다큐멘터리 시리즈를 선보였다. 이 프로그램들은 저장 강박증으로 알려진 일종의 강박 장애를 앓는 사람들의 삶을 보여 준다. 저장 강박증 환자의 집은 일반적으로 끝없이 수집하는 물건들로 가득 차서 결국 생활하기에 위험한 지경에 이르게 된다(쌓아 놓은 수집품 더미가 붕괴할 물리적 위험이나 공기 오염 물질들로 인한 생화학적 위험 등). 일반적으로 심리 치료사가 인지 행동 요법의 하나로 특정 물건(10년 넘은 빈 우유갑 등)을 버리지 못하는 이유를 물어보면, 저장 강박증 환자는 자신의 사고 체계에서 잘못된 부분을 '이성적으로' 바라볼 수 있다. 하지만 정서적 차원에서 이런 물건들은 과거 특정 사건과의 연관성이나 향후 사용 가능성("언젠가는 이 우유갑이 필요할지도 몰라" 등) 측면에서 엄청난 중요성을 지닌다. 이런 연유로 잡동사니를 정리하는 일은 거의 불가능에 가깝게 된다. 수많은 수집품이 저마다 중요성을 지니기 때문이다.

나는 다른 곳에서도 많은 강박 장애가 주로 성별마다 특유한 방식으로 일어난다고 주장해 왔다. 이런 장애가 진화적으로 중요한 성별 특유의 문제와 연결되기 때문이다.7 강박 장애의 일종인 사회적 지위에 대한 강박적인 생각("어제 회의에서 멍청한 소리를 해서 모두가 나를 바보로 생각하는 건 아닐까?" 등)은 남성들이 더 많이 하는 경향이 있다. 진화론적으로 말해서 사회적 지위와 관련한 문제는 남성들에게 더 중요하기 때문이다. 아기를 다치게 할지도 모른다는 강박적인 생각("아기를 베란다에서 던져 버릴까 봐 무서워" 등)에도 적용할 수 있다. 이런 강박 관념은 여성들에게 더 많다. 일반적으로 진화적 사고를 하는 연구자들은 강박 장애는 사회적 또는 환경적 위협에 대한 적응적 탐지 기능이 지나치게 활성화된 결과라고 주장해 왔다. 대부분의 사람은 강박적인 생각("오븐을 껐는지 한번 확인해 봐야겠다" 등)에서 벗어날 수 있지만, 강박 장애 환자는 나타나는 증상이 무엇이든 끝없이 확인하지 않으면 불안한 무한 루프에 갇혀 있다. 예컨대 감염 공포증이 있는 사람은 손을 계속 씻는다. 무엇이든 대칭이 되어야 한다는 생각에 사로잡힌 사람은 물건들이 완벽한 대칭을 이룰 때까지 몇 시간이고 정렬한다. 그리고 "퇴근길에 차로 누군가를 친 게 틀림없어"라는 강박적인 생각에 시달리는 사람은 이런 일이 일어나지 않았는지 끊임없이 확인한다.

충동구매는 엄밀히 따지면 별개의 장애이긴 하지만, 저장 강박증의 일종으로 볼 수 있다. 다만 충동구매자들은 종종 '전형적인' 저장 강박증 환자들처럼 기능적 가치가 없는 품목들을 수집하는 것이 아니라, 신발, 의류, 화장품 등 미화 제품을 사 모은다. 따라서 약 90%에 이르는 대부분의 충동구매자가 여성이라는 사실은 쉽게 예상할 수 있다. 환경적 위협은 위협을 받는 사람이 의식할 수는 없지만, 매력에 대한 우려를 불러일으킨다. 충동구매가 특정 영역과 무관한 정신적 장애라면 수많은 다양한 제품(소형기기, 주방용품 등)이 사재기의 대상이 되어야 한다. 하지만 충동구매자 안에 켜진 짝짓기 관련 불안과 연계된 경고등이 충동구매를 일으키고, 이런 불안은 이후 미화 제품을 사면서 누그러진다. 강박 구매자는 도파민과 세로토닌 수치가 낮고, 자존감이 약하며, 외모와 패션 관련 문제에 더 큰 관심을 가지고, 구매 행위를 자신들의 기분을 달래는 수단으로 활용한다는 연구 결과가 이러한 견해를 뒷받침한다.[8] 자존감이 낮고 도파민 효과로 인한 정서적 부양을 원하는 여성은 자신의 자아개념과 밀접하게 연결된 제품을 구매한다. 짝짓기 무대에서 남성들이 여성의 육체적 매력에 두는 차별적 중요성에 비추어 볼 때 미화 관련 제품이 충동구매 제품의 대부분을 차지하는 것은 지극히 당연한 귀결이다.

여성이 남성보다 섭식 장애를 더 많이 겪는 이유

천사의 목소리를 지닌 카펜터스의 리드 싱어 카렌 카펜터는 1983년 32세의 나이에 거식증으로 인한 합병증으로 세상을 떠났다. 1980년대 인기 시트콤 〈그로잉 페인즈〉에 출연한 트레이시 골드는 수년간 거식증에 시달렸다. 섭식 장애를 앓고 있다고 시인했거나 섭식 장애로 의심되는 유명 여배우들은 상당히 많다. 무엇이 인생의 전성기에 있는 매우 성공한 여성들을 이렇게 잔인하고 파괴적인 질병에 무릎 꿇게 하는 걸까? 유명 인사들만 섭식 장애에 걸리는 것은 아니지만, 섭식 장애는 주로 여성에게 국한된다는 사실이 중요하다. 섭식 장애 환자의 90~95%를 여성이 차지한다. 남성들이 섭식 장애를 겪는 경우는 주로 근육 추형muscle dysmorphia(근육이 정상적으로 발달한 남성이 자신의 몸매를 지나치게 왜소하고 빈약한 것으로 과장하여 생각하거나 이와 관련한 망상 증상과 함께 지나치게 집착하는 신체변형장애의 일종이다)으로 알려진 근육계에 대한 걱정과 관련이 있다. 같은 섭식 장애 환자라도 남성과 여성이 추구하는 아름다움은 근본적으로 다르다. 연구 결과에 따르면 남성 이성애자보다 남성 동성애자들이 섭식 장애를 겪는 경우가 많다. 즉, 이성애자든 동성애자든 남성이 모두 잠재적 파트너의 신체적 매력을 중시하는 경향을 고려하면, 섭식 장애

를 겪을 가능성이 가장 큰 그룹은 이성애자 여성과 동성애자 남성이다.[9]

많은 전문가가 섭식 장애의 주요 원인 중 하나로, 마른 이상형을 홍보하는 미디어 이미지에 자주 노출되는 것을 꼽는다. 비현실적인 육체적 이상형(마르고 아름다운 여자나 탄탄한 근육질 남자)의 이미지가 범람하며 이런 메시지에 자주 노출되는 사람들의 자존감을 갉아먹는다는 주장을 반복하는 수많은 연구들이 있다. 이런 불가능한 미적 기준에 도달하기 위해 노력하면서 사람들은 결국 섭식 장애라는 질환으로 이어지는 잘못된 식습관에 빠지게 된다는 주장이다. 이는 그럴듯한 설명처럼 들리지만, 대체로 정확하지 않다. 고대 그리스 의사이자 현대 의학의 창시자인 히포크라테스는 약 2천 년 전에 섭식 장애가 주로 여성에게 발생한다고 기록했다. 이 사실은 섭식 장애가 미디어 이미지 탓이라는 생각에 의문을 품게 한다. 게다가 섭식 장애에 대한 연구가 이뤄진 모든 문화에서, 즉 서구 미디어의 마른 이상형에 별로 노출되지 않은 문화에서도 항상 여성 섭식 장애 환자들이 압도적으로 많았다.[10] 반면에 문제를 일으키는 원인이라고 주장하는 이미지를 접한 여성 중 극소수만이 섭식 장애를 일으켰다. 따라서 미디어 이미지가 섭식 장애를 일으킨다고 주장하려면 이런 이미지에 노출되는 대다수 여성이 영향을 받지 않는 이유를 설명해야 한다.

이 잔인한 질병을 이해하려면 여성 생리 주기의 특정 측면을 먼저 알아야 한다. 소녀들의 생리가 처음 시작되는 것을 초경이라고 한다. 14세(가슴 발달 등 2차 성징이 나타나지 않은 경우)나 16세(2차 성징이 나타나는 경우)까지 초경이 없는 소녀는 원발성 무월경증primary amenorrhea으로 알려진 질환에 해당한다. 한편 속발성 무월경증secondary amenorrhea은 규칙적이던 생리가 3개월 이상 중단되는 것을 말한다. 이와 관련해서 섭식 장애를 앓는 여성은 생식 기능이 정지되는 무월경증에 걸릴 확률이 훨씬 높다. 따라서 몇몇 진화론자는 섭식 장애가 생식 억제 모델의 사례화라고 주장해 왔다.[11]

수많은 포유류 종의 암컷들이 종과 관련된 환경 조건이 새끼 양육에 도움이 되지 않을 경우 자신들의 생식 시스템을 차단하는 능력으로 적응해 왔다는 것이다. 식량원 부족은 이런 환경적 도전의 하나일 수 있다. 하지만 인간이 겪는 환경적 위협은 대부분 사회적인 것들이며, 가족 또는 배우자의 지원 결여, 부실한 애착 방식, 동성 간 경쟁[12] 등이 있다. 많은 진화심리학자가 섭식 장애를 앓는 여성들이 환경적 위협에 직면해서 무의식적으로 생식 체계를 폐쇄했을 가능성이 크다는 사실을 발견했다. 생식 억제는 일시적인 '차단' 스위치 기능을 하는 적응 메커니즘이지만, 원래 설계된 수준보다 훨씬 높은 수준으로 작동할 때 섭식 장애 같은 '오작동'을 일으키게 된다.[13]

남성이 도박에 쉽게 중독되는 이유

모든 유성생식 종에서 양육 투자를 적게 하는 성은 일반적으로 더 큰 위험을 감수하는 성(인간의 경우 남성)이다. 이는 위험 감수가 짝짓기 기회를 놓고 경쟁할 때 종종 필요한 특성이기 때문이다. 이처럼 암컷들은 성 선택 과정을 통해 위험을 감수할 수 있는 수컷들을 계속 선택해 왔다. 남성 영웅의 일반적인 특징은 위험을 감수하고 정상을 차지하는 능력이다. 제임스 본드가 그 전형을 보여 준다. 시대와 무관하게 많은 본드 시리즈 영화에서는 몇 가지 공통된 주제와 관련 장면들이 많이 나온다. 여기에는 항상 사악한 미치광이 악당과 미녀(본드 걸)들이 등장한다. 그리고 제임스 본드는 극도로 위험한 일에 뛰어들고도 항상 아무 탈 없이 걸어 나온다. 이는 영화에서 절대 빠져서는 안 되는 카지노 장면에서 가장 잘 나타난다. 본드는 거액이 걸린 도박을 하면서도 아주 냉정하고 침착한 모습을 보여 준다. 그리고 그는 항상 이긴다. 2006년 본드 시리즈 〈카지노 로얄〉을 생각해 보라. 이 영화에서 본드는 악당이 주최하는 엄청난 판돈이 걸린 포커 게임에 참여한다.

도박 현장에는 항상 한 명 이상의 미녀가 게임 테이블에 앉거나 가까이에 있다. 코미디언 마이크 마이어스는 자신의 〈오스틴 파워〉 3부작 첫 편에서 본드 영화에 항상 등장하는 이 주제를 훌륭하게 패러디했다. 매혹적인 여성의 존재는 카지노 운영자로서는 비즈니스에 도움이 된다. 위험을 감수하려는 남성의 성향을 강화하기 때문이다. 남성들은 특히 매력적인 여성 앞에서 신체적으로 더 큰 위험을 무릅쓴다. 이는 부분적으로 남성들의 테스토스테론 수치가 증가한 효과다.[14] 심지어 금융 거래 업무를 시작하기 전에 여성의 사진만으로 자극을 줄 때도 남성은 더 큰 위험을 무릅쓰고[15] 더 큰 충동성을 보인다.[16] 그러므로 남성들은 다양한 형태의 위험 감수를 성적 신호로 삼는 것으로 보인다.

이는 남성들이 도박에 더 매력을 느끼고, 도박 중독에 빠질 위험이 큰 첫 번째 이유를 말해 준다. 도박 중독자 중에 남성들이 더 많은 두 번째 이유는 자원 획득과 관련이 있다. 궁극적으로 자원을 소유하거나 얻을 수 있는 남자가 여성에게 매력적이다. 이런 이유로 남성들은 여성들이 원하는 것을 얻기 위해 어떤 위험도 기꺼이 감수하려고 한다. 미국 성형 수술 환자의 91%가 여성이라는 통계가 말해 주듯이[17] 여성들은 남성들에게 예쁘게 보이기 위해 성형 수술을 하지만, 남성들은 친절하게도 이런 노력에 답례라도 하듯이 종종 여성들에게 멋있게 보이기 위해 도박으로 자신들의 인생을 송두리째 날려 버린다.

미국, 캐나다, 노르웨이, 스페인, 스웨덴, 스위스, 홍콩 등 전 세계의 도박 중독자들에 대한 연구에서도 한 가지 명백한 사실에 도달했다. 도박 중독자의 대부분이 남성이라는 사실이다.[18] 그렇다고 해서 여성이 도박을 즐기지 않거나, 도박 중독자가 되지 않는다는 뜻은 아니다. 하지만 도박과 같은 위험은 문화적 환경과 무관하게 주로 남성들의 심리에 영향을 미친다는 것은 분명하다.[19] 나는 최근 포커 게임을 전문으로 하는 〈블러프 매거진〉과 ESPN 포커 파워 랭킹에서 상위 250명의 포커 플레이어 명단을 살펴봤다.[20] 나는 플레이어들의 성별을 구분하기 위해 선수들의 이름을 확인했다. 이름으로 플레이어의 성별이 확실하지 않으면 플레이어의 링크를 클릭해서 사진을 보았다. 사진이 없는 경우도 많았는데 이 경우에는 해당 플레이어들의 이름을 구글로 검색해서 생물학적 성을 확인했다. 그 결과, 250명 중 여성은 캐시 리버트, 바네사 루소, 바네사 셀브스트, 조앤 리우 등 4명으로 각각 랭킹 39위, 43위, 71위, 189위였다. 다시 말해, 상위 250명의 전문 포커 플레이어 중 98.4%가 여러 나라와 다양한 문화권에서 온 남성이었다.

이와 관련해서 라스베이거스 네바다대학교 에릭 스타이너_{Eric T. Steiner} 교수와 그의 동료들은 포커 게임이 남성의 테스토스테론 수치에 미치는 영향을 조사했다. 32명의 참가자가 일대일 게임을 했고, 연구진은 게임

경력이 거의 비슷한 플레이어들끼리 맞붙도록 대진표를 구성했다. 그 결과 게임의 최종 승부와 상관없이 포커 게임을 하는 것만으로도 남성들의 테스토스테론 수치가 올라갔다.[21]

특정 기업에서 트레이더나 투자 은행가 등으로 근무하거나 온라인 데이트레이더와 같이 혼자 일하는 금융 산업 종사자의 대다수는 한 가지 공통점이 있다. 이들은 거의 남성이다.[22] 남성은 미국 상품거래소 직원과 회원의 90% 이상, 고위직 트레이더와 사무직의 95% 이상을 차지한다.[23] 인터넷 할인 중개소에서 거래한 스웨덴 투자자 1만 6831명 중 82%,[24] 그리고 전화 거래에서 온라인 거래로 전환한 투자자 1607명 중 85.7%가 남성이었다.[25] 그리고 남성들은 국내와 해외 주식형 펀드매니저 중 각각 89.5%와 87.9%를,[26] 상품 선물시장 투기자의 95.6%를 차지했다.[27]

마지막으로 남성들은 다양한 금융 거래 분야 참여자의 대다수를 차지할 뿐만 아니라, 수많은 금융상품 거래에서 훨씬 더 큰 위험을 감수하고 있다.[28] 물론 과거 여성은 이런 직업을 가질 평등한 기회를 얻지 못했다. 하지만 이는 현재 존재하는 성 차이의 정도를 설명할 수 없으며, 제도적 진입장벽이 없는 금융 활동(데이트레이딩 등)에 여성의 참여가 부족한 이유도 설명할 수 없다.

1983년 범죄 영화 〈스카페이스〉 중 기억에 남는 장면이 있는데, 거기서 토니 몬타나(알 파치노 배역)는 후배 매니 리베라(스티븐 바우어 배역)에게 돈과 권력과 여성의 관계를 설명한다. 구체적으로 몬타나는 거들먹거리며 돈이 권력을 낳고, 권력으로 여성을 더 많이 얻을 수 있다고 자기 의견을 말한다. 지금까지 남성들이 돈을 얻는 데 엄청난 시간과 노력을 들이는 것에 대해 살펴봤다. 다음은 남성들이 줄기차게 추구해 온 성적 정복에 대해 살펴볼 차례다.

남성이 바람을 많이 피우는 이유

공인이 연루된 성 추문의 전체 목록을 작성한다면 한 가지 인구통계학적 현실이 두드러질 것이다. 정치적으로 올바른 사회적 구성주의자들은 인정하고 싶지 않겠지만, 성적 비행을 저지른 사람의 대다수가 남성이라는 사실이다. 그렇다고 해서 유명한 여성이 성적으로 무분별한 행동을 전혀 저지르지 않았다는 것은 아니지만, 그런 행동을 저지르는 일은 매우 드물다(클레오파트라가 아마도 매혹적인 팜 파탈의 대표 주자일 것이다).

오늘날 미국 정치 전문가들은 호색 행위가 특정 정당이나 다른 정당에만 해당하는 문제라고 우리를 믿게 할 것이다. 하지만 공화당이나 민주당이 성적으로 부적절한 행동을 독점하고 있지 않다는 것이 지극히 평범한 진실이다. 민주당 쪽에서 성적 비행으로 악명 높은 인물로는 존 F. 케네디 前 대통령(유명한 바람둥이), 게리 하트 前 콜로라도 상원의원(1984년 대선 당시 성 추문으로 곤욕을 치른 인물), 빌 클린턴 前 대통령(모니카 르윈스키 스캔들), 엘리엇 스피처 前 뉴욕 주지사(성 매수자), 제임스 맥그리비 前 뉴저지 주지사(다른 남성과 바람을 피움), 존 에드워즈 前 노스캐롤라이나 상원의원 겸 대통령 후보(불륜 사실을 인정함) 등이 있다. 이에 질세라 공화당도 자신들만의 올스타 진용을 구성했다. 대표적인 인물로는 마크 폴리 前 플로리다 하원의원(의회의 남성 보조 수습생들에게 계속 성적인 접근을 시도함), 래리 크레이그 前 아이다호 상원의원(공항 공중화장실에서 남자와 성행위를 하려다 적발됨), 데이비드 비터 前 루이지애나 상원의원(워싱턴 DC 여성 포주의 고객), 그리고 혼외정사를 인정한 마크 샌포드 前 사우스캐롤라이나 주지사와 존 엔사인 前 네바다 상원의원 등이 있다.

물론 가정 파괴까지는 아닐지라도 자신들의 경력을 산산조각 낼 수 있는 성적 비행을 저지른 것은 오직 정치인들만이 아니다. 아마도 가장 위대한 위선자들은 고결한 척하며 설교하는 성직자들일 것이다. 그중에서도 견줄 상대가 없는 위선자의 챔피언은 틀림없이 미국 복음주의협회 전 지도자 테드 해거드일 것이다. 그는 동성애가 죄악이라고 설교하면서도 남성 매춘부들을 고용해서 섹스와 마약을 즐겼다. 텔레비전 전도사 지미 스와가트가 창녀를 샀던 일을 신도들에게 사과하면서 흘린 악어의 눈물을 누가 잊을 수 있을까?

배우들 역시 평판을 위태롭게 하는 낯 뜨거운 장면을 들키는 경우가 많다. 당시 세계적인 미녀 엘리자베스 헐리와 사귀던 멋진 배우 휴 그랜트는 길거리 매춘부를 샀다. 배우이자 코미디언인 에디 머피도 매력적인 여성과 결혼했지만, 남장 여자인 성매매 여성과 함께 있는 현장을 들켰다. 매우 아름다운 파트너가 있는데도 바람을 피운(매춘부와의 관계는 아니지만) 다른 남성으로는 여배우 할리 베리가 부인인 R&B 가수 에릭 베넷, 사랑스러운 아내 시에나 밀러 몰래 보모와 바람을 피운 배우 주드 로, 슈퍼모델 크리스티 브링클리가 부인인 사업가 피터 쿡 등이 있다. 휴 그랜트와 에디 머피에게 질세라 세계적인 축구선수 호나우두는 3명의 여장남자인 남성 매춘부들과 함께 체포되었다(하지만 그는 이들이 남자라는 사실을 몰랐다고 주장했다). 마지막으로 토크쇼 진행자 데이비드 레터맨은 여성

직원들과 성관계를 한 사실을 인정했다. 이 남성들이 모두 '비합리적인' 행동을 한 것일까?

2009년 타이거 우즈 섹스 스캔들로 인해 엄청난 양의 언론 보도가 쏟아졌다. 사회적 명성이 높은 남성이 수많은 여성과 혼외정사를 벌인 사건은 그다지 충격적이지 않다. 그보다 더 흥미로운 것은 우즈의 불륜에 관해 방송과 인터넷에서 연일 떠들어 대는 별 의미 없는 심리학 용어와 분석이었다. 어떤 이들은 우즈의 아버지가 우즈에게 쏟은 관심이 우즈가 벌인 불륜 행동의 근원이라고 생각했다. 다른 사람들은 감정적으로 공허한 결혼 생활을 원인으로 추정했다(하지만 어떻게 이들이 우즈의 결혼에 대한 사적인 세부 사항을 알고 있는지는 의문이다). 쉴 새 없이 쏟아져 나온 유치하고, 무관하고, 터무니없는 원인에는 한 가지 공통점이 있었다. 인간의 본성, 특히 남성의 성적 특성을 전혀 이해하지 못하고 있다는 것이다.

왜 남성들은 자신들의 경력을 망치고 가정을 파괴할 수 있는 성적 비행을 저지를까? 왜 남성들은 유난히 매력적이고 관능적인 여성들을 두고 바람을 피울까? 나는 이 질문에 대한 가장 적절한 답은 이제 금언의 전당에 들어선 다음과 같은 말이 아닐까 생각한다. "내게 아름다운 여자를 보여 주면 그녀와 잠자리를 같이하는 데 지친 남자를 보여 주겠소." 이 금언을 약간 바꾼 대사가 할리 베리, 브루스 윌리스, 조반니 리비시가 출연한 2007년 스릴러 영화 〈퍼펙트 스트레인저〉에 나온다. 이 금언은 로라 지그만의 원작 소설 《축산학》을 바탕으로 한 2001년 휴 잭맨, 애슐리 주드, 그렉 키니어, 마리사 토메이 등이 출연한 영화 〈썸원 라이크 유〉의 주제이기도 하다(남성의 성적 특성에 대한 예리한 관찰이 이 영화 줄거리의 핵심을 이룬다).

앞에서 말했듯이 성공한 영화들은 대개 우리의 타고난 인간 본성과 일치하는 줄거리를 담고 있다. 그렇다면 〈썸원 라이크 유〉에 깔린 핵심 전제가 8장에서 간략하게 언급했던 쿨리지 효과로 알려진 확립된 과학적 사실에 뿌리를 두고 있음은 그리 놀라운 일이 아니다. 이 효과의 명칭은 미국의 30대 대통령 캘빈 쿨리지와 영부인 그레이스 쿨리지가 한 농장 주인과 나눈 대화에서 유래했다. 농장에서 매일 밤 소수의 수탉이 많은 암탉과 짝짓기에 열중하는 것을 인상 깊게 본 쿨리지 여사가 농장 주인에게 "저 수탉은 하루에 얼마나 성관계를 하나요?"라고 물었고, 이에 농장 주인은 "하루에 열 번도 더 넘게 합니다."라고 대답했다. 쿨리지 여사는 이 사실을 쿨리지 대통령에게 전하라고 했다. 이 말을 들은 쿨리지 대통령은 "그 수탉이 매일 똑같은 암탉과 성관계를 하나요?"라고 물었고, 이에 농장 주인은 "아니요, 항상 다른 암탉과 합니다."라고 대답했다. 쿨리지 대통령은 이를 쿨리지 여사에게 전하라고 했다.[29]

쿨리지 효과는 포유류, 조류, 어류, 파충류, 심지어 무척추동물에 이르기까지 다양한 종에서 확인되었다. 다만 쿨리지 효과가 여성에게서 확인된 예가 있기는 하지만, 대부분 남성에게 국한된다. 만약 전통적인 관습이 성적 이중 잣대로 비난받아야 한다면, 쥐, 가축, 송장벌레, 자웅동체 달팽이의 '성차별적인' 성 행동에 대해서도 똑같이 책임을 물어야 할 것이다. 의무적인 양육 투자를 덜 하는 성이 성적으로 무분별할 가능성이 더 크며, 이 점이 성적 다양성을 추구하는 성향으로 이어진다는 것이다.

남성들의 성적 비행을 생물학적으로 설명하는 것이 이들의 행동을 용납하거나 정당화하는 것은 아니라는 점을 거듭 강조한다. 오히려 인간은 도덕적 행위를 할 줄 아는 진화한 능력도 갖추고 있다. 우리에게는 우리를 다른 방향으로 끌어당기는 다양한 진화적 본능이 있다. 궁극적으로 어떤 진화적 힘이 승리할지는 각자의 선택에 달렸다. 따라서 내가 논의한 내용 중에 생물학적 결정론이라고 할 수 있는 것은 없다.

다음은 성 관련 산업으로 넘어간다. 성 관련 산업은 아마도 상품을 구매하고 소비하는 사람들의 성적 특수성이 가장 두드러지게 나타나는 산업일 것이다.

포르노 사업이 호황인 이유

2010년 〈행복 연구 저널〉에 발표한 논문에서 파비오 디올란도는 세계 포르노 시장의 중요성을 나타내는 몇 가지 자료를 인용했다. 이에 따르면 전 세계 포르노 시장 매출 규모는 2006년 총 970억 달러였다(이는 3대 텔레비전 방송사 매출의 두 배이고, 미국 3대 프로 스포츠 리그에서 발생하는 매출보다 많다). 그는 2006년에 존재한 전 세계 웹 페이지의 12%가 포르노 관련 사이트라고 했다.[30] 줄리 올브라이트는 2008년 인터넷상의 성 행동에 관한 연구에서 온라인 세계에서 성이 얼마나 중요한지 말해 주는 몇 가지 강력한 통계 자료를 제공했다. 예를 들어 인터넷 통신량의 50%가 섹스 웹사이트와 관련이 있다는 것과 사람들이 가상 세계에서 개인

아바타를 통해 서로 소통하는 인기 있는 온라인 비디오 게임인 세컨드 라이프에서 이뤄지는 거래의 30%가 섹스와 관련된 것 등이다.[31]

포르노의 상업적 힘은 보편적인 현실이며, 포르노 산업은 소비 대중들의 만족을 모르는 욕구를 채워 주는 성적 소재를 끊임없이 제공하기 위해 많은 최신 기술을 일찍이 채택하고 있다.[32] 이처럼 포르노가 거의 전 세계적으로 보급되어 있지만, 어떤 사람들은 포르노를, 여성 비하 외에 다른 목적이 없는 가부장적 억압 수단으로 본다. 이렇게 생각하는 사람들은 대부분 남성의 성적 특성을 형성한 진화적 힘을 모른다.

포르노를 반대하는 사람들은 포르노물이 개인과 사회 전반에 악영향을 끼친다고 거듭 주장해 왔다. 포르노에 대한 가장 흔한 두 가지 비판은 포르노물이 여성에 대한 적대적 감정을 일으키고, 이는 결국 여성에 대한 성범죄 가능성 증가로 이어진다는 것이다. 성과 사회를 위한 태평양 연구소Pacific Center for Sex and Society의 밀턴 다이아몬드 소장은 최근 한 연구를 통해, 포르노물이 그간 사회적으로 지탄받아 온 대로 사람들에게 실제 해로운 영향을 미치는지 규명하고자 했다. 그는 인구군 수준에서 과학적 증거가 이런 전제를 뒷받침하지 않는다고 결론짓고, 나아가서 근거 없는 믿음이라고까지 했다.[33] 실제로 포르노에 관대한 사회일수록 여성들의 입지가 더 좋다(스웨덴, 캐나다, 미국 등 비교적 성적으로 자유로운 서구 사회와 엄격한 이슬람 사회를 비교해 보라). 포르노 소비자들에게 하드코어 포르노가 생활에 미치는 영향을 직접 물었을 때 포르노의 순효과가 긍정적이라는 의견이 압도적이었다. 이는 남녀가 모두 같았다. 실제로 남녀 모두 소비하는 하드코어 포르노의 양과 긍정적인 효과(성생활, 성에 대한 태도, 이성에 대한 인식과 태도, 일반적인 생활 등)의 정도 사이에 양(+)의 상관관계가 있는 것으로 나타났다.[34]

많은 포르노 반대 운동가는 포르노물이 일으키는 사회적 병폐 때문에 금지되어야 한다고 믿는다. 하지만 금지되어야 할 내용을 누가 결정할지에 대해 과연 이들이 잘 설명할 수 있을까? 예를 들어 지방이 많은 음식은 포르노보다 사회에 훨씬 더 해롭다(수십만 명의 사람들이 잘못된 식생활과 관련된 심장마비로 사망한다). 그렇다고 해서 치즈를 금지해야 할까? 튀긴 음식은 어떨까? 불법화해야 할까? 음탕한 음악이나 춤은 어떨까(1984년 영화 〈자유의 댄스〉를 떠올려 보라)? 탈레반은 음악을 하람haram(종교적 금기사항)이라고 믿는다. 이슬람 정권은 술 소비를 금지한다. 매년 포르노와 관련이 있다고 하는 사회적 병폐보다 교통사고로 더 많은 사람이 죽는다. 그렇다고 차를 금지해야 할까? 동성애는 어떨까? 종교적 근본주의자들이 지지하는 발상인 소도미 법(동성 간 성행위를 처벌하는 내용을 담은 미국 텍사스주 법으로 2003년 6월에 미국 연방 대법원에서 헌법에 위배된다는 이유로 폐지되었다*)을 다시 도입해야 할까? 앨 고어 전 미국 부통령의 부인인 티퍼 고어 여사는 거칠고 폭력적인 노래 가사를 금지해야 한다고 청원했다. 우리가 어떤 노래를 들을 수 있는지 그녀가 정해야 할까? 어떤 사람들은 일인칭 슈팅 게임이 현실 세계에서 젊은이들을 폭력적으로 만든다고 믿는다(빈약한 전제). 비디오 게임을 금지해야 할까? 어디에 선을 그어야 하고, 누가 그어야 할까? 자유로운 사회에서는 도덕의 절대적 결정권자 역할을 하는 외부 대리인은 없다. 특히 성인의 동의가 따르는 타고난 진화적 동인에 관해서는 더욱더 그렇다.

청교도적인 미국 기준으로 볼 때 내 고향인 몬트리올은 매우 자유분방한 도시다. 매춘업소, 성인용품점, 스트립바 등을 쉽게 찾을 수 있다. 그런데 여성 무용수들이 남성 손님들을 위해 알몸을 드러내는 스트립 클럽은 셀 수 없이 많지만, 이성애 여성을 겨냥한 남성 무용수 스트립 클럽은 내가 아는 한 단 한 곳뿐이다. 물론 몬트리올의 활기찬 동성애자 마을에는 남성 동성애 고객을 겨냥한 그런 클럽들이 많이 있다. 하지만 레즈비언 관객들을 위한 여성 댄서 클럽은 거의 없다. 남성은 동성애자든 이성애자든 상관없이 스트립 클럽이 주는 시각적 자극에 관심이 있는 것으로 보인다. 같은 맥락에서 여성은 이성애자든 동성애자든 상관없이 대체로 이런 시각적 자극에 별 관심이 없는 것으로 보인다. 이런 현실은 스트립 클럽이 가부장적 사회가 여성을 착취하는 또 다른 수단이라는 생각에 의문을 제기한다. 이런 전제가 성립하려면 왜 남성 동성애자들이 남성 댄서들을 '착취'하는 것으로 보이는지도 밝혀야 할 것이기 때문이다. 가부장제 사회가 각각 다른 부류를 착취할 명백한 권한을 가진 남성 동성애자와 이성애자 부류로 나뉘지 않았다면 말이다. 만약 성과 관계되는 특성이 학습되는 것이라면 영리한 기업가들은 여성 이성애자와 동성애자를 위한 스트립 클럽이라는 미개척 틈새시장을 발굴했을 것이다.

같은 논리가 하드코어 포르노 영화 소비에도 적용된다. 이런 상품을 압도적으로 많이 소비하는 고객은 이성애자 동성애자 할 것 없이 남성이다. 거듭 강조하지만, 여성 이성애자와 동성애자들은 하드코어 포르노물에 대한 관심이 훨씬 떨어진다. 반면 여성들은 '양성적인 포르노positive pornography'라고 완곡하게 표현하는 소프트 포르노물이나 에로물의 주요 시청자다. 이 장르는 남성 이성애자나 동성애자에게는 거의 어필하지 못한다. 이와 관련해서 이른바 섹스 중독은 일반적으로 여성보다 남성 동성애자와 이성애자 모두에게 훨씬 더 만연하다. 만약 성과 관계된 특성이 성 역할과 성 역학의 정교한 사회화의 결과라면, 남성 동성애자들은 남성 이성애자들처럼 억제되지 않는 성적 욕구를 보이지 않아야 한다. 동성애자들의 선호가 이성애와의 성 차이를 이해하는 단서가 될 수 있다는 것이다.

즉, 포르노물의 세계적인 소비는 가부장적 억압보다는 성적 환상에 대한 타고난 성 차이와 밀접한 관련이 있다. 분명히 남녀 모두 성적 환상을 품는다. 성적 환상은 우리를 인간답게 하는 것이다. 하지만 우리가 이런 관능적인 백일몽을 꾸는 빈도와 그 내용은 짝짓기에 있어서 남녀의 결정적인 차이를 여실히 보여 준다.

20여 년 전에 발표된 이제는 고전이 된 한 연구에서 진화 행동 과학자 브루스 엘리스와 도널드 시먼스가 바로 이 주제를 탐구했다. 이 연구에서 남성들은 여성들보다 훨씬 더 자주, 더 많은 섹스 파트너와의 환상을 품고, 낯선 사람에 대한 환상을 더 많이 품는 것으로 나타났다. 또한, 남성들은 정서적인 면이나 접촉보다 시각적 이미지를 훨씬 더 중요시하며, 남성의 환상에서 성 행동에 도달하는 속도가 훨씬 더 빠른 것으로 나타났다.[35] 이제 남성 이성애자를 겨냥한 전형적인 하드코어 포르노 영화 속에서 이런 성 차이의 맥락을 살펴보자. 이런 영화들의 줄거리는 기본 골격만 있고 매우 단순하며, 전희(애무, 스킨십 등)는 최소화하고 서둘러 본격적인 성행위로 들어가는 경향이 있다. 촬영은 다양한 신체 부위를 시각적으로 부각하는 데 초점을 맞춘다. 거의 상상의 여지를 남기지 않는다. 또한, 여러 여성이 등장하는데, 대부분 젊고, 육감적이며, 단기간 짝짓기에 매우 적극적이다. 간단히 말해서 엘리스와 시먼스의 발견은 남성들을 대상으로 하는 전형적인 포르노 영화의 거의 완벽한 청사진이다. 여성이 로맨스 소설과 에로물 소비자의 대다수를 차지하는 것

과 마찬가지로 남성들은 자신들의 진화에 기반을 둔 성적 특성에 맞는 하드코어 포르노물에 매료된다.[36]

포르노 영화는 남성이 지닌 성 특성의 진화적 기원에 관한 단서들로 넘쳐난다. 이른바 '머니 샷money shot'이라 불리는 성인 영화의 클라이맥스 장면을 예로 들어보자. 머니 샷은 남자 배우가 여배우의 몸에 체외 사정하는 장면을 말한다. 흥미롭게도 남성들은 여러 여성과 동시에 성관계하는 환상을 자주 품는다고 하지만, 많은 포르노 영화에서는 다수의 남성이 한 여성과 성관계하다가 다수의 머니 샷을 보여 주는 경우가 많다. 심지어 이런 '한 여성과 여러 남성'이 벌이는 성행위 묘사를 당황스러운 수준까지 끌어올리는 극한의 갱뱅(여러 남녀의 집단 성행위*)과 부카케(다수의 남성이 여성의 얼굴에 사정하는 것) 영화라는 하위 장르도 있다.

진화심리학자 니콜라스 파운드Nicholas Pound는 포르노 영화에 이런 영상이 자주 등장하는 이유를 설득력 있게 설명했다. 그는 수많은 종의 수컷이 암수가 짝짓기 하는 모습을 보고 흥분한다고 주장했다. 즉, 다른 수컷의 존재가 흥분을 일으키는 시각적 신호로 작용한다는 것이다. 라이벌 수컷 사이에 벌어질 수 있는 정자 경쟁이라는 위기 상황에 대처하기 위해 수컷들이 말 그대로 불끈 일어나는 것으로 볼 수 있다. 파운드는 포르노 영화에 한 여성과 여러 남성이 벌이는 성행위 장면, 혹은 한 남성과 여러 여성이 벌이는 성행위 장면 중 어느 장면이 더 많이 등장하는지 조사했다.[37]

성인 웹사이트의 포르노 영화를 조사한 첫 번째 연구에서 그는 한 여성과 여러 남성이 벌이는 성행위 영상이 한 남성과 여러 여성이 벌이는 성행위 영상보다 1.79배 더 많다는 사실을 발견했다. 한 여성과 여러 남성이 벌이는 성행위 영상 359개 중에서 남성이 2명 나오는 영상은 304개, 3명

이상 나오는 영상은 55개였다. 심지어 남성이 13명까지 등장하는 영상도 있었다. 한 남성과 여러 여성이 벌이는 성행위 영상의 경우, 3명 이상의 여성이 나오는 영상은 없었다. 결과적으로 한 여성과 여러 남성이 벌이는 성행위 영상이 한 남성과 여러 여성이 벌이는 성행위 영상보다 '확연히' 많았다. 내용 분석 기법을 사용해서 169편의 영화를 분석한 두 번째 연구에서는 한 남성과 여러 여성이 벌이는 성행위 장면보다 한 여성과 여러 남성이 벌이는 성행위 장면이 2.41배 더 많은 것으로 나타났다. 세 번째 연구에서는 응답자들에게 사진, 동영상, 섹스 소설에서 어떤 유형의 장면을 가장 보고 싶은지 물었다. 결과는 한 남성과 여러 여성이 벌이는 성행위 장면보다 한 여성과 여러 남성이 벌이는 성행위 장면을 선호하는 비율이 1.96배(사진), 2.03배(동영상), 1.58배(섹스 소설) 더 높았다. 마지막 네 번째 연구에서 파운드는 사람들이 성인 사이트에서 어떤 장면을 선택해서 봤는지 추적했다. 그 결과, 사람들은 한 남성과 여러 여성이 벌이는 성행위 장면보다 한 여성과 여러 남성이 벌이는 성행위 장면을 1.48배 더 많이 선택했다. 일부 독자들이 머니 샷을 여성을 비하하는 해로운 수단으로 해석하지 않도록, 남성 동성애를 다룬 포르노에도 마찬가지로 이런 묘사가 많이 등장한다는 사실을 밝혀 둔다. 즉, 머니 샷은 성적 성향과 관계없이 남성들에게 시각적 자극제가 된다.

남성들이 정자 경쟁의 의미가 담긴 성적 이미지에서 시각적으로 자극을 느끼는 것은 명백해 보인다. 그렇긴 하지만, 이런 이미지들이 실제로 남성의 정자 운동성에 영향을 미친다는 사실을 발견한다면 그야말로 흥분할 만한 일이 될 것이다. 사라 킬갤런Sarah J. Kilgallon과 리 시먼스Leigh W. Simmons가 발견한 사실이 바로 이것이다. 이들은 실험에 참여한 남성들에게 정자 경쟁을 유도하는 성적 이미지(남자 2명, 여자 1명) 혹은 그렇지 않은 대체 이미지(여자 3명)를 제공했다. 남성들은 이 이미지들을 보면서 자위하고 그 결과물을 연구진에게 제출했다. 연구진은 이를 가지고 두 가지 핵심 지표인 정자 운동성과 정자 밀도를 분석했다. 결과는 놀랍게도 정자 경쟁을 유발하는 성적 이미지를 보여 주고 얻은 샘플이 정자 밀도는 낮지만, 정자 운동성은 더 활발하다는 사실이었다.[38] 남성들이 정자 경쟁과 같은 우발적 환경 조건에 따라 운동성이 다른 정자를 생성하는 메커니즘은 알려지지 않았다. 그렇기는 하지만 이 연구 결과는 정말로 놀라운 발견이다.

포르노에 대한 과학적 연구가 이념 논쟁으로 인해 방해받아서는 안 된다. 육즙이 많은 햄버거가 기름진 음식에 대한 우리의 진화한 성향과 맞는 것처럼, 하드코어 포르노에 담긴 시각적 이미지는 궁극적으로 남성들의 성적 특성에 호소한다. 이런 과학적 사실은 포르노 산업에 대한 도덕적 태도와는 무관한 진실이다.

이제부터는 주로 남성들이 추구하는 또 다른 분야, 즉 죽음을 무릅쓴 극한 스포츠 등 남성들이 다양한 형태의 육체적 용맹성을 뽐내는 무수한 방법을 살펴보겠다. 이런 위험들은 계산된 것일까, 아니면 죽음에 대한 남성들의 비합리적인 동경일까?

남성이 두려움을 무릅쓰고 위험한 스포츠를 하는 이유

남성들은 육체적 용맹성과 운동 능력, 그리고 위험 감수 성향을 보여 주기 위해 애를 쓴다.[39] 여성들이 원하는 특징들이기 때문이다. 남성들은 성 선택 과정(이는 여성의 짝짓기 선택이 동인이라는 사실을 상기하라)을 통해 바람직한 자질을 보여 줄 수 있는 육체적 활동을 선호하는 쪽으로 진화해왔다.[40] 이처럼 남성들이 하는 많은 스포츠, 그중에서도 특히 극한 스포츠는 구애 신호 수단이 된다.[41] 죽음을 무릅쓴 활동으로는 밧줄이나 안전 장비를 사용하지 않고 맨손으로 암벽을 오르는 볼더링, 빌딩 외벽 등반, 엘리베이터 승강기 바깥 꼭대기에 타거나 움직이는 엘리베이터 사이를 점프하는 엘리베이터 서핑, 수중 마스크와 핀, 스노클 등 간단한 보조 장비를 갖추고 잠수하는 스킨다이빙, 동굴 탐험, 낙하산 타기, 스카이다이빙, 비행기에서 뛰어내려 보드를 타고 허공을 내려오다가 낙하산으로 착륙하는 스카이 서핑, 산악 등반, 큰 서프보드를 이용해 높이 6m 이상의 큰 파도를 타는 빅 웨이브 서핑 등이 있다. 이런 활동은 모두 문화적 배경이나 시대적 배경과 상관없이 남성들이 처음 시작하고 참여자의 대다수도 남성이다.

스파르타슬론은 1983년부터 해마다 열리는 울트라 마라톤 대회다. 코스 길이는 아테네에서 스파르타까지 거리인 장장 246km로 마라톤(42.195km)을 6번 뛰는 거리에 조금 못 미친다. 국제 스파르타슬론 협회 웹사이트에는 1997년부터 2008년까지 이 극한 경기의 주요 통계들이 나와 있다.[42] 연도별 완주자들의 성별 통계에 따르면 완주자 1102명 중 90.2%(연도별 비율 85.6~96.1%)가 남자다. 이런 인구통계학적 현실은 인간의 인내력 한계를 시험하는 다른 무수한 시도에서도 나타난다. 예를들어 2003년을 기준으로 에베레스트 정상을 밟은 사람의 95% 이상이 남성이고,[43] 8000m 봉우리 14좌 정상을 모두 정복한 등반가 19명 모두 남성이다.[44]

건물, 다리 등 높은 곳에서 낙하산을 타고 내려오는 스포츠인 베이스

점핑은 모든 극한 스포츠 중에서도 특히 더 위험한 스포츠다. 베이스 점퍼들은 스카이다이빙 선수들보다 훨씬 낮은 높이에서 뛰어내리기 때문에 낙하산을 펼 시간이 극히 짧다. 베이스BASE는 뛰어내리는 네 가지 고정 플랫폼의 유형, 즉 건축물Building, 안테나Antenna, 경간Span(다리 교각과 교각 사이 등), 지상Earth(해안가 절벽 등)의 머리글자를 딴 용어다. 베이스 점퍼들은 등급을 나타내는 배지로 점프 성공 횟수를 기록한다.

안톤 웨스트만Anton Westman은 2009년 스웨덴 우메오대학교 박사 학위 논문에서 인터넷에서 구할 수 있는 세계 사망자 명단[45]을 이용해서 1981년부터 2006년까지 사망한 베이스 점퍼 106명 중 92명이 남성이며 4명은 성별이 불확실하다는 통계를 발표했다. 즉, 베이스 점프 사망자의 90.2%가 남성이었다.

미국 노동통계국은 산재 사망 사고 통계를 사망자의 성별을 포함한 다양한 변수로 분류 집계하고 있다.[46] 이에 따르면 1992년부터 2008년까지 매년 산재 사고로 사망한 전체 노동자 중 남성의 비율은 91.4~92.9%로 압도적으로 많았다. 남성들은 거의 전적으로 알래스카 게잡이(디스커버리 채널의 인기 시리즈 〈생명을 건 포획〉 참조), 대륙붕 석유 시추, 고층 건물 철골 공사, 탄광 채굴 작업, 진주조개 채취를 위한 잠수, 심해 잠수 등 극도로 위험한 일을 수행한다.

두려움을 모르는 베이스 점퍼들의 극한 스포츠도 남태평양 바누아투 군도에 속하는 펜테코스트 섬 원주민들의 육상 다이빙land diving으로도 알려진 '나골Nagol' 의식에 비하면 어린아이 장난쯤으로 여겨질지도 모른다. 이곳 젊은이들은 지상에서 몇 센티미터를 남기고 아슬아슬하게 자유낙하를 멈출 정도로 긴 포도나무 덩굴로 만든 밧줄을 발목에 묶고 지상 약 20~30m 높이의 점프대에서 거꾸로 뛰어내린다. 따라서 밧줄 길이를 정확히 계산해야 할 뿐만 아니라, 점프하는 사람의 몸무게와 밧줄의 탄력성에 영향을 미치는 습도까지도 고려해야 한다. 이런 측정 기준에 한 치의 오차라도 있으면 점퍼는 중상을 입거나 사망에 이르게 된다(실제로 1974년 엘리자베스 2세 여왕의 바누아투 방문 당시 점퍼가 사망하는 사고가 있었다). 이 의식은 나중에 번지 점프로 상업화되었고, 뉴질랜드 퀸스타운에 첫 번째 번지 점프대가 세워졌다. 이후 이 마을은 죽음을 무릅쓰는 경험을 적극적으로 추구하는 관광객들(주로 남성들)의 주요 여행지가 되었다.

비슷한 유형의 점프, 도약, 다이빙 의식을 다른 이질적인 문화에서도 발견할 수 있다. 멕시코 아카풀코에 있는 라 케브라다 절벽 다이버들은 정말 헤아리기 어려운 용감한 행동을 한다. 이 절벽 다이버들은 수면에 닿을 때 수심이 충분히 깊도록 파도가 밀려오는 시간에 맞춰 높이 약 45m에 이르는 위험하게 들쭉날쭉한 절벽에서 바다로 뛰어내려야 한다. 말할 필요도 없이 절벽 다이버의 대부분은 남성이며, 최근에 와서야 극소수의 여성이 이 아찔한 절벽 다이빙에 도전하고 있다. 비슷한 사례로 18세기 하와이 마우이족의 카헤킬리Kahekili라는 왕은 남자 전사들이 절벽에서 입수할 때 물 튀기는 소리를 최소화하기 위해 발부터 뛰어내리는 레레 카와lele kawa라는 관습을 만들어서 전사에게 필요한 충성심과 용기를 증명하도록 했다.

이처럼 수많은 문화권에서 성 특유의 성인식을 치르지만, 브라질 아마존에 사는 사테레마웨Satere-Mawe족의 통과 의식만큼 고통스러운 것은 없을 것이다. 이 부족의 젊은 남성들은 전사로 인정받기 위해 일반적으로 총알개미로 알려진 파라포네라 클라바타 개미에 계속 물려야 한다.

총알개미라는 이름은 말 그대로 이 개미에게 물리면 총에 맞는 것보다 더 고통스럽다고 해서 붙여진 이름이다. 이 성인식을 준비하기 위해 부족민들은 수백 마리의 총알개미를 잡아서 마취액에 넣어 진정시킨 다음, 잎으로 만든 장갑에 개미의 입이 장갑 안쪽으로 향하도록 끼워 넣는다. 그런 다음 성인식을 치르는 젊은 남성은 손을 이 나뭇잎으로 만든 장갑 속에 집어넣고 장갑에서 벗어나려는 총알개미에게 수백 번 물리게 된다. 성인식의 주인공은 고통스러워도 비명을 지르지 않고 10분 동안 이 장갑을 끼고 있어야 한다. 남성들이 전사의 전당에 들어서려면 이런 통과의례를 스무 번이나 치러야 한다.[47]

또한 나이지리아의 풀라니Fulani족 사람들은 샤디Shadi 또는 샤로Sharo라는 의식을 행한다. 이 의식에 참가한 젊은 미혼 남성들은 서로를 채찍질한다. 이때 이들은 채찍질을 당해서 고통스러워도 조금이라도 움찔해서는 안 된다. 물론 모든 의식은 젊고 아름다운 여성들이 예의주시하는 가운데 진행된다.[48] 이슬람 시아파 남성들은 자기 스스로 고통을 가한다는 점에서 다르기는 하지만, 마찬가지로 유혈이 낭자한 아슈라라는 의식을 행한다. 이 경우 남성은 종교의식의 일환으로 자기 자신을 채찍질한다. 하지만 여성들은 이런 피비린내 나는 의식에 참여하지 않는다는 데 의미가 있다.[49]

대부분 젊은 남성들로 구성된 폭력 조직의 입회식에서는 신입 조직원을 심하게 구타하거나, 누군가를 살해하는 배짱을 길러야 한다는 의미에서 신입 조직원에게 낯선 사람을 무작위로 죽이라고 명령한다. 크르크프나르Kirkpinar로 알려진 터키의 오일 레슬링oil wrestling은 14세기부터 시작된 매우 격렬한 투기로, 힘센 남성들이 마지막 한 명만 남기고 쓰러질 때까지 힘을 겨룬다.[50] 이런 오랜 의식의 목적은 용맹하고 영웅적이며 힘 있는 사람들을 가짜와 구별하기 위한 것이다. 익스트림 파이팅이나 종합 격투기와 같은 현대의 유혈 스포츠는 로마 시대에 남성 검투사들 사이에 벌어진 전투보다는 덜 위험하다. 전 세계적으로 종합 격투기의 상업적 성공은 동성 간 격렬한 싸움을 좋아하는 남성들의 타고난 성향뿐만 아니라 이런 잔혹한 경기를 보고 싶어 하는 관객들의 강한 욕구를 말해 준다.

궁극적으로 모든 기록된 역사와 매우 다양한 문화적 환경에서 남성들은 격렬한 동성 간 싸움에 기꺼이 참여하려는 성향이 강하다. 때로 남성들은 위험한 동물들과 맞서면서 용기를 과시한다. 예를 들어 스페인 북부 도시 팜플로나에서 매년 열리는 '황소들과 함께 달리기' 행사에 참여하는 대부분이 남성이다. 마찬가지로 멕시코, 스페인, 포르투갈 등 잔인하고 일그러진 투우 관습이 존재하는 나라의 투우사는 거의 남성이다.

'고결한 야만인(문명에 오염되지 않고 무구한 인간성을 지닌)'이라는 낭만적인 개념은 이른바 태평한 인류학자들의 희망에 찬 상상 속에서나 존재한다.[51] 인류 역사는 남성이 저지른 폭력의 피로 물들었으며, 이런 폭력의 대부분은 성 선택에 담긴 진화적 힘이 그 동인이다.

결론적으로 남성들은 여성들이 높게 평가하는 특정 특성을 과시하기 위해 자연, 육체적 한계, 다른 남성들, 그리고 위험한 동물들에 도전한다. 이런 현실은 이른바 가부장적 성 역할을 강요하는 자의적이고 성차별적인 사회화 때문이 아니다. 더 정확히 말하면 이는 남녀가 짝짓기 시장에서 자신들의 가치를 과시하기 위해 보내는 보편적인 성적 신호이다. 물론 육체적인 위험을 감수하려는 남성들의 성향은 번지 점프, 폭력적인 비디오 게임, 폭력적인 스포츠(프로 아이스하키에서 주먹다짐은 관객 동원에 도움이 되기 때문에 협회에서 절대 근절하지 않는다)에 대한 관심 등 다양한 소비자 환경에서 나타난다.

결론

소비자들은 충동구매, 섭식 장애, 지나친 일광욕, 성적 비행, 포르노 중독, 도박 중독, 죽음을 무릅쓴 육체적 위험 감수 등 수많은 자해 현상에 빠지기 쉽다. 사회적 구성주의자들이 일반적으로 주장하는 대체로 잘못된 설명은 소비자의 비합리적인 행동이 지식의 부족("소비자들에게 지나친 일광욕의 위험을 알려야 한다" 등) 혹은 해로운 정보("미디어 이미지가 섭식 장애를 일으킨다" 등)에 뿌리를 두고 있다는 것이다. 하지만 지금까지 살펴본 각각의 부적응 행동에는 문제 행동을 하는 사람들의 강한 성적 특수성이 담겨 있으며, 이는 모든 문화적 배경과 시대에 걸쳐 유효하다. 이와 같은 사실은 이런 보편적인 현실이 우리의 공통된 생물학적 유산에 뿌리를 두고 있음을 말해준다. 문제의 비합리적 행동들은 적응으로 진화한 메커니즘에 따라 일어나며, 이런 메커니즘이 때로는 오작동하거나 주객이 전도되어 해로운 결과를 낳기도 하는 것이다. 결국 이런 현상들은 우리의 생명 작용과 떼려야 뗄 수 없다. 따라서 순전히 환경적 요인 분석에만 의존해서 이런 행동들을 억제하려는 공공 정책적 개입은 실패할 수밖에 없다.

| 10장 |

치열하게 살수록 잘 산다

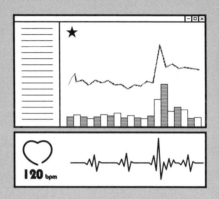

바라건대 사회과학자들은 진화적 접근에 대한
일종의 무조건적인 혐오감을 버리고
이 접근법이 자신들이 하는 일에
어떤 도움이 될지 따져 보면 좋겠다.

로빈 던바, 영국 인류학자[1]

지금까지는 주로 소비자 행동에 초점을 맞춰 왔지만, 진화론이 적용되는 분야는 진화심리학, 나아가서 다양한 맥락에서 비즈니스 분야에까지 확장된다. 진화론자들은 최근 남성들의 기본적인 테스토스테론 수치와 기업가적 활동 사이의 연관성을 밝혔다. 다른 학자들은 테스토스테론 수치와 남성 금융 투자자들의 일일 손익 사이의 관계를 탐구했다. 매력적인 직원을 채용하는 방식도 진화의 렌즈를 통해 조사했다. 또한, 경제학자들은 키가 큰(진화와 관련된 신호) 직원들이 받는 급여상의 혜택도 조사했다.

최근에 진화적 시각에서 연구한 다른 비즈니스 분야로는 가족 기업, 경영진의 의사결정, 인적 자원 관리, 조직 시민 의식 행동, 리더십, 조직 내 성희롱, 기술 변화, 전사적 품질 경영, 회계, 금융, 경제, 경영 정보 시스템, 기업 윤리 등이 있다.[2]

이처럼 최근에 생물학적 접근 방법이 비즈니스 사고에 주입되고 있지만, 아직도 진화심리학과 비즈니스의 연관성은 대부분 미개척지로 남아 있다.

비즈니스 트렌드의 변화

경영대학원의 역사는 100년이 조금 넘는다. 미국 최초의 경영학 학사 및 석사, 박사 학위 과정은 1881년에서 1920년 사이에 개설되었다. 초기 경영대학원은 제조 공정을 최적화하고 개선하는 방법을 찾는 데 중점을 두었다. 이는 당시 비즈니스 관행이 생산을 중심으로 돌아갔기 때문이기도 하다. 생산을 중시하는 이런 기풍은 "모든 고객은 원하는 색상의 차를 살 수 있다. 그 색이 검은색이기만 하다면."이라는 헨리 포드의 유명한 말에서 잘 나타난다. 다시 말해서 소비자의 요구는 그다지 중요하지 않았다. 이런 관점에서 볼 때 기업이 마주하는 주요 과제는 계량화할 수 있는 몇 가지 척도(원자재 절감, 생산성 극대화 등)에 따라 생산 공정을 최적화하는 것이었다. 고객의 요구가 기업 업무에서 핵심이 아닌 것과 마찬가지로, 직원들의 요구도 최소한(필수 휴식 시간 등)으로 충족되었다. 직원들의 개인적 성장과 자아실현은 20세기 초 비즈니스 경영자들의 주요 관심사가 아니었다.

이후 고객이 비즈니스 핵심 미션의 중심이 되면서 비즈니스 관행에도 주요한 철학적 변화가 일어났다. 이제는 소비자의 필요와 욕구를 고려하는 것이 중요해졌고, 마케팅과 같은 분야가 비즈니스 실무뿐만 아니라 경영대학원 교과 과정과 비즈니스 과학 분야 학술 연구에서도 중요성을 띠게 되었다. 이런 새로운 현실은 사실상 행동과학이 이제 비즈니스 과학에서 더 중요한 지위를 얻게 되었음을 의미했다. 1950년대 마케터들은 소비자의 잠재된 동기를 파악하기 위해 많은 정신분석적 아이디어를 도입했다. 이후 문화인류학과 문화사회학뿐만 아니라 사회심리학과 인지심리학 등도 마케팅 연구에 도입되었다.

기업과 다양한 관련 이해당사자들 사이의 사회 계약에서 일어난 또 다른 중요한 변화는 기업이 소비자의 선호에 따라 양질의 제품을 생산해야 한다는 것이다. 또한, 기업은 직원들이 성취감을 느낄 수 있는 작업 환경을 제공해야 했다(직원을 육성하는 구글의 조직 문화를 생각해 보라). 그리고 기업은 이런 목표를 추구하면서 제삼자가 피해를 보지 않도록 해야 하기도 했다(앞선 두 목표를 추구하면서 환경을 해치는 것은 이런 새로운 비즈니스 정신을 위반하는 것이다). 이런 새로운 발전으로 인해 미시경제학과 비즈니스 통계와 같은 전통적인 분야에 계속 집중하면서 이른바 소프트 사이언스soft science 교육도 증가하게 되었다.

다만 시대별로 특유한 비즈니스 관행과 무관하게 생물학과 진화론은 비즈니스 현상을 이해하는 과정에서 거의 완전히 무시되었다. 오랫동안 학생들과 경영자들, 그리고 미래의 학자들은 폭넓은 비즈니스 학문을 배우면서 소비자와 종업원, 그리고 고용주의 행동에 영향을 미치는 생물학적 기틀은 완전히 무시했다. 하지만 궁극적으로 생물학은 시장에서의 우리의 행동을 포함한 우리의 일상적 현실의 모든 측면에 스며들어 있다. 따라서 이제는 바야흐로 생물학이 비즈니스 원탁에서 정당한 자리를 차지할 때이다. 이와 관련한 중요한 움직임으로 아직 소수이기는 하지만 점점 많은 학자가 신경과학이 경영학계에 도움을 줄 방법들을 모색하기 시작했다.

소비자 심리의 이면

기능적 자기공명영상과 같은 뇌 영상 기술이 등장하면서 이제 과학자들은 폭넓은 비즈니스 분야에 이런 도구를 활용하고 있다. 그중에서도 신경경제학 분야가 대표적이다. 이 소규모 산업은 근래에 신경회계학, 신경기업가정신학, 신경동물행동학, 신경신학, 신경정보시스템학, 신경건축학, 신경법학 등 신경 계열 학문을 끝없이 양산하고 있다. 다만 이 학문들은 사용되는 자극제의 종류 외에는 거의 차이가 없다. 피실험자가 정치 연설을 평가하거나, 도덕적 결정을 내리거나, 제품 광고를 보거나, 영화를 보거나, 채용할 직원을 판단할 때 뇌 영상을 촬영하면 해당 분야는 곧 신경정치학, 신경윤리학, 신경마케팅학, 신경영화학, 조직인지신경학이 된다.

일반적으로 신경학의 패러다임은 피실험자들이 특정 과제를 수행하는 동안 뇌 활동을 촬영하는 것이다. 이 아이디어는 수행하는 인지 작업의 영향으로 뇌의 여러 부위에서 신경 활성화가 다르게 일어나는 사실을 보여 주는 것이다. 그러면 연구자가 뇌의 어느 부위가 특정 형태의 연산 처리에 관여하는지 추론할 수 있다. 신경경제학에서 과제는 일반적으로 위험한 재무적 의사결정에 따른 손익을 따져 보고 결정을 내리는 일이다. 위험한 투자 선택을 할 때 전전두엽 피질이 크게 활성화되는데 이는 감정이나 느낌과 연계된 신경 활동을 유도하는 정서 기반 처리와는 달리 이런 투자 결정에는 상당한 인지적 노력이 따른다는 것을 의미한다. 또한, 기술적 정보가 많이 담긴 광고를 볼 때와 다르게 공포를 불러일으키는 광고를 볼 때 뇌의 편도체가 유난히 활성화되는데 이는 이 부위가 감정적 내용을 처리한다는 추가적인 증거가 된다.

신경 영상을 다양한 분야에 적용할 수 있는지 검토한 최근 보고서에서 댄 애리얼리와 그레고리 번스는 조심스럽게 이 패러다임의 잠재적인 유용성을 낙관했다.[3] 이들은 뉴런 데이터를 예측에 사용할 수 있다고 주장했다. 예를 들어 소비자 선호도를 조사한 설문 결과를 신경학적 데이터와 연계시켜서 마케터들이 소비자의 필요와 요구, 그리고 미래 구매를 더 잘 예측할 수 있다는 것이다. 이는 뇌 영상 데이터가 일반적인 마케팅 지표를 통해서는 얻을 수 없는 정보를 포함한다는 사실을 전제로 한다. 하지만 애리얼리와 번스가 제대로 짚었듯이, 실제로 기존 연구는 이런 관점을 뒷받침하지 않는다. 신경 데이터의 추가 예측 능력은 기껏해야 미미한 수준이다.

나는 저스틴 가르시아Justin Garcia와의 공동 논문에서 연구의 지침이 되고 연구 결과의 일관성을 유지할 수 있게 해 주는 체계적인 이론 틀이 없으면 신경 영상 패러다임은 멋진 뇌 영상을 얻기 위한 탐색 수준에 머무르게 될 것이라고 주장했다.[4] 선험적 가설을 경험적으로 검증하는 대부분의 연구와 달리 fMRI를 사용한 많은 연구는 일반적으로 포착된 특정 신경 활성화 패턴에 대해 상상력 풍부한 사후 설명밖에 하지 못한다. 이 패러다임의 매력은 동원되는 도구의 복잡성과 관련 분석의 엄격성에 있다. 이는 때로 실제로 아는 것보다 더 많이 안다고 믿는 '설명 깊이의 착각'[5]이라고 불리는 현상으로 이어질 수 있다. 이 경우 연구자들은 뇌 내부 활동에 대한 자신들의 이해도를 과대평가할 수 있으며, 이는 부분적으로 뇌 영상 기술이 정교해 보이기 때문이다.

뇌 영상 기술은 결국 우리의 소비 본능을 더 잘 이해하는 강력한 도구로 증명될 것이다. 하지만 현재로서는 신경 데이터를 최대한 활용하기에는 뇌에 대해 모르는 것이 너무 많다. 나는 또한 과학적 환원주의scientific reductionism(다양한 현상을 기본적인 하나의 원리나 요인으로 설명하려는 경향)라는 매우 현실적인 문제를 염려한다. 예를 들어 연구자들은 신경 활성화 탐구를 통해 훨씬 고차원의 소비자 현상을 연구하려 할 것이다. 모든 인간 현상은 궁극적으로 특정 신경 활성화 패턴에 뿌리를 두고 있다. 하지만 그렇다고 해서 반드시 고차원적인 인지 작용과 저차원적인 신경 활동 간의 엄청난 간극을 메워서 더 나은 설명력을 확보할 수 있는 것은 아니다. 2010년 남아프리카 공화국에서 월드컵이 열렸다. 이 대회 최종 우승국이 스페인이라는 예측을 하려면 수많은 변수를 고려해야 한다. 우리가 모든 경기에서 뛰는 모든 선수의 모든 신경 활동 데이터를 알 수 있었다고 가정해 보자. 그렇다고 해도 이런 추가 데이터가 최종 우승국을 예측하는 데 크게 도움이 되지는 않을 것이다.

따라서 '사악한' 마케터들이 이런 기술을 악용하면 어떤 해로운 결과가 일어날지 걱정하는 사람들은 그럴 필요가 없다. 내가 너무 과장한다고 여길까 봐 밝혀 두지만, 실제로 2004년 에모리대학교에서 열리기로 되었던 신경마케팅 학회가 기업들이 소비자의 '구매 버튼'을 알게 되면 윤리적으로 위험하다는 강한 우려가 제기되는 바람에 취소된 적도 있다. 결론부터 말하면 이런 버튼은 존재하지 않는다. 소비자의 뇌는 훨씬 더 복잡하기 때문이다. 따라서 나는 뇌 영상 패러다임을 희망과 과장 광고의 혼합물로 특징짓는 애리얼리와 번스의 견해에 전적으로 동의한다.

진화적 합리성 VS 경제적 합리성

앞서 우리는 다양한 '비합리적' 소비 행동에 대한 진화적 근거를 살펴보았다. 그렇긴 하지만 행동과학자와 경제학자들은 합리성의 본질적인 의미와 정의에 대해 오랫동안 논쟁을 벌여 왔다. 그러면 합리적인 의사 결정자가 된다는 것은 무엇을 의미할까? 행동 결정 이론가들은 인간이 '호모 이코노미쿠스', 즉 경제적 인간이라는 이름에 걸맞은 엄격한 의미의 합리성을 고수하지 않는다고 주장해 왔다.[6] 이런 주장은 끝없는 실험을 통해 합리적인 선택에 어긋나는 행동 사례들을 보여 줌으로써 확립되었다.[7]

예를 들어 이행성 공리transitivity axiom는 소비자가 B 자동차보다 A 자동차를, 그리고 C 자동차보다 B 자동차를 더 선호한다면 자동으로 C 자동차보다 A 자동차를 더 선호하는 것으로 상정한다. 하지만 1996년에 세상을 떠나는 바람에 애석하게도 2002년 오랜 동료 대니얼 카너먼과 함께 쓴 공동 논문에 수여된 노벨상을 받지 못한 아모스 트버스키는 인간이 비이행적 선호, 즉 합리적 선택에 어긋나는 선호를 보인다는 것을 증명했다.[8] 실제로 미국 TV 게임 쇼 〈더 프라이스 이즈 라이트〉나 〈딜 오어 노 딜〉만 봐도 사람들은 경제적 합리성의 주요 원칙들을 거듭 위반한다는 사실을 알 수 있다.[9]

행동 결정 이론 분야는 이런 위반 사례를 파악하는 데 유달리 지나치게 집중해서 많은 이들이 이 연구 흐름을 '이달의 위반 사례 클럽'이라고 빈정대기도 한다. 결국 40년이 넘는 연구 결과를 한 문장으로 요약하면 인간은 호모 이코노미쿠스의 주요 원칙을 고수하지 않는다는 것이다. 너무 무시하는 것처럼 들릴지 모르지만, 이는 생리학자나 해부학자, 심리학자들이 40년 동안 연구해서 겨우 인간이 유니콘과 다른 몸과 마음을 지녔다는 결론을 내리는 것과 비슷하다. 행동 결정 이론가들은 우리가 호모 이코노미쿠스가 아닌 것을 증명하는 데 오랜 시간과 노력을 낭비하기보다는 왜 우리가 현재와 같은지, 다시 말해서 의사결정 과정의 진화적 기반을 밝히는 데 더 큰 노력을 기울여야 한다. 이와 관련해서 동료 진화심리학자이자 〈사이콜로지 투데이〉 블로거인 가나자와 사토시가 2009년 10월 11일(1부)과 10월 18일(2부)에 '예측할 수 있는 비합리성은 맞지만, 설명할 수 있는 비합리성은 아니다'라는 제목으로 본인 블로그에 올린 포스트를 소개하고자 한다. 10월 11일 올린 포스트의 도입부를 소개하면 다음과 같다.

> 내 동료 〈사이콜로지 투데이〉 블로거 댄 애리얼리는 오늘날 세계에서 가장 창조적인 행동경제학자 중 한 명이자 현재 가장 인기 있는 학문 분야에서 잘 나가는 학자 중 한 명이다. 애리얼리가 행동경제학에서 차지하는 위상은 《괴짜 경제학》의 공동저자인 스티븐 레빗이 표준 경제학에서 차지하는 위상에 견줄 만하며, 동시에 탁월하고 놀라울 정도로 창의적인 과학자로서 일반 청중에게 과학을 전달하는 능력도 뛰어나다. 하지만 이렇게 훌륭한 애리얼리에게도 큰 결점이 하나 있다. 그는 진화심리학자가 아니다.[10]

나는 애리얼리가 우수한 학자라는 가나자와의 평가에 동의한다. 하지만 더 중요한 것은(정곡을 찌른 가나자와의 지적대로) 행동 결정 이론가들의 연구에 진화론적 통찰이 빠졌다는 사실이다. 예를 들어 애리얼리는 베스트셀러 《상식 밖의 경제학》에서 '다윈'이나 '진화'라는 단어를 한 번도 언급하지 않았다. 이 책의 부제에서 암시하는 '숨겨진 힘'은 인간의 마음을 형성한 진화의 힘을 가리켜야 마땅하지만, 그는 그렇게 하지 않았다.

5장에서 논의했던 최후통첩 게임과 독재자 게임을 떠올려 보라. 이 게임에서 한 사람(플레이어 A)은 일정 금액(10달러라고 하자)을 받아 다른 사람(플레이어 B)과 나눠야 한다. 이 두 게임은 모두 호모 이코노미쿠스라는 명칭에 담긴 합리적 선택의 공리가 종종 노골적으로 부정확함을 보여 주는 중요한 역할을 했다. 구체적으로 최후통첩 게임에서 나눠 주는 '합리적인' 몫은 나눠 줄 수 있는 최소 금액이어야 한다. 예컨대 10달러를 전부 나누되, 그것이 40분의 1까지 가능하다면, 플레이어 B에게 나눠 주는 '합리적'인 몫은 25센트를 넘지 말아야 한다. 이는 플레이어 B의 관점에서 얼마라도 받는 것이 아무것도 안 받는 것보다 낫다는 원칙에 따른 것이다.

물론 불공정한 제안을 받는 데 따른 비효용이 있으므로 사람들은 소득 극대화의 공리를 따르지 않고 대체로 공정하게 비슷한 금액을 나누자고 제안하는 경향이 있다. 그러나 독재자 게임의 경우 플레이어 B에게 거부권이 없으므로 플레이어 A 입장에서 '합리적인' 행동은 한 푼도 주지 않는 것이다. 하지만 상호주의적인 관계를 형성하려는 인간의 타고난 욕구와, 탐욕스럽게 보여서 평판이 나빠질지도 모른다는 우려 때문에 게임이 익명으로 진행되는 경우에도 사람들은 결국 0보다는 큰 얼마간의 금액을 제시하게 된다.

트리패트 길과 나는 이 두 게임에서 사람들의 행동을 이해하기 위해 진화의 렌즈를 적용한 두 가지 연구를 수행했다.[11] 우리는 두 플레이어의 성별에 따라 플레이어 A가 플레이어 B에게 제시하는 금액이 정해질 것이라고 주장했다. 가능한 조합은 남성-남성, 남성-여성, 여성-남성, 여성-여성의 네 가지다. 우리는 남성은 여성에게 더 큰 금액을 제시할 것이라는 가설을 세웠다. 구체적으로 남성들은 여성을 대할 때는 자신이 자원에 대해 관대함을 드러내려고 하지만, 다른 남성과 상대할 때, 특히 돈을 나눠야 하는 상황이면 동성 간 경쟁심을 강하게 느낀다. 또한, 우리는 여성들은 상대방의 성별에 따라 다르게 행동하지 않을 것으로 가정했다. 두 게임 모두에서 드러난 결과는 우리의 가설을 뒷받침했다. 즉, 남성은 다른 남성보다 여성에게 더 많은 금액을 제시했고, 여성들은 플레이어 B의 성별과 상관없이 똑같이 관대했다. 물론 그렇다고 해서 여성들이 동성 라이벌에 대한 경쟁심이 덜하다는 것은 아니다. 다만 자원에 관한 여성의 경쟁심은 남성보다는 덜하다.

여기서 중요한 교훈은 우리의 두 연구가 단지 인간이 합리적 선택의 공리를 따르지 않는다는 사실을 증명하는 정도를 넘어섰다는 것이다. 사회적 상호작용을 촉진하는 주요 진화 기반 프로세스를 확인하면서 우리는 이런 경제적 상황에서 일어나는 행동들을 더욱더 완전하게 이해할 수 있게 했다.

합리적인 선택에 위배되는 또 다른 사례는 프레이밍 효과framing effect다. 프레이밍 효과는 같은 사안이라도 제시하는 방법에 따라 사람들의 해석이나 의사결정이 달라지는 현상을 말한다. 예컨대 광고에서 치과의사 5명 중 3명이 치약을 추천한다고 말하는 것은 논리적으로 5명 중 2명은 치약을 추천하지 않는다고 말하는 것과 같다. 마찬가지로 햄버거 함량 표시에서 무지방 90%라는 것은 지방 성분이 10% 들어 있다는 말과 같다. 치약이나 햄버거에 대한 소비자의 태도를 알아볼 때 어떤 프레임을 사용해서 문제의 제품을 설명하든 같은 평가에 도달해야 한다. 하지만 심리학자 대니얼 카너먼과 아모스 트버스키가 처음 보여 주었고 이후 수많은 실험에서 거듭 밝혀진 대로 사람들은 프레이밍 효과에 쉽게 영향을 받는다. 프레이밍 효과로 인해 사람들은 대체할 수 있는 동등한 방법으로 데이터를 설명하면 항상 같은 판단이나 선택으로 이어진다는 기술 불변의 공리를 위반하게 된다.

길과 나는 진화의 렌즈를 사용해서 프레이밍 효과를 연구해 왔다. 한 프로젝트에서 우리는 잠재적 배우자를 묘사하는 프레임이 평가에 어떤 영향을 미치는지 알아봤다. 예를 들어 사람들은 친구 10명 중 8명이 잠재적 배우자를 지적으로 생각하는 사실을 알 때, 그리고(같은 말이지만) 10명 중 2명은 그렇지 않은 것으로 생각하는 사실을 알 때 어떻게 반응할까? 두 문장은 실제로 같은 정보 내용을 담고 있지만, 프레이밍 효과는 두 프레임 간에 평가가 크게 다를 것으로(긍정 프레임에서 더 좋은 평가가 나올 것으로) 상정한다. 우리는 짝을 선택하는 구체적인 상황에서 남녀 간의 양육 투자 차이에 비추어 볼 때 잘못된 선택이 초래할 결과가 여성에게 더 커 보인다고 가정했다. 따라서 부정적인 프레임으로 전달되는 정보는 여성들에게 더욱더 생생한 경고 신호로 작용할 것이고, 이런 의미에서 우리는 여성이 남성보다 프레이밍 효과에 영향을 더 많이 받을 것이라는 가설을 세웠다. 그리고 연구 결과 우리의 가설은 그대로 맞아떨어졌다.

이어진 연구에서 우리는 잠재적 배우자의 자질을 조작해서 이것이 프레이밍 효과에 대한 남녀의 취약성에 어떤 영향을 미치는지 알아봤다. 이전 시나리오('10명 중 8명' 대 '10명 중 2명')에서 대부분의 사람이 잠재적 배우자를 지적인 사람으로 봤으므로 잠재적 배우자의 전반적인 자질이 높았다. 이런 잠재적 배우자의 자질을 바꿔도 마찬가지로 프레이밍 효과를 쉽게 테스트할 수 있다. 예를 들어 10명 중 2명이 잠재적 배우자를 지적으로 생각하는 경우와 10명 중 8명이 지적이지 않은 것으로 생각하는 경우를 비교해도 프레이밍 효과를 테스트할 수 있다. 하지만 이 경우는 대부분의 사람이 그를 지적이지 않다고 판단하기에 잠재적 배우자의 전반적인 자질이 낮다. 이처럼 자질이 낮은 잠재적 배우자 중에서 선택해야 하는 상황은 특히 여성에게 중요한 경고 신호가 된다. 이는 짝짓기 시장에서 실패한 사람들을 대할 때 정보를 전달하는 프레임이 영향을 덜 미치는 이유다. 따라서 우리는 자질이 높은 잠재적 배우자보다 자질이 낮은 잠재적 배우자를 대할 때 프레이밍 효과가 약해질 것이며, 여성의 경우 특히 더 그럴 것으로 예측했다. 이번에도 우리 예측이 정확하게 맞아떨어졌다. 우리가 진화의 렌즈를 사용하지 않았다면 이 프로젝트는 불가능했을 것이다.

결론적으로 '90% 무지방 대 10% 지방 햄버거'를 사용해서 프레이밍 효과를 테스트할 때 남녀 모두 프레이밍 효과에 동일하게 영향을 받는다(오랫동안 남녀 모두 비슷한 음식 관련 문제를 마주했기 때문이다). 하지만 짝짓기 영역에서는 역사적으로 남녀가 마주해야 했던 서로 다른 도전 때문에 남녀 간에 프레이밍 효과의 차이가 발생하였다.

가장 최근에 산 물건, 예를 들어 자동차를 생각해 보라. 아마도 최종 선택하기 전에 모든 자동차 대리점을 가 보거나 이용할 수 있는 모든 차량 정보를 입수하지는 않았을 것이다. 오히려 어느 순간 충분한 정보를 알았으니 마쓰다 SUV를 사야겠다고 판단했을 것이다. 과거 고전 경제학자들은 최적의 선택을 하기 위해서 소비자들은 이용할 수 있는 모든 관련 정보를 처리해야 한다고 주장해 왔다. 물론 아무도 이런 기이한 기준을 따르지 않았으며 후속 세대 경제학자들은 추가 검색에 따른 한계 이익(더 낮은 가격에 팔리는 같은 제품을 찾는 것 등)이 상응하는 한계 비용(검색에 든 시간 등)보다 더 큰 정보에 대한 검색을 계속해야 한다고 주장했다. 이렇게 양식화된 모델은 이론적으로는 그럴듯하지만, 소비자가 실제로 추가 정보 획득을 그만두는 시기를 정하는 방법에 대해서 거의 아무것도 말해 주지 않는다.[12]

나는 최근에 대학원생 두 명과 함께 남녀가 잠재적 배우자를 최종 선택하기 전에 얼마나 많은 정보를 수집하는지 조사한 논문을 발표했다.[13] 우리는 짝을 잘못 선택하는 데 따른 대가가 여성들에게 더 크기 때문에 여성들이 이런 생물학적 현실을 정보 검색 전략에 반영할 것이라는 가설을 세웠다. 예상대로 여성들은 잠재적 배우자를 거절하는 경우가 더 많았다. 특히 단기적 짝짓기의 경우에는 더욱더 그랬다. 그리고 최종 선택하기 전에 더 많은 수의 잠재적 배우자에 대한 정보를 확인했다. 이 연구 결과와 다른 논문에서 보고된 많은 연구 결과는 진화 렌즈를 사용해서 문제를 다루지 않았다면 예측하기 힘들었을 것이다. 다시 말해서 경제학자들이 다양한 영역에서 일어나는 정보 검색을 설명하기 위해 사용하는 비용 편익 분석 틀과는 달리 사람들의 검색 패턴은 때때로 특정 영역(배우자 검색 등)에 특유한 생물학적 현실에 따라 이루어진다.

1978년 노벨 경제학상 수상자인 허버트 사이먼은 호모 이코노미쿠스의 고전적인 규범적 합리성과 대조적으로 사람들이 결정을 내릴 때 합리성이 제한된다는 제한적 합리성bounded rationality 개념을 도입한 것으로 유명하다. 사이먼은 인간이 경제적 합리성이 상정하는 '합리적' 의사결정자가 되는 데 필요한 광범위한 계산 능력과 정보 획득 능력이 없다고 주장했다. 그는 또 시간 제약(구매하기 전에 가능한 모든 차량 모델을 평가할 수 없는 것 등)과 인지적 한계(대부분의 소비자가 효용 극대화에 내포된 수학적 모델을 적용하기는 어려운 것 등) 때문에 인간의 합리성이 제한된다고 주장했다. 이런 의미에서 사이먼은 고전 경제학자들이 주장하는 엄격하고 비합리적인 합리성의 정의를 완화했다. 좀 더 최근에는 인간의 마음을 형성해온 진화의 힘에 대한 이해를 바탕으로, 여러 과학자들이 합리성에 대해 정의를 내렸다. 예를 들어 생태적 합리성은 적절한 수준의 정신적 노력만 기울이면 대개 정확한 결과로 이어지는 간편한 의사결정 규칙 혹은 발견법heuristics(어떤 사안을 엄밀하게 분석하기보다 제한된 정보를 직관적으로 판단, 선택하는 의사결정 방법*)의 진화된 결과이다.[14]

인지 발견법recognition heuristic은 이런 의사결정 과정의 한 예이다. 인지 발견법은 특정 측정 기준에 비추어 두 가지 옵션 중 더 높은 점수를 받는 옵션을 선택할 때("필라델피아와 함부르크 중에서 어디에 박물관이 더 많을까?" 등) 인식할 수 있는 옵션을 고르는 것이다. 이는 원래 친구와 적을 식별하고 먹을 수 있는 음식이나 위험한 포식자를 인식하는 것과 같은 진화적으로 중요한 몇 가지 문제를 해결하기 위해 진화한 인지적 적응이다. 그렇기는 하지만, 이를 현대 환경에 적용하면 커다란 성공을 거둘 수 있다. 이를테면 회사 이름을 아는지와 같은 단순한 기준으로 주식 종목을 고른 사람들도 극도로 복잡한 수학적 모델을 사용한 사람들만큼 좋은 투자 성과를 거두었다.[15] 이런 점에서 이 전략은 이용할 수 있는 데이터를 철저하고 완벽하게 분석해야 탁월한 의사결정을 할 수 있다고 추정하는 호모 이코노미쿠스와는 거리가 먼 방식이지만, 생태적으로는 합리적이다.

생태적 합리성과 관련된 것으로 더그 켄릭Doug Kenrick과 동료들이 지지하는 심층적 합리성deep rationality이라는 개념이 있다. 고전적인 경제 원칙과 달리 인간은 모호한 의미의 효용을 극대화하려고 하지 않는다. 특히, 사람들이 효용(상대적 충족의 척도)을 극대화하는 자동차, 직업, 친구 또는 치약을 선택한다고 말하는 것은 사실상 아무것도 말해 주지 않는다. 심층적 합리성은 사람들이 특정 영역(배우자 찾기, 혈족 보호, 포식자 회피, 지위 유지 등)에서 적응 문제를 마주할 때 적응도(유전자 전파 능력)를 극대화하는 의사 결정 규칙을 적용한다고 주장한다.[16] 이런 심층적 의미에서 합리성을 판단하는 지표는 인간의 오랜 진화 역사를 이해하고 정의해야 한다. 구체적으로 말하면 얼굴이 대칭적인 사람들에게 끌리는 것은 진화의 관점에서 합리적이다. 이 시각적 신호는 진화적으로 중요한 정보를 전달하기 때문이다. 하지만 대칭적인 얼굴을 선호하는 것이 '사람의 효용을 극대화하기 때문'이라고 주장하는 것은 기본적으로 아무것도 설명할 수 없다.

경제학자들은 거의 한 세기 동안 의사결정과 소비자 행동을 연구하고 가르쳤지만, 성욕, 식욕, 분노, 기타 본능적인 힘처럼 명백한 요소들이 우리의 선택에 어떤 영향을 미치는지 거의 탐구하지 않았다. 호모 이코노미쿠스와 호모 컨슈머리쿠스는 분명히 다른 종이다. 이제 행동 금융학 쪽으로 눈을 돌려 보자. 행동 금융학은 근래 들어 금융 거래 연구에 심리학의 원칙이 도입되기 전까지 역사적으로 고전 경제학적 사고가 지배적이던 분야다. 하지만 최근 들어 금융 시장에서 일어나는 행동들이 우리의 생물학에 의해 움직이는 사실을 인식하는 학자들이 늘고 있다. 금융 투자자들은 인간 생리학과 무관한 세계에 존재하는 것이 아니다. 따라서 미래에 닥칠 금융 위기를 모면하려면 금융 시장 행동의 동인이 되는 생물학적 힘을 비롯한 모든 힘을 완전히 이해해야 한다.

금융시장은 남성 호르몬의 각축장

2000년대 말의 월스트리트 금융 위기는 탐욕이라는 '치명적인' 죄악에 빠지기 쉬운 인간의 성향을 다시 생각하게 한다. 이런 특별한 환경에서 탐욕은 남의 돈을 이용하여 위험을 감수하려는 욕망으로 나타난다. 궁극적으로 월스트리트는 테스토스테론의 각축장이다. 대부분의 남성인 금융 투자자들과 은행가들은 발정기 수컷 코끼리나 사슴처럼 자신들의 내분비 기관을 활용해서 금융 시장이 원활하게 돌아가도록 기름칠한다. 마이클 더글라스와 찰리 쉰이 주연을 맡은 1987년 개봉 고전 영화 〈월 스트리트〉와 덜 알려지긴 했지만 지오반니 리비시, 빈 디젤, 니아 롱, 벤 애플렉 등이 출연한 2000년 개봉작 〈보일러 룸〉은 금융거래에서 일어나는 테스토스테론으로 인한 허장성세를 잘 묘사하고 있다.

거듭 강조하지만, 호르몬이 경제적 의사결정에 지대한 영향을 미치는 것이 자명해 보이는데도 대부분의 경제학자는 최근까지도 생물학이 우리의 선호와 선택에 미치는 영향을 대체로 무시해 왔다. 대신 이들은 인간을 효용 극대화(제한된 예산을 고려해서 최대의 만족을 주는 제품을 선택하는 것)와 같은 변함없는 알고리즘을 따르는 냉정하고 타산적인 기계로 여겼다. 따라서 배고픔, 기분, 호르몬과 같은 상황 변수의 영향은 거의 연구하지 않았다. 하지만 점심 식사 전후에 회의에 참석해 본 사람이면 누구나 그 영향을 잘 안다.

케임브리지대학교의 과학자인 존 코츠와 조 허버트는 최근 남성의 금융 투자 거래와 테스토스테론 및 코르티솔(부신 피질에서 생기는 스테로이드 호르몬의 일종으로 스트레스에 대항하는 신체에 에너지를 공급하는 역할을 한다*) 수치의 상관관계를 조사했다.[17] 예상한 대로 더 높은 성과(수익)는 더 높은 테스토스테론 수치와 관련이 있었다. 반대로 코르티솔 수치는 변덕스러운 시장 상황으로 인한 금융 불확실성에 따라 출렁였다. 즉, 스트레스 호르몬이라고도 불리는 코르티솔 수치는 금융 투자자의 실제 거래 실적보다는 불확실한 환경에 직면했을 때 더 높았다. 놀랍게도 남성 투자자들의 손가락 길이 비율(검지 대 약지의 상대적 길이. 이는 태아기에 자궁에서의 남성 호르몬 안드로겐에 대한 노출의 대리 척도임을 상기하라—검지가 길수록 여성적, 약지가 길수록 남성적이라는 통설이 있다*)은 금융업계에서 얼마나 오래 일할지, 장기적으로 얼마나 성과를 낼지 말해 준다. 구체적으로 손가락 길이 비율이 남성적일수록 금융계에 오래 남고 더 좋은 성과를 올린다.[18] 또한, 남성적인 손가락 길이 비율은 금융업계 경력을 택할 가능성[19]과 다양한 형태의 위험을 감수하려는 강한 욕구[20]를 말해 준다.

테스토스테론은 특정 행동의 원인도 되고 결과도 된다. 현재 상황에서 기초 테스토스테론 수치가 높은 남성들은 금융 투자자가 될 가능성이 더 높을 뿐만 아니라(원인), 성공적인 투자(결과)에 대한 이들의 내분비학적 반응이 후속 행동(더 큰 위험 감수)에 영향을 미친다. 따라서 지속해서 증가하는 호르몬으로 인해 무모한 금융 투자 행동이 계속 확대되는 피드백 회로가 형성된다. 게다가 호르몬이 핵심적인 역할을 하는 분야는 금융 거래뿐만이 아니다. 최근 한 연구에서는 창업 경력이 있는

MBA 남학생들이 이런 경력이 없는 학생들보다 기초 테스토스테론 수치가 더 높다는 사실이 밝혀졌다.[21] 이처럼 테스토스테론은 혁신의 원동력이 될 수 있지만, 동시에 금융 위기를 불러올 수 있는 내분비학적 자극을 주기도 한다.

지난 20년간 이어진 기업 스캔들의 주인공들로는 내부자 거래로 물의를 빚은 마이클 밀켄, 이반 보스키, 마사 스튜어트, 조셉 나치오(퀘스트 커뮤니케이션스 인터내셔널 前 CEO), 악덕 금융 투자자 닉 리슨(베어링스 은행 파생금융상품 딜러)과 제롬 케르비엘(소시에테 제네랄 행원), 그리고 고위 경영진인 케네스 레이와 제프리 스킬링(엔론 前 CEO), 존 리가스(아델피아 前 CEO)와 아들 티머시 리가스(아델피아 前 CFO), 데니스 코즐로브스키(타이코 인터내셔널 前 CEO), 버나드 에버스(월드콤 前 CEO), 그레고리 레예스(브로케이드 커뮤니케이션 시스템 前 CEO) 등이 있다. 더 최근에는 AIG 사태와 이를 무색하게 하는 버나드 매도프가 악의적으로 벌인 수십억 달러에 달하는 폰지 사기극이 있다.

여기서 한 가지 분명한 인구 통계학적 현실이 드러난다. (여성인 마사 스튜어트가 있긴 하지만) 이런 비윤리적인 금융 범죄를 저지르는 것은 거의 언제나 남성들이다. 이런 도덕적, 법적 위반이 일종의 위험 감수라는 사실과 테스토스테론과 위험 감수의 연관성에 비추어 볼 때 주로 남성들이 가장 악명 높은 금융사기를 저지르는 것은 놀라운 일이 아니다.[22] 기업인들의 윤리적 일탈 행위가 늘어나면서 경영대학원 교육과정에서 윤리 교육을 더 강화해야 한다는 목소리가 커졌다. 이는 경영대학원에서 학생들의 머릿속을 윤리적 규범으로 채우면 장래 직업 활동에서 사기 등 범죄행위를 저지를 가능성이 줄어들 것이라는 낙관적 시각에 뿌리를 두고 있다. (하지만 버나드 매도프가 보여준) 타고난 정신병적 기질과 (특히 개인 은행 계좌로 수십억 달러를 빼돌릴 때) 테스토스테론과 관련된 높은 수치의 안드로겐이 결합해서 추악한 조합을 만들어 낸다.

테스토스테론은 더 큰 위험을 감수하게 하는 내분비학적 윤활유 역할을 할 뿐만 아니라 더 확연하게 드러나는 충동 성향과도 관련이 있다. 무엇이 특정인을 다른 사람들보다 더 충동적으로 만들까? 사람의 성향을 충동적으로 바꾸는 상황적 요인이 있는 것일까? 많은 소비자 결정은 즉각적인 보상 및 비용과 미래 보상 및 비용 사이의 절충(지금 돈을 쓰거나 만일의 경우를 위해 저축하는 것 등)으로 이루어진다. 이런 이유로 소비자마다 다른 충동 성향을 만드는 생물학적, 심리적 동력을 완전히 이해하는 것이 개별 소비자와 전체 경제 모두에 대단히 중요하다.

지금 당장 원해

고교 시절을 회상해 보라. 이전에 인기 있고 멋졌던 아이들을 20년이 지나 고교 동창회에서 보면 다수가 고교 때 정점을 찍은 것으로 보일 것이다. 1987년부터 1997년까지 방영된 인기 시트콤 〈못 말리는 번디 가족〉에서 주인공 알 번디는 고교 시절 축구 스타였을 때가 전성기였던 남자의 전형을 보여 준다. 이렇게 일찍 전성기를 맞는 많은 사람이 걸어가는 길은 상당히 친숙한데 즉각적인 만족과 지연된 만족 사이의 갈등에서 어느 쪽을 택하느냐에 따라 달라진다. 이들은 자신의 고급 자동차(포드 토리노 등)의 바퀴를 비싼 것으로 바꾸고 창문을 선팅하기 위한 돈을 벌기 위해 학교를 중퇴할 수도 있다. 학교에 남아서 만족을 미루고 지내기보다는 즉각적인 만족을 얻고 싶은 욕구가 장기적으로는 최선이 아닌 길로 이끈다. 의사결정 이론가들은 일반적으로 할인율이라고 하는 이 즉각적인 보상과 미래 보상 사이의 줄다리기를 연구해 왔다.

오늘 100달러를 받을지 일주일 뒤에 120달러를 받을지 선택해야 한다고 가정해 보자. 이 경우 교환 조건은 지금 당장 더 적은 금액을 받거나 나중에 더 많은 금액을 받는 것이다. 이런 시간 사이의 선택intertemporal choice을 여러 차례 함으로써 사람들의 충동성이나 조급함을 나타내는 할인율을 계산할 수 있다. 사람들은 중요한 결정을 내릴 때 즉각적인 이익 및 대가와 지연된 이익 및 대가 중에서 선택해야 한다. 이런 결정에는 은퇴를 대비해서 얼마를 저축할지, 다이어트를 시작할지, 대학원에 등록할지, 아니면 취업할지 등이 포함된다. 일반적으로 남성들은 여성들보다 할인율이 높다. 이는 남성들이 즉각적인 혜택을 더 선호함을 의미한다.[23]

이 보편적인 성 차이는 성 선택에 따른 것이다. 구체적으로 남성은 여성보다 양육 투자 의무를 덜 부담하고 수명이 짧으므로 남성의 번식 적응도는 여성보다 변화무쌍하다. 따라서 남성은 더 조급한 성향으로 진화해 왔다.[24] 남성들이 금융 투자 거래에서 여성들보다 더 극단적인 위험을 감수하려는 한 가지 이유는 더 큰 미래 보상보다 즉각적인 보상을 더 중시하는 남성들의 성향 혹은 자신들의 즉각적인 행동이 향후 가져올 결과에 대해 덜 염려하는 성향에 있다.

개인의 할인율은 부분적으로 고유한 성격에 따라 형성되지만(어떤 사람들은 다른 사람들보다 선천적으로 더 현재 지향적이다), 상황 변수도 작용한다.

예를 들어 남성의 할인율은 아름다운 여성이나 비키니를 입은 여성의 사진을 보면 높아진다.[25] 다시 말해 남성이 짝짓기와 관련된 자극에 노출되었을 때 현재 보상의 가치가 증가한다.

앞 장에서 언급했듯이 카지노 운영자들은 오래전부터 이런 현상을 잘 알고 있었다. 매력적인 웨이트리스들을 고용해서 노출이 심한 옷을 입혀 남성 고객들을 접대하게 하는 것이 일반적이기 때문이다. 하지만 진화론적 관점에서 볼 때 당연하지만, 매력적인 남성이 주는 시각적인 자극은 여성의 할인율에 같은 영향을 미치지 않는다. 할인율은 또한 생존과 관련된 환경적 신호에도 영향을 받는다. 당분을 많이 섭취할수록 미래 할인율이 낮아진다(즉, 미래 보상을 더 크게 평가한다). 반대로 섭취가 줄면(즉, 혈당치가 낮아지면) 할인율이 높아지고 즉각적인 보상을 원한다.[26] 이 또한 진화적 관점에서 보면 당연하다. 혈당치 변동은 배고픔이나 포만감의 신호로 작용한다. 배가 고플 때(혈당치가 낮을 때) 우리는 즉각적으로 음식에 접근하는 행동(지금 당장 먹어야 해!)을 하지만, 포화 상태일 때(혈당치가 높을 때) 우리는 높은 인내심을 보인다. 카지노 운영자라면 플레이어들을 계속 배고프게 해야 한다. 카지노에서 시계가 좀처럼 보이지 않는 이유도 여기에 있다. 시계를 보면 도박꾼들이 식사할 때를 알기 때문이다.

얼굴이 반반하면 돈도 잘 번다

7장에서 매력적인 광고 모델 사용의 보편적 효과를 간략히 논의했다.

하지만 외모나 관련된 형태학적 특징(키, 사각 턱, 가슴 크기 등)의 힘은 다른 비즈니스 환경에서도 뚜렷하게 나타난다. 이런 단서들은 진화적으로 중요한 속성에 대한 믿을 수 있고 가치 있는 정보를 전달하기 때문에 우리 인간은 이런 단서들을 읽는 능력을 진화해 왔다.

취업 면접을 예로 들어 보자. 우리는 면접관들이 편견 없이 평가해 주기를 바란다. 노동법은 고용주가 종교, 인종, 나이, 성적 지향 등 여러 변수와 관련된 차별 가능성을 억제하기 위한 규정을 두고 있다. 하지만 법의 사각지대에 있는 여러 편향 유발 변수가 채용과 승진에 큰 영향을 미치는 것으로 나타났다.

이를테면 여성이 매력적인 남성을 고용하는 것보다 남성이 매력적인 여성을 고용할 가능성이 더 크다. 또한, 여성의 자아개념에서 신체적 매력이 차지하는 중요성이 크기 때문에 여성들은 남성들보다 다른 매력적인 동성을 고용할 가능성이 훨씬 낮다. 즉, 여성들은 동성 간 외모 경쟁에 더 신경을 쓴다. 마지막으로 이런 편향성은 고용주와 구직자 사이에 반복적 상호작용이 예상되는 경우에만 작용한다.[27]

일반적으로 인사 결정이 이루어지는 과정은 고전 경제학자들이 가정한 합리적 선택의 공리와 거의 일치하지 않는다. 고용 결정에서는 초두효과가 크게 작용한다. 면접관들은 채용 후보자를 보고 30초 이내에 매우 빠르게 의견을 정하고, 종종 나머지 면접은 처음 판단을 뒷받침하는 데 사용한다. 빠르게 형성된 첫인상과 일치하지 않는 정보는 중요도를 축소하거나 무시한다. 한 남성이 다이아몬드가 박힌 귀고리를 착용하고 고루한 투자 은행에 면접을 보러 왔다고 가정해 보자. 면접관은 즉시 이 남성이 회사 이미지와 어울리지 않는 '반항아'라고 매우 빠르게 판단할 수 있다. 이후 면접에서 나온 모든 정보가 이 남성이 최고 후보임을 가리킬 수 있다. 하지만 면접관의 부정적인 첫인상은 좀처럼 바뀌지 않을 것이다. 이 사례는 하버드대 경제학자 존 케네스 갤브레이스가 했다고 하는 이런 멋진 명언을 떠올리게 한다. "마음을 바꾸느냐, 그럴 필요가 없음을 증명하느냐의 선택에 직면하면 거의 모든 사람이 그제야 증거를 수집하느라 분주해진다."[28]

신체적 특성이 사람들의 경력에 미치는 영향 문제로 다시 돌아가서, 노동시장에서 '미인 효과beauty effect'가 작용한다는 사실이 수많은 연구에서 밝혀졌다.[29] 잘생긴 MBA 졸업생은 초봉과 이후 연봉도 더 높고,[30] 잘생긴 변호사도 마찬가지다.[31] 잘생긴 NFL 쿼터백들은 얼굴 대칭성의 표준편차가 1씩 증가할 때마다 8% 더 높은 연봉을 받는다.[32] 매력적인 교수일수록 교수 능력 평가를 높게 받는다.[33]

이처럼 잘생긴 외모에 따르는 이득은 실로 많다. 인기 시트콤 〈사인필드〉의 에피소드 '파일럿(1)'에서 일레인은 친구들과 자주 가는 단골 레스토랑에서 새로 고용한 웨이트리스들이 하나같이 가슴이 크다는 사실에 화가 난다. 이와 관련해서 팁을 주는 행동에 관한 뛰어난 전문가의 한 사람인 마이클 린은 웨이트리스의 가슴 크기와 팁 액수가 비례한다는 사실을 발견했다.[34]

마지막으로 키, 특히 남성의 키는 직업적 성공과 양(+)의 상관관계가 있다.[35] 예를 들어 미국 대통령 선거에서는 키가 큰 후보가 거의 항상 승리한다.[36]

눈이 영혼의 창이라면 얼굴은 수많은 '세속적인' 정보로 가득하다. 아이들은 선거에 나온 정치가들의 얼굴만 봐도 누가 당선될지 알 수 있다.[37] 미국 사회심리학자 니콜라스 룰Nicholas O. Rule과 날리니 암바디Nalini Ambady는 〈포춘〉 1000대 기업의 여성과 남성 CEO의 얼굴 생김새가 기업 실적과 밀접한 상관관계가 있다는 사실을 발견했다. 구체적으로 이들은 독립 평가자들에게 몇 가지 속성(역량, 탁월성, 얼굴 대칭성, 호감도, 신뢰도, 국제적 지도력 등)에 따라 CEO들의 얼굴을 평가하게 했다. 남성 CEO의 경우 역량과 탁월성, 얼굴의 대칭성 등으로 이루어진 종합 영향력 지수aggregate power index와 국제적 지도력이 실적과 연관성이 있었다.[38] 여성 CEO의 경우 얼굴로 판단한 역량과 리더십이 각각 실적과 연관성이 있었다.[39]

생물학자 울리히 뮬러Ulrich Mueller와 사회학자 앨런 마주르Allan Mazur는 졸업 앨범에 담긴 웨스트포인트 사관후보생들의 얼굴 모습을 조사했다. 목적은 각진 턱이나 눈 위 뼈가 두드러지게 튀어나온 모습 등 권위적인 이미지를 풍기는 단서들이 군 생활 후반기에 승진을 예측하는지 탐구하는 것이었다. 얼굴이 남성화되거나 여성화되는 메커니즘은 에스트로겐과 테스토스테론 등의 성호르몬에 노출되면서 형성된다.

따라서 권위적인 얼굴 속성을 지닌 사관후보생들은 사춘기에 테스토스테론에 더 많이 노출되었음을 나타낸다. 뮬러와 마주어는 실제로 사관후보생들의 얼굴이 권위적이거나 유순해 보이는 정도가 이들의 고위직 승진을 잘 예측한다는 사실을 발견했다.[40] 결론적으로 우리는 군 지도자들이 우리가 공통으로 생각하는 권위적인 전사의 원형을 고수하기를 원한다는 것이다.

손가락 길이 비율이 자궁에서 안드로겐에 노출된 정도를 말해 주는 형태학적 특성임을 상기해 보라. 이 비율이 남성의 운동능력과도 관련이 있는 것으로 밝혀졌다. 더 남성화된 손가락 길이 비율을 가진 프로 축구 선수들은 더 우수한 선수들이 되는 경향이 있다.[41] 또한 테스토스테론과 관련 있는 얼굴 특징은 얼음판 위에서 남자 하키 선수들의 공격적인 행동도 예견하는 것으로 밝혀졌다.[42] 거친 싸움꾼 하키 선수들은 얼굴이 폭력배처럼 사납게 생겼다는 세간의 믿음을 이제 과학 연구가 뒷받침하고 있다. 형태학적 속성과 공격적인 행동 사이의 더 불길한 연관성을 보여 주는 다른 사실은 남성 폭력범들이 허약한 체형이나 뚱뚱하고 지방이 많은 체형이 아니라, 신체 조직이 잘 발달하고 근골이 튼튼한 운동가형 체형일 가능성이 크다는 것이다. 이런 체형은 근육 조직이 더 잘 발달해서 테스토스테론 수치도 더 높을 수 있다.[43]

일부 학자들은 형태학적 특성을 특정 행동과 연결하려는 연구를 업신여기지는 않더라도 이에 대한 불신감을 표시해 왔다. 이들이 보기에 손가락 길이 비율은 손금 보기나 관상학의 새로 포장된 버전에 불과하다. 이런 관행은 모두 엉터리로 여기기 때문에 손가락 길이 비율도 그래야 한다는 생각을 넌지시 나타내는 것이다.

하지만 이는 대단히 잘못된 생각이다. 생물학, 심리학, 인류학, 생리학, 진화론, 법의학, 의학 등 폭넓은 분야의 매우 평판이 좋은 논문 심사 저널에 손가락 길이 비율에 대한 수백 편의 연구 논문이 실렸기 때문이다. 또한, 지난 10여 년간 손가락 길이 비율을 다양한 현상과 연계하는 연구들이 급증했다. 이런 다양한 현상들에는 성과 관련한 특성과 성적 지향, 성전환, 정자의 질, 초경, 자녀의 성비, 얼굴의 대칭성, 협동성, 질투심, 지배 성향, 공격성, 생식 능력, 다양한 능력(공간 능력, 춤, 음악 등), 특정 질병(심장병 등)에 대한 취약성, 직업적 관심사, 정신적 장애(자폐증 등) 등이 포함된다. 손가락 길이 비율을 불신하는 자들은 이 모든 연구가 엉터리라고 주장하는 것일까?

범죄 피해자에 대한 연구를 지지하는 사람 중 일부는 신체적 특징 때문에 발생하는 모든 이점은 위험한 차별적 표현(용모에 따른 차별, 키 큰 사람에 대한 선호 등)이라고 주장한다. 하지만 진화적으로 중요한 특성에 대한 단서(신체적 매력, 키, 여성의 성적 매력을 나타내는 표시 등)가 현대 환경에서 갑자기 상관없다는 주장은 현실을 모르는 순진한 생각이다. 인간의 정신은 오랜 진화 과정의 흔적이다. 오늘날의 세계에서도 우리는 직업적인 성과가 '적절하고 편견 없는 기준'에 따라 평가되기를 바라지만, 여전히 우리는 과거 오랜 세월 동안 적응해 온 결과로 형성된 성향을 지니고 있다.

다른 형태학적 단서 중에서도 특히 얼굴 특징에 초점을 맞추려는 본능적인 욕구는 사회성의 핵심 요소이며, 따라서 우리는 이런 인간의 기대에 부응하는 제품도 만들어 낸다. 이 과정에서 우리는 애니미즘과 의인화에 관여한다.

자동차가 주인을 닮는 것은 사실일까

사람들이 사는 물건[44], 제품에 대한 선호(음악적 취향 등), 가정과 직장 환경을 꾸미는 방식, 페이스북이나 개인 웹사이트를 통해 자신을 표현하는 방식 등을 보고 사람들의 성격 등 중요한 속성을 알 수 있다는 증거가 늘어나고 있다. 다시 말해서 소비자 선택의 많은 부분이 개인적 특

질을 공적으로 알리는 신호 역할을 한다.[45]

4장에서 개가 주인을 닮는 경향이 있다는 연구에 대해 논의했다. 그렇다면 마찬가지로 제품도 소유자와 짝지을 수 있을까? 보디빌더들은 포드 머스탱 같은 고출력의 이른바 머슬카muscle car를 몰고, 젊은 여성들은 섬세한 미니 쿠퍼나 폭스바겐 비틀을 선호할 것으로 생각할 수 있다. 두 사람과 두 대의 자동차 사진을 보여 주면 자동차와 실제 주인을 제대로 짝지을 수 있을까? 독일 심리학자들이 이런 실험을 통해 사람들이 우연히 맞힐 확률보다 더 정확하게 매치할 수 있다는 사실을 발견했다.[46] 자동차를 소유자와 짝짓는 데 사용되는 시각적 지표 중에는 성별과 나이 등 기본적인 인구 통계 자료도 물론 있다. 젊은 여성보다 나이 지긋한 남성이 캐딜락 세단을 운전할 가능성이 더 크다. 하지만 제품을 소유자와 짝짓는 데는 분명하지 않은 단서도 있을 수 있다는 증거가 있다.

소냐 빈트하거Sonja Windhager와 동료들은 소비자들이 자동차에서 얼굴 속성을 찾는지, 만약 그렇다면 이런 경향이 모든 사람에게서 일관되게 나타나는지 조사했다. 만약 10명이 특정 자동차의 전면을 보고 대체로 특정 유형의 사람이나 동물 얼굴과 닮았다고 생각할까? 이들은 자동차 전면이 화가 난 것처럼 보인다거나 권위적이거나 여성적으로 보인다는 데 동의할까? 실험 결과 많은 소비자가 자동차 전면에서 이목구비를 찾았을 뿐만 아니라, 자동차 전면과 관련해서 찾은 특성(아이-어른, 순종적-권위적, 오만한, 우호적-적대적, 화난, 남성-여성, 두려움, 행복, 놀람 등)에 대해서도 거의 의견이 일치했다.[47]

일반적으로 인간은 선천적으로 우주 만물에 영혼이 있다고 믿고, 인간 이외의 동물이나 사물에 인격을 부여하는 경향이 있다. 이런 타고난 능력 덕분에 우리는 TV 만화(여기서는 동물들도 말하는 능력을 포함한 인간의 자질을 부여받는다), 〈토이 스토리〉나 〈카〉 같은 애니메이션 영화, 그리고 1983년에 개봉된 유명 공포 영화감독 존 카펜터의 컬트 고전인 〈크리스틴〉과 같은 영화를 즐길 수 있다. 한 십 대 소년이 소유한 자동차에 악령이 깃들어 있다는 내용의 이 영화 예고편에 나오는 "생명이 없는 것을 어떻게 죽일 수 있을까?"라는 대사는 애니미즘을 통해 현실을 잠시 미뤄 두는 우리 인간의 능력을 잘 보여 준다.

왜 사람들은 생명이 없는 제품에서 생명체의 얼굴을 보는 성향을 지녔을까? 빈트하거와 동료들은 오류 관리 이론error management theory으로 이를 설명한다. 이 이론에 따르면 무생물에서 생명체의 속성을 보는 대가가 매우 위험한 포식자일 수도 있는 생명체에서 이런 속성을 보지 않았을 때 치러야 할 대가보다 적기 때문이다. 이에 무수한 외부 자극에서 인간의 속성을 찾는 이런 과민한 메커니즘은 우리와 함께 진화해 왔다.[48] 앞서 언급했듯이 장난감 마케터들은 아이들에게서 드러나는 보편적인 인간의 욕구에 맞는 제품을 개발하는 데 특히 능숙하다. 궁극적으로 많은 장난감이 성공하는 이유는 바로 무생물에서 인간의 속성을 찾는 아이들의 타고난 의인화 능력에 부응하기 때문이다. 장난감 제조업체들은 제품 설계 면에서 매우 혁신적이고 치밀하다. 하지만 다음 단락에서 밝힐 가장 위대한 제품 개발자는 이들의 수준을 무색하게 한다.

생체 모방, 자연에서 얻은 아이디어로 혁신하다

혁신 기업은 총 주주수익률이나 이익 등 어떤 기준에서도 '변화가 없는' 기업보다 더 나은 성과를 낸다.[49] 물론 성공하는 모든 기업이 혁신으로만 이윤을 창출하는 것은 아니다(코카콜라의 상업적 성공은 뛰어난 마케팅과 고객 브랜드 충성도 덕분이다). 하지만 대체로 혁신 능력을 갖춘 기업이 성공하며, 이런 혁신 능력의 한 요소는 소비자의 요구에 맞게 신제품을 개발하는 능력이다. 〈패스트 컴퍼니〉, 〈비즈니스 위크〉를 비롯한 몇몇 잡지들은 매년 혁신적인 기업의 순위를 매기는데, 최근에는 여기에 아마존, 페이스북, 애플, 구글, 디즈니, GE와 같은 기업들이 포함되어 있다. 이 목록에 포함된 많은 기업이 컴퓨터 업종에 속하는 것은 이런 산업에서 기술 개발이 매우 빠르게 일어나므로 당연한 귀결이라고 할 수 있다. 어쨌든 우유나 달걀 같은 낙농 제품을 생산하는 기업에 얼마나 많은 혁신을 기대할 수 있을지는 미지수다.

기업에서 개인으로 눈을 돌리면 역대 누가 가장 위대한 발명가일까? 대부분의 사람은 실용적인 발명을 한 위인으로 요하네스 구텐베르크(인쇄기 발명), 토머스 에디슨(전구 발명), 라이트 형제(인류 최초로 하늘을 난 하늘 개척자), 헨리 포드(자동차 조립 라인), 벤자민 프랭클린(이중 초점 안경 발명), 찰스 배비지(기계식 컴퓨터 발명), 알렉산더 벨(전화 발명) 등을 드는 데 동의할 것이다. 분명히 독자들도 혁신적 사고를 전형적으로 보여 주는 다른 개인이나 기업을 생각할 수 있을 것이다. 하지만 역대 가장 위대한 혁신자가 누군지는 좀처럼 대답하기 어려울 것이다. '필요는 발명의 어머니'라는 고전적인 라틴어 속담에서 힌트를 얻을 수 있다.

과학자들은 현존하는 종의 수를 약 200만으로 추정한다. 하지만 미국 국립 과학 재단의 '생명의 나무' 프로젝트에서 추정한 바에 따르면 실제 종의 수는 500만에서 1억에 이른다. 물론 지금까지 존재했던 종의 최대 97%에 이르는 대부분의 종은 이미 멸종했다. 실제로 현존하는 종의 수가 3000만이라고 가정하면 지금까지 대략 10억 종이 존재했음을 의미한다. 이들 종은 주어진 환경 속에서 살아남고 번식하기 위해 일련의 혁신적인 적응 방안을 '고안'해야 했다. 하지만 의식적으로 이런 '혁신적인 적응 방안'에 도달한 것이 아니라, 이에는 자연 선택과 성 선택이라는 두 가지 힘이 작용했다.[50]

따라서 앞에서 제기한 질문에 답하자면 자연이 세상에서 가장 혁신적인 힘이다. 인간의 발명은 자연이 고안해 낸 놀라운 해결책에 비하면 미미할 따름이다. 물론 자연이 최적의 설계를 만들어 내는 데는 우리 인간이 존재한 10만여 년보다 훨씬 긴 수십억 년이 걸렸다.

많은 경우에 인간이 만든 최고의 기계도 자연이 창조한 발명품의 효능에 필적할 수 없다. 개의 코를 예로 들어 보자. 고도로 발달한 개의 후각 작용은 경이로운 진화 현상이다. 그래서 우리는 마약이나 폭탄을 탐지하고 실종자들을 찾을 때 개의 후각을 빌린다. 이처럼 자연의 힘을 빌리는 것이 생체 모방 분야의 핵심 전제이다. 즉, 생체 모방의 목적은 자연의 설계와 해결책을 연구하고 모방해서 인위적인 해결책을 개발하는 것이다. 재닌 베니어스는 저서 《생체 모방》에서 생체 모방 노력의 다양한 사례를 보여 준다. 아래는 베니어스가 책에 언급한 생체 모방의 정의다.

1. 자연은 모델이다. 생체 모방은 잎에서 영감을 얻어 만든 태양전지처럼 자연의 모델을 연구해서 그 설계나 과정을 모방하거나 영감을 얻어서 인간의 문제를 해결하는 새로운 학문이다.

2. 자연은 척도다. 생체 모방은 생태적 표준을 활용해서 우리 혁신의 '적절성'을 판단한다. 자연은 38억 년의 진화 과정을 거치며 무엇이 효과적이고, 적절한지, 오래가는지를 학습하였다.

3. 자연은 멘토다. 생체 모방은 자연을 바라보고 가치를 평가하는 새로운 방법이다. 생체 모방은 우리가 자연에서 뭘 뽑아내느냐가 아닌, 뭘 배울 수 있느냐에 중점을 둔다.[51]

베니어스가 제공하는 주요 사례 중에는 시너지 효과와 항상성을 지닌 대초원의 생태계를 모방한 농법 개발[52], 잎의 광합성 작용과 비슷한 방식으로 에너지를 이용하는 것, 연체동물의 껍데기 또는 거미가 만드는 생사와 비슷한 내구성이 있고 가벼운 방수성 물질 개발, 자연 자원을 활용한 동물들의 치료법과 질병 예방법을 연구해서 건강 유지에 응용하는 동물약리학zoopharmacognosy으로 불리는 분야 등이 있다. 이외에도 문어의 촉수에서 영감을 받은 유연한 수술용 카테터 개발, 게의 움직임에서 영감을 받아 개발한 고르지 못한 표면 위를 이동하는 로봇(행성 간 탐사용 로봇 등), 동물의 동작을 잘 연구해서 만들어 낸 좀 더 실감 나게 움직이는 장난감과 좀 더 실제 같은 영화 애니메이션(1950년대 고질라와 현대 공상과학 영화에 나오는 실감 나는 창조물들을 비교해 보라), 그리고 실제 팔다리의 역학을 더 잘 이해함으로써 개발한 우수한 보철물 등이 있다.[53]

하지만 2장에서 설명한 인간의 생물 애호 성향과 생체 모방을 통해 얻을 수 있는 이점에 비추어 볼 때 우리 인간이 무수한 방법으로 환경에 해악을 끼쳐 온 사실을 어떻게 설명할 수 있을까?[54] 최근에 멸종했거나 멸종 위기에 처한 종은 엄청나게 많다. 나는 자연을 사랑하고 감사하는 마음과 우리의 열악한 생태 발자국 사이의 모순에는 몇 가지 이유가 있다고 생각한다.

첫째, 대부분의 사람은 생태적 행동에서 공유 자원의 이용을 개인 자율에 맡기면 '공유지의 비극' 편향에 빠진다. 공동 방목지에서 각자의 소를 키우는 10명의 농부가 있다고 상상해 보자. 이들은 모두 이 방목지에 회복 기간이 필요하다는 데 의견을 모으고 일정 기간 방목을 제한하기로 합의한다. 하지만 각 농민의 입장에서는 다른 아홉 농부가 사회계약을 준수하는 동안 자신은 이 계약을 어기는 것이 '최적'일 것이다. 이로써 그는 자기 소들을 방목지에서 계속 풀을 뜯게 하면서 방목지가 회복되는 생태적 이득도 챙길 수 있기 때문이다(다른 아홉 농부는 모두 정직해서 방목지가 회복될 수 있다고 가정한다). 말할 필요도 없이 공유지의 비극은 많은 농부가 같은 생각을 하게 되어 사회계약을 위반하게 된다는 사실을 가리킨다.[55]

물론 사람들이 합의한 사항을 지킨다면 많은 문제를 빠르게 해결할 수 있다. 프로 선수들이 받는 고액 연봉과 광고 수입을 예로 들어 보자. 어떤 사람들에게는 전 세계 수백만 명의 사람들이 하루 약 1달러로 겨우 살아가는데 타이거 우즈가 총 10억 달러의 광고 수입을 올리는 것이 터무니없어 보인다. 우리는 일정 기간 문제의 스포츠와 관련된 모든 품목에 대한 불매 운동을 통해 이 세계적 불평등 문제를 집단으로 '해결'할 수 있다. 스포츠용품은 사지도 팔지도 않고, TV로 스포츠 중계를 보지도 경기장에 가지도 않는 것이다. 그러면 머지않아 시장이 터무니없는 연봉과 광고 수입을 매우 빠르게 '조정'할 것이다. 하지만 일요일이 다가오고 TV에서 흥미진진한 NFL 경기가 중계되면 사람들은 "나 하나쯤 약속을 어긴다고 정말 문제가 되겠어? 다른 수백만 명은 TV를 켜지 않을 것이 분명해. 하지만 나는 우리 팀의 플레이오프 진출이 결정되는 중요한 경기라서 꼭 봐야 해."라고 생각하게 된다. 이처럼 쉽게 깨지기 쉬운 공모의 속성이 사회적 불평등 상황이 계속되는 원인이다.

우리의 생태적 기록이 나쁜 두 번째 이유는 이 장의 서두에서 논의한 바와 같이 현재 혜택을 위해 미래 비용을 할인하는 인간의 진화 경향에서 비롯된다. 일광욕을 즐기는 여성들이 특히 당장의 미용 효과를 위해 미래에 흑색종에 걸릴 위험을 할인하는 것과 마찬가지로[56], 대부분의 사람은 자신들의 현재 행동이 미래 세대에 악영향을 미칠 수 있다는 경고를 그다지 심각하게 받아들이지 않는다. 우리가 당면한 요구와 욕구를 채우도록 진화한 데는 이유가 있다. 안타깝게도 이런 적응 과정의 많은 부분이 잘못 응용되어 최선이 아닌 생태적 결과를 초래한다.

마지막으로 우리의 생태적 기록이 좋지 않은 세 번째 이유는 대부분의 사람이 이른바 던바 서클에 속하지 않는 이슈나 사람들에게 마음 쓰기 어려워한다는 사실에 기인한다.

우리가 상당 기간 진화하며 일정한 지역 안에서 150명 이하의 사람들과 긴밀한 관계를 맺어 왔을 것이라는 로빈 던바의 주장을 상기하라. 따라서 아마존 숲의 고갈은 수십억 명의 사람들에게는 일상적인 삶과는 거리가 먼 일처럼 보인다.

르완다 대학살도 멀리 떨어진 곳에서 벌어지는 이야기다. 오랑우탄을 비롯한 여러 동물이 처한 곤경은 다른 누군가의 문제일 뿐이다. 사람들은 자신과 상관없는 아동 복지 활동에 기부하기보다 비록 펜팔처럼 가벼운 관계일지라도 자신들이 관계를 맺은 특정 아동들을 후원하려고 하는 경향이 강하다. 이런 현실은 던바 서클에 속한 사람들에게 투자하려는 본능적인 욕구에 뿌리를 두고 있다.

우리의 소비 본능은 양날의 칼이다. 우리의 무거운 생태 발자국의 중심에는 수그러들지 않는 소비 욕구가 있다. 동시에 우리에게는 자연계의 관리자 역할을 할 수 있는 능력도 있다. 궁극적으로 우리 행성의 미래는 우리가 대립하는 두 힘의 균형을 어떻게 유지하느냐에 달려 있다.[57]

결론

다양한 비즈니스 환경에 걸쳐 생물학에 기반을 둔 체계와 도구(뇌신경 영상 촬영 기술 등), 그리고 진화심리학의 주요 원칙들을 적용하는 학자들이 늘어나고 있다. 이처럼 생물학이 비즈니스 학문에 도입되면서 많은 돌파구를 열었는데 그중에서 중요한 것을 꼽아 보면 다음과 같다.

1. 진화사 이해를 바탕으로 인간의 합리성에 대한 새로운 정의를 도출했다.
2. 호르몬이 금융 거래에 미치는 영향을 확인했다.
3. 시간 사이의 선택(현재 대 미래)에 내재한 교환 조건을 더 잘 이해할 수 있게 했다.

4. 다양한 비즈니스 환경에서 외모의 힘을 확인했다(직원 채용 면접 시 미인 효과).
5. 우수한 제품을 설계하는 데 자연이 중요한 도움을 줄 수 있다는 사실을 파악했다(생체 모방).

소비자, 종업원, 고용주 등과 관련된 대부분의 비즈니스 현상은 진화의 힘이 우리의 정신과 육체를 형성하는 데 미친 영향을 나타내는 지울 수 없는 표시이다.

11장

사는 것은 본능이다

수용과정은 일반적으로 네 단계를 거치게 된다.

1. 쓸데없는 허튼소리다.
2. 흥미롭기는 하지만, 비뚤어진 관점이다.
3. 사실이지만, 중요하지 않다.
4. 나는 늘 그렇게 말해 왔다.

J. B. S. 홀데인[1], 영국의 생리학자이자 진화유전학자

1장에서 진화론이 대중의 의식 속에 퍼지는 것을 방해하는 몇 가지 거듭되는 오해들을 살펴봤다. 진화론의 수용을 앞당기기 위해 무엇을 할 수 있을까? 무엇보다도 진화론을 받아들이지 않는 것이 중력을 거부하는 것과 마찬가지가 되도록 지적 지형이 바뀌어야 한다.[2] 문제는 적대적인 학자들과 나아가서 일반 대중에게 우리 인간성이 오랜 진화를 통해 이루어진 사실을 뒷받침하는 엄청난 양의 증거를 교육하는 일이다. 불행히도 학자들과 일반인들 모두 깊이 뿌리박힌 자신들의 생각을 비이성적으로 고수한다.

이 장의 서두에 제시한 홀데인의 인용문은 과학 이론이 다른 회의적인 학자들에게 받아들여지기까지 거치는 단계를 나타낸다. 짐작하듯이 진화론처럼 더 혁명적인 이론일수록 저항이 거세서 1단계부터 4단계까지 나아가는 데 시간이 오래 걸린다. 나는 개인적으로 홀데인의 말이 더 가슴에 와닿는다. 진화론을 마케팅과 소비자 행동 분야에 적용하려고 노력하는 과정에서 홀데인의 이 뻔한 진리를 수없이 겪었기 때문이다. 마케팅을 연구하는 많은 동료가 일반적으로 생물학, 구체적으로 진화론이 소비를 이해하는 데 중요하다는 생각에 상당히 적대적이었다. 이해를 돕기 위해 홀데인이 말한 네 가지 단계별로 내가 경험했던 사례를 정리해 보았다.

1단계(난센스)

우리가 동물이라는 겁니까? 소비자들은 본능에 따르는 게 아닙니다. 어리석은 생각입니다. (세계적으로 손꼽히는 경영대학원에서 강연할 때)

2단계(비뚤어진 시각)

성을 초월한 현상도 얼마든지 연구할 수 있는데, 아무리 흥미롭기는 하지만 왜 굳이 소비자 행동에서 '성차별적인' 성 차이를 밝히는 데 시간을 낭비합니까? (짝짓기 행동의 성 차이를 밝힌 논문을 한 정평 있는 소비자 행동 저널에 제출했을 때 검토 위원이 한 논평)

3단계(중요하지 않음)

물론 소비에 관해서 인간의 보편적 특성이 있습니다. 하지만 소비자 간의 차이를 연구하는 것이 더 흥미롭습니다. 중요한 것은 행동의 이질성입니다. (세계적으로 손꼽히는 경영대학원에서 강연할 때)

4단계(동의)

당신의 연구를 좋아합니다. 항상 높이 평가해 왔습니다. (현대 최고의 소비학자와 전화 통화에서)

과학적 방법은 아이디어 시장에서 가짜를 걸러 내는 체의 역할을 한다. 자신의 진리를 선험적인 조건으로 내세우는 종교적 서사와는 달리 과학적 아이디어는 오류 검증 단계를 거친다. 진실성을 시험하는 거듭된 검증을 통과한 아이디어는 잠정적으로 축적된 지식의 전당에 받아들여진다. 때때로 새로운 증거가 나타나면 이전에 받아들였던 이론은 거부되고, 낡은 패러다임의 벽이 무너지면 단호하게 거부하던 아이디어는 받아들여진다. 궁극적으로 과학은 완벽하고 정확한 지식 기반에 더 가까이 다가가기 위한 자동 교정 과정이다. 이와 관련해서 진화적 인식론에서는 새로운 지식의 창조와 이에 대한 거부나 수용이 변이와 선택의 진화 과정과 유사하다고 주장한다.

따라서 새로운 지식의 소비도 진화 과정에서 벗어날 수 없다. 진화심리학이 소비자 행동, 나아가 비즈니스 학문 연구의 중심이라는 이 책의 중심 전제도 일종의 진화론적 선택 과정을 거치고 있다.

과학의 미래, 통섭과 학제 간 연구

나는 다른 글에서[3] 권위 있는 학문들은 한 가지 공통점이 있다고 주장해 왔다. 즉, 통섭(통일되고 잘 통합된 지식)의 경향이 많다는 것이다. 통섭이라는 용어는 폐기되었다가 하버드대 진화론자이자 두 번이나 퓰리처상을 수상한 E. O. 윌슨의 1998년 저서 《통섭: 지식의 대통합》에서 부활했다. 자연과학에는 특정 학문 분야의 모든 구성원이 수용하는 핵심 지식 기반이 있다. 이를테면 어떤 화학자도 주기율표를 '불신'하지 않는다. 모든 생물학자는 특정 진화 메커니즘에 대한 의견은 다를 수 있지만, 진화의 핵심 원칙들은 받아들인다. 모든 물리학자는 중력, 전자기력, 핵력으로 알려진 약력과 강력의 네 가지 보편적 힘을 인정한다. 자연과학자들은 합의된 공통 핵심 지식을 가지고 서로 일관성 있는 통합 이론을 개발할 수 있다.

자연과학과는 달리 사회과학은 학문 간 통일성이 없다. 일부 학자는 생식기 외에는 남녀 간에 생물학적 차이가 존재한다는 개념을 거부한다. 이들은 모든 성 차이가 사회적으로 구성된다고 주장한다. 포스트모더니스트들은 과학이 보편적 진리를 탐구하는 객관적인 접근법을 제공한다는 전제를 부인한다. 어떤 사람들은 과학이 지식을 습득하는 여러 방법의 하나일 뿐이라고 주장한다. 문화 상대주의자들은 인간의 보편적 특성이 존재한다는 사실을 부정한다. 따라서 이들은 소비자들의 소비 습관에 영향을 미치는 생물학적 본능은 고사하고 인간에게 공통된 보편적 본성이 있다는 생각도 비웃는다.

일부 사회과학자는 자신의 세계관과 일치하는 패러다임의 벽을 친다. 이런 패러다임은 종종 피상적인 현실이라도 닮기는커녕 과학과 거의 무관한 이념적 관심사에 따라 형성된다. 이런 패러다임은 서로 분리된 자신들만의 작은 우주에 존재하기 때문에 상호 모순되지는 않을지라도 파편화된 지식 기반을 조성해서 보편적으로 받아들여지는 핵심 지식을 거의 쌓지 못한다. 로빈 던바가 통렬하게 지적한 바와 같이[4] "진화적 접근은 다양한 사회과학 분야의 대안이 아니라 보완책이다. 중요한 것은 이질적인 사회과학을 하나의 지적 체제로 통합하는 기회를 제공하는 보완책이라는 사실이다."

학문 내부, 혹은 여러 학문 분야에 걸친 단편적이고 편협한 지식은 최적의 현실이 될 수 없다. 대부분의 중요한 과학 프로젝트는 학제 간 연구가 필요하기 때문이다. 20세기 과학철학의 대부인 칼 포퍼는 "우리는 어떤 주제를 탐구하는 학생이 아니라 문제를 탐구하는 학생이다.

그리고 문제는 모든 주제와 학문의 경계를 넘나들 수 있다."라는 명언을 남겼다.[5]

또한 몇몇 저명한 미국 과학 단체들은 주로 학제 간 연구를 촉진하고 장려하는 프로그램을 만들었다.[6] 중요한 학제 간 과학적 연구 사례가 많지만, 그중에서도 가장 유명한 것은 많은 생물학자, 화학자, 컴퓨터 과학자, 생물 통계학자들이 투입된 인간 게놈 프로젝트일 것이다. 학제 간 연구의 힘을 보여 주는 또 다른 예는 자기 공명 영상이다. 의학 및 과학 기술 분야를 중심으로 하는 세계 최대 규모의 출판사 엘스비어의 'MRI'라는 저널의 웹사이트에서는 다음과 같이 언급한다. "MRI는 기초 연구와 의학 응용 분야 모두를 위한 것이며, 방사선 전문의, 물리학자, 화학자, 생화학자, 생물학자, 공학자, 내과 전문의, 병리학자, 생리학자, 컴퓨터 과학자, 수학자들 사이의 의사소통을 위한 단일 포럼을 제공한다."[7]

인간 현상에 대한 진화론적 정보에 입각한 분석에 관심 있는 학자들을 위한 최고의 학회인 인간 행동과 진화 학회는 인류학, 미술, 생물학, 육아, 범죄학, 생태학, 경제학, 교육학, 가족학, 페미니즘, 법의학, 유전학, 역사학, 법학, 문학, 의학, 음악, 신경과학, 영양학, 조류학, 철학, 정치학, 영장류학, 정신의학, 심리학, 공중보건, 종교, 기술, 동물학 등 30여 개의 학문 분야에서 모인 회원으로 구성된다. 사실 진화심리학이나 관련 진화 원칙을 적용한 학문 분야의 수는 앞서 열거한 학문 분야보다 훨씬 많다.[8]

반면 소비자 행동을 연구하는 양대 학회인 소비자 연구협회나 소비자 심리학회 회원들의 학부 간 협력 사례를 분석해 보면 한 가지 패턴이

드러난다. 즉, 거의 모든 구성원이 마케팅 학부 소속이다. 우리의 소비 본능이 중요한 인간적 속성을 지닌 많은 영역에 스며들어 있는데 왜 소비자 행동을 연구하는 대부분의 학자는 주로 마케팅 학부에 속해 있을까? 정신과 의사, 신경과학자, 임상심리학자도 소비자 심리학자들과 협력해서 도박 중독, 섭식 장애, 포르노 중독, 지나친 일광욕, 충동구매 등을 연구해야 한다. 유전학자들과 마케팅 학자들은 특정 유전자 다형성이 소비 선택에 미치는 영향을 탐구하는 데 협력해야 한다. 설계 엔지니어, 산업 디자이너, 지각 심리학자 및 생체 모방학자들은 마케팅 학자들과 협력해서 최적의 제품 설계를 연구해야 한다. 소비자 행동처럼 근본적이고 구석구석에 스며들어 있는 주제에 대한 학제 간 중첩되는 관심 영역의 목록은 끝이 없어야 한다. 실제로 마케팅 학자들과 전문가들 모두 우리의 오랜 진화사가 소비자 본능을 형성하는 데 미친 영향을 인식해야만 혜택을 받을 수 있다.

진화생물학자 데이비드 슬론 윌슨[9]은 최근 뉴욕주립대학교 빙엄턴 캠퍼스에서 진화 연구Evolutionary Studies를 줄여서 에보스EvoS라고 부르는 혁명적인 학제 간 프로그램을 만들었다. 에보스 프로그램은 이제 더 큰 학교 컨소시엄의 교육과정에 편성되었으며, 컨소시엄에 참여하는 각 대학에서 이 프로그램을 시행하고 있다. 에보스 프로그램은 모든 대학의 학생들이 진화론 기반 강좌에 등록해서 진화론의 방대한 설명력을 제대로 알 수 있게 구성되어 있다. 2005년 나는 윌슨이 에보스 강연 시리즈의 일환으로 초대해 줘서 내 첫 번째 책에 대해 강연했다. 진화론을 각자의 관심 분야에 적용하는 데 흥미를 느끼는 다양한 학자 및 학생들과 풍부한 교류를 하였다. 이후에도 나는 다른 여러 진화 센터(2006년 뉴멕시코대

강연 등)에서 이런 경험을 다시 할 수 있었다.

나는 소비자를 연구하는 더 많은 학자, 나아가서 비즈니스 학문을 연구하는 학자들이 궁극적으로 인간의 마음이 성 선택과 자연 선택의 산물이라는 사실을 깨닫게 되기를 바란다. 그러면 이들은 진화론을 자신들이 하는 경제학이나 조직행동학, 광고학 또는 소비자 행동학 분야 연구의 설명력을 높이는 데 도움이 되는 이론적 틀로 보게 될 것이다.

참고로 컨커디아대학교 진화행동학과 진화적 소비를 연구하는 석좌교수로서 내 세 가지 임무는 컨커디아대학교에서 에보스 프로그램을 개발해서, 이를 몬트리올에 있는 4개 대학이 참여하는 대학 간 진화 연구 센터로 확대하고, 생물학과 비즈니스를 연결하는 연구를 촉진하는 연구소를 설립하는 것이다.

진화심리학자들은 우리 인간의 본성을 정의하는 많은 기본적인 진화적 메커니즘을 알아내는 훌륭한 일을 해냈다. 미래는 일반적으로는 진화 과학, 구체적으로는 진화심리학을 수많은 적용 환경(의학, 법률, 비즈니스, 건축, 광고 등)에 적용할 수 있음을 증명하는 사람들의 것이다. 이 책에서 나는 진화론이 우리의 소비 본능을 이해하는 중요한 열쇠라는 점을 정확히 지적하려고 노력했다. 독자들이 이 책을 읽고 우리가 일상생활을 헤쳐 나가는 데 도움이 되는 진화론의 힘을 깊이 인식할 수 있으면 더할 나위 없겠다. 우리가 육즙이 많은 햄버거를 갈망하든, 빨간색 페라리를 모는 꿈을 꾸든, 포르노 영화를 즐기든, 가족과 친구들에게 선물을 제공하는 즐거움에 기뻐하든, 항상 존재하는 생물학적 유산은 우리의 소비 본능을 이끈다.

감사의 글

제일 먼저 집필 과정 내내 지지를 아끼지 않고 무엇보다도 이 책을 믿어 준 프로메테우스북스 편집자 린다 그린스펀 리건에게 감사한다. 리건은 초고를 아주 꼼꼼하게 읽어 주었으며, 내 질문에 항상 때맞춰 전문적인 답변을 해 주었다. 각각 교열, 교정, 제작 관리, 표지 디자인을 맡아 준 디 스티플러, 줄리아 드 그라프, 캐서린 로버츠-아벨, 니콜 레흐트처럼 유능한 사람들과 함께 일할 수 있어서 즐거웠다. 바바라 오클리와 스티븐 코틀러는 도서 판매 시장의 여러 측면에 대해 소중한 조언을 해 주었고, 에바 사마치디스와 앨버트 사드 주니어는 계약 문제에 관한 법률 자문을 해 주었다.

퀘벡 주정부와 컨커디아대학교에서 육아휴직과 강의 축소를 허락해 준 덕분에 이 책을 쓸 시간을 마련하는 데 큰 도움이 되었다. 10년 이상 내 영혼의 반려자가 되어 준 애니 오르트채니언, 내 딸 루나, 그리고 우리 가족의 늠름한 반려견 벨지안 셰퍼드 아마르와 삼라의 끝없는 애정으로 이 책을 집필할 수 있었다. 나의 지적 영웅인 데이비드 버스가 이 책의 서문을 써준 것을 대단히 영광스럽게 생각한다.

마지막으로 내 2007년 책《소비의 진화적 토대》The Evolutionary Bases of Consumption》 서문에서 밝혔듯이, 나는 1990년 마틴 데일리와 마고 윌슨이 쓴《살인》을 읽고 처음으로 진화심리학의 설명적 힘을 접하게 되었다. 내 2007년 책의 후원자 중 한 사람이었던 윌슨 박사가 2009년 초에 세상을 떠났다. 그녀의 지적 유산은 많은 미래 세대 진화 행동 과학자들에게 계속 영향을 미칠 것이다.

주석 및 참고문헌

1장 인간은 사는 존재다

1. Matt Ridley, Nature Via Nurture: Genes, Experience, & What Makes Us Human (New York: HarperCollins, 2003), p. 280.

2. Marcia L. Colish, transl., The Stoic Tradition from Antiquity to the Early Middle Ages (Leiden, Netherlands: E. J. Brill, 1985), p. 176.

3. Larry C. Bernard et al., "An Evolutionary Theory of Human Motivation," Genetic, Social, and General Psychology Monographs 131, no. 2 (2005): 129–84.

4. Michel Laroche et al., "A Cross-Cultural Study of In-Store Information Search Strategies for a Christmas Gift," Journal of Business Research 49 (2000): 113.

5. Hyun-Hwa Lee and Jihyun Kim, "Gift Shopping Behavior in a Multichannel Retail Environment: The Role of Personal Purchase Experiences," International Journal of Retail & Distribution Management 37, no. 5 (2009): 420.

6. Theodosius Dobzhansky: "Nothing in biology makes sense except in the light of evolution."

7. Jerome H. Barkow, Leda Cosmides, and John Tooby, eds., The Adapted Mind: Evolutionary Psychology and the Generation of Culture (New York: Oxford University Press, 1992); David M. Buss, ed., The Handbook of Evolutionary Psychology (New York: John Wiley, 2005); Charles Crawford and Dennis Krebs, eds., Foundations of Evolutionary Psychology (Mahwah, NJ: Lawrence Erlbaum, 2008).

8. Martin Daly and Margo Wilson, Homicide (New York: Aldine de Gruyter, 1988).

9. Kevin N. Laland and Gillian R. Brown, Sense and Nonsense: Evolutionary Perspectives on Human Behaviour (Oxford: Oxford University Press, 2002).

10. Peter J. Richerson and Robert Boyd, Not By Genes Alone: How Culture Transformed Human Evolution (Chicago: University of Chicago Press, 2005); Robert Aunger, The Electric Meme: A New Theory of How We Think (New York: Free Press, 2002); Susan Blackmore, The Meme Machine (Oxford: Oxford University Press, 1999).

11. Ernst Mayr, "Cause and Effect in Biology: Kinds of Causes, Predictability, and Teleology Are Viewed by a Practicing Biologist," Science 134, no. 3489 (1961): 1501–1506; Nikolaas Tinbergen, "On Aims and Methods of Ethology," Zeitschrift für Tierpsychologie 20 (1963): 410–33.

12. Margie Profet, "Pregnancy Sickness as Adaptation: A Deterrent to Maternal Ingestion of Teratogens," in Barkow et al., The Adapted Mind, pp. 327–65; Samuel M. Flaxman and Paul W. Sherman, "Morning Sickness: A Mechanism for Protecting Mother and Embryo," Quarterly Review of Biology 75, no. 2 (2000): 113–48; Gillian V. Pepper and S. Craig Roberts, "Rates of Nausea and Vomiting in Pregnancy and Dietary Characteristics Across Populations," Proceedings of the Royal Society B: Biological Sciences 273, no. 1601 (2006): 2675–79.

13. Gene Wallenstein, The Pleasure Instinct: Why We Crave Adventure, Chocolate, Pheromones, and Music (New York: Wiley, 2008).

14. Charlotte Perkins Gilman, Women and Economics (New York: Cosimo Classics, 2007 [1898]), p. 74.

15. Daniel W. Leger, Alan C. Kamil, and Jeffrey A. French, "Fear and Loathing of Evolutionary Psychology in the Social Sciences," in Evolutionary Psychology and Motivation, ed. Jeffrey A. French, Alan C. Kamil, and Daniel W. Leger (Lincoln: University of Nebraska Press, 2001),

pp. xi–xxiii; Ullica Segerstråle, Defenders of the Truth: The Sociobiology Debate (New York: Oxford University Press, 2001); Edward H. Hagen, "Controversial Issues in Evolutionary Psychology," in The Hand-book of Evolutionary Psychology, ed. David M. Buss (New York: Wiley, 2005), pp. 145–73; Gad Saad, "The Collective Amnesia of Marketing Scholars Regarding Consumers' Biological and Evolutionary Roots," Marketing Theory 8 (2008): 425–48; George Perry and Ruth Mace, "The Lack of Acceptance of Evolutionary Approaches to Human Behaviour," Journal of Evolutionary Psychology 8, no. 2 (2010): 105–125.

16. Joshua M. Tybur, Geoffrey F. Miller, and Steven W. Gangestad, "Testing the Controversy: An Empirical Examination of Adaptationists' Attitudes toward Politics and Science," Human Nature 18 (2007): 313–28.

17. Eva Jablonka and Gal Raz, "Transgenerational Epigenetic Inheritance: Prevalence, Mechanisms, and Implications for the Study of Heredity and Evolution," Quarterly Review of Biology, 84, no. 2 (2009): 131–76.

18. John Tooby and Leda Cosmides, "Psychological Foundations of Culture," in Barkow et al., The Adapted Mind, pp. 19–136.

19. Steven Pinker, The Blank Slate: The Modern Denial of Human Nature (New York: Viking, 2002).

20. Donald E. Brown, Human Universals (New York: McGraw Hill, 1991); Ara Norenzayan and Steven J. Heine, "Psychological Universals: What Are They and How Can We Know?" Psychological Bulletin 131, no. 5 (2005): 763–84.

21. Gad Saad, "Homo consumericus: Consumption Phenomena as Universals, as Cross-Cultural Adaptations, or as Emic Cultural Instantiations" (submitted for publication, 2007).

22. Timothy Ketelaar and Bruce J. Ellis, "Are Evolutionary Explanations Unfalsifiable? Evolutionary Psychology and the Lakatosian Philosophy of Science," Psychological Inquiry 11 (2000): 1–21; Lucian Gideon Conway III and Mark Schaller, "On the Verifiability of Evolutionary Psychological Theories: An Analysis of the Psychology of Scientific Persuasion," Personality and Social Psychology Review 6, no. 2 (2002): 152–66.

23. Robert L. Trivers, "Parental Investment and Sexual Selection," in Sexual Selection and Descent of Man: 1871–1971, ed. B. Campbell (Chicago: Aldine, 1972), pp. 136–79.

24. Marcel Eens and Rianne Pinxten, "Sex-Role Reversal in Vertebrates: Behavioural and Endocrinological Accounts," Behavioural Processes 51 (2000): 135–47.

25. Victor J. Stenger, The New Atheism: Taking a Stand for Science and Reason (Amherst, NY: Prometheus Books, 2009).

26. Stephen Jay Gould, Rocks of Ages: Science and Religion in the Fullness of Life (New York: Ballantine Books, 1999).

27. Sam Harris, The Moral Landscape: How Science Can Determine Human Values (New York: Free Press, 2010).

28. In Memoriam A. H. H.

29. Jean Halliday, "For $2 Million, You Get to Pick the Sheets," Automotive News 80, no. 6192 (2006): 22F.

30. Victor Nell, "Why Young Men Drive Dangerously: Implications for Injury Prevention," Current Directions in Psychological Science 11 (2002): 75–79.

2장 먹기 위해 산다

1. http://www.goodreads.com/author/quotes/1408429.M_F_K_Fisher (2011. 2. 28. 확인); Tom Hughes and Meredith Sayles Hughes, Gastronomie!: Food Museums and Heritage Sites of France (Piermont, NH: Bunker Hill, 2005), p. 9.

2. Andrew M. Prentice, "Early Influences on Human Energy Regulation: Thrifty Genotypes and Thrifty Phenotypes," Physiology & Behavior 86 (2005): 640-45; see also Michael L. Power and Jay Schulkin, The Evolution of Obesity (Baltimore, MD: Johns Hopkins University Press, 2009).

3. "Top 400 Restaurant Chains," Restaurants & Institutions 118, no. 10 (2008): 30; "Top 400 Restaurant Chains," Restaurants & Institutions 117, no.10 (2007): 26.

4. Julie A. Mennella, Coren P. Jagnow, and Gary K. Beauchamp, "Prenatal and Postnatal Flavor Learning by Human Infants," Pediatrics 107, no. 6 (2001): e88; Gary K. Beauchamp and Julie A. Mennella, "Early Flavor Learning and Its Impact on Later Feeding Behavior," Journal of Pediatric Gastroenterology and Nutrition 48, suppl. 1 (2009): S25-S30.

5. Solomon H. Katz, "An Evolutionary Theory of Cuisine," Human Nature 1, no 3 (1990): 233-59; Richard Wrangham and NancyLou Conklin-Brittain, "Cooking as a Biological Trait," Comparative Biochemistry and Physiology Part A 136 (2003): 35-46; Richard Wrangham, Catching Fire: How Cooking Made Us Human (New York: Basic Books, 2009).

6. Paul W. Sherman and Jennifer Billing, "Darwinian Gastronomy: Why We Use Spices," BioScience 49 (1999): 453-63; Paul W. Sherman and Geoffrey A. Hash, "Why Vegetable Recipes Are Not Very Spicy," Evolution and Human Behavior 22 (2001): 147-63; see also Gary Paul Nabhan, Why Some Like It Hot: Food, Genes and Cultural Diversity (Washington, DC: Island Press, 2004).

7. Sherman and Billing, "Darwinian Gastronomy," p. 462.

8. Yohsuke Ohtsubo, "Adaptive Ingredients against Food Spoilage in Japanese Cuisine," International Journal of Food Sciences and Nutrition 60, no. 8 (2009): 677-87.

9. Catherine E. Woteki and Paul R. Thomas, eds., Eat for Life: The Food and Nutrition Board's Guide to Reducing Your Risk of Chronic Disease (Washington, DC: National Academies Press, 1992), p. 119; see also relevant references in David M. Roder, "The Epidemiology of Gastric Cancer," Gastric Cancer 5, suppl. 1 (2002): 5-11.

10. Washington State Department of Health, "Biotoxins-Myths & Misconceptions," http://www.doh.wa.gov/ehp/sf/pubs/biotoxinmyths.htm (accessed January 13, 2010).

11. Office of Minority Health, US Department of Health & Human Services, "Stroke and African Americans," http://minorityhealth.hhs.gov/templates/content.aspx?ID=3022 (2010. 1. 14. 확인).

12. Emma E. Thompson et al., "CYP3A Variation and the Evolution of Salt-Sensitivity Variants," American Journal of Human Genetics 75 (2004): 1059-69.

13. Susan Parman, "Lot's Wife and the Old Salt: Cross-Cultural Comparisons of Attitudes toward Salt in Relation to Diet," Cross-Cultural Research 36, no. 2 (2002): 123-50.

14. Daniel M. T. Fessler, "An Evolutionary Explanation of the Plasticity of Salt Preferences: Prophylaxis against Sudden Dehydration," Medical Hypotheses 61 (2003a): 412-15.

15. Sarah A. Tishkoff et al., "Convergent Adaptation of Human Lactase Persistence in Africa and Europe," Nature Genetics 39, no. 1 (2007): 31-40.

16. Albano Beja-Pereira et al., "Gene-Culture Coevolution between Cattle Milk Protein Genes and Human Lactase Genes," Nature Genetics 35, no. 4 (2003): 311-13.

17. Abigail K. Remick, Janet Polivy, and Patricia Pliner, "Internal and External Moderators of the Effect of Variety on Food Intake," Psychological Bulletin 135, no. 3 (2009): 434-51; Leonard H.

Epstein et al., "What Constitutes Food Variety? Stimulus Specificity of Food," Appetite 54, no. 1 (2010): 23–29.

18. Barbara J. Rolls et al., "Variety in a Meal Enhances Food Intake in Man," Physiology & Behavior 26, no. 2 (1981): 215–21.

19. Barbara E. Kahn and Brian Wansink, "The Influence of Assortment Structure on Perceived Variety and Consumption Quantities," Journal of Consumer Research 30, no. 4 (2004): 519–33.

20. Barbara J. Rolls, Edward A. Rowe, and Edmund T. Rolls, "How Sensory Properties of Foods Affect Human Feeding Behavior," Physiology & Behavior 29, no. 3 (1982): 409–17.

21. Sheena S. Iyengar and Mark R. Lepper, "When Choice Is Demotivating: Can One Desire Too Much of a Good Thing?" Journal of Personality and Social Psychology 79, no. 6 (2000): 995–1006.

22. 이 부분에 대한 자세한 내용은 Paul Rozin의 연구를 참조.

23. Sheena Sethi-Iyengar, Gur Huberman, and Wei Jiang, "How Much Choice Is Too Much? Contributions to 401(k) Retirement Plans," in Pension Design and Structure: New Lessons from Behavioral Finance, ed. Olivia S. Mitchell and Stephen P. Utkus (New York: Oxford University Press, 2004), pp. 83–96.

24. Barry Schwartz, The Paradox of Choice: Why More Is Less (New York: HarperCollins, 2004), pp. 9–10.

25. Brian Wansink and Jeffery Sobal, "Mindless Eating: The 200 Daily Food Decisions We Overlook," Environment and Behavior 39, no. 1 (2007): 106–123.

26. Paul Rozin and Maureen Markwith, "Cross-Domain Variety Seeking in Human Food Choice," Appetite 16 (1991): 57–59.

27. Paul Rozin et al., "Attitudes towards Large Numbers of Choices in the Food Domain: A Cross-Cultural Study of Five Countries in Europe and the USA," Appetite 46 (2006): 304–308.

28. 브렌트 맥퍼런(Brent McFerran)과 그의 동료들은 최근 마른 사람이나 무거운 사람(예: 웨이트리스)의 존재가 소비되는 음식의 양과 소비자가 선택하는 음식에 영향을 미칠 수 있음을 보여 주는 여러 논문을 발표했다. 예를 들어, 다이어트하는 사람과 다이어트하지 않는 사람은 각각 뚱뚱한 웨이터와 마른 웨이터가 있을 때 더 많이 먹었다. 따라서 사회적 맥락은 음식 저장 본능을 결정하는 또 다른 중요한 요소다.

29. Larry Christensen and Alisa Brooks, "Changing Food Preference as a Function of Mood," Journal of Psychology 140, no. 4 (2006): 293–306.

30. Nitika Garg, Brian Wansink, and J. Jeffrey Inman, "The Influence of Incidental Affect on Consumers' Food Intake," Journal of Marketing 71, no. 1 (2007): 194–206.

31. Brian Wansink and Cynthia Sangerman, "The Taste of Comfort: Food for Thought on How Americans Eat to Feel Better," American Demographics 22, no. 7 (2000): 66–67.

32. See the CDC report titled "Do Increased Portion Sizes Affect How Much We Eat?" for a review of the relevant literature at http://www.cdc.gov/nccdphp/dnpa/nutrition/pdf/portion_size_research.pdf (2010. 1. 8. 확인).

33. Richard E. Nisbett and David E. Kanouse, "Obesity, Food Deprivation, and Supermarket Shopping Behavior," Journal of Personality and Social Psychology 12, no. 4 (1969): 289–94.

34. Dora I. Lozano, Stephen L. Crites, and Shelley N. Aikman, "Changes in Food Attitudes as a Function of Hunger," Appetite 32 (1999): 207–218.

35. Viren Swami and Martin J. Tovée, "Does Hunger Influence Judgments of Female Physical Attractiveness?" British Journal of Psychology 97 (2006): 353–63; Leif D. Nelson and Evan L. Morrison, "The Symptoms of Resource Scarcity: Judgments of Food and Finances Influence Preferences for Potential Partners," Psychological Science 16, no. 2 (2005): 167–73; Terry F. Pettijohn II, Donald F. Sacco Jr., and Melissa J. Yerkes, "Hungry People Prefer More Mature

Mates: A Field Fest of the Environmental Security Hypothesis," Journal of Social, Evolutionary, and Cultural Psychology 3, no. 3 (2009): 216–32.

36. Barbara Briers et al., "Hungry for Money. The Desire for Caloric Resources Increases the Desire for Financial Resources and Vice Versa," Psychological Science 17, no. 11 (2006): 939–43.

37. Daniel M. T. Fessler, "Luteal Phase Immunosuppression and Meat Eating," Rivista di Biologia / Biology Forum 94, no. 3 (2001): 403–426; Daniel M. T. Fessler, "No Time to Eat: An Adaptationist Account of Periovulatory Behavioral Changes," Quarterly Review of Biology 78, (2003b): 3–21.

38. Gad Saad and Eric Stenstrom, "Calories, Beauty, and Ovulation: The Effects of the Menstrual Cycle on Food and Appearance Related Consumption," submitted for publication (2010).

39. Val Curtis, Robert Aunger, and Tamer Rabie, "Evidence That Disgust Evolved to Protect from Risk of Disease," Proceedings of the Royal Society B: Biological Sciences 271, suppl. 4 (2004): S131–33; Valerie Curtis and Adam Biran, "Dirt, Disgust, and Disease: Is Hygiene in Our Genes?" Perspectives in Biology and Medicine 44, no. 1 (2001): 17–31.

40. Mark Schaller et al., "Mere Visual Perception of Other People's Disease Symptoms Facilitates a More Aggressive Immune Response," Psychological Science 21, no. 5 (2010): 649–52.

41. Gordon H. Orians and Judith H. Heerwagen, "Evolved Responses to Landscapes," in The Adapted Mind: Evolutionary Psychology and the Generation of Culture, ed. Jerome H. Barkow, Leda Cosmides, and John Tooby (New York: Oxford University Press, 1992) pp. 555–80; John H. Falk and John D. Balling, "Evolutionary Influence on Human Landscape Preference," Environment and Behavior 42, no. 4 (2010): 479–93.

42. Brian Hudson, "The View from the Verandah: Prospect, Refuge and Leisure," Australian Geographical Studies 31, no. 1 (1993): 70–78.

43. Brian J. Hudson, "The Experience of Waterfalls," Australian Geographical Studies 38, no. 1 (2000): 71–84.

44. Mary Ann Fischer and Patrick E. Shrout, "Children's Liking of Landscape Paintings as a Function of Their Perceptions of Prospect, Refuge, and Hazard," Environment and Behavior 38, no. 3 (2006): 373–93.

45. Edward O. Wilson, Biophilia (Cambridge, MA: Harvard University Press, 1984).

46. Cecily Maller et al., "Healthy Nature Healthy People: 'Contact with Nature' as an Upstream Health Promotion Intervention for Populations," Health Promotion International 21, no. 1 (2006): 45–54.

47. Roger S. Ulrich, "View through a Window May Influence Recovery from Surgery," Science 224, no. 4647 (1984): 420–21.

48. Heschong Mahone Group at http://www.hmg.com/downloads/Daylighting/order_daylighting.htm (accessed March 21, 2010).

49. Evergreen, http://www.evergreen.ca.

50. Nathan Petherick, "Environmental Design and Fear: The ProspectRefuge Model and the University College of the Cariboo Campus," Western Geography 10/11 (2000): 89–112.

51. Richard W. Bohannon, "Number of Pedometer-Assessed Steps Taken Per Day by Adults: A Descriptive Meta-Analysis," Physical Therapy 87, no. 12 (2007): 1642–50.

52. Marlon G. Boarnet, "Planning's Role in Building Healthy Cities," Journal of the American Planning Association 72, no. 1 (2006): 5–9; Lawrence D. Frank et al., "Many Pathways from Land Use to Health: Associations between Neighborhood Walkability and Active Transportation, Body Mass Index, and Air Quality," Journal of the American Planning Association 72, no. 1 (2006): 75–87.

53. Eugene Tsui, Evolutionary Architecture: Nature as a Basis for Design(New York: John Wiley, 1999).

54. Richard Dawkins, The Extended Phenotype: The Long Reach of the Gene (Oxford: Oxford University Press, 1982).

55. Yannick Joye, "Architectural Lessons from Environmental Psychology: The Case of Biophilic Architecture," Review of General Psychology 11 (2007): 305–328; Stephen R. Kellert, Judith Heerwagen, and Martin Mador, eds., Biophilic Design: The Theory, Science and Practice of Bringing Buildings to Life (New York: Wiley, 2008).

56. Suzanne C. Scott, "Visual Attributes Related to Preference in Interior Environments," Journal of Interior Design 18, no. 1/2 (1993): 7–16.

57. Yannick Joye et al., "The Effects of Urban Retail Greenery on Consumer Experience: Reviewing the Evidence from a Restorative Perspective," Urban Forestry & Urban Greening 9 (2010): 57–64. On a related note, the use of particular scenes of nature in the design of green ads yields positive outcomes as shown by Patrick Hartmann and Vanessa Apaolaza-Ibáñez, "Beyond Savanna: An Evolutionary and Environmental Psychology Approach to Behavioral Effects of Nature Scenery in Green Advertising," Journal of Environmental Psychology 30, no. 1 (2010): 119–28.

3장 과시하려고 산다

1. Henry Miller, Tropic of Capricorn (New York: Grove Press, 1961), p. 192.

2. Graham Swift, Shuttlecock (Toronto: Vintage Canada, 1997), p. 73.

3. Simran Khurana, "Marilyn Monroe Quote: Read a Marilyn Monroe Quote to Understand Her True Nature," http://quotations.about.com/ od/morepeople/a/MarilynMonroe2.htm (2009. 12. 9. 확인).

4. David C. Geary, Male, Female: The Evolution of Human Sex Differences, 2nd ed. (Washington, DC: American Psychological Association, 2009).

5. William M. Brown et al., "Dance Reveals Symmetry Especially in Young Men," Nature 438 (2005): 1148–50.

6. Amotz Zahavi and Avishag Zahavi, The Handicap Principle: A Missing Piece of Darwin's Puzzle (New York: Oxford University Press, 1997).

7. Gad Saad and John G. Vongas, "The Effect of Conspicuous Consumption on Men's Testosterone Levels," Organizational Behavior and Human Decision Processes 110, no. 2 (2009): 80–92.

8. Lawrence Dorfman, The Snark Handbook: A Reference Guide to Verbal Sparring (New York: Skyhorse Publishing, 2009), p. 13.

9. Michael J. Dunn and Robert Searle, "Effect of Manipulated Prestige Car Ownership on Both Sex Attractiveness Ratings," British Journal of Psychology 101 (2010): 69–80.

10. Hot or Not, http://www.hotornot.com.

11. Gregory A. Shuler and David M. McCord, "Determinants of Male Attractiveness: 'Hotness' Ratings as a Function of Perceived Resources," American Journal of Psychological Research 6, no. 1 (2010): 10–23, http://www.mcneese.edu/ajpr/issues.html (2010. 2. 2. 확인).

12. Anthony N. Doob and Alan E. Gross, "Status of Frustrator as an Inhibitor of Horn Honking Responses," Journal of Social Psychology 76, no. 2 (1968): 213–18.

13. Andreas Diekmann et al., "Social Status and Aggression: A Field Study Analyzed by Survival Analysis," Journal of Social Psychology 136, no. 6 (1996): 761–68.

14. Cristina M. Gomes and Christophe Boesch, "Wild Chimpanzees Exchange Meat for Sex on a Long-Term Basis," PLoS ONE 4, no. 4 (2009): e5116, doi:10.1371/journal.pone.0005116.

15. Amy Stewart, Flower Confidential: The Good, the Bad, and the Beautiful in the Business of Flowers (Chapel Hill, NC: Algonquin Books, 2007).

16. Jeannette Haviland-Jones et al., "An Environmental Approach to Positive Emotion: Flowers," Evolutionary Psychology 3 (2005): 104–132.

17. Céline Jacob et al., "'Love Is in the Air': Congruence between Background Music and Goods in a Florist," International Review of Retail, Distribution and Consumer Research 19, no. 1 (2009): 75–79.

18. Lee Cronk and Bria Dunham, "Amounts Spent on Engagement Rings Reflect Aspects of Male and Female Mate Quality," Human Nature 18, no. 4 (2007): 329–33.

19. Francis J. Flynn and Gabrielle S. Adams, "Money Can't Buy Love: Asymmetric Beliefs about Gift Price and Feelings of Appreciation," Journal of Experimental Social Psychology 45 (2009): 404–409.

20. Steven W. Gangestad and Randy Thornhill, "Menstrual Cycle Variation in Women's Preferences for the Scent of Symmetrical Men," Proceedings of the Royal Society of London: Series B, Biological Sciences 265 (1998): 927–33.

21. For a review, see Jan Havlicek and S. Craig Roberts, "MHC-Correlated Mate Choice in Humans: A Review," Psychoneuroendocrinology 34 (2008): 497–512.

22. Chandler Burr, "Perfumes Breathe in Sales Data, and Strategize," New York Times, June 19, 2009, http://www.nytimes.com/2009/06/20/ business/20perfume.html (2009. 12. 19. 확인); Diana Dodson, "Growth Upturn in the Global Fragrances Market," Euromonitor International, February 14, 2008, http://www.euromonitor.com/Growth_upturn_in_the_global_fragrances_market (2009. 12. 19. 확인).

23. Manfred Milinski and Claus Wedekind, "Evidence for MHC-Correlated Perfume Preferences in Humans," Behavioral Ecology 12, no 2. (2001): 140–49.

24. Claus Wedekind et al., "The Major Histocompatibility Complex and Perfumers' Descriptions of Human Body Odors," Evolutionary Psychology 5, no. 2 (2007): 330–43.Mark J. T. Sergeant et al., "The Self-Reported Importance of Olfaction during Human Mate Choice," Sexualities, Evolution, & Gender 7, no. 3 (2005): 199–213.

25. Mark J. T. Sergeant et al., "The Self-Reported Importance of Olfaction during Human Mate Choice," Sexualities, Evolution, & Gender 7, no. 3 (2005): 199–213.

26. S. Craig Roberts et al., "Manipulation of Body Odour Alters Men's Self-Confidence and Judgements of Their Visual Attractiveness by Women," International Journal of Cosmetic Science 31 (2009): 47–54.

27. Jan Havlicek and Pavlina Lenochova, "The Effect of Meat Consumption on Body Odor Attractiveness," Chemical Senses 31, no. 8 (2006): 747–52.

28. Catherine M. Roach's Stripping, Sex, and Popular Culture (Oxford, UK: Berg Publishers, 2007), pp. 34, 35.

29. Euclid O. Smith, "High Heels and Evolution: Natural Selection, Sexual Selection and High Heels," Psychology, Evolution, & Gender 1 (1999): 245–77.

30. Piotr Sorokowski and Boguslaw Pawlowski, "Adaptive Preferences for Leg Length in a Potential Partner," Evolution and Human Behavior 29 (2008): 86–91.

31. Kikue Sakaguchi and Toshikazu Hasegawa, "Person Perception through Gait Information and

Target Choice for Sexual Advances: Comparison of Likely Targets in Experiments and Real Life," Journal of Nonverbal Behavior 30 (2006): 63–85.

32. Geoffrey Miller, Joshua M. Tybur, and Brent D. Jordan, "Ovulatory Cycle Effects on Tip Earnings by Lap Dancers: Economic Evidence for Human Estrus?" Evolution and Human Behavior 28, no. 6 (2007): 375–81.

33. Smith, "High Heels and Evolution."

34. Maria Angela Cerruto, Ermes Vedovi, and William Mantovani, "Women Pay Attention to Shoe Heels: Besides Causing Schizophrenia They Might Affect Your Pelvic Floor Muscle Activity!!" European Urology 53, no. 5 (2008): 1094.

35. John Stuart Gillis and Walter E. Avis, "The Male-Taller Norm in Mate Selection," Personality and Social Psychology Bulletin 6, no. 3 (1980): 396–401.

36. John Marshall Townsend and Gary D. Levy, "Effects of Potential Partners' Costume and Physical Attractiveness on Sexuality and Partner Selection," Journal of Psychology 124, no. 4 (1990): 371–89.

37. Valerie Steele, The Corset: A Cultural History (New Haven, CT: Yale University Press, 2001).

38. For a discussion of the evolutionary roots of these preferences, see Devendra Singh, "Female Mate Value at a Glance: Relationship of Waist-to-Hip Ratio to Health, Fecundity and Attractiveness," Neuroendocrinology Letters 23 (2002): 81–91.

39. George Taylor, "Dressing for the Downturn," Economist, February 15, 2001, http://www.economist.com/node/507380 (2010. 10. 6.). Paul H. Nystrom, Economics of Fashion (New York: Ronald Press Company, 1928), and Helmut Gaus, Why Yesterday Tells of Tomorrow (Philadelphia: Coronet Books, 2001).

40. "Cosmetics in the Downturn: Lip Reading," Economist, January 22, 2009, http://www.economist.com/node/12995765 (2010. 10. 6. 확인).

41. Madison Park, "Women Risk Snapped Ligaments for Shoe Fashion," CNN, April 9, 2010, http://www.cnn.com/2010/HEALTH/04/09/fashion.shoes.heels/index.html (2010. 4. 9. 확인).

42. Russell A. Hill, Sophie Donovan, and Nicola F. Koyama, "Female Sexual Advertisement Reflects Resource Availability in Twentieth-Century UK Society," Human Nature 16 (2005): 266–77.

43. Nigel Barber, "Women's Dress Fashions as a Function of Reproductive Strategy," Sex Roles 40 (1999): 459–71.

44. Maria Perla Colombini et al., "An Etruscan Ointment from Chiusi (Tuscany, Italy): Its Chemical Characterization," Journal of Archaeological Science 36 (2009): 1488–95.

45. But see the men of the Wodaabe people for an exception: Mette Bovin, Nomads Who Cultivate Beauty: Wodaabe Dances and Visual Arts in Niger (Uppsala, Sweden: Nordiska Afrikainstitutet, 2001).

46. Fortune 500 2009: Women CEOs, CNN, http://money.cnn.com/magazines/fortune/fortune500/2009/womenceos/ (2010. 2. 4. 확인).

47. Rebecca Mulhern et al., "Do Cosmetics Enhance Female Caucasian Facial Attractiveness?" International Journal of Cosmetic Science 25 (2003): 199–205.

48. Jean Ann Graham and A. J. Jouhar, "The Effects of Cosmetics on Person Perception," International Journal of Cosmetic Science 3 (1981): 199–210.

49. Nicolas Guéguen, "The Effects of Women's Cosmetics on Men's Approach: An Evaluation in a Bar," North American Journal of Psychology 10, no. 1 (2008): 221–28.

50. Céline Jacob et al., "Waitresses' Facial Cosmetics and Tipping: A Field Experiment," International Journal of Hospitality Management 29, no. 1 (2010): 188–90.

51. Rodrigo Andrés Cárdenas and Lauren Julius Harris, "Symmetrical Decorations Enhance the At-

tractiveness of Faces and Abstract Designs," Evolution and Human Behavior 27 (2006): 1–18.

52. Richard Russell, "Sex, Beauty, and the Relative Luminance of Facial Features," Perception 32 (2003): 1093–1107; Richard Russell, "A Sex Difference in Facial Contrast and Its Exaggeration by Cosmetics," Perception 38 (2009): 1211–19.

53. Nadine Samson, Bernhard Fink, and Paul J. Matts, "Visible Skin Condition and Perception of Human Facial Appearance," International Journal of Cosmetic Science 32, no. 3 (2010): 167–84, for the relevant references to the findings reported in the last two sentences; on a related note, see also Stephen Kellett and Paul Gilbert, "Acne: A Biopsychosocial and Evolutionary Perspective with a Focus on Shame," British Journal of Health Psychology 6 (2001): 1–24.

54. Andrew J. Elliot and Daniela Niesta, "Romantic Red: Red Enhances Men's Attraction to Women," Journal of Personality and Social Psychology 95, no. 5 (2008): 1150–64.

55. Verlin B. Hinsz, David C. Matz, and Rebecca A. Patience, "Does Women's Hair Signal Reproductive Potential?" Journal of Experimental Social Psychology 37 (2001): 166–72.

56. Norbert Mesko and Tamas Bereczkei, "Hairstyle as an Adaptive Means of Displaying Phenotypic Quality," Human Nature 15 (2004): 251–70.

57. See S. Craig Roberts et al., "Female Facial Attractiveness Increases during the Fertile Phase of the Menstrual Cycle," Proceedings of the Royal Society of London B: Biological Sciences 271, suppl. 5 (2004): S270–72, and references therein.

58. Gad Saad and Eric Stenstrom, "Calories, Beauty, and Ovulation: The Effects of the Menstrual Cycle on Food and Appearance-Related Consumption," submitted for publication (2010).

59. Kristina M. Durante, Norman P. Li, and Martie G. Haselton, "Changes in Women's Choice of Dress Across the Ovulatory Cycle: Naturalistic and Laboratory Task-Based Evidence," Personality and Social Psychology Bulletin 34, no. 11 (2008): 1451–60; Karl Grammer, LeeAnn Renninger, and Bettina Fischer, "Disco Clothing, Female Sexual Motivation, and Relationship Status: Is She Dressed to Impress?" Journal of Sex Research 41, no. 1 (2004): 66–74; Martie G. Haselton et al., "Ovulatory Shifts in Human Female Ornamentation: Near Ovulation, Women Dress to Impress," Hormones and Behavior 51 (2007): 40–45.

60. Tobias Uller and L. Christoffer Johansson, "Human Mate Choice and the Wedding Ring Effect: Are Married Men More Attractive?" Human Nature 14, no. 3 (2003): 267–76.

61. Organisation for Economic Co-Operation and Development (OECD), "The Economic Impact of Counterfeiting and Piracy," http:// www.oecd.org/dataoecd/13/12/38707619.pdf (2010. 4. 6. 확인).

62. International AntiCounterfeiting Coalition, http://www.iacc.org/ about-counterfeiting/ (2010. 4. 16. 확인); International AntiCounterfeiting Coalition, http://www.iacc.org/about-counterfeiting/counterfeit-gallery/index.php (2010. 4. 16. 확인).

63. Jeffrey A. Hall et al., "Strategic Misrepresentation in Online Dating: The Effects of Gender, Self-Monitoring, and Personality Traits," Journal of Social and Personal Relationships 27, no. 1 (2010): 117–35, and references therein.

64. Luuk Van Kempen, "Fooling the Eye of the Beholder: Deceptive Status Signalling among the Poor in Developing Countries," Journal of International Development 15, no. 2 (2003): 157–77.

4장 가족을 위해 산다

1. 이 속담들은 여러 인터넷 속담 사이트에서 수집한 것이다.

2. William D. Hamilton, "The Genetical Evolution of Social Behaviour, Parts I and II," Journal of Theoretical Biology 7 (1964): 1–52; the genecentric perspective was popularized to the masses in Richard Dawkins's book The Selfish Gene (New York: Oxford University Press, 1976).

3. Richard G. Bribiescas, Men: Evolutionary and Life History (Cambridge, MA: Harvard Unviersity Press, 2008), p. 26.

4. Catherine A. Salmon and Todd K. Shackelford, eds., Family Relationships: An Evolutionary Perspective (New York: Oxford University Press, 2007).

5. Keith Zvoch, "Family Type and Investment in Education: A Comparison of Genetic and Stepparent Families," Evolution and Human Behavior 20 (1999): 453–64.

6. Anne Case, I-Fen Lin, and Sara McLanahan, "Educational Attainment of Siblings in Stepfamilies," Evolution and Human Behavior 22 (2001): 269–89.

7. Gregory D. Webster, "Prosocial Behavior in Families: Moderators of Resource Sharing," Journal of Experimental Social Psychology 39 (2003): 644–52.

8. Martin S. Smith, Bradley J. Kish, and Charles B. Crawford, "Inheritance of Wealth as Human Kin Investments," Ethology and Sociobiology 8, no. 3 (1987): 171–82.

9. Nancy L. Segal and Sarah L. Ream, "Decrease in Grief Intensity for Deceased Twin and Non-Twin Relatives: An Evolutionary Perspective," Personality and Individual Differences 25 (1998): 317–25.

10. Thomas V. Pollet and Daniel Nettle, "Dead or Alive? Knowledge about a Sibling's Death Varies by Genetic Relatedness in a Modern Society," Evolutionary Psychology 7, no. 1 (2009): 57–65.

11. Eugene Burnstein, Christian Crandall, and Shinobu Kitayama, "Some Neo-Darwinian Rules for Altruism: Weighing Cues for Inclusive Fitness as a Function of the Biological Importance of the Decision," Journal of Personality and Social Psychology 67, no. 5 (1994): 773–89.

12. William Jankowiak and Monique Diderich, "Sibling Solidarity in a Polygamous Community in the USA: Unpacking Inclusive Fitness," Evolution and Human Behavior 21 (2000): 125–39.

13. Thomas V. Pollet, "Genetic Relatedness and Sibling Relationship Characteristics in a Modern Society," Evolution and Human Behavior 28 (2007): 176–85.

14. Elainie A. Madsen et al., "Kinship and Altruism: A Cross-Cultural Experimental Study," British Journal of Psychology 98 (2007): 339–59.

15. Nigel Nicholson, "Evolutionary Psychology and Family Business: A New Synthesis for Theory, Research, and Practice," Family Business Review 21, no. 1 (2008): 112.

16. Gad Saad and Tripat Gill, "An Evolutionary Psychology Perspective on Gift-Giving among Young Adults," Psychology & Marketing 20 (2003): 765–84.

17. Antonia J. Z. Henderson et al., "The Living Anonymous Kidney Donor: Lunatic or Saint?" American Journal of Transplantation 3 (2003): 203–213.

18. James R. Rodrigue et al., "The Expectancies of Living Kidney Donors: Do They Differ as a Function of Relational Status and Gender?" Nephrology Dialysis Transplantation 21 (2006): 1682–88.

19. J. Michael Cecka, "Kidney Transplantation from Living Unrelated Donors," Annual Review of Medicine 51 (2000): 393–406.

20. "Average Wedding Costs," Chateau at Forest Park, http://www.chateauatforestpark.com/pricing-Averageweddingcosts.html (2010. 2. 8. 접속).

21. Robin I. M. Dunbar, "The Social Brain: Mind, Language, and Society in Evolutionary Perspec-

tive," Annual Review of Anthropology 32 (2003): 163–81; Russell A. Hill and Robin I. M. Dunbar, "Social Network Size in Humans," Human Nature 14 (2003): 53–72.

22. 나의 졸업한 대학원생 수마야 체이크로우Soumaya Cheikhrouhou와 나는 몇 년 전부터 튀니지의 가부장적 사회에서 이러한 아이디어를 검증할 계획을 세웠었다.

23. Alexander Pashos and Donald H. McBurney, "Kin Relationships and the Caregiving Biases of Grandparents, Aunts, and Uncles: A Two-Generational Questionnaire Study," Human Nature 19 (2008): 311–30.

24. US Toy Industry Association, as cited by the US Department of Commerce Industry Outlook (2006), "Dolls, Toys, Games, and Children's Vehicles NAICS Code 33993," http://www.trade.gov/td/ocg/outlook06_toys.pdf (2008. 1. 13. 접속).

25. Sheri A. Berenbaum and Melissa Hines, "Early Androgens Are Related to Childhood Sex-Typed Toy Preferences," Psychological Science 3, no. 3 (1992): 203–206.

26. John T. Manning, The Finger Book: Sex, Behaviour, and Disease Revealed in the Fingers (London: Faber & Faber, 2008).

27. Johannes Hönekopp and Christine Thierfelder, "Relationships between Digit Ratio (2D:4D) and Sex-Typed Play Behavior in Pre-School Children," Personality and Individual Differences 47, no. 7 (2009): 706–710.

28. Gerianne M. Alexander and Melissa Hines, "Sex Differences in Response to Children's Toys in Nonhuman Primates (Cercopithecus aethiops sabaeus)," Evolution and Human Behavior 23 (2002): 467–79; Gerianne M. Alexander, "An Evolutionary Perspective of Sex-Typed Toy Preferences: Pink, Blue, and the Brain," Archives of Sexual Behavior 32, no. 1 (2003): 7–14; Janice M. Hassett, Erin R. Siebert, and Kim Wallen, "Sex Differences in Rhesus Monkey Toy Preferences Parallel Those of Children," Hormones and Behavior 54, no. 3 (2008): 359–64.

29. Marek Špinka, Ruth C. Newberry, and Marc Bekoff, "Mammalian Play: Training for the Unexpected," Quarterly Review of Biology 76, no. 2 (2001): 141–68; Anthony D. Pellegrini, Danielle Dupuis, and Peter K. Smith, "Play in Evolution and Development," Developmental Review 27 (2007): 261–76.

30. Paul H. Morris, Vasudevi Reddy, and R. C. Bunting, "The Survival of the Cutest: Who's Responsible for the Evolution of the Teddy Bear?" Animal Behaviour 50 (1995): 1697–1700.

31. Stephen Jay Gould, The Panda's Thumb: More Reflections in Natural History (New York: W. W. Norton, 1980), pp. 95–107.

32. Frank J. Sulloway, Born to Rebel: Birth Order, Family Dynamics, and Creative Lives (New York: Pantheon, 1996).

33. Frank J. Sulloway and Richard L. Zweigenhaft, "Birth Order and Risk Taking in Athletics: A Meta-Analysis and Study of Major League Baseball," Personality and Social Psychology Review 14, no. 4 (2010): 402–416.

34. Gad Saad, Tripat Gill, and Rajan Nataraajan, "Are Laterborns More Innovative and Non-Conforming Consumers Than Firstborns? A Darwinian Perspective," Journal of Business Research 58 (2005): 902–909.

35. Martin Daly and Margo Wilson, The Truth about Cinderella: A Darwinian View of Parental Love (New Haven, CT: Yale University Press, 1999).

36. Harald A. Euler and Barbara Weitzel, "Discriminative Grandparental Solicitude as Reproductive Strategy," Human Nature 7 (1996): 39–59; Thomas V. Pollet, Daniel Nettle, and Mark Nelissen, "Maternal Grandmothers Do Go the Extra Mile: Factoring Distance and Lineage into Differential Contact with Grandchildren," Evolutionary Psychology 5, no. 4 (2007): 832–43; David I. Bishop et al., "Differential Investment Behavior between Grandparents and Grandchildren: The

Role of Paternity Uncertainty," Evolutionary Psychology 7, no. 1 (2009): 66–77.

37. Rebecca Sear and Ruth Mace, "Who Keeps Children Alive? A Review of the Effects of Kin on Child Survival," Evolution and Human Behavior 29 (2008): 1–18.

38. Martin Daly and Margo I. Wilson, "Whom Are Newborn Babies Said to Resemble?" Ethology and Sociobiology 3 (1982): 69–78; Jeanne M. Regalski and Steven J. C. Gaulin, "Whom Are Mexican Infants Said to Resemble? Monitoring and Fostering Paternal Confidence in the Yucatan," Ethology and Sociobiology 14, no. 2 (1993): 97–113.

39. Coren L. Apicella and Frank W. Marlowe, "Perceived Mate Fidelity and Paternal Resemblance Predict Men's Investment in Children," Evolution and Human Behavior 25 (2004): 371–78.

40. Alexandra Alvergne, Charlotte Faurie, and Michel Raymond, "Father-Offspring Resemblance Predicts Paternal Investment in Humans," Animal Behaviour 78 (2009): 61–69.

41. Lisa S. Hayward and Sievert Rohwer, "Sex Differences in Attitudes toward Paternity Testing," Evolution and Human Behavior 25 (2004): 242–48.

42. Cheryl S. Rosenfeld and R. Michael Roberts, "Maternal Diet and Other Factors Affecting Offspring Sex Ratio: A Review," Biology of Reproduction 71 (2004): 1063–1070.

43. Fiona Mathews, Paul J. Johnson, and Andrew Neil, "You Are What Your Mother Eats: Evidence for Maternal Preconception Diet Influencing Foetal Sex in Humans," Proceedings of the Royal Society B: Biological Sciences 275 (2008): 1661–68.

44. Matthew C. Keller, Randolph M. Nesse, and Sandra Hofferth, "The Trivers-Willard Hypothesis of Parental Investment: No Effect in the Contemporary United States," Evolution and Human Behavior 22, no. 5 (2001): 343–60; see also Clare Janaki Holden, Rebecca Sear, and Ruth Mace, "Matriliny as Daughter-Biased Investment," Evolution and Human Behavior 24, no. 2 (2003): 99–112.

45. Elissa Z. Cameron and Fredrik Dalerum, "A Trivers-Willard Effect in Contemporary Humans: Male-Biased Sex Ratios among Billionaires," PLoS ONE 4, no. 1 (2009): e4195, doi:10.1371/journal.pone.0004195.

46. Lee Cronk, "Preferential Parental Investment in Daughters over Sons," Human Nature 2, no. 4 (1991): 387–417.

47. Glenn Weisfeld, Evolutionary Principles of Human Adolescence (New York: Basic Books, 1999).

48. Michele K. Surbey, "Family Composition, Stress, and the Timing of Human Menarche," in Socioendocrinology of Primate Reproduction. Monographs in Primatology, Vol. 13, ed. Toni E. Ziegler and Fred B. Bercovitch (New York: Wiley-Liss, 1990), pp. 11–32; for a review, see Bruce J. Ellis, "Timing of Pubertal Maturation in Girls: An Integrated Life History Approach," Psychological Bulletin 130 (2004): 920–58.

49. US Department of Commerce, "Projections of the Number of Households and Families in the United States: 1995 to 2010," April 1996, p. 11, http://www.census.gov/prod/1/pop/p25-1129.pdf (accessed January 21, 2010); American Pet Products Association, "Industry Statistics & Trends," http://www.americanpetproducts.org/press_industrytrends.asp (2010. 1. 21. 접속).

50. Elizabeth C. Hirschman, "Consumers and Their Animal Companions," Journal of Consumer Research 20 (1994): 616–32, and the recent 2008 special issue of the Journal of Business Research on animal companions.

51. Nicolas Guéguen and Serge Ciccotti, "Domestic Dogs as Facilitators in Social Interaction: An Evaluation of Helping and Courtship Behaviors," Anthrozoös 21 (2008): 339–49.

52. John Archer, "Why Do People Love Their Pets?" Evolution and Human Behavior 18 (1997): 237–59.

53. Richard Dawkins, The Greatest Show on Earth: The Evidence for Evolution (New York: Free

Press, 2009), pp. 71–73.

54. Christina Payne and Klaus Jaffe, "Self Seeks Like: Many Humans Choose Their Dog Pets Following Rules Used for Assortative Mating," Journal of Ethology 23 (2005) 15–18; Michael M. Roy and Nicholas J. S. Christenfeld, "Do Dogs Resemble Their Owners?" Psychological Science 15, no. 5 (2004): 361–63.

5장 친구를 위해 산다

1. 세 개의 속담은 모두 마티 쿠시 국제 속담에서 가져 왔다.

2. Robert L. Trivers, "The Evolution of Reciprocal Altruism," Quarterly Review of Biology 46 (1971): 35–57.

3. Steve Stewart-Williams, "Human Beings as Evolved Nepotists: Exceptions to the Rule and Effects of Cost of Help," Human Nature 19, no. 4 (2008): 414–25; Steve Stewart-Williams, "Altruism among Kin vs. Nonkin: Effects of Cost of Help and Reciprocal Exchange," Evolution and Human Behavior 28, no. 3 (2007): 193–98.

4. Howard Rachlin and Bryan A. Jones, "Altruism among Relatives and Non-Relatives," Behavioural Processes 79, no. 2 (2008): 120–23.

5. Joshua M. Ackerman, Douglas T. Kenrick, and Mark Schaller, "Is Friendship Akin to Kinship?" Evolution and Human Behavior 28 (2007): 365–74.

6. Peter DeScioli and Robert Kurzban, "The Alliance Hypothesis for Human Friendship," PLoS ONE 4, no. 6 (2009): e5802, doi:10.1371/journal.pone.0005802.

7. Jacob M. Vigil, "Asymmetries in the Friendship Preferences and Social Styles of Men and Women," Human Nature 18, no. 2 (2007): 143–61.

8. Adrian Palmer, "Co-operation and Competition: A Darwinian Synthesis of Relationship Marketing," European Journal of Marketing 34, nos. 5/6 (2000): 687–704.

9. Peter E. Digeser, "Friendship between States," British Journal of Political Science 39 (2009) 323–44.

10. Ann K. Jordan and Lynne T. Whaley, Investigating Your Career (Mason, OH: Thomson/South-Western, 2008), p. 5.

11. Paul J. Zak, "The Neurobiology of Trust," Scientific American (June 2008): 88–95.

12. Alessio Avenanti, Angela Sirigu, and Salvatore M. Aglioti, "Racial Bias Reduces Empathic Sensorimotor Resonance with Other-Race Pain," Current Biology (2010), doi:10.1016/j.cub.2010.03.071.

13. Roy F. Baumeister and Mark R. Leary, "The Need to Belong: Desire for Interpersonal Attachments as a Fundamental Human Motivation," Psychological Bulletin 117, no. 3 (1995): 497–529.

14. Quentin Crisp, The Naked Civil Servant (New York: Penguin Classics, 1997), p. 126.

15. Cynthia Rodriguez Cano and Doreen Sams, "Body Modifications and Young Adults: Predictors of Intentions to Engage in Future Body Modification," Journal of Retailing and Consumer Services 17 (2010): 80.

16. Marilynn B. Brewer, "The Social Self: On Being the Same and Different at the Same Time," Personality and Social Psychology Bulletin 17, no. 5 (1991): 475–82.

17. Robert B. Cialdini et al., "Basking in Reflected Glory: Three (Football) Studies," Journal of Personality and Social Psychology 34 (1976): 366–75.

18. Filip Boen, Norbert Vanbeselaere, and Jos Feys, "Behavioral Consequences of Fluctuating Group Success: An Internet Study of Soccer-Team Fans," Journal of Social Psychology 142, no. 6 (2002): 769–81.

19. Nick Neave and Sandy Wolfson, "Testosterone, Territoriality, and the 'Home Advantage,'" Physiology & Behavior 78 (2003): 269–75.

20. Paul C. Bernhardt et al., "Testosterone Changes during Vicarious Experiences of Winning and Losing among Fans at Sporting Events," Physiology & Behavior 65, no. 1 (1998): 59–62.

21. Joshua Wolf Shenk, "What Makes Us Happy?" Atlantic, June 2009, http://www.theatlantic.com/magazine/archive/2009/06/what-makes-us-happy/7439/3/ (2010. 3. 1. 접속).

22. Albert-László Barabási, Linked: How Everything Is Connected to Everything Else and What It Means for Business, Science, and Everyday Life (New York: Plume, 2002).

23. Kwang-Il Goh et al., "The Human Disease Network," Proceedings of the National Academy of Sciences of the United States of America 104 (2007): 8685–90.

24. Seth Godin, Tribes: We Need You to Lead Us (New York: Portfolio, 2008).

25. Mark Earls, Herd: How to Change Mass Behaviour by Harnessing Our True Nature (West Sussex, England: Wiley, 2007).

26. Scott A. Golder, Dennis Wilkinson, and Bernardo A. Huberman, "Rhythms of Social Interaction: Messaging within a Massive Online Network," Third International Conference on Communities and Technologies (CT2007), East Lansing, Michigan, June 28–30, 2007; Laura E. Buffardi and W. Keith Campbell, "Narcissism and Social Networking Web Sites," Personality and Social Psychology Bulletin 34, no. 10 (2008): 1303–1314.

27. Jared Piazza and Jesse M. Bering, "Evolutionary Cyber-Psychology: Applying an Evolutionary Framework to Internet Behavior," Computers in Human Behavior 25, no. 6 (2009): 1258–69.

28. Melissa Joy Magnuson and Lauren Dundes, "Gender Differences in 'Social Portraits' Reflected in MySpace Profiles," CyberPsychology & Behavior 11, no. 2 (2008): 239–41.

6장 문화와 함께 산다

1. Edward O. Wilson, On Human Nature (Cambridge, MA: Harvard University Press, 1978), p. 167.

2. 1장과 2장에서 간략하게 다룬 유전자-문화 공진화 모델링과 밈 이론은 진화론적 관점에서 인간 문화를 연구하는 또 다른 패러다임으로, 여기서는 다루지 않는다.

3. Ellen Dissanayake, Homo Aestheticus: Where Art Comes From and Why (New York: Free Press, 1992).

4. Geoffrey F. Miller, The Mating Mind: How Sexual Choice Shaped the Evolution of Human Nature (New York: Doubleday, 2000).

5. Steven Pinker, How the Mind Works (New York: W. W. Norton, 1997).

6. Pascal Boyer, Religion Explained: The Evolutionary Origins of Religious Thought (New York: Basic Books, 2001).

7. Colin Martindale, The Clockwork Muse: The Predictability of Artistic Change (New York: Basic Books, 1990).

8. Gad Saad, "Song Lyrics as Windows to Our Evolved Human Nature," in The Evolutionary Review: Art, Science, Culture (Volume 2), ed. Alice Andrews and Joseph Carroll (Albany, NY:

SUNY Press, 2011), pp. 127–33.

9. Richard L. Dukes et al., "Expressions of Love, Sex, and Hurt in Popular Songs: A Content Analysis of All-Time Greatest Hits," Social Science Journal 40 (2003): 643–50; Deborah R. Ostlund and Richard T. Kinnier, "Values of Youth: Messages from the Most Popular Songs of Four Decades," Journal of Humanistic Education & Development 36 (1997) 83–91; Donald Horton, "The Dialogue of Courtship in Popular Songs," American Journal of Sociology 62, no. 6 (1957): 569–78.

10. David M. Buss, The Evolution of Desire: Strategies of Human Mating(New York: Basic Books, 1994).

11. Devendra Singh, "Female Mate Value at a Glance: Relationship of Waist-to-Hip Ratio to Health, Fecundity and Attractiveness," Neuroendocrinology Letters 23 (2002): 81–91.

12. Gad Saad, "The Acronym for Benevolent Sexism Is BS: The Linguistic Irony is Delicious," http://www.psychologytoday.com/blog/homo-consumericus/200901/the-acronym-benevolent-sexism-is-bs-the-linguistic-irony-is-delicious; "Exploring the Items Used to Measure Benevolent Sexism," http://www.psychologytoday.com/blog/homo-consumericus/ 200901/exploring-the-items-used-measure-benevolent-sexism.

13. 이 뮤직비디오를 떠올리게 해준 〈사이콜로지 투데이〉의 전 뉴스 편집자 매트 허슨Matt Hutson에게 감사의 마음을 전한다.

14. Kluger Agency (http://klugeragency.com/), which specializes in this recent promotional tool.

15. James W. Pennebaker et al., "Don't the Girls Get Prettier at Closing Time: A Country and Western Application to Psychology," Personality and Social Psychology Bulletin 5, no. 1 (1979): 122–25.

16. David M. Buss and David P. Schmitt, "Sexual Strategies Theory: An Evolutionary Perspective on Human Mating," Psychological Review 100 (1993): 204–32.

17. Barry T. Jones et al., "Alcohol Consumption Increases Attractiveness Ratings of Opposite-Sex Faces: A Possible Third Route to Risky Sex," Addiction 98, no. 8 (2003): 1069–1075.

18. Lycia L. C. Parker et al., "Effects of Acute Alcohol Consumption on Ratings of Attractiveness of Facial Stimuli: Evidence of Long-Term Encoding," Alcohol & Alcoholism 43, no. 6 (2008): 636–40.

19. David M. Buss et al., "Sex Differences in Jealousy: Evolution, Physiology, and Psychology," Psychological Science 3, no. 4 (1992): 251–55.

20. Bruce J. Ellis and Donald Symons, "Sex Differences in Sexual Fantasy: An Evolutionary Psychological Approach," Journal of Sex Research 27, no. 4 (1990): 527–55.

21. Francis T. McAndrew and Megan A. Milenkovic, "Of Tabloids and Family Secrets: The Evolutionary Psychology of Gossip," Journal of Applied Social Psychology 32 (2002): 1–20. For other explorations of gossip from an evolutionary perspective, see Francis T. McAndrew, Emily K. Bell, and Contitta Maria Garcia, "Who Do We Tell and Whom Do We Tell On? Gossip as a Strategy for Status Enhancement," Journal of Applied Social Psychology 37, no. 7 (2007): 1562–77; Kevin M. Kniffin and David Sloan Wilson, "Evolutionary Perspectives on Workplace Gossip: Why and How Gossip Can Serve Groups," Group & Organization Management 35, no. 2 (2010): 150–76.

22. Bertrand Russell, On Education, Especially in Early Childhood (Routledge: London, 2006 [1926]), p. 50.

23. Charlotte J. S. De Backer et al., "Celebrities: From Teachers to Friends. A Test of Two Hypotheses on the Adaptiveness of Celebrity Gossip," Human Nature 18, no. 4 (2007): 334–54.

24. Satoshi Kanazawa, "Bowling with Our Imaginary Friends," Evolution and Human Behavior 23

(2002): 167-71.

25. Hank Davis and S. Lyndsay McLeod, "Why Humans Value Sensational News: An Evolutionary Perspective," Evolution and Human Behavior 24 (2003): 208-16.

26. Pamela J. Shoemaker, "Hardwired for News: Using Biological and Cultural Evolution to Explain the Surveillance Function," Journal of Communication 46, no. 3 (1996): 32-47.

27. Wikipedia, "List of Soap Operas," http://en.wikipedia.org/wiki/List_of_soap_operas (2010. 8. 4. 확인).

28. Marilyn J. Matelski, The Soap Opera Evolution: America's Enduring Romance with Daytime Drama (Jefferson, NC: McFarland, 1988).

29. Henriette Riegel, "Soap Operas and Gossip," Journal of Popular Culture 29 (1996): 201-209.

30. Motion Picture Association of America, http://www.mpaa.org (accessed December 17, 2009).

31. Torben Grodal, "Love and Desire in the Cinema," Cinema Journal 43 (2004): 26-46; Mette Kramer, "The Mating Game in Hollywood Cinema," New Review of Film and Television Studies 2, no. 2 (2004): 137-59; Torben Grodal, "Pain, Sadness, Aggression, and Joy: An Evolutionary Approach to Film Emotions," Projections 1, no. 1 (2007): 91-107; Gad Saad, The Evolutionary Bases of Consumption (Mahwah, NJ: Lawrence Erlbaum Associates, 2007), pp. 183-88.

32. Francis Bloch, Vijayendra Rao, and Sonalde Desai, "Wedding Celebrations as Conspicuous Consumption: Signaling Social Status in Rural India," Journal of Human Resources 39 (2004): 675-95; and Aryeh Spero, "'Conspicuous Consumption' at Jewish Functions," Judaism 37 (1988): 103-110.

33. Terry F. Pettijohn II and Abraham Tesser, "Popularity in Environmental Context: Facial Feature Assessment of American Movie Actresses," Media Psychology 1 (1999): 229-47.

34. 테리 페티존이 2010년 10월 10일과 2010년 10월 23일에 보낸 이메일에서 이 두 사람을 명시했습니다.

35. Brian Boyd, Joseph Carroll, and Jonathan Gottschall, eds., Evolution, Literature, and Film: A Reader (New York: Columbia University Press, 2010); Brian Boyd, On the Origin of Stories: Evolution, Cognition, and Fiction (Cambridge, MA: Harvard University Press, 2009); Jonathan Gottschall and David Sloan Wilson, eds., The Literary Animal: Evolution and the Nature of Narrative (Evanston, IL: Northwestern University Press, 2006); Joseph Carroll, Literary Darwinism: Evolution, Human Nature, and Literature (New York: Routledge, 2004).

36. Del Thiessen and Yoko Umezawa, "The Sociobiology of Everyday Life: A New Look at a Very Old Novel," Human Nature 9, no. 3 (1998): 293-320.

37. David P. Barash and Nanelle R. Barash, Madame Bovary's Ovaries: A Darwinian Look at Literature (New York: Delacorte, 2005), chap. 5.

38. Jonathan Gottschall, The Rape of Troy: Evolution, Violence, and the World of Homer (New York: Cambridge University Press, 2008).

39. James Stiller, Daniel Nettle, and Robin I. M. Dunbar, "The Small World of Shakespeare's Plays," Human Nature 14 (2003): 397-408.

40. Cynthia Whissell, "Mate Selection in Popular Women's Fiction," Human Nature 7 (1996): 427-47.

41. Jonathan Gottschall et al., "The 'Beauty Myth' Is No Myth: Emphasis on Male-Female Attractiveness in World Folktales," Human Nature 19, no. 2 (2008), 174-88; Jonathan Gottschall et al., "Sex Differences in Mate Choice Criteria Are Reflected in Folktales from around the World and in Historical European Literature," Evolution and Human Behavior 25 (2004): 102-112.

42. Romance Writers of America, "Romance Literature Statistics: Overview," http://www.rwanational.org/cs/the_romance_genre/romance_literature_statistics (2010. 8. 4. 확인).

43. April Marie Gorry, "Leaving Home for Romance: Tourist Women's Adventures Abroad" (doc-

toral diss., University of California at Santa Barbara, 1999).

44. Anthony Cox and Maryanne Fisher, "The Texas Billionaire's Pregnant Bride: An Evolutionary Interpretation of Romance Fiction Titles," Journal of Social, Evolutionary, and Cultural Psychology 3, no. 4 (2009): 386–401.
45. Laura Betzig, "Politics as Sex: The Old Testament Case," Evolutionary Psychology 3 (2005): 326–46.

7장 광고에 혹해 산다

1. 20세기 미국 광고를 대표하는 인물 중 한 명이자 2008년 최고 매출을 기록한 광고 회사인 DDB 월드와이드의 공동 설립자다.
2. Steve McClellan, "Zenith Says Global Ad Spend Will Rise 2.2%," Adweek, April 7, 2010.
3. John K. Ryans Jr. and David A. Griffith, "International Advertising Research: Standardization/Adaptation and the Future," in Handbook of Research in International Marketing, ed. Subhash C. Jain (Northampton, MA: Edward Elgar, 2003), p. 305.
4. Ewa Krolikowska and Sven Kuenzel, "Models of Advertising Standardisation and Adaptation: It's Time to Move the Debate Forward," Marketing Review 8, no. 4 (2008): 383.
5. 1995년부터 2006년 사이에 유명 저널에 게재된 다문화 광고 연구를 분석한 결과, 가장 많이 연구된 두 가지 주제는 문화적 가치와 지역 광고 대 글로벌 광고 이슈였다.: Shintaro Okazaki and Barbara Mueller, "Cross-Cultural Advertising Research: Where We Have Been and Where We Need to Go," International Marketing Review 24, no. 5 (2007): 499–518.
6. Gad Saad, "Homo consumericus: Consumption Phenomena as Universals, as Cross-Cultural Adaptations, or as Emic Cultural Instantiations," (2007).
7. Noam Chomsky, Aspects of the Theory of Syntax (Cambridge, MA: MIT Press, 1965).
8. Steven Pinker, The Language Instinct: How the Mind Creates Language (New York: William-Morrow, 1994).
9. Linda Mealey, Christopher Daood, and Michael Krage, "Enhanced Memory for Faces of Cheaters," Ethology and Sociobiology 17 (1996): 119–28.
10. D. Vaughn Becker et al., "Concentrating on Beauty: Sexual Selection and Sociospatial Memory," Personality and Social Psychology Bulletin 31 (2005): 1643–52.
11. James S. Nairne, Sarah R. Thompson, and Josefa N. S. Pandeirada, "Adaptive Memory: Survival Processing Enhances Retention," Journal of Experimental Psychology: Learning, Memory, and Cognition 33, no. 2 (2007): 263–73; James S. Nairne, Josefa N. S. Pandeirada, and Sarah R. Thompson, "Adaptive Memory: The Comparative Value of Survival Processing," Psychological Science 19, no. 2 (2008): 176–80; Yana Weinstein, Julie M. Bugg, and Henry L. Roediger III, "Can the Survival Recall Advantage Be Explained by Basic Memory Processes?" Memory and Cognition 36, no. 5 (2008): 913–19.
12. Gad Saad, "Evolution and Political Marketing," in Human Nature and Public Policy: An Evolutionary Approach, ed. Steven A. Peterson and Albert Somit (New York: Palgrave Macmillan, 2003), pp. 121–38; John Antonakis and Olaf Dalgas, "Predicting Elections: Child's Play!" Science 323, no. 5918 (2009): 1183; Journal of Nonverbal Behavior 2010년도 특별판.
13. David Andrew Puts, "Mating Context and Menstrual Phase Affect Women's Preferences for Male Voice Pitch," Evolution and Human Behavior 26 (2005) 388–97.

14. Coren L. Apicella, David R. Feinberg, and Frank W. Marlowe, "Voice Pitch Predicts Reproductive Success in Male Hunter-Gatherers," Biology Letters 3 (2007): 682–84.

15. Daniel E. Berlyne, "Novelty, Complexity, and Hedonic Value," Perception & Psychophysics 8 (1970): 279–86.

16. 이에 대해 나의 박사 학위 지도교수였던 J. 에드워드 루소J. Edward Russo는 선택 과정에서 개인이 '선도적'인 대안을 지지하는 수단으로 정보를 왜곡하는 방식을 탐구하는 연구 프로그램을 개발했다. Samuel D. Bond et al., "Information Distortion in the Evaluation of a Single Option," Organizational Behavior and Human Decision Processes 102 (2007): 240–54, and relevant references therein.

17. Tatiana M. Azevedo et al., "A Freezing-Like Posture to Pictures of Mutilation," Psychophysiology 42 (2005): 255–60.

18. Tom Reichert, "Sex in Advertising Research: A Review of Content, Effects, and Functions of Sexual Information in Consumer Advertising," Archives of Sex Research 13 (2002): 241–73; Aimee Stephanie Edison, "Does Sex Really Sell? Research on Sex in Advertising: A Meta-Analysis" (doctoral diss., University of Alabama, 2008).

19. Gad Saad, The Evolutionary Bases of Consumption (Mahwah, NJ: Lawrence Erlbaum Associates, 2007), chap. 4, and Gad Saad, "Applying Evolutionary Psychology in Understanding the Representation of Women in Advertisements," Psychology & Marketing 21 (2004): 593–612.

20. Devendra Singh, "Female Mate Value at a Glance: Relationship of Waist-to-Hip Ratio to Health, Fecundity and Attractiveness," Neuroendocrinology Letters 23 (2002): 81–91.

21. Gad Saad, "Advertised Waist-to-Hip Ratios of Online Female Escorts: An Evolutionary Perspective," International Journal of e-Collaboration 4, no. 3 (2008): 40–50.

22. Barnaby J. Dixson et al., "Male Preferences for Female Waist-to-Hip Ratio and Body Mass Index in the Highlands of Papua New Guinea," American Journal of Physical Anthropology 141, no. 4 (2010): 620–25.

23. Adam Westman and Frank Marlowe, "How Universal Are Preferences for Female Waist-to-Hip Ratios? Evidence from the Hadza of Tanzania," Evolution and Human Behavior 20 (1999): 219–28.

24. Barnaby J. Dixson et al., "Eye-Tracking of Men's Preferences for Waist-to-Hip Ratio and Breast Size of Women," Archives of Sexual Behavior 40, no. 1 (2011): 43–50.

25. Steven M. Platek and Devendra Singh, "Optimal Waist-to-Hip Ratios in Women Activate Neural Reward Centers in Men," PLoS ONE 5, no. 2 (2010): e9042, doi:10.1371/journal.pone.0009042.

26. Johan C. Karremans, Willem E. Frankenhuis, and Sander Arons, "Blind Men Prefer a Low Waist-to-Hip Ratio," Evolution and Human Behavior 31, no. 3 (2010): 182–86.

27. Patrick Vyncke, "Cue Management: Using Fitness Cues to Enhance Advertising Effectiveness," in Evolutionary Psychology in the Business Sciences, ed. Gad Saad (Heidelberg, Germany: Springer, 2011).

28. Mark Earls, "Advertising to the Herd: How Understanding Our True Nature Challenges the Ways We Think about Advertising and Market Research," International Journal of Market Research 45, no. 3 (2003): 311–36.

29. Ramsey M. Raafat, Nick Chater, and Chris Frith, "Herding in Humans," Trends in Cognitive Sciences 13, no. 10 (2009): 420–28.

30. Corey L. Fincher et al., "Pathogen Prevalence Predicts Human Cross-Cultural Variability in Individualism/Collectivism," Proceedings of the Royal Society B: Biological Sciences 275, no. 1640 (2008): 1279–85; on a related note, see Joan Y. Chiao and Katherine D. Blizinsky, "Culture-Gene Coevolution of Individualism-Collectivism and the Serotonin Transporter Gene," Proceedings of the Royal Society B: Biological Sciences 277, no. 1681 (2010): 529–37.

31. Marilynn B. Brewer, "The Social Self: On Being the Same and Different at the Same Time," Personality and Social Psychology Bulletin 17, no. 5 (1991): 475-82.

32. Vladas Griskevicius et al., "Fear and Loving in Las Vegas: Evolution, Emotion, and Persuasion," Journal of Marketing Research 46 (2009): 384-95.

33. Mubeen M. Aslam, "Are You Selling the Right Colour? A Cross-Cultural Review of Colour as a Marketing Cue," Journal of Marketing Communications 12, no. 1 (2006): 20.

34. Thomas J. Madden, Kelly Hewett, and Martin S. Roth, "Managing Images in Different Cultures: A Cross-National Study of Color Meanings and Preferences," Journal of International Marketing 8, no. 4 (2000): 90-107.

35. Aslam, "Are You Selling the Right Colour?" p. 26.

36. W. Ray Crozier, "The Meanings of Colour: Preferences among Hues," Pigment & Resin Technology 28, no. 1 (1999): 6-14.

37. Andrew J. Elliot and Daniela Niesta, "Romantic Red: Red Enhances Men's Attraction to Women," Journal of Personality and Social Psychology 95, no. 5 (2008): 1150-64.

38. Russell A. Hill and Robert A. Barton, "Red Enhances Human Performance in Contests," Nature 435 (May 19, 2005): 293.

39. Thore J. Bergman, Lucy Ho, and Jacinta C. Beehner, "Chest Color and Social Status in Male Geladas (Theropithecus gelada)," International Journal of Primatology 30, no. 6 (2009): 791-806.

8장 희망 때문에 산다

1. http://www.quotegarden.com/hope.html (2010. 4. 10. 확인).

2. Kathy Peiss, Hope in a Jar: The Making of America's Beauty Culture(New York: Metropolitan Books, 1998).

3. Mara Einstein, Brands of Faith: Marketing Religion in a Commercial Age (New York: Routledge, 2008), p. 92.

4. Anthony Scioli et al., "A Prospective Study of Hope, Optimism, and Health," Psychological Reports 81 (1997): 723-33; Laura D. Kubzansky et al., "Is the Glass Half Empty or Half Full? A Prospective Study of Optimism and Coronary Heart Disease in the Normative Aging Study," Psychosomatic Medicine 63 (2001): 910-16; Martin E. P. Seligman, Learned Optimism: How to Change Your Mind and Your Life (New York: Pocket Books, 1998).

5. Adbusters Media Foundation, http://www.adbusters.org; American Legacy Foundation, http://www.thetruth.com.

6. All the latter statistics are cited in Einstein, Brands of Faith, pp. 1, 41, 29-30, 53, and 40.

7. Mara Einstein, Brands of Faith: Marketing Religion in a Commercial Age (New York: Routledge, 2008); Phil Cooke, Branding Faith: Why Some Churches and Nonprofits Impact Culture and Others Don't (Ventura, CA: Regal Books, 2008); James B. Twitchell, Shopping for God: How Christianity Went from In Your Heart to In Your Face (New York: Simon & Schuster, 2007); Vincent J. Miller, Consuming Religion: Religious Belief and Practice in a Consumer Culture (New York: Continuum, 2003); and Tom Beaudoin, Consuming Faith: Integrating Who We Are with What We Buy (Lanham, MD: Sheed & Ward, 2007).

8. Leon Uris, The Haj (New York: Bantam Books, 1985), p. 14.

9. Robert M. Sapolsky, Why Zebras Don't Get Ulcers (New York: Henry Holt, 2004).

10. Michael Shermer, Why People Believe Weird Things: Pseudoscience, Superstition, and Other Confusions of Our Time (New York: Henry Holt, 2002).

11. Pascal Boyer and Brian Bergstrom, "Evolutionary Perspectives on Religion," Annual Review of Anthropology 37 (2008): 111–30; Ilkka Pyysiäinen and Marc Hauser, "The Origins of Religion: Evolved Adaptation or By-Product?" Trends in Cognitive Sciences 14, no. 3 (2010): 104–109.

12. Richard Lynn, John Harvey, and Helmuth Nyborg, "Average Intelligence Predicts Atheism Rates Across 137 Nations," Intelligence 37 (2009): 11–15.

13. Lisa M. Fairfax, "The Thin Line between Love and Hate: Why Affinity-Based Securities and Investment Fraud Constitutes a Hate Crime," UC Davis Law Review 36, no. 5 (2003): 1073–1143.

14. David B. Barrett, George T. Kurian, and Todd M. Johnson, eds., World Christian Encyclopedia: A Comparative Survey of Churches and Religions in the Modern World (2 volumes) (New York: Oxford University Press, 2001).

15. Richard L. Nahin et al., "Costs of Complementary and Alternative Medicine (CAM) and Frequency of Visits to CAM Practitioners: United States, 2007," National Health Statistics Reports 18 (July 30, 2009); available at http://nccam.nih.gov/news/camstats/costs/nhsrn18.pdf.

16. Robert L. Bratton et al., "Effect of 'Ionized' Wrist Bracelets on Musculoskeletal Pain: A Randomized, Double-Blind, Placebo-Controlled Trial," Mayo Clinic Proceedings 77, no. 11 (2002): 1164–68.

17. Stephen Barrett and William T. Jarvis, eds., The Health Robbers: A Close Look at Quackery in America (Amherst, NY: Prometheus Books, 1993).

18. Andrew Tobias, Fire and Ice: The Story of Charles Revson, the Man Who Built the Revlon Empire (New York: Quill, 1983), chap. 8 epigraph.

19. Judith H. Langlois et al., "Maxims or Myths of Beauty? A Meta-Analytic and Theoretical Review," Psychological Bulletin 126, no. 3 (2000):390–423; Gillian Rhodes et al., "Attractiveness of Facial Averageness and Symmetry in Non-Western Cultures: In Search of Biologically Based Standards of Beauty," Perception 30 (2001): 611–25; Nancy Etcoff, Survival of the Prettiest: The Science of Beauty (New York: Doubleday, 1999).

20. Alan Slater et al., "Newborn Infants Prefer Attractive Faces," Infant Behavior & Development 21, no. 2 (1998): 345–54. Judith H. Langlois, Lori A. Roggman, and Loretta A. Reiser-Danner, "Infants' Differential Social Responses to Attractive and Unattractive Faces," Developmental Psychology 26, no. 1 (1990): 153–59.

21. Itzhak Aharon et al., "Beautiful Faces Have Variable Reward Value: fMRI and Behavioral Evidence," Neuron 32 (2001): 537–51.

22. Mette Bovin, Nomads Who Cultivate Beauty: Wodaabe Dances and Visual Arts in Niger (Uppsala, Sweden: Nordiska Afrikainstitutet, 2001).

23. Steve Salerno, Sham: How the Self-Help Movement Made American Helpless (New York: Crown Publishing Group, 2005), p. 8.

24. Ibid.

25. Ibid., p. 86.

26. Griet Vandermassen, "Women's Evolutionary Enigmas," book review of David P. Barash and Judith Eve Lipton, How Women Got Their Curves and Other Just-So Stories, Evolutionary Psychology 7, no. 4 (2009): 530.

27. National Association to Advance Fat Acceptance (NAAFA), http://www.naafaonline.com.

28. Richard P. Feynman, The Character of Physical Law (New York: Random House, 1994 [1965]), p. 123.

9장 사기 위해 산다

1. Scott Adams, The Dilbert Principle: A Cubicle's Eye View of Bosses, Meetings, Management Fads, & Other Workplace Afflictions (London: Boxtree, 1996), p. 76.

2. Albert Ellis, http://www.great-quotes.com/quote/1410828 (2010. 4. 18. 확인).

3. 수많은 학자와 분석가들은 비합리적으로 보이는 것이 때로는 합리적인 전략이 될 수 있으며, 특히 군사적 분쟁의 맥락에서는 더욱 그러하다고 주장한다. Herman Kahn, On Thermonuclear War (Princeton, NJ: Princeton University Press, 1960), and Thomas C. Schelling, Arms and Influence (New Haven, CT: Yale University Press, 1966).

4. Gad Saad, "Blame Our Evolved Gustatory Preferences," Young Consumers 7, no. 4 (2006): 72–75.

5. Gad Saad and Albert Peng, "Applying Darwinian Principles in Designing Effective Intervention Strategies: The Case of Sun Tanning," Psychology & Marketing 23 (2006): 617–38.

6. Gad Saad, The Evolutionary Bases of Consumption (Mahwah, NJ: Lawrence Erlbaum, 2007), chap. 6.

7. Gad Saad, "Sex Differences in OCD Symptomatology: An Evolutionary Perspective," Medical Hypotheses 67 (2006): 1455–59.

8. Julianne Trautmann-Attmann and Tricia Widner Johnson, "Compulsive Consumption Behaviours: Investigating Relationships among Binge Eating, Compulsive Clothing Buying, and Fashion Orientation," International Journal of Consumer Studies 33, no. 3 (2009): 267–73; see also Tricia Johnson and Julianne Attmann, "Compulsive Buying in a Product Specific Context: Clothing," Journal of Fashion Marketing and Management 13, no. 3 (2009): 394–405.

9. Norman P. Li et al., "Intrasexual Competition and Eating Restriction in Heterosexual and Homosexual Individuals," Evolution and Human Behavior 31, no. 5 (2010): 365–72.

10. Merry N. Miller and Andrés J. Pumariega, "Culture and Eating Disorders: A Historical and Cross-Cultural Review," Psychiatry 64, no. 2 (2001): 93–110.

11. Samuel K. Wasser and David P. Barash, "Reproductive Suppression among Female Mammals: Implications for Biomedicine and Sexual Selection Theory," Quarterly Review of Biology 58 (1983): 513–38.

12. Riadh T. Abed, "The Sexual Competition Hypothesis for Eating Disorders," British Journal of Medical Psychology 71 (1998): 525–47.

13. Nicholas Gatward, "Anorexia Nervosa: An Evolutionary Puzzle," European Eating Disorders Review 15 (2007): 1–12; Catherine Salmon, Charles B. Crawford, and Sally Walters, "Anorexic Behavior, Female Competition and Stress: Developing the Female Competition Stress Test," Evolutionary Psychology 6, no. 1 (2008): 96–112; Catherine Salmon et al., "Ancestral Mecha- nisms in Modern Environments: Impact of Competition and Stressors on Body Image and Dieting Behavior," Human Nature 19 (2008): 103–17. For a survey of nonevolutionary factors purported to be linked to eating disorders, see Janet Polivy and C. Peter Herman, "Causes of Eating Disorders," Annual Review of Psychology 53 (2002): 187–213.

14. Richard Ronay and William von Hippel, "The Presence of an Attractive Woman Elevates Testosterone and Physical Risk Taking in Young Men," Social Psychological and Personality Science 1, no. 1 (2010): 57–64.

15. Patrick McAlvanah, "Are People More Risk-Taking in the Presence of the Opposite Sex?" Journal of Economic Psychology 30 (2009): 136–46.

16. Margo Wilson and Martin Daly, "Do Pretty Women Inspire Men to Discount the Future?" Proceedings of the Royal Society of London: Series B (Suppl.) 271 (2004): S177–79.

17. The American Society for Aesthetic Plastic Surgery, "Cosmetic Procedures in 2007," February 25, 2008, http://www.surgery.org/media/news-releases/117-cosmetic-procedures-in-2007- (2010. 8. 6. 확인).

18. See Saad, The Evolutionary Bases of Consumption, pp. 245–55.

19. Peter B. Gray, "Evolutionary and Cross-Cultural Perspectives on Gambling," Journal of Gambling Studies 20, no. 4 (2004): 347–71; Marcello Spinella, "Evolutionary Mismatch, Neural Reward Circuits, and Pathological Gambling," International Journal of Neuroscience 113 (2003): 503–512.

20. Bluff Magazine/ESPN Power Poker Ratings, http://www.bluff magazine.com/players/ (2010. 3. 7. 확인).

21. Eric T. Steiner et al., "The Deal on Testosterone Responses to Poker Competition," Current Psychology 29 (2010): 45–51.

22. Janice W. Jadlow and John C. Mowen, "Comparing the Traits of Stock Market Investors and Gamblers," Journal of Behavioral Finance 11, no. 2 (2010): 67–81.

23. Peter Levin, "Gendering the Market: Temporality, Work, and Gender on a National Futures Exchange," Work and Occupations 28, no. 1 (2001): 112–30.

24. Anders Anderson, "All Guts, No Glory: Trading and Diversification among Online Investors," European Financial Management 13, no. 3 (2007): 448–71.

25. Brad M. Barber and Terrance Odean, "Online Investors: Do the Slow Die First?" Review of Financial Studies 15, no. 2 (2002): 455–87.

26. Richard T. Bliss and Mark E. Potter, "Mutual Fund Managers: Does Gender Matter?" Journal of Business & Economic Studies 8, no. 1 (2002): 1–15.

27. W. Bruce Canoles et al., "An Analysis of the Profiles and Motivations of Habitual Commodity Speculators," Journal of Futures Markets 18, no. 7 (1998): 765–801.

28. Saad, The Evolutionary Bases of Consumption, p. 78, for relevant references.

29. John P. J. Pinel, Biopsychology (Boston: Allyn & Bacon, 2009), p. 6. For a slightly different version of the same story, see David M. Buss, The Evolution of Desire: Strategies of Human Mating (New York: Basic Books, 1994), pp. 79–80.

30. Fabio D'Orlando, "The Demand for Pornography," Journal of Happiness Studies (2010, in press), doi:10.1007/s10902-009-9175-0.

31. Julie M. Albright, "Sex in America Online: An Exploration of Sex, Marital Status, and Sexual Identity in Internet Sex Seeking and Its Impacts," Journal of Sex Research 45, no. 2 (2008): 175–86.

32. Steven E. Stern and Alysia D. Handel, "Sexuality and Mass Media: The Historical Context of Psychology's Reaction to Sexuality on the Internet," Journal of Sex Research 38, no. 4 (2001): 283–91.

33. Milton Diamond, "Pornography, Public Acceptance, and Sex Related Crime: A Review," International Journal of Law and Psychiatry 32, no. 5 (2009): 304–314.

34. Gert Martin Hald and Neil M. Malamuth, "Self-Perceived Effects of Pornography Consump-

tion," Archives of Sexual Behavior 37, no. 4 (2008): 614–25.

35. Bruce J. Ellis and Donald Symons, "Sex Differences in Sexual Fantasy: An Evolutionary Psychological Approach," Journal of Sex Research 27, no. 4 (1990): 527–55.

36. Donald Symons, The Evolution of Human Sexuality (New York: Oxford University Press, 1979); Joseph Shepher and Judith Reisman, "Pornography: A Sociobiological Attempt at Understanding," Ethology and Sociobiology 6 (1985): 103–114; Neil M. Malamuth, "Sexually Explicit Media, Gender Differences, and Evolutionary Theory," Journal of Communication 46 (1996):·8–31; and Saad, The Evolutionary Bases of Consumption, pp. 228–35.

37. Nicholas Pound, "Male Interest in Visual Cues of Sperm Competition Risk," Evolution and Human Behavior 23 (2002): 443–66.

38. Sarah J. Kilgallon and Leigh W. Simmons, "Image Content Influences Men's Semen Quality," Biology Letters 1 (2005): 253–55.

39. James P. Byrnes, David C. Miller, and William D. Schafer, "Gender Differences in Risk Taking: A Meta Analysis," Psychological Bulletin 125, no. 3 (1999): 367–83.

40. Margo Wilson and Martin Daly, "Competitiveness, Risk Taking, and Violence: The Young Male Syndrome," Ethology and Sociobiology 6 (1985): 59–73.

41. Andreas De Block and Siegfried Dewitte, "Darwinism and the Cultural Evolution of Sports," Perspectives in Biology and Medicine 52, no. 1 (2009): 1–16.

42. International Spartathlon Association, http://www.spartathlon.gr/main.php (2009.11.14. 확인).

43. Hartmut Bielefeldt, "Mount Everest-Some Aspects of the Climbing Statistics," http://www.bielefeldt.de/everestse.htm (2010. 4. 25. 확인).

44. Wikipedia, "Eight-thousander," http://en.wikipedia.org/wiki/Eight-thousanders (2010. 4. 25. 확인).

45. Splatula Rigging, "BASE Fatality List," http://www.splatula.com/bfl/ (2009. 11. 14. 확인).

46. See US Bureau of Labor Statistics, "Census of Fatal Occupational Injuries (CFOI)-Current and Revised Data," http://www.bls.gov/iif/ oshcfoi1.htm (2009. 11. 21. 확인).

47. Alex Robinson, Bahia: The Heart of Brazil's Northeast (Bucks, UK: Bradt Travel Guides, 2010), p. 13.

48. Mustafa B. Ibrahim, "Fulani-A Nomadic Tribe in Northern Nigeria," African Affairs 65, no. 259 (1966): 171–72; Pat I. Ndukwe, The Fulani (New York: Rosen, 1996), pp. 27–30.

49. Martin Riesebrodt, Pious Passion: The Emergence of Modern Fundamentalism in the United States and Iran (Berkeley: University of California Press, 1993), p. 161.

50. Stephen Kinzer, Crescent and Star: Turkey between Two Worlds (New York: Farrar, Straus and Giroux, 2002), pp. 180–81; Thomas A. Green and Joseph R. Svinth, eds., Martial Arts of the World: An Encyclopedia of History and Innovation (Santa Barbara, CA: ABC-CLIO, 2010), pp. 85–87.

51. Steven Pinker, The Blank Slate: The Modern Denial of Human Nature (New York: Viking, 2002).

10장 치열하게 살수록 잘 산다

1. Robin I. M. Dunbar, "Evolution and the Social Sciences," History of the Human Sciences 20, no. 2 (2007): 46.

2. Nigel Nicholson, "Evolutionary Psychology and Family Business: A New Synthesis for Theory, Research, and Practice," Family Business Review 21, no. 1 (2008): 103–118; Nigel Nicholson, Executive Instinct: Managing the Human Animal in the Information Age (New York: Crown Business, 2000); Stephen M. Colarelli, No Best Way: An Evolutionary Perspective on Human Resource Management (Westport, CT: Praeger, 2003); Sabrina Deutsch Salamon and Yuval Deutsch, "OCB as a Handicap: An Evolutionary Psychological Perspective," Journal of Organizational Behavior 27 (2006): 185–99; Mark Van Vugt, "Evolutionary Origins of Leadership and Followership," Personality and Social Psychology Review 10, no. 4 (2006): 354–71; Kingsley R. Browne, "Sex, Power, and Dominance: The Evolutionary Psychology of Sexual Harassment," Managerial and Decision Economics 27, nos. 2–3 (2006):145–58; Tessaleno C. Devezas, "Evolutionary Theory of Technological Change: State-of-the-Art and New Approaches," Technological Forecasting & Social Change 72, no. 9 (2005): 1137–52; Philip R. P. Coelho, James E. McClure, and Enar Tunc, "Managing Homo Sapiens," Total Quality Management 15, no. 2 (2004): 191–204; Sudipta Basu and Gregory B. Waymire, "Recordkeeping and Human Evolution," Accounting Horizons 20, no. 3 (2006): 201–229; Andrew W. Lo, "Reconciling Efficient Markets with Behavioral Finance: The Adaptive Markets Hypothesis," Journal of Investment Consulting 7, no. 2 (2005): 21–44; Arthur E. Gandolfi, Anna Sachko Gandolfi, and David P. Barash, Economics as An Evolutionary Science: From Utility to Fitness (Piscataway, NJ: Transaction Publishers, 2002); Ned Kock, "Information Systems Theorizing Based on Evolutionary Psychology: An Interdisciplinary Review and Theory Integration Framework," MIS Quarterly 33, no. 2 (2009): 395–418; David M. Wasieleski and Sefa Hayibor, "Evolutionary Psychology and Business Ethics Research," Business Ethics Quarterly 19, no. 4 (2009): 587–616; Saad, Evolutionary Psychology in the Business Sciences (Heidelberg, Germany: Springer, 2011).

3. Dan Ariely and Gregory S. Berns, "Neuromarketing: The Hope and Hype of Neuroimaging in Business," Nature Reviews Neuroscience 11 (2010): 284–92.

4. Justin R. Garcia and Gad Saad, "Evolutionary Neuromarketing: Darwinizing the Neuroimaging Paradigm for Consumer Behavior," Journal of Consumer Behaviour 7 (2008): 397–414.

5. Leonid Rozenblit and Frank Keil, "The Misunderstood Limits of Folk Science: An Illusion of Explanatory Depth," Cognitive Science 26 (2002): 521–62.

6. 이 종은 고전 경제학자들의 마음속 깊은 곳에만 존재한다. 특히 합리적 의사 결정을 구성하는 요소에 대해 매우 엄격하고 비현실적인 기준을 적용하는 틀이다.

7. Thomas Gilovich, Dale Griffin, and Daniel Kahneman, eds., Heuristics and Biases: The Psychology of Intuitive Judgment (Cambridge: Cambridge University Press, 2002).

8. Amos Tversky, "Intransitivity of Preferences," Psychological Review 76 (1969): 31–48.

9. Jonathan B. Berk, Eric Hughson, and Kirk Vandezande, "The Price Is Right, but Are the Bids? An Investigation of Rational Decision Theory," American Economic Review 86, no. 4 (1996): 954–70; Thierry Post et al., "Deal or No Deal? Decision Making under Risk in a Large-Payoff Game Show," American Economic Review 98, no. 1 (2008): 38–71.

10. Satoshi Kanazawa, "Predictably Irrational, Yes; Explainably Irrational, No I," October 11, 2009, http://www.psychologytoday.com/blog/the-scientific-fundamentalist/200910/

predictably-irrational-yes-explainably-irrational-no-i.

11. Gad Saad and Tripat Gill, "Sex Differences in the Ultimatum Game: An Evolutionary Psychology Perspective," Journal of Bioeconomics 3, nos. 2-3 (2001): 171-93; Gad Saad and Tripat Gill, "The Effects of a Recipient's Gender in the Modified Dictator Game," Applied Economics Letters 8, no. 7 (2001): 463-66.

12. Gad saad, "The Adaptive Use of Stopping Policies in Sequential Consumer Choice" (doctoral diss., Cornell University, Ithaca, NY, 1994). See also Gad Saad and J. Edward Russo, "Stopping Criteria in Sequential Choice," Organizational Behavior and Human Decision Processes 67, no. 3 (1996): 258-70.

13. Gad Saad, Aliza Eba, and Richard Sejean, "Sex Differences When Searching for a Mate: A Process-Tracing Approach," Journal of Behavioral Decision Making 22, no. 2 (2009): 171-90.

14. Gerd Gigerenzer, Adaptive Thinking: Rationality in the Real World(New York: Oxford University Press, 2000).

15. Daniel G. Goldstein and Gerg Gigerenzer, "The Recognition Heuristic: How Ignorance Makes Us Smart," in Simple Heuristics That Make Us Smart, ed. Gerd Gigerenzer, Peter M. Todd, and the ABC Research Group (New York: Oxford University Press, 1999), pp. 37-58.

16. Douglas T. Kenrick et al., "Deep Rationality: The Evolutionary Economics of Decision Making," Social Cognition 27, no. 5 (2009): 764-85.

17. John M. Coates and Joe Herbert, "Endogenous Steroids and Financial Risk Taking on a London Trading Floor," Proceedings of the National Academy of Sciences of the United States of America 105, no. 16 (2008): 6167-72.

18. John M. Coates, Mark Gurnell, and Aldo Rustichini, "Second-to-Fourth Digit Ratio Predicts Success among High-Frequency Financial Traders," Proceedings of the National Academy of Sciences of the United States of America 106, no. 2 (2009): 623-28.

19. Paola Sapienza, Luigi Zingales, and Dario Maestripieri, "Gender Differences in Financial Risk Aversion and Career Choices Are Affected by Testosterone," Proceedings of the National Academy of Sciences of the United States of America 106, no. 36 (2009): 15268-73.

20. Eric Stenstrom et al., "Testosterone and Domain—Specific Risk: Digit Ratios (2D:4D and rel2) as Predictors of Recreational, Financial, and Social Risk-Taking Behaviors," Personality and Individual Differences (2010, in press), doi:10.1016/j.paid.2010.07.003.

21. Roderick E. White, Stewart Thornhill, and Elizabeth Hampson, "Entrepreneurs and Evolutionary Biology: The Relationship between Testosterone and New Venture Creation," Organizational Behavior and Human Decision Processes 100 (2006): 21-34.

22. Denis Collins, "The Quest to Improve the Human Condition: The First 1500 Articles Published in Journal of Business Ethics," Journal of Business Ethics 26, no. 1 (2000): 1-73.

23. Irwin W. Silverman, "Gender Differences in Delay of Gratification: A

24. Martin Daly and Margo Wilson, "Carpe Diem: Adaptation and Devaluing the Future," Quarterly Review of Biology 80 (2005): 55-60.

25. Margo Wilson and Martin Daly, "Do Pretty Women Inspire Men to Discount the Future?" Proceedings of the Royal Society of London: Series B (Suppl.) 271 (2004): S177-79; Bram Van den Bergh, Siegfried Dewitte, and Luk Warlop, "Bikinis Instigate Generalized Impatience in Intertemporal Choice," Journal of Consumer Research 35 (2008): 85-97.

26. Xiao-Tian Wang and Robert D. Dvorak, "Sweet Future: Fluctuating Blood Glucose Levels Affect Future Discounting," Psychological Science 21, no. 2 (2010): 183-88.

27. Marc F. Luxen and Fons J. R. Van De Vijver, "Facial Attractiveness, Sexual Selection, and

Personnel Selection: When Evolved Preferences Matter," Journal of Organizational Behavior 27 (2006): 241-55.

28. John Kenneth Galbraith, A Contemporary Guide to Economics, Peace, and Laughter (Boston: Houghton Mifflin, 1971), p. 50.

29. Daniel S. Hamermesh and Jeff E. Biddle, "Beauty and the Labor Market," American Economic Review 84, no. 5 (1994): 1174-94.

30. Irene Hanson Frieze, Josephine E. Olson, and June Russell, "Attractiveness and Income for Men and Women in Management," Journal of Applied Social Psychology 21, no. 13 (1991): 1039-1057.

31. Jeff E. Biddle and Daniel S. Hamermesh, "Beauty, Productivity, and Discrimination: Lawyers' Looks and Lucre," Journal of Labor Economics 16, no. 1 (1998): 172-201.

32. David J. Berri, "Do Pretty-Boy Quarterbacks Make More Money?" New York Times, September 16, 2008, http://www.nytimes.com/2008/09/14/sports/ playmagazine/0914play-FBALL-QBS.html (2010. 2. 27. 접속).

33. Todd C. Riniolo et al., "Hot or Not: Do Professors Perceived as Physically Attractive Receive Higher Student Evaluations?" Journal of General Psychology 133, no. 1 (2006): 19-35.

34. Michael Lynn, "Determinants and Consequences of Female Attractiveness and Sexiness: Realistic Tests with Restaurant Waitresses," Archives of Sexual Behavior 38, no. 5 (2009): 737-45.

35. Timothy A. Judge and Daniel M. Cable, "The Effect of Physical Height on Workplace Success and Income: Preliminary Test of a Theoretical Model," Journal of Applied Psychology 89, no. 3 (2004): 428-41.

36. Steven Pinker, How the Mind Works (New York: Norton, 1997), pp. 495-96.

37. John Antonakis and Olaf Dalgas, "Predicting Elections: Child's Play!" Science 323, no. 5918 (2009): 1183.

38. Nicholas O. Rule and Nalini Ambady, "The Face of Success: Inferences from Chief Executive Officers' Appearance Predict Company Profits," Psychological Science 19, no. 2 (2008): 109-111.

39. Nicholas O. Rule and Nalini Ambady, "She's Got the Look: Inferences from Female Chief Executive Officers' Faces Predict Their Success," Sex Roles 61, nos. 9-10 (2009): 644-52.

40. Ulrich Mueller and Allan Mazur, "Facial Dominance of West Point Cadets as a Predictor of Later Military Rank," Social Forces 74, no. 3 (1996): 823-50.

41. John T. Manning and Rogan P. Taylor, "Second to Fourth Digit Ratio and Male Ability in Sport: Implications for Sexual Selection in Humans," Evolution and Human Behavior 22 (2001): 61-69.

42. Justin M. Carré and Cheryl M. McCormick, "In Your Face: Facial Metrics Predict Aggressive Behaviour in the Laboratory and in Varsity and Professional Hockey Players," Proceedings of the Royal Society: Series B, Biological Sciences 275 (2008): 2651-56.

43. James Q. Wilson and Richard J. Herrnstein, Crime & Human Nature: The Definitive Study of the Causes of Crime (New York: Free Press, 1985), for relevant references.

44. Geoffrey Miller, Spent: Sex, Evolution, and Consumer Behavior (New York: Viking Adult, 2009).

45. Sam Gosling, Snoop: What Your Stuff Says about You(New York: Basic Books, 2008).

46. Georg W. Alpers and Antje B. M. Gerdes, "Another Look at 'Look-Alikes': Can Judges Match Belongings with Their Owners?" Journal of Individual Differences 27, no. 1 (2006): 38-41.

47. Sonja Windhager et al., "Face to Face: The Perception of Automotive Designs," Human

Nature 19, no. 4 (2008): 331-46; see table 2, p. 336.

48. Stewart Elliott Guthrie, Faces in the Clouds: A New Theory of Religion (New York: Oxford University Press, 1993). For conditions that either help or hinder product evaluations when anthropomorphism is used by marketers, see Pankaj Aggarwal and Ann L. McGill, "Is That Car Smiling at Me? Schema Congruity as a Basis for Evaluating Anthropomorphized Products," Journal of Consumer Research 34, no. 4 (2007): 468-79. 40.

49. Barry L. Bayus, Gary Erickson, and Robert Jacobson, "The Financial Rewards of New Product Introductions in the Personal Computer Industry," Management Science 49, no. 2 (2003): 197-210.

50. 유전적 이동은 선택에 의한 것은 아니지만 또 다른 진화 메커니즘이다. 그러므로 현재 논의의 맥락에서 '혁신'으로 해석될 수 없다.

51. Janine B. Benyus, Biomimicry: Innovation Inspired by Nature (New York: HarperCollins, 1997).

52. R. Ford Denison, E. Toby Kiers, and Stuart A. West, "Darwinian Agriculture: When Can Humans Find Solutions Beyond the Reach of Natural Selection?" Quarterly Review of Biology 78, no. 2 (2003): 145-68.

53. Yoseph BarCohen, "Biomimetics—Using Nature to Inspire Human Innovation," Bioinspiration & Biomimetics 1, no. 1 (2006), P1-P12.

54. Dustin J. Penn, "The Evolutionary Roots of Our Environmental Problems: Toward a Darwinian Ecology," Quarterly Review of Biology 78, no. 3 (2003): 275-301.

55. Garrett Hardin in "The Tragedy of the Commons," Science 162, no. 3859 (1968): 1243-48.

56. Steven R. Feldman et al., "Implications of a Utility Model for Ultraviolet Exposure Behavior," Journal of the American Academy of Dermatology 45, no. 5 (2001): 718-22.

57. Tim Jackson, "Live Better by Consuming Less? Is There a 'Double Dividend' in Sustainable Consumption?" Journal of Industrial Ecology 9, nos. 1-2 (2005): 19-36.

11장 사는 것은 본능이다

1. J. B. S. Haldane, "The Truth about Death," Journal of Genetics 58:464.

2. Allan Mazur, "Believers and Disbelievers in Evolution," Politics and the Life Sciences 23 (2005): 55-61. For a global perspective, see Jon D. Miller, Eugenie C. Scott, and Shinji Okamoto, "Public Acceptance of Evolution," Science 313, no. 5788 (2006): 765-66.

3. Gad Saad, The Evolutionary Bases of Consumption (Mahwah, NJ: Lawrence Erlbaum, 2007), chap. 7; Gad Saad, "The Collective Amnesia of Marketing Scholars regarding Consumers' Biological and Evolutionary Roots," Marketing Theory 8 (2008): 425-48.

4. Robin I. M. Dunbar, "Evolution and the Social Sciences," History of the Human Sciences 20, no. 2 (2007): 46.

5. Karl R. Popper, Conjectures and Refutations: The Growth of Scientific Knowledge (New York: Routledge and Kegan Paul, 1963), p. 88.

6. National Academies Keck Futures Initiative; see also the report by the National Academies Committee on Science, Engineering, and Public Policy, "Facilitating Interdisciplinary Research" (Washington, DC: US National Academies, 2005).

7. Magnetic Resonance Imaging, journal description, http://www.elsevier.com/wps/find/

journaldescription.cws_home/525478/description #description (2010. 8. 1. 확인).

8. Gad Saad, "The Future of Evolutionary Psychology Is Bright," Futures(2011), table 1.

9. For a discussion of the broad relevance of evolutionary theory, see David Sloan Wilson, Evolution for Everyone: How Darwin's Theory Can Change the Way We Think about Our Lives (New York: Delacorte Press, 2007).

지은이 개드 사드
개드 사드는 캐나다 컨커디아대학교의 경영대학원 교수로 진화심리학을 통한 마케팅과 소비자 행동 분석의 권위자이자 개척자다. 저서로는 《소비 본능》, 《소비의 진화적 토대》, 《비즈니스 과학에서의 진화심리학》 등이 있다. 그는 소비자 행동학, 마케팅, 광고, 심리학, 의학, 경제학 등의 분야에서 75편 이상의 과학 논문을 발표하였다. 그의 사이콜로지 투데이(Psychology Today) 블로그 〈호모 컨슈머리쿠스(Homo Consumericus)〉와 유튜브 채널 〈더 사드 트루스(THE SAAD TRUTH)〉는 각각 640만 회 이상, 2080만 회 이상의 조회수를 기록했다.

옮긴이 손용수
부산대 법대와 대학원에서 법철학과 형법학을 공부했다. LG전자를 시작으로 30여 년간 정보통신 산업계에서 상품기획, 지식재산권, 해외사업 등을 두루 경험했다. 바른번역 아카데미 영어출판 번역 과정을 수료하고, 산업 현장의 다양한 경험을 바탕으로 경제경영, IT 과학기술 분야 전문 번역가로 활동 중이다. 옮긴 책으로는 《4차 산업혁명의 충격》(공역), 《중국이 세계를 지배하는 날》, 《2030 미래 일자리 보고서》 등이 있다.

소비본능
나는 소비한다 고로 존재한다

초판 1쇄 2024년 5월 22일
　　4쇄 2024년 11월 20일

지은이 개드 사드
옮긴이 손용수

책임편집 이윤형
편집 이정
표지디자인 프롬디자인
본문일러스트 새물내 @saemulae_28

펴낸이 차보현
펴낸곳 데이원
출판등록 2017년 8월 31일 제2021-000322호
연락처 070-7566-7406, dayone@bookhb.com
팩스 0303-3444-7406

소비 본능 © 개드 사드, 2024
ISBN 979-11-6847-690-5 03320